Entdecken und Verstehen

Herausgegeben von Dr. Thomas Berger,
Karl-Heinz Müller und Prof. Dr. Hans-Gert Oomen

Band 1

Von der Urgeschichte bis zum Mittelalter

Herausgegeben von Prof. Dr. Hans-Gert Oomen
Bearbeitet von Gerhard Ilg, Hans-Jürgen Kaiser,
Karl-Heinz Müller, Prof. Dr. Hans-Gert Oomen, Fritz Sperth
und Manfred Thiedemann

Cornelsen
HIRSCHGRABEN

Inhaltsverzeichnis

·be Schülerinnen und Schüler!

Ihr beginnt jetzt mit dem Unterricht in einem neuen Fach. Im Geschichtsunterricht sollt ihr einiges über das Leben der Menschen in früherer Zeit lernen. Ihr werdet im Laufe des Unterrichts merken, daß die Menschen immer wieder vor Problemen stehen, die sie lösen müssen. Es geht darum:

– wie das Zusammenleben von Menschen, Gemeinschaften und Völkern geregelt werden kann,
– wie Gerechtigkeit gegen Ungerechtigkeit durchzusetzen ist.

Das sind Probleme, die auch heute immer wieder neu gelöst werden müssen. An den Beispielen aus der Geschichte können wir lernen, wie wir in der Gegenwart und in der Zukunft mit Problemen fertig werden. Mit Hilfe der Geschichte können wir also auch Fragen unserer Zeit prüfen, um uns eine eigene Meinung zu bilden.

·ltsverzeichnis

In neun Kapiteln bietet dieser Band die Möglichkeit, die Zeit vom Auftreten der ersten Menschen bis etwa 1500 zu untersuchen. Dabei helfen Bilder, Karten, Texte und Berichte von Menschen, die damals gelebt haben.

·ührung in das Thema

Jedes Kapitel beginnt mit einer „Auftaktseite", die etwas von dem Zeitabschnitt, um den es geht, zeigt. Der Auftakt will euch neugierig machen und er will euch anregen, eigene Fragen zu stellen.

·rialien

Dann werden die geschichtlichen Ereignisse mit Bildern, Karten und Texten so dargestellt, daß ihr selbst herausfinden könnt, wie es damals gewesen ist.

·llen

Die Berichte, Briefe und Gesetze, die damals geschrieben wurden, die sogenannten „Quellentexte", sind im Buch mit einem **„Q"** bezeichnet und gelb unterlegt.

Auch die Abbildungen, Gemälde und Fotos sind historische Quellen, aus denen ihr wichtige Informationen entnehmen könnt.

·gaben

Durch Arbeitsaufgaben regen wir euch an, über das nachzudenken, was ihr erfahren habt. Manchmal schlagen wir euch vor, so zu tun, als ob ihr damals gelebt hättet. Ihr werdet überrascht sein, wieviel ihr durch eure Phantasie und eure Vermutungen herausfinden könnt.

·mmenfassung

Am Ende eines größeren Abschnitts stehen eine Zusammenfassung und meistens auch Anregungen zum Nachdenken.

·ierige Begriffe*

Ein Lexikon der schwierigen Begriffe und ein Register stehen am Ende des Buches. Mit dem Register könnt ihr schnell herausfinden, wo über Personen, Ereignisse oder wichtige Begriffe im Buch etwas steht.

·rkstatt Geschichte"

Auf den Seiten „Werkstatt Geschichte" findet ihr Vorschläge zum Spielen, Basteln und für eigene Nachforschungen.

·n Weiterlesen"

Die Seiten „Zum Weiterlesen" enthalten Auszüge aus spannenden Jugendbüchern. Hinweise auf weitere Jugend- und Sachbücher findet ihr am Schluß des Bandes.

Vielleicht habt ihr beim Durchblättern eures Geschichtsbuches das Gefühl, daß ihr so viele Themen und Sachverhalte gar nicht bearbeiten könnt. In der Tat, alle Themen dieses Buches können in der kurzen Zeit, die für den Geschichtsunterricht zur Verfügung steht, nicht bearbeitet werden. Deswegen ist es nötig, daß eure Lehrerin, euer Lehrer und ihr eine Auswahl trefft und Schwerpunkte setzt.

Die Autoren eures Geschichtsbuches hoffen, daß es ihnen gelungen ist, Geschichte so darzustellen, daß ihr beim Lesen und Arbeiten im Buch und nach dem Unterricht sagen könnt: „Ja, da habe ich etwas verstanden vom Leben der Menschen damals. Und wie ist es eigentlich heute . . .?" Wenn ihr den Autoren eure Meinung zu diesem Buch sagen wollt, könnt ihr schreiben an den Cornelsen Verlag Hirschgraben, Fürstenbergerstraße 223 in 6000 Frankfurt am Main 1.

Geschichte – ein neues Fach

1

2

3

4

Wenn ihr mit offenen Augen durch euren Heimatort geht, könnt ihr Gebäude, Brücken, Mauern und Straßen finden, die aus früheren Zeiten stammen, wie die Gebäude auf dieser Seite.

- *Seht euch die Bilder 1 – 4 an.*
- *Erzählt, was euch zu den Bildern einfällt.*
- *Versucht, die Bilder in eine zeitliche Reihenfolge zu bringen. Welche Gebäude sind älter, welche jünger? Begründet die Reihenfolge.*

1 **Urgroßmutter, zwei Großmütter, Mutter und Kind,** Foto 1982.

1 *Vergleicht die Bilder und beschreibt, was euch auffällt.*
2 *Überlegt, was die Bilder über das Leben der Menschen ausdrücken.*
3 *Seht euch zu Hause Familienbilder an, und laßt euch vom Leben der Eltern und Großeltern erzählen.*
4 *Bringt Bilder und Gegenstände mit, die über die Vergangenheit berichten. Ordnet sie dem Alter nach und macht eine Ausstellung.*

Wenn ihr zu Hause im Fotoalbum blättert, dann wundert ihr euch vielleicht darüber, wie ihr vor ein paar Jahren ausgesehen habt. Auf den Babybildern erkennt ihr euch wohl gar nicht wieder. Aber eure Eltern bestätigen, daß ihr es seid.
So braucht ihr zur Erklärung der Bilder Antworten auf die Fragen:
Wer hat das Bild aufgenommen?
Wann und wo war das?
Was ist darauf zu sehen?
Mit Hilfe von Bildern und Erzählungen könnt ihr eure Lebensgeschichte darstellen.

2 **Familienbild 1915.**

Wie wir die Zeit erleben
Wie lang ist eine Stunde? Diese Frage könnt ihr beantworten. Natürlich 60 Minuten oder 3600 Sekunden oder 1/24 eines Tages. Das ist klar. Aber stimmt das auch für euch persönlich? Vergleicht einmal die Stunde vor der Bescherung am Heiligen Abend mit der Stunde nach der Bescherung.

1 *Überlegt euch Beispiele für eine „lange Stunde“ und für eine „kurze Stunde“.*

An einem Sonntag im Jahr 1980 feiert die Familie Larsen den 65. Geburtstag des Großvaters Carl Larsen. Viele Verwandte sind gekommen. Urgroßmutter Anna Larsen ist da. Sie ist jetzt 87 Jahre alt. Die Schwester des Großvaters und seine Kinder Hermann, Helga und Siegfried sind gekommen. Sie sind jetzt 44, 40 und 39 Jahre alt. Sie haben ihre Kinder, die Enkelkinder von Carl Larsen, mitgebracht. Klaus ist 12, Anja 10 und Dorothea erst 7 Jahre alt.
Beim Kaffeetrinken sieht der Großvater über den Tisch voller Kuchen und Torte und meint: „Als ich 1946 aus der Gefangenschaft kam, sah es auf unserem Tisch doch anders aus.“ Dann erzählt er von den Notjahren nach dem Kriege.
Vielleicht kennt ihr solche Erzählungen aus eurer Familie.

2 *Von welchen geschichtlichen Ereignissen erzählen Eltern, Großeltern und Urgroßeltern?*

3 *Versucht, die Erzählungen zeitlich einzuordnen.*

4 *Wie alt waren die Mitglieder der Familie Larsen im Jahr 1946?*

5 *Für alle liegt das Jahr 1946 gleich weit zurück. Aber alle denken unterschiedlich daran:*
- *Das ist schon lange her. Ich war erst 10.*
- *Das ist schon sehr lange her. Ich war noch nicht geboren.*
- *Das ist noch nicht lange her. Ich war damals 53.*

Wer mag das wohl gesagt haben? Was denken die anderen?

Die Lebensuhr. Menschen gibt es nicht nur seit einigen 100 oder 1000 Jahren. Menschen gibt es seit mindestens 1000000 Jahren. Noch viel älter ist die Erde, ungefähr 5 Milliarden Jahre alt. Unter diesen Zahlen kann man sich eigentlich nichts vorstellen. Etwas leichter fällt uns dies, wenn wir diese Zeit darstellen in den 12 Stunden eines Zifferblattes:

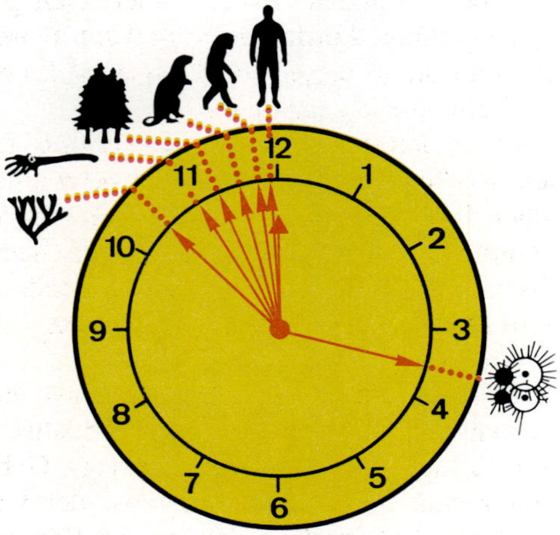

Um 0 Uhr entstand die Erde – vor 5 Milliarden Jahren.

3 Uhr 30:	Im Wasser regt sich das erste Leben – eine einzige Zelle, kleiner als ein Stecknadelkopf.
10 Uhr 34:	Im Wasser entstehen die ersten Algen.
11 Uhr :	Jetzt gibt es Korallen- und Tintenfische.
11 Uhr 15:	Große Wälder sind herangewachsen. Sie versinken später im Sumpf und werden zu Kohle.
11 Uhr 30:	Die ersten Säugetiere treten auf. Es ist dies die Zeit der mächtigen Drachen und Saurier sowie des Urvogels.
11 Uhr 53:	Jetzt tauchen die ersten Menschenaffen auf.

Es war 11 Uhr, 59 Minuten und 50 Sekunden, 10 Sekunden vor 12 Uhr: da lebten die ersten Menschen:
Allein von diesen 10 Sekunden auf der großen Lebensuhr will dieses Buch berichten.

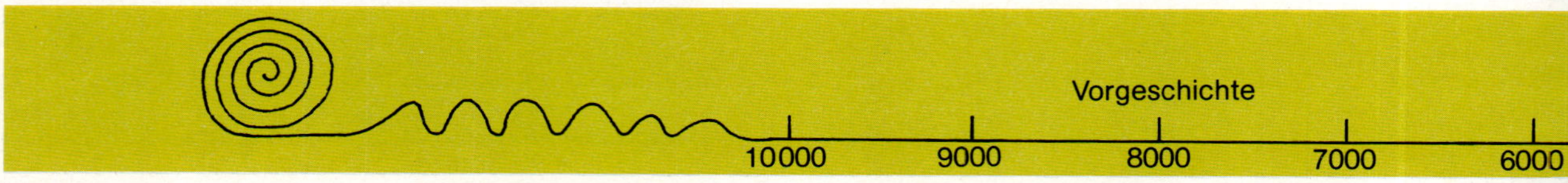

Veränderungen in der Zeit

Die Zeitleiste. Die Zeit läßt sich nicht nur durch eine Uhr darstellen. Sie kann auch durch eine Gerade veranschaulicht werden. Eine solche Darstellung seht ihr unten. Man nennt sie eine Zeitleiste.

Ihr wißt, daß die Zeit in gleiche Abschnitte eingeteilt wird. Da gibt es kleine Einheiten: Sekunden, Minuten oder Stunden. Es gibt aber auch große: Jahre, Jahrzehnte, Jahrhunderte und Jahrtausende. In der Zeitleiste in diesem Buch lassen sich nur die großen Zeiteinheiten darstellen.

Auf der Geraden stehen 2 cm für 1000 Jahre. Damit können wir aber nur 12000 Jahre verdeutlichen. Die über 1000000 Jahre der Menschheitsentwicklung findet ihr durch ein Knäuel veranschaulicht. Wir hätten sonst für eine gerade Zeitleiste nach unserem Maßstab eine Länge von 2000 cm = 20 m nehmen müssen.

Wir zählen die Jahre von Christi Geburt an mit der Benennung „n. Chr." = nach Christus. Das sind die Zahlen, die auf der Leiste vom Geburtsjahr aus rechts stehen. Die Jahre vor der Geburt Christi stehen links und werden mit der Benennung „v. Chr." = vor Christus gezählt.

In die Leiste könnt ihr jetzt die Zeitpunkte einordnen, die ihr aus der Geschichte kennt.

1 *Erkundigt euch, welche geschichtlichen Ereignisse für euren Heimatort besonders wichtig waren.*

2 *Fragt, wann diese Ereignisse stattgefunden haben, und tragt die Zeitangaben in eine eigene Zeitleiste ein.*

3 *Erkundigt euch in eurer Familie, von wann die älteste Nachricht aus eurer Familie stammt. Tragt den Zeitpunkt ein.*

4 *Wie läßt sich die Zukunft in der Zeitleiste darstellen?*

Geschichte. In der Geschichte geht es um den Menschen. Wir versuchen herauszubekommen, wie die Menschen früher gelebt haben. Dazu gehört auch, was sie dachten, was sie fühlten und was sie wollten. Dabei muß man auch versuchen herauszubekommen, warum alles so war. Um was haben sich die Menschen gesorgt? Über was haben sie sich gefreut?

Wenn wir solche Fragen beantworten können, dann lernen wir auch etwas über uns und unsere Zeit. Vielleicht finden wir dann Wege, unsere Schwierigkeiten besser zu überwinden. Oder wir verstehen besser, wie das Zusammenleben in unserer Gemeinde, unserem Land, unserem Staat geregelt wird. Wir sehen, daß die Menschen auch anders leben können, als wir es gewohnt sind. Wenn wir unsere Zeit verstehen wollen, müssen wir etwas von der Vergangenheit verstehen.

Um das Vergangene, die Geschichte, verstehen zu können, müssen wir das, was früher war, einordnen können.

Die Zeit spielt beim Verständnis der Geschichte eine große Rolle.

Wie man die Zeit mißt und wie man sie einteilt, habt ihr in der Grundschule schon gelernt.

5 *Stellt eine Liste von Wörtern zusammen, die mit der Zeit zu tun haben.*

6 *Ordnet die folgenden Begriffe an der Tafel und unterstreicht die Wörter, die für die Gegenwart stehen: vorgestern, nächste Woche, morgen, früher, heute, vorige Woche, gestern, vor sehr langer Zeit, jetzt, später, übermorgen.*

7 *Auf einem alten Bild trägt ein Toter einen Spruch: „Was ich war, das seid ihr jetzt. Was ich bin, werdet ihr sein." Was meint dieser Spruch?*

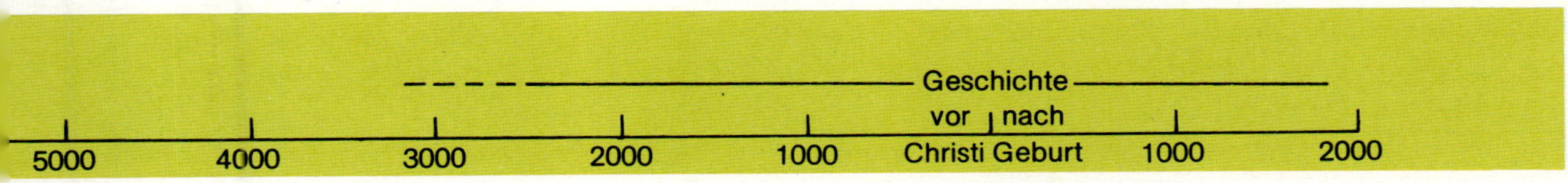

1. Die Menschen lernen, sich in der Natur zu behaupten

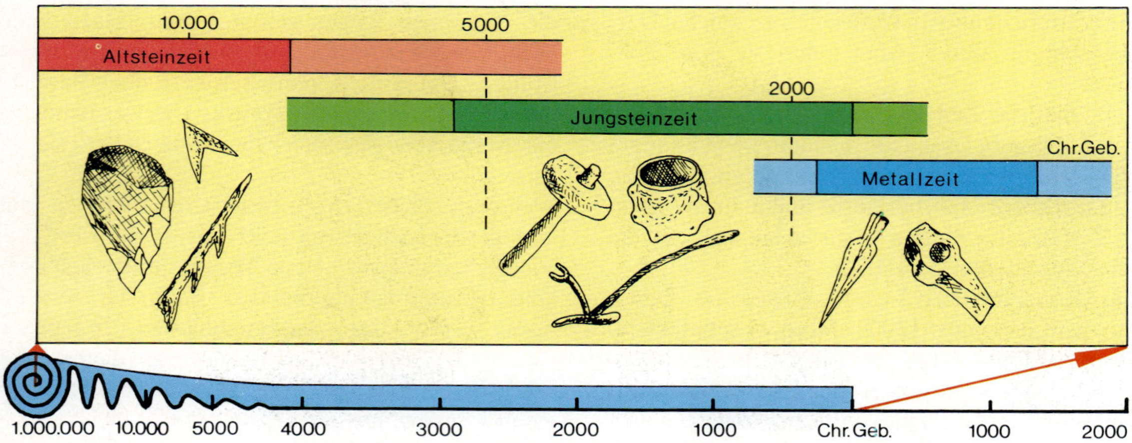

Eiszeitmenschen bei der Rückkehr von der Jagd. Gemälde 1986.

- *Denkt euch Geschichten zu dem Bild aus.*
- *Sammelt Fragen zum Bild, auf die ihr eine Antwort haben möchtet.*
- *Überlegt, woher der Maler des Bildes wohl wissen kann, wie die Menschen in der Eiszeit gelebt haben.*

rabungsfunde aus der Altsteinzeit.

r die Menschen, die in ältesten Zeiten auf der e lebten, gibt es keine schriftlichen Aufzeich-gen. Wir können trotzdem ihre Spuren ver-en. Aber diese Spuren sind stumm. Wir müssen erst zum Sprechen bringen, damit aus ihnen s über das Leben der Menschen erkannt den kann.

eschreibt die Gegenstände, die im Bild wieder-egeben sind.

ersucht herauszufinden, wozu man sie gebrau-hen kann. Benennt sie.

indet heraus, welcher Gegenstand nicht von Menschen bearbeitet ist. Begründet eure Auswahl.

berlegt, wie ihr prüfen könnt, ob ihr recht habt.

iner ähnlichen Lage war der Forscher, von dem olgenden Bericht erzählt wird:

Fund im Neandertal

August 1856 sprengten Steinbrucharbeiter eine le im Neandertal bei Düsseldorf auf. Sie fanden Boden mit trockenem Lehm bedeckt. Um die ne abbauen zu können, hackten sie den Lehm und warfen ihn aus der Höhle. In 60 cm Tiefe en sie auf Skelettreste. Auch die wurden hin-eworfen und kollerten dem Steinbruchbesitzer vor die Füße. Der sah sie sich an und hielt sie für Knochen von einem Höhlenbären, der vor Jahrtausenden gelebt haben mochte. Der Steinbruchbesitzer sammelte die Knochen auf. Er schickte dem Lehrer und Naturforscher Fuhlrott eine Nachricht von dem Fund. Fuhlrott reiste sofort an, reinigte die Knochen und erkannte, daß sie von einem frühen Menschen stammen mußten. Die eigenartigen Formen des Schädels mit den dicken Augenwülsten konnten nur zu einem Menschen gehören, der vor sehr, sehr langer Zeit gelebt hatte. Fuhlrott verglich den Knochen mit anderen Schädeln im Museum und fand seine Meinung bestätigt. Die Knochen mußten älter sein als alles, was man bisher kannte. 1857 berichtete er in Bonn und Kassel vor Naturforschern über seinen Fund. Aber die Wissenschaftler nahmen die Untersuchungen Fuhlrotts nicht ernst, sie lächelten über ihn. Sie glaubten nicht, daß es so früh überhaupt schon Menschen gegeben haben könnte. Erst 1866, als Fuhlrott schon gestorben war, änderten die Wissenschaftler ihre Meinung. Zu viele Funde bestätigten die Behauptung Fuhlrotts, daß es eiszeitliche Menschen gegeben habe. Nach dem ersten Fundort wurden diese frühen Menschen Neandertaler genannt.

5 *Überlegt, warum es zwischen den Forschern zu Meinungsverschiedenheiten kommen konnte.*

1 **Vorgeschichtsforscher bei einer Ausgrabung.** Foto.

Vorgeschichtsforscher müssen planmäßig vorgehen
Die ersten Entdeckungen vorgeschichtlicher Menschen waren Zufälle. Die Forscher haben hin und her überlegt, was diese Funde aussagen könnten. Sie fragten sich, wie alt die Funde waren, wie die Menschen damals wohl ausgesehen und gelebt haben könnten.
In den letzten 150 Jahren hat sich aus diesen Fragen eine eigene Wissenschaft entwickelt, die Archäologie. Archäologen sind die Wissenschaftler, die das Leben der Menschen in der vorgeschichtlichen Zeit erforschen. Dazu untersuchen sie alles, was von den Menschen und ihren Geräten erhalten ist.
Überreste aus der Frühzeit findet man aber nur selten an der Erdoberfläche. Die meisten Gegenstände aus jenen Zeiten sind verschieden tief in der Erde versteckt. Aber eine genaue Beobachtung der Erdoberfläche gibt Hinweise auf mögliche Fundstellen. Dunkle Verfärbungen im Acker, runde Hügel im flachen Land sind solche Hinweise. Wo Scherben beim Pflügen gefunden werden, kö im Boden größere Funde sein. Auch Luftbil nahmen zeigen bei günstigem Licht, wo Mauer in der Erde versteckt sein könnten. Daneben den aber immer noch viele Fundstellen zufälli Bauarbeiten entdeckt.

1 *Gibt es in eurer Umgebung vorgeschicht Fundstellen? Versucht herauszubekommen, sie entdeckt wurden.*

Die Ausgrabung
Bei Ausgrabungen wird die Erde vorsichtig Sc für Schicht abgehoben. Kommen die ersten F ans Licht, wird ganz sorgfältig mit feinen W zeugen weitergearbeitet, damit nichts zerstört Die Funde werden sorgsam vermessen und foto fiert. Oft findet man von Gefäßen nur Scher Alle Funde kommen ins Labor zur Untersuc und zur Wiederherstellung.

2 *Beschreibt Arbeitsplatz und Tätigkeit Menschen auf den Bildern.*

3 *Überlegt, warum alle Funde an ihrem Ort grafiert werden.*

2 **Wiederherstellung eines Gefäßes.** Foto.

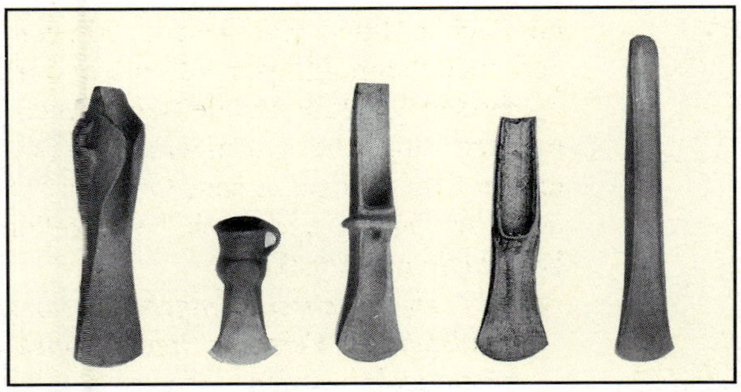

[1] **Bronzebeile.**

Bedeutung der Funde

Auf Abb. [2] seht ihr, wie ein senkrechter Schnitt durch eine Grabungsstelle aussehen kann.

1 *Vergleicht die Dicke der Schichten.*

2 *Überlegt, wie so viele Schichten übereinander kommen konnten.*

3 *Vergleicht die Funde in den einzelnen Schichten.*

Wenn die Vorgeschichtsforscher Funde aus solchen Schichtenfolgen untersuchen, dann können sie schon sagen, welche Stücke älter und welche jünger sind; denn je tiefer ein Fund gelegen hat, um so älter ist er. Zu ähnlichen Ergebnissen kommen sie, wenn sie die Funde einer Art und einer Gegend miteinander vergleichen.

4 *Die abgebildeten Beile (Bild [1]) sind unterschiedlich alt. Versucht, sie nach dem Alter zu ordnen. Begündet eure Einordnung der Beile.*

Die Vorgeschichtsforscher gehen davon aus, daß die ältesten Formen die einfachsten sind. Je schwieriger eine Form ist und je kunstvoller sie ist, um so jünger wird sie sein.

5 *Überprüft jetzt noch einmal eure Einordnung der Beile.*

Durch genaue Untersuchung der Schichten und durch den Vergleich der Formen können die Vorgeschichtsforscher die Funde zeitlich einordnen. Sie wissen, was älter und was jünger ist. Aber wie alt ein Fund ist, kann man mit diesen Methoden nicht herausbekommen. Dafür haben Naturwissenschaftler neue Methoden entwickelt. So können Physiker aus der Zusammensetzung der Atome das Alter ziemlich genau feststellen.

[2] **Schichten einer Ausgrabung.** Rekonstruktion.

Zusammenfassung

Die Menschen fragten schon seit alten Zeiten, wie es früher war. Aber eine wissenschaftliche Vorgeschichtsforschung gibt es erst seit ungefähr 150 Jahren. Seitdem sind Methoden erarbeitet worden, die es ermöglichen, das Alter der Funde zu bestimmen. Durch den Vergleich der Folge der Schichten und den Vergleich der Formen kann man ältere von jüngeren Funden unterscheiden. Genaue Zeitangaben über das Alter der Funde kann man mit verschiedenen naturwissenschaftlichen Methoden gewinnen.

An den Ausgrabungen arbeiten verschiedene Berufsgruppen zusammen.

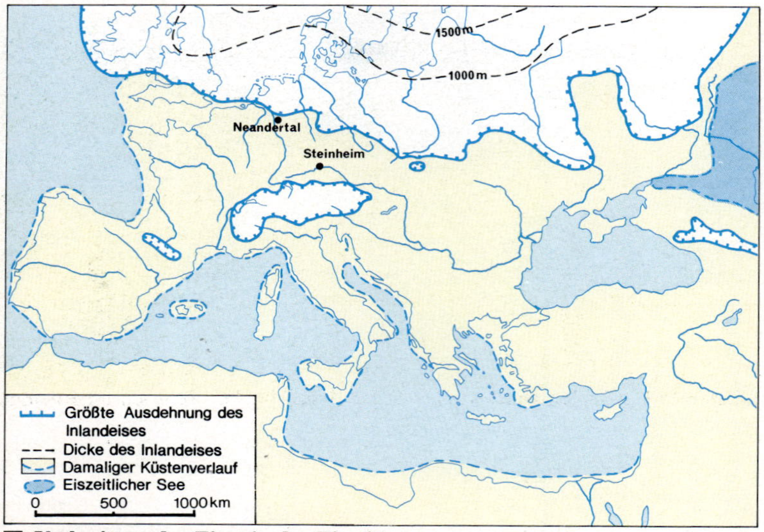

[1] **Verbreitung des Eises in der Eiszeit.**

1 *Betrachtet noch einmal das Bild auf Seite 8. Was könnt ihr über die Menschen und ihren Lebensraum aus dem Bild herauslesen.*

2 *Beschreibt nach der Karte die Verbreitung des Eises.*

3 *Sprecht über die Auswirkungen einer solchen „Eiszeit“ auf Pflanzen, Tiere und Menschen.*

Das Klima in Europa war nicht immer gleich. Es veränderte sich mehrmals. Vier lang andauernde Eiszeiten hat es zwischen 1000000 und 10000 v. Chr. gegeben. Über Jahrtausende lag die Durchschnittstemperatur im Juli bei + 5 °C, und im Winter konnte das Thermometer bis auf − 40 °C fallen. Dicke Eisschichten bildeten sich in Nordeuropa und in den Alpen. Die Eismassen schoben sich als Gletscher immer weiter nach Mitteleuropa und bildeten eine Eisdecke von 100 bis 3000 m Dicke. Vor den Gletschern taute der Boden auch im Sommer kaum noch auf. Die Wälder veränderten sich. Steppen, Tundren und Moore entstanden.

Iwar Lissner, ein deutscher Schriftsteller, berichtete über die heutige Landschaft der Tundra:

„Tundra – das ist der ewige Kampf der wachsenden Natur gegen den Tod der Kälte. Tundra – das ist Wald, Hunderte von Meilen niedrig dahinkriechend, verhungert, erfroren, dann wieder im Sumpf erstickt. Meist sind die Bäume verkrüppelt, weil der Sommer so kurz ist und der Winter so lang.

Tundra – das ist Not und Verderben, Stechfliegenplage und mückenbrütender Sumpf. Tundren sind meilenweit ungangbare Gebiete, wo kein Baumstamm einen ansehnlichen Durchmesser gewinnen kann.“ (1)

So wie die sibirische Tundra sah wohl auch ein großer Teil Mitteleuropas in der Eiszeit aus.

Näher an den Gletscherrändern hörte der Baumwuchs ganz auf. Flechten und Moose bedeckten den Boden. Die Tiere, die nicht an die Kälte gewöhnt waren, zogen fort oder starben aus. Andere, wie das Mammut, der Höhlenbär oder das Ren, breiteten sich aus. Zwischen den Eiszeiten gab es immer wieder lange Zeiten, in denen es wärmer wurde. Das Eis schmolz ab, Tiere und Pflanzen, die wärmeres Klima brauchten, kehrten zurück.

4 *Erläutert mit Hilfe des Textes die Grafik. Achtet auf die Zeiten.*

[2] **Eiszeiten und Warmzeiten.**

Landschaft, in der die Reste des Lagers von Gönnersdorf gefunden wurden. Das Lager (Pfeil) lag bei Neuwied im Rheintal. Rekonstruktion.

Das Alter der Menschheit

Vorgeschichtsforscher stellten fest, daß es seit mindestens einer Million Jahren Menschen gibt.

Die ältesten Menschenreste in Deutschland fand man bei Heidelberg. Dort haben vor über 500000 Jahren schon Menschen gelebt. Der im Neandertal gefundene Mensch (vgl. S. 9) hat vor etwa 100000 Jahren gelebt. Vor ungefähr 30000 Jahren verschwanden die Neandertaler. Ein neuer Menschentyp trat auf. Er wurde nach seinem ersten Fundort „Cro-Magnon-Mensch" genannt.

Fundberichte aus der letzten Eiszeit

Das Sommerlager von Salzgitter

1952 stießen Bauarbeiter in der Nähe von Salzgitter auf die Überreste eines eiszeitlichen Rastplatzes. Er lag am Rande eines moorigen Tümpels, in den die Menschen damals ihre Abfälle geworfen hatten. Archäologen gruben den Lagerplatz aus. Sie fanden:

- Knochen von etwa 80 Rentieren, 16 Mammuts, 6 Wildpferden und 2 Wollnashörnern;
- Pflanzenreste von Moosen, Gräsern, Zwergbirken und Polarweiden;
- Werkzeuge: rund 2000 Stück, darunter Faustkeile, Messer, Schaber, Kratzer aus Stein und haufenweise Abschlagsplitter, Keulen aus Rentiergeweihen, Dolche aus Mammutrippen und Speerspitzen aus Knochen.

Mehrere Kreise aus Steinen wurden am Ufer des Teiches festgestellt. Jeder Kreis hatte einen Durchmesser von etwa 5 Metern.

Die Forscher meinen, dort habe eine Horde von etwa 50 bis 70 Menschen ein oder zwei Jahre ihre Zelte des Sommerlagers stehen gehabt.

Das Sommerlager von Gönnersdorf

Beim Ausheben einer Baugrube wurde in Gönnersdorf bei Neuwied ein Siedlungsplatz aus der letzten Eiszeit entdeckt. Die Siedlung lag am Hang, ein Bach floß nahe daran vorbei. Es wurden mehrere Grundrisse von Zeltbauten gefunden. Einen beschreiben wir genauer:

Pfostenlöcher in regelmäßigen Abständen bildeten einen Kreis von 7 m Durchmesser. Der Boden innerhalb des Kreises war mit zerbrochenen Schieferplatten gepflastert, die von einer 500 m entfernten Stelle geholt worden waren. Etwa in der Mitte gab es eine Grube mit Holzkohlenresten aus Kiefern- oder Wacholderholz. Ein Häufchen Asche lag daneben. Teils in der Grube, teils rundherum lagen vom Feuer zersprungene Steine. Der Oberschenkelknochen eines Mammuts mit Rußspuren und eine Rengeweihschaufel wurden im Boden gefunden.

1 *Vergleicht die beiden Fundberichte. Was sagen sie über das Leben, die Nahrung, die Wohnung aus?*

2 *Stellt Vermutungen darüber an, wie die Menschen sich damals die Lebensmittel beschafft haben könnten.*

3 *Beschreibt die Landschaft, in der das Lager angelegt war (Bild) und überlegt, was ihr alles tun müßtet, wenn ihr dort lebtet.*

1 **Menschen auf der Jagd.** Höhlenmalerei um 7000 v. Chr.

2 **Von Pfeilen getroffener Wisent.** Höhlenmalerei um 15000 v. Chr.

3 **Ein Mammut in der Falle.** Höhlenmalerei um 12000 v. Chr.

Von der Nahrungsbeschaffung

An den untersuchten Lagerplätzen fanden die Vorgeschichtsforscher Nußschalen, Grassamen, Reste von Wildbeeren und Früchten. Man nimmt an, daß die Menschen auch Wurzeln, Pilze und andere eßbare Teile von Pflanzen gesammelt haben.

Die Menschen der Eiszeit haben aber auch gemalt, wie sie sich Nahrung beschafft haben.

1 *Beschreibt die Bilder.*

2 *Versucht herauszubekommen, wie die Menschen gejagt haben könnten.*

Ren, Schneehasen oder andere kleine Tiere konnte der Mensch notfalls allein jagen. Anders war dies bei der Jagd auf Bären, Elefanten, Bisons oder Wildpferde. Hier mußten mehrere Jäger zusammenarbeiten. Den Zusammenschluß einer solchen Jagdgemeinschaft bezeichnet man heute als Horde.

Spuren einer Jagd, die vor etwa 40000 Jahren stattfand, entdeckte man in Spanien. D. Johanson, ein anerkannter Wissenschaftler, berichtet:

„Es war eine erstaunlich ergiebige Fundstelle. In den Bergtälern hatten in Gruppen jagende Frühmenschen den Großwildherden aufgelauert, die im Herbst nach Süden zogen. Die Jäger zündeten das trockene Gras an und trieben das Wild mit den Flächenbränden in die Sümpfe, wobei es ihnen sogar gelang, Elefanten zu erlegen, die sich aus dem morastigen Boden nicht mehr befreien konnten. Noch heute erkennt man deutlich die Spuren der Jagd. Man findet die Steinwaffen, die Reste des verbrannten Grases und die Knochen des Wildes. Es waren sehr viele Elefanten, zu viele, als daß man annehmen dürfte, sie seien durch Zufall in den Sumpf geraten und dort umgekommen. Außerdem sind die Knochen über eine große Fläche verstreut. Untersucht man einen Haufen solcher Knochen, dann kommt man zu interessanten Ergebnissen. So fand man an einer Stelle nur Beine und Rippen eines halben Elefanten. Da ein halber Elefant nicht im Sumpf steckenbleibt und dort stirbt, mußte irgendjemand das Tier zerlegt und die andere Hälfte fortgetragen haben.“ (1)

3 *Spielt ein Gespräch der Eiszeitmenschen am abendlichen Feuer. Über welche Sorgen oder Freuden haben die Menschen wohl gesprochen?*

4 *Stellt eine Liste zusammen unter der Überschrift: Warum die Menschen nur in einer Gemeinschaft überleben konnten.*

Wie die Menschen miteinander lebten

In den vorgeschichtlichen Funden ist kaum zu erkennen, wie die Menschen in den frühen Zeiten in Gemeinschaften lebten. Im folgenden berichtet der Journalist Helmut K. Salmen über das Zusammenleben von Menschen in einer Jäger- und Sammlerkultur, die heute noch in Südafrika besteht:

„Einige hundert Meter vom modernen Windhuk entfernt ist man plötzlich in die Steinzeit zurückversetzt. Die kleinen Jäger kennen noch vergiftete Pfeilspitzen und Reibhölzer zum Feuerquirlen. Man schätzt die Zahl der noch lebenden Buschleute auf 35000.

Die Buschleute leben in Jagdscharen von vier bis fünf Familien zusammen. Als Grundpfeiler ihrer Lebensweise sind zu benennen: gegenseitiges Vertrauen, Zusammenarbeit, friedliches Verhalten. In ihrer harten Umwelt ist jeder auf den anderen angewiesen. Streit ist das schlimmste, was in einer Horde aufkommen kann. Jede Schar hat einen Führer. Die Führerstellung wird bei manchen Buschmännern dem fähigsten Jäger angeboten. Jede Handlung wird von den Frauen und Männern ausgiebig diskutiert, zum Beispiel, ob man Windbrecher oder Hütten errichten will. Jede Gruppe besitzt ihr Gebiet, sie wandert in ihm von einem Wasserloch zum anderen auf der Suche nach eßbaren Pflanzen und Wild. Für den Hauptteil der Nahrung müssen die Frauen sorgen. Sie gehen jeden Morgen mit dem Grabstock in das „Veld“ und suchen nach eßbaren Wurzeln, wilden Melonen, Termiten und Straußeneiern. Ist den Jägern einmal das Jagdglück hold und sie können mit einem erlegten Stück Wild im Triumph in das Lager zurückkehren, ist die Freude groß. Die Buschleute essen so lange, bis nichts mehr übrig ist. Man muß auf Vorrat essen, da die Hitze und die vielen Insekten eine Konservierung des Fleisches unmöglich machen.“ (1)

1 *Faßt zusammen, was ihr über die Nahrungssuche der Buschleute erfahren habt.*

2 *Überlegt, welche Folgen die Nahrungsbeschaffung für das Leben der Gemeinschaft hat.*

3 *Vergleicht, was ihr bisher über die Eiszeitmenschen wißt, mit dem, was ihr über die Buschleute erfahren habt.*

4 *Betrachtet die Bilder auf dieser Doppelseite.*

5 *Beschreibt die Bilder und überlegt, warum Menschen damals wohl solche Bilder gemalt haben.*

1 **Pferd.** Höhlenmalerei (um 13000 v. Chr.) aus Lascaux Frankreich.

2 **Stier.** Höhlenmalerei (um 13000 v. Chr.) aus Lascaux Frankreich.

Die Höhlenmalerei der Eiszeitjäger

1940 fanden vier Jungen in der Höhle von Lascau in Frankreich Hunderte von Tierbildern. Sie zeige Tiere der Eiszeit (vgl. S. 34 und 35).

Viele Forscher vermuten, daß die Bilder eine Ar Jagdzauber waren. Die Jäger haben vor der Jag die Tiere durch ein Bild beschworen, sich fangen z lassen.

Werkzeuge, Wohnung und Wärme

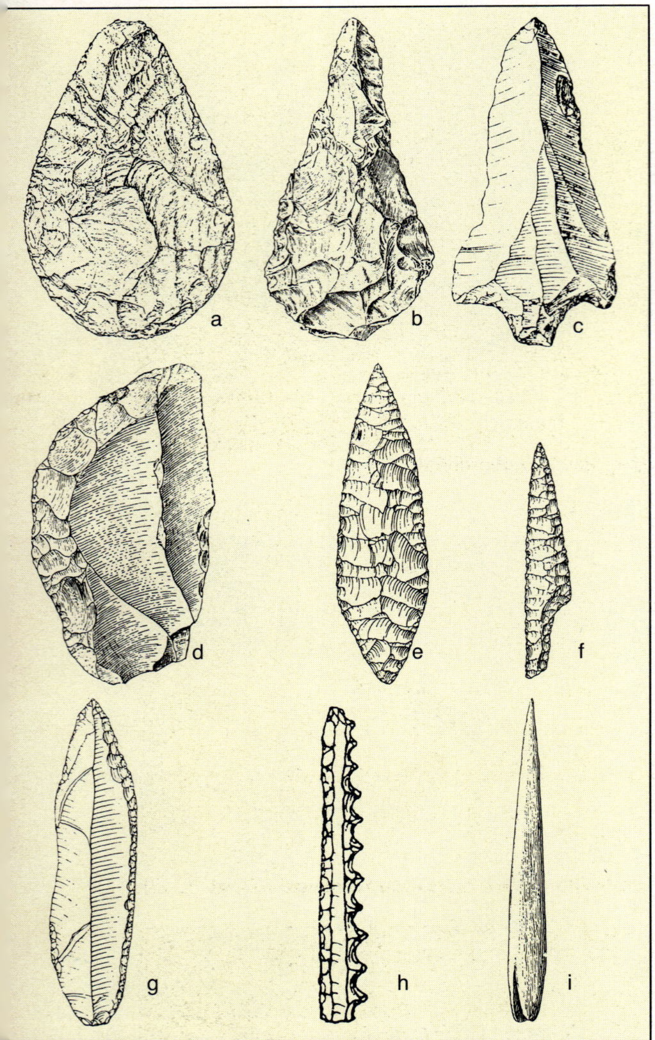

1 **Werkzeuge aus verschiedenen Schichten.**

Werkzeugherstellung

„Die ersten Werkzeuge der Menschen waren seine Körperteile, voran Arme und Beine. Ihre Wirkung zu steigern . . . war das Ziel . . . frühester Erfindertätigkeit der Menschen. Die Reichweite des Armes konnte durch einen abgerissenen Ast, der Schlag der Faust durch einen aufgehobenen Stein verstärkt werden. Der nächste Schritt . . . bestand darin, dem Rohstoff eine Form zu geben, die ihn für bestimmte Handlungen geeigneter machen konnte . . . Das wichtigste Gerät der ersten Zeit hat Mandelform, man hat es Faustkeil genannt. Es konnte für . . . alle Zwecke verwendet werden. Wir können seine Entwicklung an Tausenden von Exemplaren . . . verfolgen . . . Der schwere Faustkeil wird ständig kleiner und endet als zierliche Handspitze. An die Stelle des allein verwendeten Werkzeuges tritt nun eine lange Reihe von Spezialformen: Schaber, Messer, Bohrer, Kratzer . . . usw. Außer Holz und Stein stand den Menschen der Eiszeit noch ein weiterer Rohstoff zur Verfügung, der Knochen.“ (1)

1 *Ordnet die Werkzeuge in Abb.* 1 *nach dem Alter. Begründet die Reihenfolge und erklärt, warum neue Werkzeuge erfunden wurden.*

2 *Beschreibt die Herstellung eines Werkzeuges nach Abb.* 2.

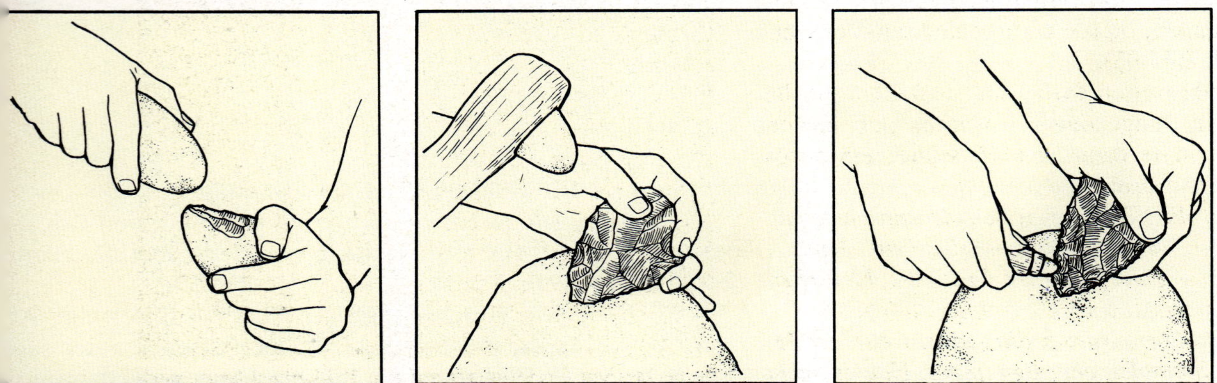

2 **Herstellung eines Werkzeugs.** Rekonstruktion.

Wohnen und Feuer

1 *Sprecht darüber, wie Menschen heute wohnen. Denkt dabei auch an andere Völker.*

2 *Überlegt, welches die wichtigsten Aufgaben der Wohnungen sind.*

3 *Betrachtet die Bilder, und tragt zusammen, was ihr über das Wohnen der Eiszeitmenschen wißt.*

Über Kleidung und Wohnung der Menschen in dieser frühen Zeit gibt es wenige Überlieferungen. In einigen Höhlen wurden Feuerstellen gefunden. Vor Höhlen und im Schutz der Felsen konnten Überreste von Lagerplätzen festgestellt werden. Im norddeutschen Flachland fanden Vorgeschichtsforscher Steine in ringförmiger Anordnung. Sie schlossen daraus, daß die Jäger und Sammler wohl Zelte aus Fellen aufgestellt hatten (Bild [2]). Man vermutet auch, daß auf den Jagdzügen Windschirme aus Zweigen oder Schilf gebaut wurden.

Die Menschen kannten aber auch schon andere Wohnungen. Bei einer Grabung fand man neben dem Feuerplatz eine Wohngrube. Sie hatte einen runden Grundriß mit ungefähr 2,50 m Durchmesser und war bis 1,70 m tief in den Boden eingegraben. Die Grube war wahrscheinlich mit einem Dach aus Zweigen und Fellen bedeckt.

Der Feuerplatz hatte Raum für 8 bis 10 Personen. Es ist eine kreisrunde Stelle mit flacher Vertiefung in einer dicken Schicht von Brandresten. Einen Meter von der Feuerstelle entfernt befand sich ein Haufen unverbrannter Mammutknochen; dieser Berg war der Stapelplatz des Feuerungsmaterials.

Das Feuer bedeutete für die Menschen Wärme, Licht und Schutz vor wilden Tieren und die Möglichkeit, das Essen zuzubereiten. Das Feuer wurde in den Wohnplätzen sorgsam gehütet. War es einmal ausgegangen, mußte man es mühsam neu entzünden (vgl. Bild [3]).

Andere Funde weisen darauf hin, daß Glut auf die Wanderungen mitgenommen wurde. Am neuen Lagerplatz konnte dann ziemlich schnell ein neues Feuer entfacht werden.

4 *Vergleicht die Wohnungen damals und heute.*

5 *Wiederholt, welche Bedeutung das Feuer hatte.*

6 *Überlegt, wie auch das Wohnen die Menschen zwang, in Horden oder Gruppen zu leben.*

7 *Sprecht darüber, warum die Lebensweise der Jäger und Sammler den Bau fester Häuser nicht zuließ.*

[1] **Eingang der Vogelherdhöhle.**

[2] **Rekonstruktion eines Zeltes von Gönnersdorf** (vgl. S. 13).

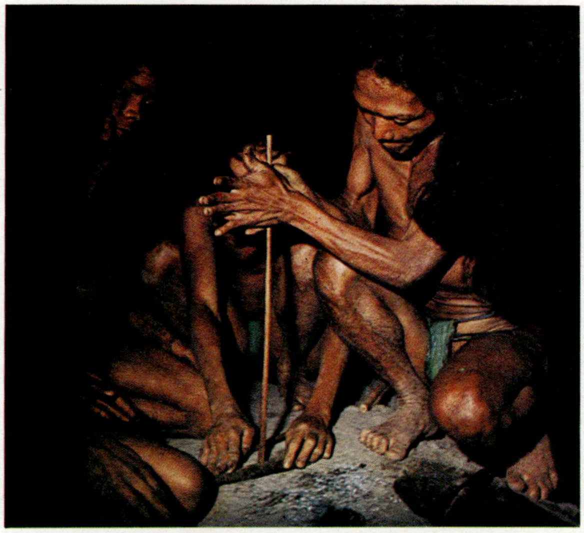

[3] **So machen Ureinwohner auf den Philippinen heute noch Feuer.** Foto.

1 **Steinkistengrab aus der Jungsteinzeit.** Ähnliche Bestattungen gab es schon in der Altsteinzeit.

2 **Fundorte frühgeschichtlicher Menschen.**

Die Religion der Jäger und Sammler

Durch eine Reihe von Funden wissen die Vorgeschichtsforscher, daß die frühen Jäger und Sammler Tote beerdigt haben. Sie gaben ihnen Schmuck, Werkzeuge, Lebensmittel und sogar Blumen mit ins Grab, obwohl die Lebenden alles, was sie besaßen, dringend brauchten. Was kann man daraus schließen?

Die Wissenschaftler heute deuten das so:

Der Urmensch glaubte an ein Weiterleben nach dem Tode, deshalb gab er den Toten die Dinge mit ins Grab, die er auch im Leben gebraucht hatte.

Man nimmt an, daß sich die Menschen gegenüber den Naturgewalten hilflos fühlten und Angst vor Blitz und Donner, Krankheit und Tod hatten. Sie werden sich gefragt haben, woher das alles kommt. Beim Nachdenken über diese Fragen kamen die damaligen Menschen vermutlich auf den Gedanken, daß übernatürliche Kräfte, Götter und Geister ihr Leben beeinflußten.

In diesem Gedanken liegt der Ursprung der Religionen.

1 *Faßt zusammen, was die Vorgeschichtsforscher zu der Vermutung geführt hat, die Urmenschen hätten eine Religion gehabt.*

Verbreitung der Menschen auf der Erde

Die Zeit der Jäger und Sammler nennt man auch die Altsteinzeit. Sie reichte von den ersten Menschen vor etwa 1000000 Jahren bis ungefähr 10000 v. Chr. Dann begann eine Veränderung, die sich langsam von Vorderasien nach Europa ausbreitete.

2 *Beschreibt mit Hilfe der Karte, in welchen Gebieten der Erde Menschen der Altsteinzeit lebten.*

In dieser frühen Zeit war Amerika noch menschenleer. Die Vorgeschichtsforscher nehmen an, daß die Menschen erst vor 15000 Jahren aus Asien nach Amerika eingewandert sind.

Zusammenfassung

Die ältesten Spuren von Menschen auf unserer Erde sind rund 1000000 Jahre alt. Wir wissen von den Menschen, daß sie Werkzeuge herstellten. Das Klima änderte sich in der langen Zeit mehrfach. Eiszeiten wechselten mit Warmzeiten.

Das Leben war damals ein ständiger Kampf um die Versorgung mit Nahrung, Kleidung und Unterkunft. Die Menschen gingen auf Jagd und sammelten pflanzliche Nahrung. Wir nennen die Menschen deshalb auch Jäger und Sammler.

Sie lernten das Feuer zu benutzen. Ihre Kleidung bestand aus Tierfellen. Sie mußten dem wandernden Wild nachziehen und hatten daher keine festen Wohnsitze. Sie waren Nomaden und hausten in Höhleneingängen, unter Windschirmen oder in Zelten. Die Menschen lebten zusammen in Horden, denn die Tiere konnten nur durch Gruppen von Jägern erlegt werden. Aus den Grabbeigaben kann man schließen, daß die Menschen der Eiszeit an ein Leben nach dem Tode glaubten.

Eine neue Zeit, die Jungsteinzeit

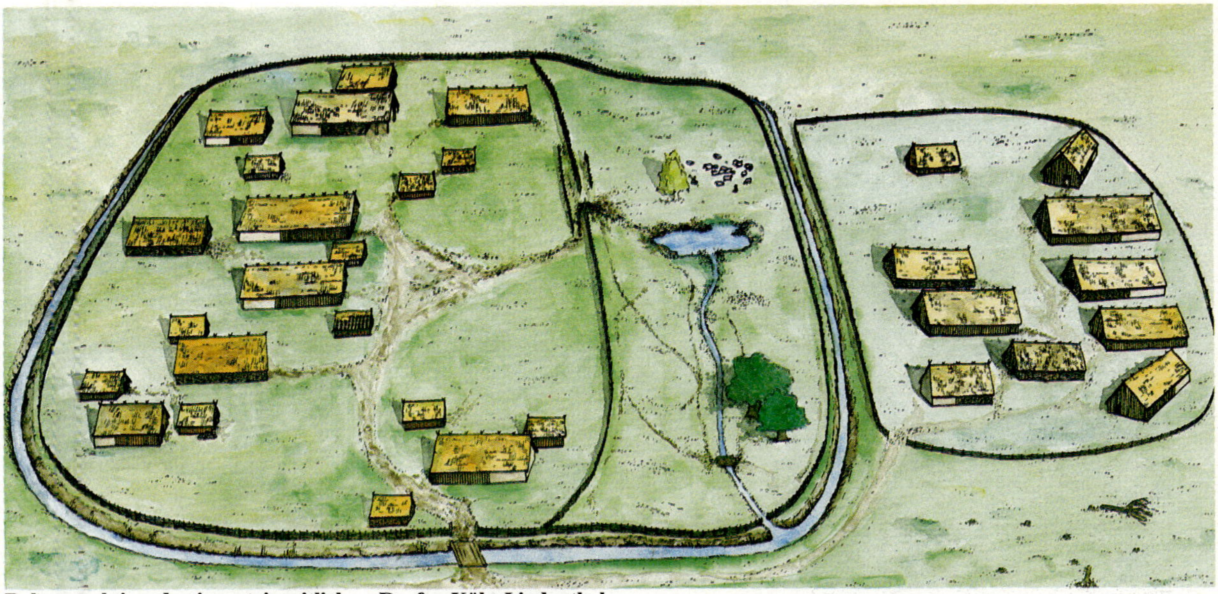

Rekonstruktion des jungsteinzeitlichen Dorfes Köln-Lindenthal.

Ein steinzeitliches Bauerndorf

In den Jahren 1930 bis 1934 wurde bei Köln-Lindenthal eine große wissenschaftliche Grabung durchgeführt. Die Forscher fanden:
Knochen von: Hund, Ziege, Schaf, Schwein, Rind, Wisent, Hirsch, Wildschwein, Elch, Reh, Bär; Pflanzenreste von: Gerste, Emmer und Dinkel (das sind einfache Weizenarten), Flachs, Mohn, Erbsen, Linsen; Werkzeuge: geschliffene und durchbohrte Steinbeile, Speere mit Steinspitzen, Steinmesser, Sicheln mit Feuersteinschneiden, Hacken, Grabstöcke, Reste von Holzspaten und Holzpflügen, Knochendolche, Bohrapparate mit Röhrenknochen als Bohrer, Handmühlen aus Stein, Spinnwirtel, Reste von Handwebstühlen; Scherben von gebrannten Tonwaren.

An den Verfärbungen in der Erde konnten die Forscher etwa 50 rechteckige Pfostenbauten feststellen. Die Bauten hatten Holzpfosten und Lehmwände mit Flechtwerk. Sie waren durchschnittlich 25 m lang und 5 bis 6 m breit.

Mehrere Schichten dieser Holzreste lagen übereinander. Zwischen den Holzschichten befanden sich dünne Erdschichten ohne Brandspuren.

1 *In dem Bericht über die Funde in Köln-Lindenthal werden Dinge aufgeführt, die die Jäger und Sammler der Altsteinzeit noch nicht kannten. Welche wichtigen Erfindungen haben die Menschen inzwischen gemacht?*

2 *Sucht Hinweise auf die Ernährung heraus. Welche Schlüsse könnt ihr daraus ziehen?*

3 *Stellt Vermutungen an über die Lebensweise der Menschen, die in dem vorgeschichtlichen Dorf gelebt haben. Vergleicht mit den Jägern und Sammlern.*

4 *Überlegt euch, wie der Raum im Haus für Menschen und Vieh aufgeteilt sein konnte.*

5 *Wie erklärt ihr die Erdschichten zwischen den Schichten von Holzresten in dem Fundbericht. Seht dazu noch einmal Abb. [2], Seite 11, an.*

Diese Zeit, in der die Menschen wie in Köln-Lindenthal gelebt haben, heißt die Jungsteinzeit.

Erntearbeit. Getreide wurde auf freien Flächen angebaut, manchmal auch zwischen Baumstümpfen. Das Korn wurde dicht unter den Ähren mit der Sichel abgeschnitten. Rekonstruktion auf Grund von Fundergebnissen.

Eine neue Wirtschaftsform

1 *Sprecht über das Bild und stellt zusammen, was die Altsteinzeitmenschen noch nicht kannten.*

Wie kann man das Entstehen der neuen Lebensweise erklären?

Das Klima wurde nach der letzten Eiszeit sehr viel wärmer, im Durchschnitt um 15 °C. Das hatte weitreichende Umwälzungen in der Tier- und Pflanzenwelt zur Folge.

Im Vorderen Orient kam es zu dieser Zeit zu reichen Regenfällen. Die Wildformen von Weizen und Gerste, die hier schon lange wuchsen, breiteten sich dadurch rasch aus. Bald gab es mehr Wildgetreide, als die Menschen in der kurzen Reifezeit verbrauchen konnten. So begannen sie Getreidekörner aufzubewahren. Sie legten Vorräte an. Diese Vorräte, die man wohl in Erdgruben aufbewahrte, schützten über Wochen und Monate vor Hunger. So blieben die Menschen bei ihren Vorräten. Es bestand keine Notwendigkeit weiterzuwandern.

Bei der Aufbewahrung der Getreidekörner – so vermuten die Wissenschaftler – machten die Menschen die Beobachtung, daß die Getreidekörner auskeimen und sich daraus neue Pflanzen und Früchte entwickeln. Diese Beobachtung führte sie dazu, selbst Samen in die Erde zu legen, um im Herbst wieder Körner zu ernten. Sie fanden heraus, daß sie mehr ernteten, wenn sie den Boden auflockerten und wenn sie den Samen von den größten Ähren nahmen. So züchteten sie aus den Wildformen ertragreiche Getreidesorten. Waren anfangs die Vorratsgruben der Grund, nicht weiterzuziehen, so kamen nun die bearbeiteten Felder dazu. Wenn die Menschen längere Zeit an einem Ort blieben, so lohnte es sich auch, festere Häuser zu bauen. Die Getreidepflanzer wurden seßhaft. Das geschah im Vorderen Orient um 10000 v. Chr. Etwa in der gleichen Zeit lernten die Menschen im Vorderen Orient auch, Schafe und Ziegen, später Schweine und Rinder zu zähmen und zu züchten. So waren die Menschen dort bei der Fleischbeschaffung nicht mehr auf das Jagdglück angewiesen. Aus Jägern und Sammlern waren Bauern und Hirten geworden.

In den Zeiten, die nicht für Landarbeit oder Hüten nötig waren, werden die Menschen auch weiterhin Wildfrüchte gesammelt und Wild gejagt haben.

2 *Überlegt, was es für Menschen bedeutet, wenn sie nun Getreide anbauen und Viehherden haben. Denkt dabei nicht nur an die Lebensmittelversorgung, sondern auch an das Wohnen und die nötigen Werkzeuge.*

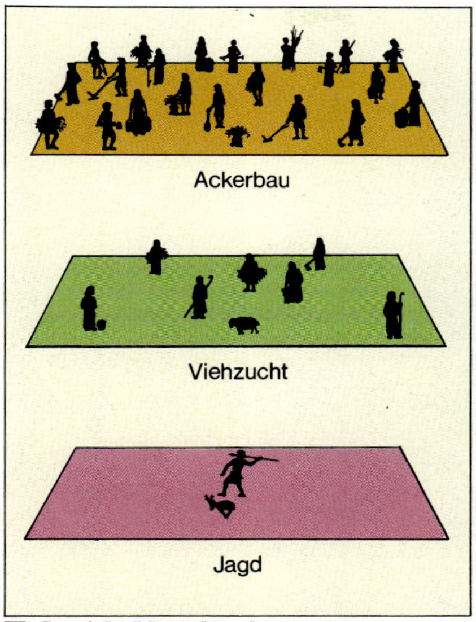

1 **So viele Menschen konnten auf 1 km² ernährt werden.**

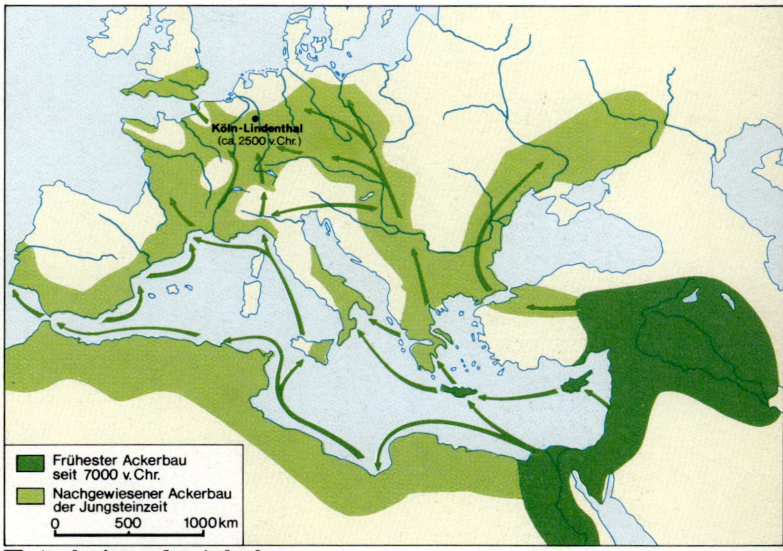

2 **Ausbreitung des Ackerbaus.**

Ausbreitung der neuen Lebensweise

1 *Beschreibt Grafik* 1.

2 *Begründet, warum beim Ackerbau so viel mehr Menschen von einem Quadratkilometer Boden ernährt werden können als bei der Jagd.*

Durch den Ackerbau und die Viehhaltung wurde die Ernährung sicherer. Es gab mehr zu essen. Dadurch wuchs die Bevölkerungszahl. Im 7. Jahrtausend v. Chr. reichte im Vorderen Orient das fruchtbare Land nicht mehr aus, um alle Menschen zu ernähren. So machten sich ganze Gruppen auf, um das bisher noch unbebaute Land für sich zu gewinnen.
Aus der Karte konntet ihr nur die Wege der Ausbreitung beschreiben, aber nicht, wie sie vor sich ging. Sehr frühe Funde in Nordafrika, in Griechenland und an der Rhonemündung lassen erkennen, daß die „Auswanderer" auf Schiffen oder großen Booten über das Mittelmeer kamen. Diese Fahrzeuge mußten groß genug sein, um neben den Menschen auch Nahrungsvorräte, Saatgut und Haustiere zu transportieren.
Wo fruchtbarer Boden gefunden wurde, ging man an Land, bebaute den Boden und baute Häuser. Nachkommende Gruppen mußten dann weiterziehen. Die Flußtäler waren beliebte Zugwege. So zog eine Welle nach der anderen immer weiter auf der Suche nach gutem Boden.
Wahrscheinlich haben die Jäger und Sammler, die in den Flußtälern schon wohnten, die Neuankömmlinge beobachtet und von den Hirten und Bauern gelernt. Manche von ihnen werden auch seßhaft geworden sein und das Land bearbeitet haben. Aber mit den herumstreifenden Jägern wird es auch manchen Kampf gegeben haben, wenn sie die Haustierherden als Jagdbeute angesehen haben.
Um 5000 v. Chr. können die ersten Ackerbauern und Viehzüchter im Rheingebiet nachgewiesen werden. In Köln-Lindenthal wohnten die ersten Bauern um 2500 v. Chr.

3 *Faßt mit Hilfe der Karte und des Textes zusammen, wie sich die bäuerliche Kultur ausgebreitet hat.*

4 *Erläutert den Satz: Viehherden sind lebende Vorräte.*

[1] **Bau eines Hauses in der Jungsteinzeit.** Die verschiedenen Arbeitsgänge, Errichten der Tragpfosten in Gruben, Verlegen der Dachkonstruktion, Herstellen der Flechtwände, Decken des Daches mit Schilf und Verputzen der Wände mit Lehm, werden hier zu gleicher Zeit gezeigt; damals wurden sie nacheinander ausgeführt. Rekonstruktion auf Grund von Fundergebnissen.

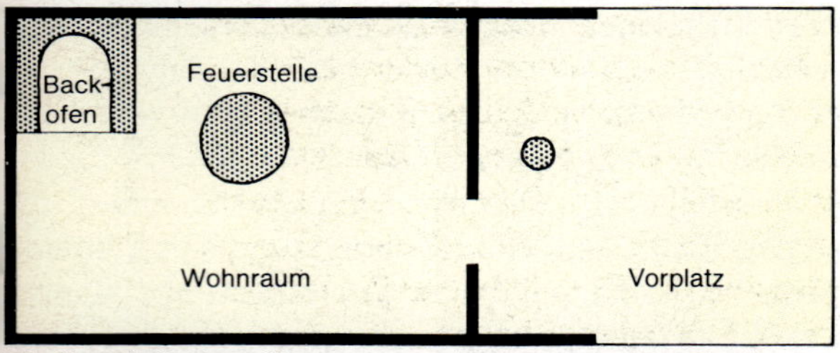

[2] **Grundriß eines Hauses von einer anderen Fundstelle.**

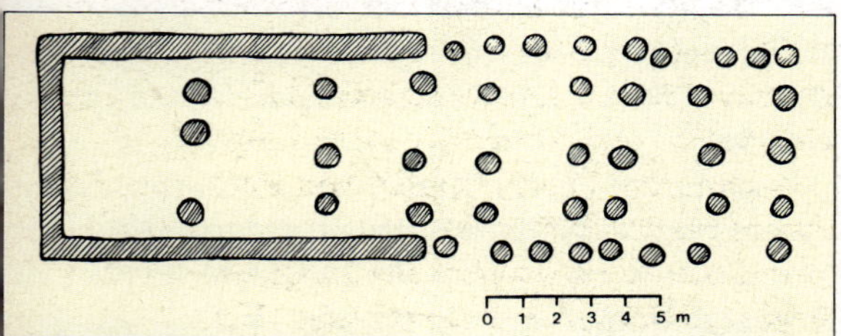

[3] **Grundriß eines Langhauses.**

Hausbau

1 *Beschreibt die Arbeitsgänge.*
2 *Stellt eine Liste der Baumaterialien auf, und überlegt, wie sie beschafft werden konnten.*
3 *Macht ein Planspiel: Ein Jungsteinzeithaus soll gebaut werden.*
4 *Vergleicht die beiden Grundrisse* [2] *und* [3].
5 *Überlegt, wie die Räume genutzt werden konnten (Schlafen, Kochen, Arbeiten, Vorräte aufbewahren, Vieh vor Unwetter schützen).*

Die Funde aus der Jungsteinzeit zeigen unterschiedliche Häuser. Es gab Einraumhäuser, in denen jeweils eine Familie wohnte. Dazu gehörten dann gesonderte Vorratshütten und oft auch Schutzbauten für das Großvieh. In anderen Gegenden gab es Dörfer, in denen Langhäuser standen wie in Köln-Lindenthal. In diesen Häusern war alles unter einem Dach untergebracht, was die Menschen zum Leben brauchten, Räume zum Wohnen, für die Vorräte und fürs Vieh.

In einem Dorf der Jungsteinzeit

Dorf der Jungsteinzeit. Darstellung aus dem Museum für Vor- und Frühgeschichte in Berlin.

Das Leben in jungsteinzeitlichen Dörfern

1 *Laßt diejenigen aus eurer Klasse, die ein Dorf unserer Tage kennen, berichten, wie heutige Dörfer aussehen.*

2 *Wenn ihr ausländische Mitschülerinnen oder Mitschüler habt, bittet sie, über Dörfer in ihrer Heimat zu berichten.*

3 *Sprecht über Ähnlichkeiten und Unterschiede.*

4 *Beschreibt das Bild des jungsteinzeitlichen Dorfes.*

Über das Zusammenleben in den Dörfern der Jungsteinzeit können wir nur Vermutungen anstellen. Aus den Bodenfunden wissen wir, daß die Menschen in Dörfern zusammengelebt haben.

Bei allen wird wohl gleich gewesen sein, daß die Häuser dicht beieinanderlagen, denn man mußte sich gegen umherschweifende Jägerhorden verteidigen. Deshalb war um das Dorf meistens ein Wall errichtet oder ein Graben gezogen worden. Die Dörfer lagen fast immer an einem Bach oder einem Teich.

Jede Familie baute ihre Nahrung an. Sie fertigte fast alle Geräte, die Werkzeuge und die Kleidung selbst. Die Frauen arbeiteten mit auf dem Feld, töpferten, spannen und webten, nähten die Kleidung; sie rieben auf einem Reibstein das Getreide zu Schrot und bereiteten die Mahlzeiten.

Die Männer machten Boden urbar, bearbeiteten den Acker, bauten Häuser, stellten Werkzeuge her, hüteten das Großvieh und gingen auf die Jagd.

In Dörfern wie Köln-Lindenthal haben in einem Haus wohl mehrere Familien zusammengelebt und gearbeitet. Wenn neue Äcker kultiviert, ein neues Haus gebaut oder der Wall ums Dorf erneuert werden mußte, dann werden sie wohl eng zusammengearbeitet haben.

Der Grundriß [2] der vorigen Seite zeigt eine andere Hausform und damit ein anderes Zusammenleben. Diese Häuser sind klein, sie haben praktisch nur einen Raum. Man nimmt an, daß in ihnen immer nur eine Familie gelebt hat. Daraus schließt man, daß die Menschen nicht in der größeren Gruppe gewirtschaftet haben, sondern jede Familie für sich. Jede hat einen Acker für sich bebaut.

In den Familien lebten und arbeiteten alle zusammen. Die Kinder gingen mit Vater oder Mutter und sahen ihnen bei der Arbeit zu, solange sie klein waren. Wurden sie größer, dann halfen sie bei allen vorkommenden Arbeiten. So konnten sie alles lernen, was zum Leben nötig war.

Die alten Menschen blieben in der Familie, halfen soweit sie noch konnten und wurden von den Jüngeren versorgt. So lebte die ganze Familie von dem, was sie gemeinsam erwirtschaftet hatte.

5 *Überlegt, worin sich das Dorfleben der Jungsteinzeit vom heutigen Dorfleben unterscheidet. Vergeßt dabei die Kinder nicht.*

[1] **Töpferwaren aus einem jungsteinzeitlichen Dorf.** Foto.

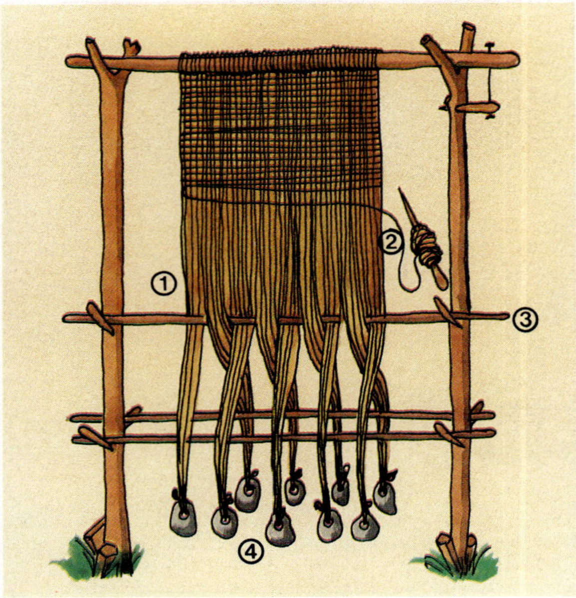

[2] **Webstuhl der Jungsteinzeit.** Rekonstruktion. ① Kettfäden, ② Schußfaden, ③ Weberkamm, ④ Gewichte.

Töpfern und Weben

In allen ausgegrabenen Siedlungen der Jungsteinzeit fanden die Vorgeschichtsforscher Töpferwaren. Wann und wo die Töpferei erfunden wurde, ist nicht genau bekannt, aber die einwandernden Bauern und Hirten kannten schon gebrannte Tonwaren. Die gebräuchlichste Technik war, daß von einem Stück gekneteter feuchter Tonerde ein flacher Boden hergestellt wurde. Aus kleinen Klumpen formten die Menschen Rollen und drückten diese dann ringförmig übereinander auf den Bodenrand. So entstand die Wand des Gefäßes. Nachdem die Wände glattgestrichen waren, mußten die Gefäße an der Luft trocknen. Sie wurden anschließend im Feuer gebrannt. Dadurch wurden sie hart. Man hatte Gefäße für viele Zwecke, z. B. für die Aufbewahrung des Korns, zum Kochen und zum Trinken.

1 *Beschafft euch Ton und formt Gefäße.*

2 *Erkundigt euch, wie heute Tongeschirr geformt und gebrannt wird. Berichtet darüber.*

3 *Vergleicht die Nutzung von Tongeschirr in der Steinzeit und heute.*

Die Funde von Spindeln beweisen, daß die Menschen in der Jungsteinzeit schon Garn gesponnen haben. Dazu verwendeten sie Flachs und Wolle.

4 *Beschreibt nach der Zeichnung [2], wie ein Stoff gewebt wird.*

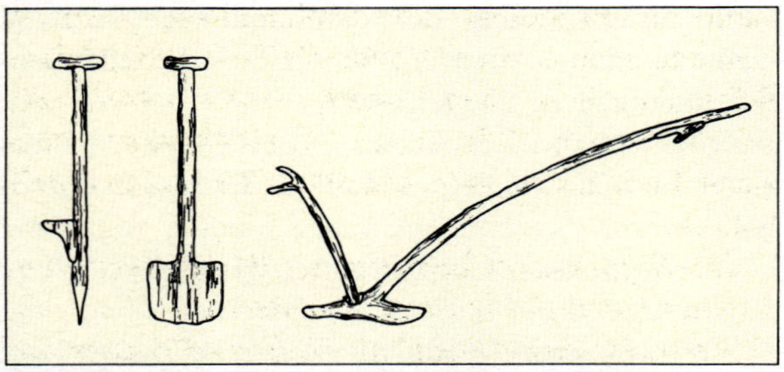

[3] **Grabstock, Spaten und Pflug.** Rekonstruktion.

Vom Grabstock zum Pflug

Auch für die Bearbeitung des Bodens hatten die Jungsteinzeitmenschen Werkzeuge entwickelt. Die Zeichnung [3] zeigt die Entwicklungsreihe.

5 *Überlegt, wie man mit den Geräten arbeiten kann.*

6 *Beschreibt die Vorteile, die der Spaten gegenüber dem Grabstock und der Pflug gegenüber dem Spaten brachte.*

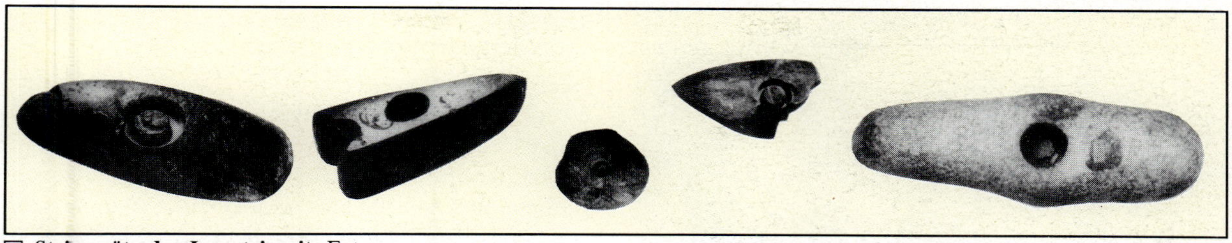

[1] **Steingeräte der Jungsteinzeit.** Foto.

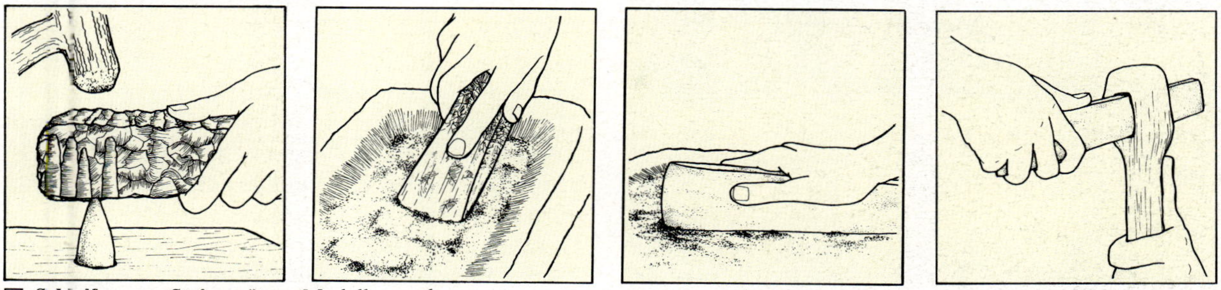

[2] **Schleifen von Steingeräten.** Modellversuch.

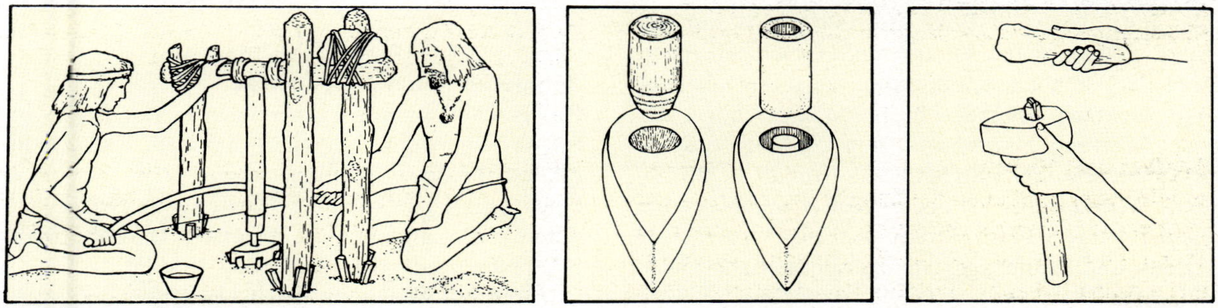

[3] **Bohren von Steinen.** Modellversuch.

Steinbearbeitung

1 *Vergleicht die Geräte auf Bild [1] mit den altsteinzeitlichen Geräten auf Bild [1], Seite 16.*

In der Jungsteinzeit erfanden die Menschen das Schleifen und Bohren. Damit konnten sie bessere Beile herstellen, die für die vielen Holzarbeiten sehr nützlich waren.
Die grobe Form des Beiles wurde aus einem Stein herausgeschlagen. Mit Hilfe von Sand und Wasser konnte dann die Oberfläche des Beils glatt geschliffen werden.

2 *Erläutert mit Hilfe des Textes die Zeichnung [2].*

Schwieriger war das Bohren eines Loches für die Befestigung des Stiels.

3 *Versucht die Arbeitsweise der Bohrmaschine, Bild [3], zu erläutern.*

Als Bohrstab diente ein Stück Rundholz. Auf das fertiggeschliffene Beil wurde Sand gestreut, der immer wieder angefeuchtet wurde. Darauf drehte sich der Bohrstab und schliff so allmählich ein Loch in den Stein. Man hat in Versuchen festgestellt, daß es etwa 100 Stunden dauerte, bis ein 4 cm dicker Stein durchbohrt war.
Die Suche nach einem schnelleren Verfahren führte dann zur Erfindung der „Hohlbohrung". Hierzu benutzte man keinen Vollholzstab, sondern einen Röhrenknochen. Nun blieb beim Bohren der „Kern" stehen. Mit dieser Technik konnte man einen 4 cm dicken Stein schon in 67 Stunden durchbohren.

4 *Überlegt, was es bedeutet, wenn die Herstellung eines Steinbeils so lange dauerte.*

5 *Versucht, einen Stein mit Hilfe von Wasser und Sand auf einer Steinunterlage glatt zu schleifen.*

[1] **Ein Hortfund.** Foto.

Handel

1 *Beschreibt Bild [1].*

Vorgeschichtsforscher kennen sogenannte „Hortfunde“. Darunter versteht man Fundstellen, in denen mehrere Gegenstände so zusammenliegen, daß sie zum gleichen Zeitpunkt vergraben worden sein müssen. Man vermutet, daß Händler ihre Waren vergruben, wenn sie in Gefahr gerieten.
Die Größe dieser Funde ist unterschiedlich. Es gibt solche mit mehr als 80 Steinbeilen. Diese Geräte hat man untersucht und festgestellt, daß sie Hunderte von Kilometern von ihrem Herstellungsort gefunden wurden. In Niedersachsen fand man z. B. in einem Hortfund Steinbeile, die in Mittelfrankreich hergestellt worden waren.

2 *Spielt, wie Händler in ein Steinzeitdorf kommen und Werkzeuge eintauschen wollen. Womit werden sie sich wohl „bezahlen“ lassen?*

Handwerk

Die Herstellung der Beile erforderte nicht nur viel Zeit, sondern auch Übung und Geschicklichkeit. Man darf annehmen, daß schon zu dieser Zeit die Arbeitsteilung begann. Für besonders schöne und gute Werkzeuge gab es schon Spezialisten, die ersten Handwerker. So fand man in einer steinzeitlichen Siedlung abseits der großen Langhäuser ein kleines Haus. Hierin befand sich eine große Zahl fertiger und halbfertiger Steingeräte und auch Rohmaterial.
Die Handwerker tauschten ihre Erzeugnisse gegen Lebensmittel. Aber sie werden auch nebenher noch Felder bearbeitet haben.

Bergwerke in der Jungsteinzeit

Zur Herstellung von Werkzeugen eigneten sich am besten Feuersteine, die frisch aus dem Kalkgestein herausgebrochen worden waren. Um an diese Feuersteine zu kommen, legten die Menschen schon in der Jungsteinzeit die ersten Bergwerke an.

3 *Beschreibt die Tätigkeiten auf Bild [2].*

4 *Überlegt, woher die ersten Bergleute ihre Nahrung bekamen.*

5 *Beschreibt die Zusammenhänge von Bergwerk, Handel, erstem Handwerk und Landwirtschaft.*

[2] **Ein Feuersteinbergwerk der Jungsteinzeit** (Rekonstruktion).

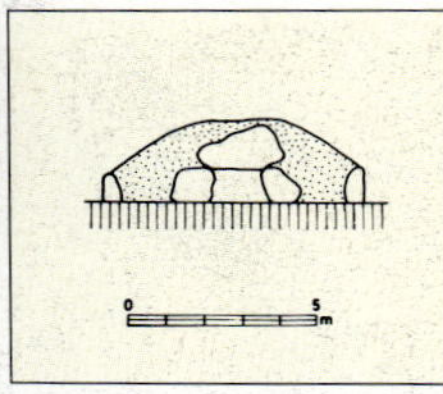

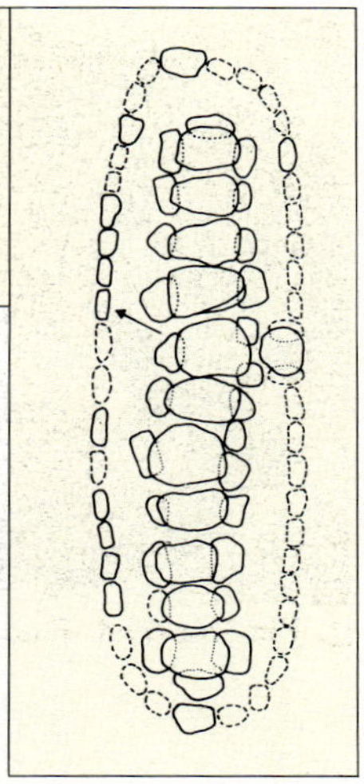

Großsteingrab „Große Slopsteene" bei Wersen, Kreis Steinfurt. Foto und Grundriß. Die nicht mehr vorhandenen Steine sind gestrichelt gezeichnet.

Grabsitten in der Jungsteinzeit

Die Menschen der Jungsteinzeit beerdigten ihre Toten auf verschiedene Weisen. Weit verbreitet waren die Großsteingräber. Aus großen Steinblöcken (Findlingen) bestanden die Grabkammern. In ihnen bestatteten die Dorfgemeinschaften ihre Toten mehrere Generationen lang. Grabbeigaben, wie Schmuck, Waffen und Nahrung, zeigen, daß die Menschen an ein Weiterleben nach dem Tode glaubten. Gegen Ende der Jungsteinzeit wurden die Toten in Einzelgräbern beerdigt.

Rangunterschiede entstehen

In den vielen Jahrtausenden der Altsteinzeit lebten die Menschen in kleinen Horden. Sie wählten wohl von Fall zu Fall Führer.

In der Jungsteinzeit aber lebten die Menschen in Europa in Dörfern. Einige Familien konnten, wie die Funde ausweisen, mehr Besitz ansammeln. Sie wurden reicher. Man vermutet, daß diese „Großbauern" in den Dörfern wichtige Führungsrollen spielten. Sie gewannen Ansehen und Macht.

Zusammenfassung

Am Beginn der Jungsteinzeit gab es umwälzende Veränderungen. Den Menschen wurde bewußt, daß sie sich besser ernähren konnten, wenn sie Nahrungsmittel selbst herstellten. Sie lernten, daß man aus Samen wieder Pflanzen ziehen kann, daß man um so mehr erntet, je besser man den Boden bearbeitet. Deshalb erfanden sie neue Arbeitsgeräte, den Grabstock, dann den Spaten und schließlich den Pflug. Die Menschen lernten in dieser Zeit aber auch Tiere zu züchten, Schafe und Ziegen, bald auch Rinder und Schweine. Damit wurde die Fleischversorgung sicherer. Aus Jägern und Sammlern wurden Bauern und Hirten.

Durch die neue Wirtschaftsform benötigte der Mensch nicht mehr seine ganze Kraft und Zeit für die Ernährung. Nicht alle Menschen mußten Bauern oder Hirten sein. Einige wenige konnten sich auf die Geräteherstellung spezialisieren und vom Tauschhandel leben.

Neue Techniken wurden entwickelt. Die Menschen lernten, Steine zu schleifen und zu durchbohren, um bessere Äxte zum Hausbau zu haben; sie lernten, Töpfe aus Ton zu brennen, um bessere Vorratsgefäße zu haben; sie lernten, Stoffe zu weben, um bessere und bequemere Kleidung herzustellen.

Der Bauer konnte nicht mehr als Nomade durchs Land ziehen. Er mußte dort wohnen, wo sein Acker war. Deshalb siedelten die Menschen jetzt an festen Wohnorten, bauten ihre Häuser in Dörfern, die sie oft mit Wall und Graben schützten.

In den Dörfern lebten die Menschen in Sippen und Familien zusammen. Man nimmt an, daß sich in dieser Zeit das Privateigentum zum ersten Mal gebildet hat.

Verbesserungen der Technik verändern das Leben (Bronzezeit)

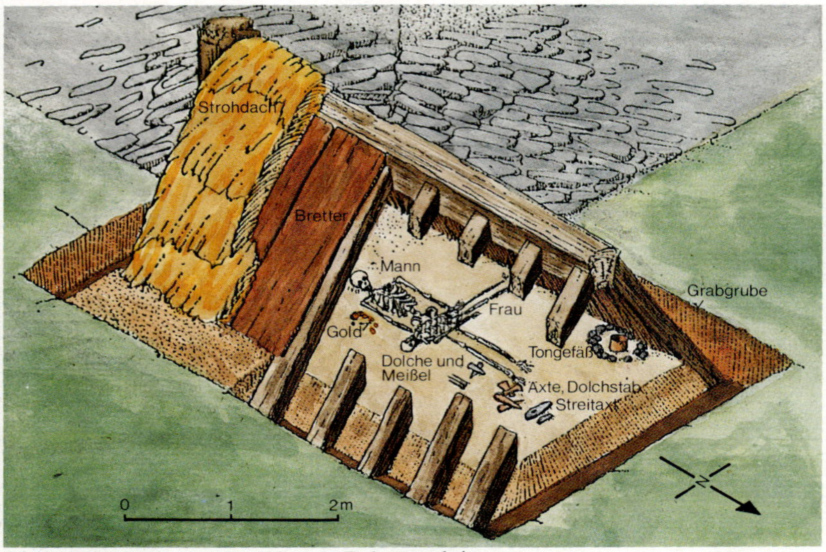

1 **Das Totenhaus von Leubingen.** Rekonstruktion.

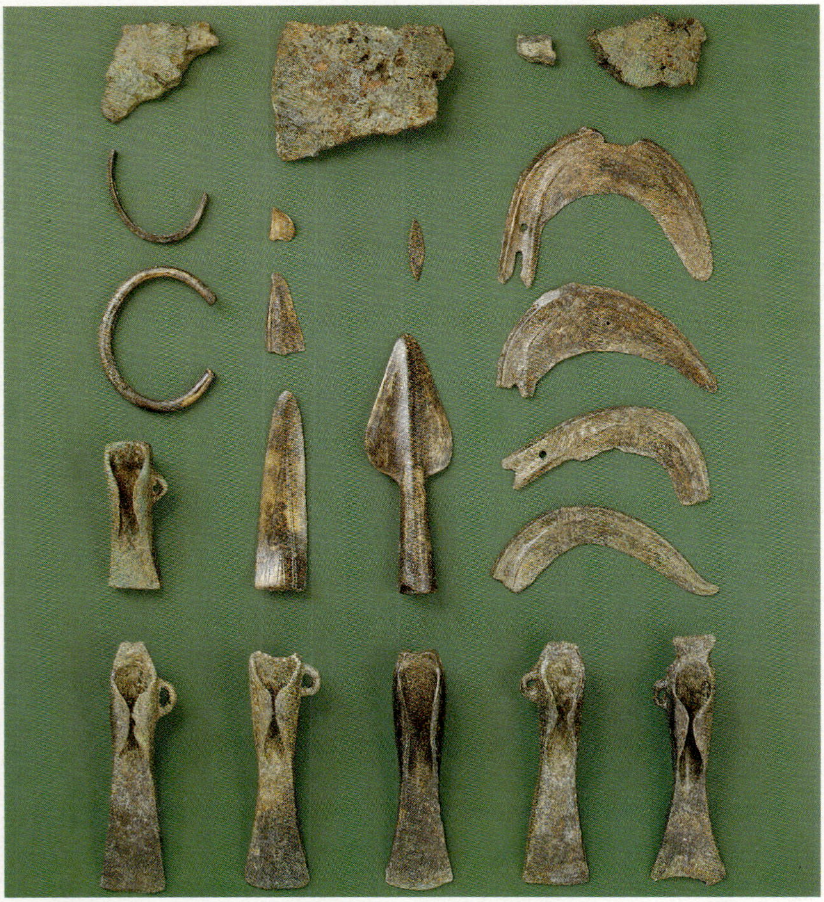

2 **Funde aus der Bronzezeit.** Foto.

Das Grab von Leubingen

Als man das Grab von Leubingen, Bezirk Erfurt (Bild 1), untersuchte, stellte man fest, daß es rund 3500 Jahre alt sein mußte. Die Forscher fanden in dem Grab die Überreste von zwei Menschen, einem Mann und einer Frau, die beide lang ausgestreckt lagen.

An Geräten wurden gefunden:

- reicher Goldschmuck
- Äxte, Dolche und Meißel aus Bronze
- Streitäxte aus Stein und
- Tongefäße.

1 *Überlegt, was in diesem Grab gegenüber der Steinzeit neu ist.*

2 *Vergleicht die Steinwerkzeuge (Bild 1, S. 25) mit den Bronzegeräten auf dieser Seite.*

3 *Denkt über Vor- und Nachteile der Metallwerkzeuge nach.*

4 *Vermutet, ob wohl alle Gräber jener Zeit so reiche Beigaben hatten. Begründet.*

Mit der Bearbeitung von Metall setzt ein neues Zeitalter ein. Weil in dieser Zeit Bronze das wichtigste Metall war, nennt man sie Bronzezeit.
Aber auch in dieser Zeit wurden noch viele Geräte aus Stein hergestellt und gebraucht. An die Bronzezeit schließt sich dann ab 800 v. Chr. die Eisenzeit an.

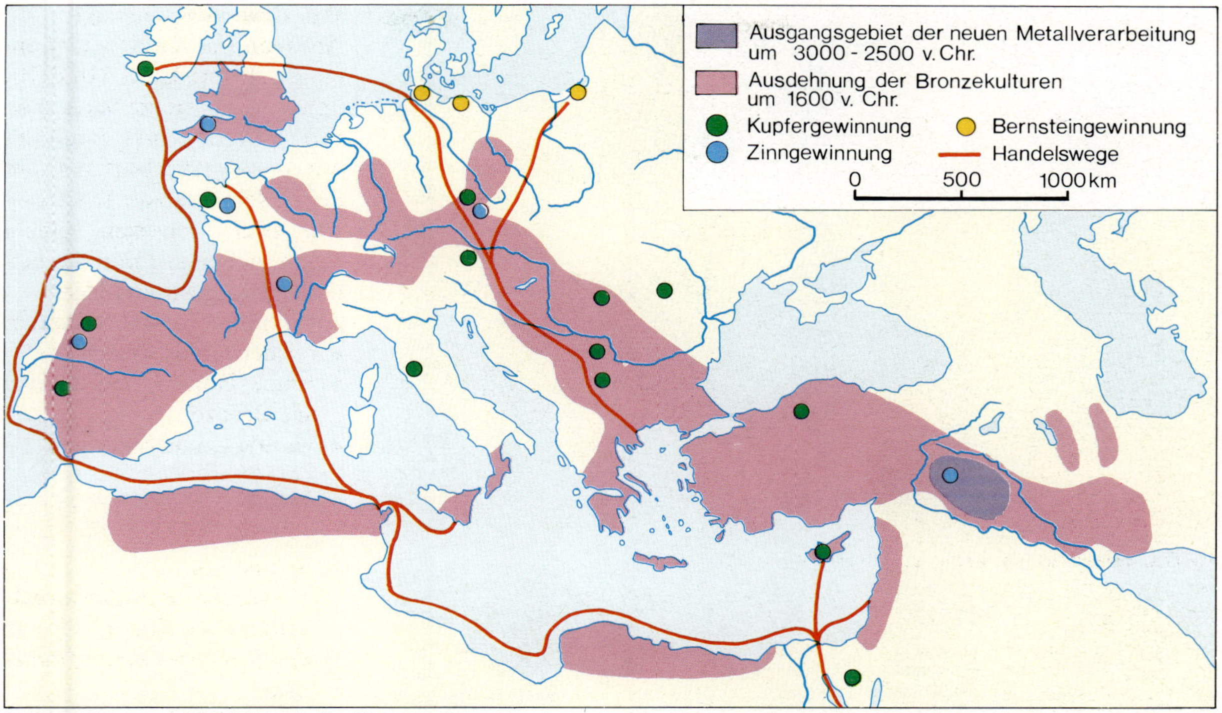

Bodenschätze und Handelswege der Bronzezeit.

Neuer Fortschritt durch das Metall

Die Forscher konnten bisher nicht feststellen, wann und wo Menschen das erste Metall bearbeitet haben. Die ältesten bekannten Metallgeräte stammen aus dem Raum des östlichen Mittelmeeres. Sie sind aus Kupfer. Weil Kupfer sehr weich ist, verbiegen sich die Geräte sehr leicht. Deshalb waren die Kupfergeräte den steinernen nicht überlegen. Erst als man Kupfer durch Zusatz von Zinn härten und damit Bronze herstellen konnte, setzte sich das Metall durch.

Vor rund 3500 Jahren war dieses Metall auch in Mitteleuropa verbreitet.

Erze gab und gibt es nicht überall. Auf der Karte oben sind die Hauptabbaugebiete für Kupfer und Zinn eingetragen.

1 *Beschreibt die Fundgegenden.*

2 *Überlegt, wie die Hirten und Bauern in unserer Gegend an die Bronze gekommen sein könnten.*

Schon in der Jungsteinzeit gab es Fernhandel. Dieser wurde nun ausgebaut.

Aufgrund der Funde lassen sich regelrechte Handelswege beschreiben. Sie sind in der Karte eingezeichnet. Die Händler fuhren vor allem auf den Strömen wie Rhein, Elbe und Donau. Sie benutzten aber auch die Pfade an den Abhängen der Täler.

An vielen Stellen dieser Wege wurden Hortfunde gemacht. So hat man in Bad Homburg v. d. Höhe einen Hort mit Hunderten von Lanzenspitzen, Sicheln, kleinen Äxten, Messern, Ringen, Armbändern und Haarnadeln aus Bronze gefunden. Bei Achenbach am Bodensee enthielt ein Hort über einen Zentner Bernstein, und bei Breslau fand man bei drei dicht beieinander liegenden Fundstellen fast 27 Zentner Rohbernstein. Aber die meisten bekannten Hortfunde enthielten nur einige Dutzend Gegenstände. Warum die damaligen Besitzer ihre wertvollen Waren nicht wieder abholten, weiß man nicht genau.

Neben Bronze und Bernstein wurde auch Salz über große Entfernungen gehandelt.

3 *Vermutet, wie wohl der Handel vor sich gegangen sein kann.*

4 *Überlegt, womit die Bauern die Bronzegeräte „bezahlt" haben können.*

5 *Stellt Gründe zusammen, mit denen der Händler für seine Bronzewaren geworben haben könnte.*

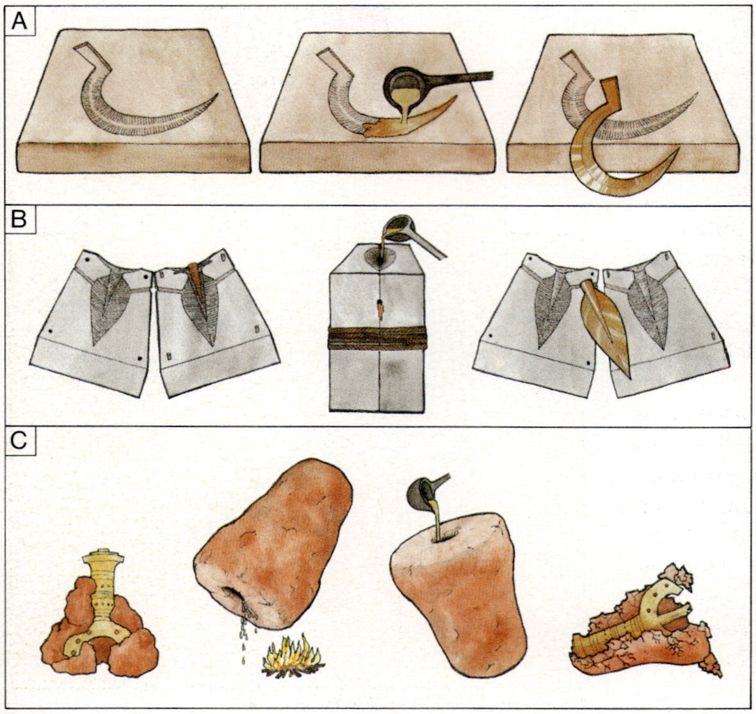

Unterschiedliche Gußtechniken.
Rekonstruktion.

Drei Gußtechniken sind wichtig.
A **Der offene Herdguß:** In eine offene Stein- oder Tonform wird die Bronze gegossen. Die in solchen Formen gegossenen Geräte sind nur auf einer Seite geformt.

B **Der Schalenguß:** Zwei gleiche Formen werden aneinandergefügt, die Bronze wird oben eingegossen, Luft entweicht durch eine zweite Öffnung. Diese Technik ermöglicht eine Formung auf beiden Seiten des Gerätes.

C **Gießen in der verlorenen Form:** Aus Wachs wird ein Modell des Gegenstandes geformt und mit Ton umkleidet. Dabei läßt man Öffnungen im Ton für das Eingießen der Bronze und den Luftaustritt. Dann wird die Form erhitzt, das Wachs ausgegossen und die Form gebrannt, damit sie fest wird. In diese Form wird die Bronze gegossen. Nach dem Abkühlen muß man die Form zerschlagen, um das Bronzestück zu erhalten.

Wie Bronze hergestellt wurde
Viele bronzezeitliche Bergwerke sind von den Archäologen ausgegraben worden. Man fand z. B. in Spanien in einer Kupfergrube 20 tote Bergleute aus der Bronzezeit, die während einer Arbeitspause von niederstürzendem Gestein erschlagen worden waren. Kleidung, Geräte, Werkzeuge und Lampen sind von diesem, aber auch von anderen Schächten bekannt. Daher weiß man, wie die Bergleute damals arbeiteten. Soweit es ging, arbeiteten die Bergleute im Tagebau. Lagen die erzführenden Schichten aber zu tief, gruben sie einen Schacht und erweiterten ihn unten, wo die Erze lagen, zu großen Räumen. Behauene Baumstämme dienten als Treppen; mit einer Winde und Seilen wurden die Körbe mit Erz herausgefahren.
Mit starkem Feuer erhitzten die Bergleute die Gesteinswand, dann schütteten sie kaltes Wasser dagegen. Dadurch wurden die Steine spröde und brüchig. In die Spalten trieb man Holzkeile, die mit Wasser begossen wurden. Sie quollen auf und sprengten das Erz ab. Über Tage wurde das Erz weiterverarbeitet.
Das Erz wurde in „Hochöfen" ausgeschmolzen. Dazu schichtete man abwechselnd Erz und Holzkohle zu einem mannshohen Haufen auf, den man mit Lehm abdeckte. Je ein Loch im Lehmmantel oben und unten sorgte für den Durchzug. Außerdem führte man mit einem Blasebalg Frischluft zu, dadurch erhöhte man die Temperatur im Ofen. Das geschmolzene Metall floß unten aus dem Ofen in vorbereitete Formen aus Lehm und erkaltete. Jetzt waren die Barren fertig.
Um Geräte oder Waffen herzustellen, schmolz man Zinn und Kupfer zusammen, dadurch erhielt man Bronze. Die wurde dann in Formen gegossen. Archäologen haben ausgerechnet, daß ein Kilogramm Kupfer den Gegenwert von ungefähr zwanzig Arbeitstagen eines Mannes hatte.

1 *Überlegt, was es für die Bauern bedeutete, daß ein Kilogramm Kupfer den Wert von 20 Arbeitstagen hatte.*

2 *Beschreibt die Arbeitsgänge, die nötig sind, um eine Bronzesichel, eine Speerspitze und eine Bronzefigur herzustellen.*

3 *Vergleicht die Arbeitsvorgänge in den verschiedenen Techniken. Welche mag man für Massenwaren benutzt haben?*

Unterschiedliche Geräte in der Bronzezeit

In der Bronzezeit veränderte sich vieles im Leben der Gemeinschaft. Die Bauern ernteten mehr Lebensmittel, als sie selbst verbrauchten. Die Herden wurden größer. Tiere konnten gegen andere Güter eingetauscht werden. So mußten nicht mehr alle Menschen Ackerbau und Viehzucht betreiben. Die Überschüsse an Lebensmitteln erlaubten es, daß Handwerker und Bergleute sich die meiste Zeit ihren Berufen zuwenden konnten. Sie tauschten das, was sie erzeugten, gegen Lebensmittel ein. Der schon in der Steinzeit entstandene Handel weitete sich aus.

Alle Menschen wollten die besseren Waffen und Geräte aus Bronze haben. Aber das Metall gab es nicht überall, und besonders gute Geräte konnten nicht alle Bronzearbeiter herstellen. So fanden sich Händler, die mit den begehrten Waren über Land zogen und ihre Güter gegen andere eintauschten. Wer Metall bearbeitete und mit Metall handelte, nahm in den Dorfgesellschaften eine besondere Stellung ein. Er konnte Besitz ansammeln, wurde reicher und wohl auch angesehener.

In den Gebieten, in denen die Bronze verarbeitet und benutzt wurde, fand man Gräber wie das von Leubingen (S. 28). Sie wurden Fürstengräber genannt, weil sie mit großen Reichtümern ausgestattet waren. In ihnen fand man neben anderen Gütern teuren Goldschmuck, kostbare Bronzewaren, sogar Glasperlen aus Ägypten. Die Forscher vermuten, daß aus der Reihe der sogenannten Großbauernfamilien einige zu solchen Fürstenfamilien wurden. Man nimmt an, daß sie genug Lebensmittel produzierten, um zusätzlich Männer auf dem Hof zu halten. Das waren Männer, die keinen eigenen Hof und noch keine eigene Familie hatten. Mit diesen konnten die Bauernfürsten die Dörfer und ihre Umgebung vor räuberischen Einfällen schützen, aber auch selbst auf Beute ausziehen. Sie konnten aber auch die Händler in ihren Gebieten schützen. Dafür werden die Händler gezahlt haben. In den Gebieten, in denen die Fürsten für Schutz vor Überfällen sorgten, gewannen sie auch nach und nach politische Macht.

Die Vorgeschichtsforscher haben viele Skelette gefunden, an denen man erkennen konnte, daß die Menschen immer wieder Hungersnöte erlitten haben. Wir können uns vorstellen, daß Dürre und Überschwemmungen, Unwetter und Frost die Ernten und die Herden vernichtet haben. Die Menschen fühlten sich abhängig von den Kräften der Natur. Diese Naturkräfte wurden als Götter und Göttinnen verehrt. Aus Funden weiß man, daß ihnen Tiere und Nahrungsmittel, Waffen und Geräte geopfert wurden. Damit versuchten die Menschen, die Göttinnen und Götter freundlich zu stimmen.

Beim Opfern war es wichtig, sich richtig zu verhalten und die richtigen Sprüche aufzusagen. Im Laufe der Jahre hatte sich eine Gruppe von Spezialisten für den Opferdienst gebildet, die Priesterinnen und Priester. Sie hatten oft ebensoviel Macht über die Menschen wie Fürsten, weil sie die Wünsche der Menschen ihren Göttern vortragen, aber auch mit dem Fluch drohen konnten.

Priesterinnen und Priester spielten eine wichtige Rolle im Leben der Bronzezeitmenschen.

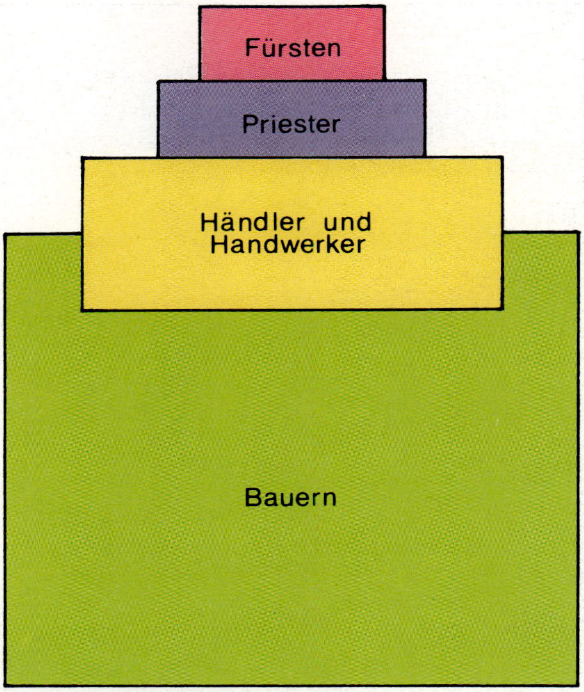

Gesellschaftsordnung der Bronzezeit.

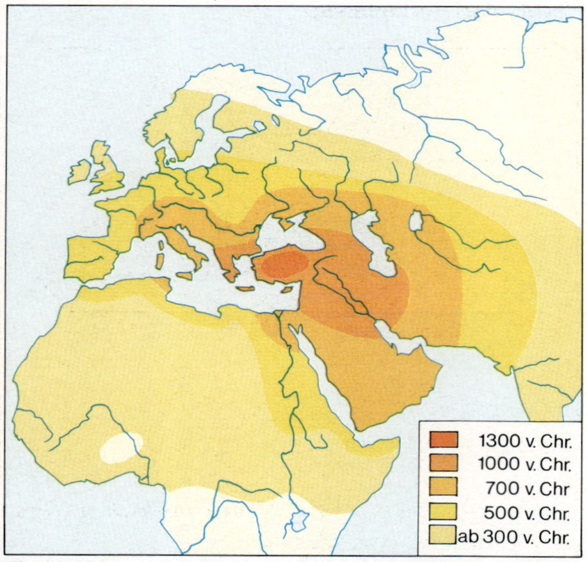

[1] **Ausbreitung der Eisengewinnung und Eisenverarbeitung.**

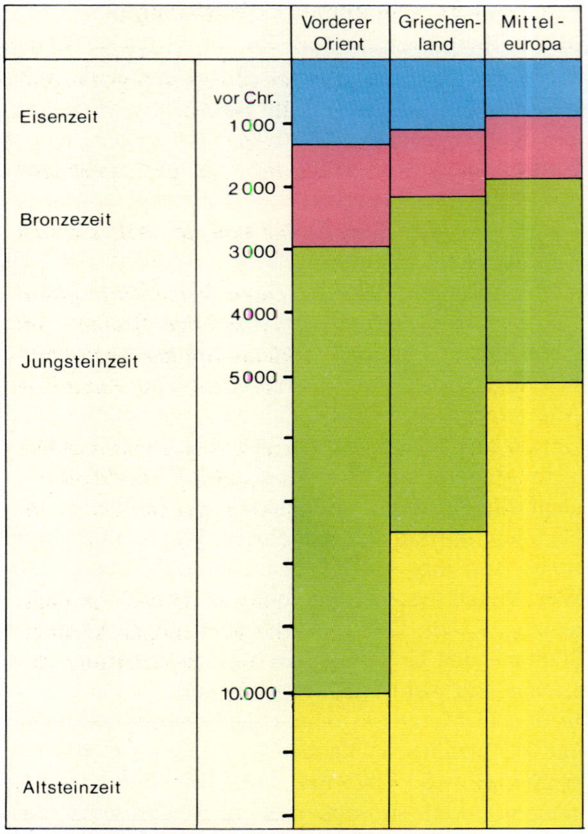

[2] **Dauer der Kulturen in verschiedenen Gebieten.**

Die Eisenverarbeitung – ein Beispiel für die Ausbreitung kultureller Techniken

Die Karte zeigt, wie sich die Technik der Eisenbearbeitung von Kleinasien ausbreitete. Die Besitzer von eisernen Waffen waren ihren Nachbarn überlegen. Sie breiteten sich aus. Das geschah entweder durch Eroberungen oder dadurch, daß sie ihre Erfindungen oder Ideen den Nachbarvölkern bekannt machten.

1 *Erläutert die Karte [1].*
Beschreibt, welche Gebiete gleichzeitig Kenntnis von der Eisenbearbeitung hatten und wie lange es dauerte, bis die Technik aus dem Gebiet der heutigen Türkei bis nach Nordeuropa kam.

2 *Vergleicht die Ausbreitung der Eisenbearbeitung mit der des Ackerbaus (Karte S. 21).*

3 *Sprecht über die Grafik [2]. Beachtet dabei:*
- *die Dauer der einzelnen Zeiten in den verschiedenen Gebieten,*
- *die Schnelligkeit der Ausbreitung der Neuerungen,*
- *die Gleichzeitigkeit der verschiedenen Kulturen.*

Zusammenfassung

Funde aus der Bronzezeit deuten darauf hin, daß die Bauern und Hirten mehr Lebensmittel produzierten, als sie selbst verbrauchten. Dafür konnten sie die wertvollen Metallwaffen und Geräte, aber auch Schmuck eintauschen.
Händler trieben den Tauschhandel mit Metallwaren, Bernstein und Salz. Weite Strecken wurden dabei überwunden.
Der neue Werkstoff, die Bronze, verlangte wegen der komplizierten Herstellungs- und Bearbeitungstechnik Spezialisten. So kann man von den ersten Handwerkern, den Gießern und Schmieden, aber auch von den Bergleuten sprechen.
Die Bodenfunde zeigen deutlich, daß in der Bronzezeit nicht mehr alle Menschen eines Dorfes sich gemeinsam versorgten wie vorher die Jäger und Sammler.
Die Unterschiede wurden größer. Es gab Arme und Reiche, seßhafte und wandernde Menschengruppen. Es gab Bauern, Handwerker, Händler und Priester.

Ein Jäger braucht ein neues Werkzeug

Auf der Jagd ist ein Faustkeil verloren gegangen. Ein neuer muß hergestellt werden.

– *Sucht euch passende Steine.*
– *Probiert, welche Steine sich gut bearbeiten lassen.*
– *Sammelt mehrere Steine von der Art, die sich gut bearbeiten läßt.*
– *Legt einen Stein auf einen festen Untergrund und versucht, durch vorsichtige Schläge mit einem anderen Stein kleine Splitter abzuschlagen. Gebt so eurem Werkzeug eine handliche und spitze Form.*
– *Schärft nun die Kanten, indem ihr mit einem kleinen Stein Splitter vom Rand abschlagt.*
– *Prüft, ob man die abgeschlagenen Splitter als Werkzeug benutzen kann.*

\+ Wenn man Steine gegeneinander schlägt, springen Splitter ab, die weit fliegen können. Deshalb müßt ihr bei der Bearbeitung der Steine eine Schutzbrille tragen.

Nichts darf verkommen

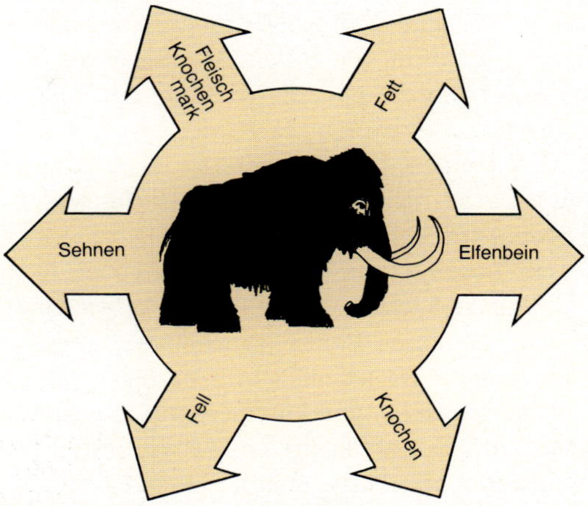

– *Wozu konnten die Steinzeitmenschen ihre Jagdbeute verwenden?*
Nahrung, Kleider, Fäden, Schnüre, Waffen, Schmuck, Geräte, Werkzeuge, Zeltdecken, Heizmaterial, . . .
– *Zeichnet das Bild ab und tragt die Verwendungszwecke in eure Zeichnung ein.*

Probleme beim Hausbau

Als die Menschen die ersten Häuser bauten, mußten sie vieles erfinden und ausprobieren.

– *Wie kann man Baumstämme als Balken miteinander verbinden?*
– *Wie kann man Balken im Boden befestigen?*
– *Wie kann man eine Wand so bauen, daß sie stabil ist und keinen Regen durchläßt?*
– *Ist ein schräges Dach oder ein flaches besser?*
– *Welche Materialien eignen sich am besten zum Decken des Daches?*
– *Wie kann man die Dachdeckung befestigen?*
– *Setzt euch zusammen, und knobelt Antworten aus. Wenn ihr Bilder und Texte in diesem Buch beachtet, findet ihr manchen Hinweis.*
– *Ihr könnt auch Material sammeln und ein Modell bauen.*

Vier Jungen und ein Hund

Am frühen Nachmittag jenes Septembertages durchstreiften Marcel, Georges, Jacques und Simon das Eichenwäldchen im Süden von Montignac und näherten sich der Hügelkuppe, die Kiefern trägt. Der Hügel Lascaux war ihr bevorzugtes Revier.

Sie hatten einen Hund dabei. Er hieß Robot und gehörte Simon, dem jüngsten der vier Jungen. Simon ließ Robot frei laufen, auch im Wald . . .

Die vier Jungen hatten kein bestimmtes Ziel. Es gefiel ihnen, daß die Kiefernstämme in der Herbstsonne kupfern glänzten. Ihren Füßen tat wohl, wie geschmeidig der Sandboden bei jedem Schritt nachgab. Sie ließen die Blicke schweifen und kümmerten sich nicht einmal um Spuren. Es gab kaum Unterholz, zwischen den Stämmen war viel Platz, man konnte weit sehen.

Die Jungen waren schon über die Eichen hinaus, da blieb Marcel stehen. Er schaute um sich. Er trat einige Schritte zurück und spähte nach allen Seiten.

„Ich sehe Robot nicht mehr", sagte er. „Wo ist Robot?"

„War eben noch da", sagte Jacques.

„Keine zehn Schritt vor mir war er", versicherte Georges.

„Moment", sagte Simon. Er pfiff.

Die vier standen mit erhobenen Köpfen. Nichts bewegte sich. Simon pfiff noch einmal, sein Pfiff zerschnitt die Stille. Sie schloß sich wieder wie ein Vorhang. Robot kam nicht zum Vorschein.

„Keine fünf Sekunden, daß ich ihn sah", sagte Jacques.

Marcel ermunterte Simon: „Pfeif noch einmal!"

„Hat keinen Sinn", sagte Simon. Er blickte ratlos um sich.

Georges meinte: „Er kann doch nicht einfach vom Erdboden verschwunden sein!"

„Warum nicht?" fragte Marcel. „Vielleicht hat ihn die Erde verschluckt."

„Red nicht so dummes Zeug!" tadelte ihn Jacques, der bemerkt hatte, wie tief erschrocken der kleine Simon war.

Simon faßte Georges am Arm: „Wo hast du ihn gesehen, zuletzt?"

Georges ging zu der Stelle hin, die andern hinter ihm drein. Es war nur ein niedriger Strauch da, aber in ihm steckte er nicht, das war leicht zu sehen. Plötzlich war Simon auf seinen Knien und tastete den Boden ab. Er hatte unter dem Strauch ein schmales Loch entdeckt. Moosfetzen hingen hinein. Er riß das Moos weg. Er hob Steine ab. Marcel sah, daß die Strauchwurzeln im Weg waren, und zog sein Messer.

„Laß dir helfen", sagte er zu Simon. „Und mach dir keine Sorgen!" fuhr er fort, während er unter den Wurzeln aufräumte. „Er kann gar nirgendwo anders sein als in dem Loch. Wir werden ihn gleich heraushaben."

Marcel arbeitete mit raschen Schnitten. Bald war das Loch so groß, daß er Kopf und Schultern hineinstecken konnte.

„Hat ihn tatsächlich verschluckt", stellte er fest, als er den Kopf wieder herausgezogen hatte.

„Was für ein wüster Schlund!" sagte Georges. Marcel hatte Sand und Wurzelfasern in den Haaren.

„Hast du nichts gehört?" fragte Simon. „Robot meldet sich doch sofort, wenn einer von uns in seine Nähe kommt."

„Es geht tiefer hinunter", berichtete Marcel. „Und es ist verdammt eng."

„Ich komm am leichtesten durch", erbot sich Simon und versuchte Marcel wegzuschieben. Marcel ließ sich nicht vom Loch abdrängen. „Wer weiß, wie weit es hinuntergeht!" wandte er ein.

„Sicher ein Fuchs- oder Dachsbau, in den kommst du nie", sagte Jacques. „Aber Robot kommt bestimmt gleich wieder."

Sie warteten. Robot kam nicht.

„Er kommt nicht!" sagte Simon, „warum kommt er denn nicht?!"

„Vielleicht gibt's mehrere Ausgänge", meinte Georges.

„Das ist kein Fuchs- oder Dachsbau", sagte Marcel. „Das ist etwas ganz anderes. Und ich werde gleich herausbringen, was."

Als Simon nochmals versuchte, sich vorzuschieben, sagte Marcel: „Ich weiß jetzt schon, was das ist. Nämlich eine Höhle, aber eine, bei der niemand voraussagen kann, wie groß sie ist und wie weit es hinunter geht. Man hat schon öfter solche Höhlen gefunden. Meine Sache, hier nach dem Rechten zu sehen."

Die Jungen beschließen, sich erst Seile und Lampen zu holen. Am nächsten Tag können sie in die Höhle einsteigen.

Nach einer Nacht, in der Simon kaum ein Auge zumachte, brachen sie, mit Seil und Lampe ausgerüstet, zum Hügel Lascaux auf. Vor dem Einschlupf seilte sich Marcel an. Mit brennender Lampe schob er sich in das Erdmaul. Die anderen krochen vorsichtig hinterher und hielten das Seil fest.

Zum Weiterlesen

Marcel leuchtete, als er sich weit genug vorgeschoben hatte, in die Höhle. Er sah einen geräumigen Saal. An die sieben Meter ging es hinab. „Haltet jetzt das Seil fest!“ rief Marcel zurück, „und gebt langsam nach!“
Zwar wurden einige Steine mit in die Tiefe gerissen – aber abgesehen von einigen Schrammen kam Marcel heil unten an. Auch Simon und Jacques gelangten mit Hilfe des Seils gut auf den Boden der Höhle. Für Georges bauten die drei eine lebendige Leiter. „Wieviel Platz hier ist!“ staunte Jacques. „Ein ganzer Saal!“
Als es ganz still war, pfiff er. Sie hörten, wie der Pfiff von einer Höhlenwand der anderen zugeworfen wurde, bis er tief drin im Berg verschwand. Aber er verlor sich nicht. Er fand Robot. Robot kam angerannt, sie hörten seine weiten Sätze, noch ehe sie ihn sahen. Er sprang so wild an Simon hoch, daß er ihn fast umwarf. „Ruhig, Robot!“ sagte Simon immer wieder, kniete bei ihm hin und klopfte seine Flanke. Robot blickte Simon an: Die Erde hat mich einfach verschluckt. Uns alle, sagte der schwarze Glanz in den Augen, als Robot einen um den andern ansah, uns alle hat die Erde verschluckt. Aber jetzt sind wir wieder zusammen. Das ist gut
Ja, das ist gut, dachte Marcel. Und er dachte für sich: Kein Mensch weiß jetzt, wo wir sind. Er sagte es nicht. Er leuchtete in den hohen Gang, aus dem Robot zu ihm zurückgekommen war. Der Schein der Lampe tastete die Wände hinauf, huschte über die Decke, aus der ein breiter Mittelstreifen herausgebrochen war und in Trümmern auf dem Boden lag. Die Seitenwände hatten oben scharfe Ränder.
Wie in einer Schlucht, dachte Marcel, und der Himmel drüber aus Fels; es sind schwere Wolken, die sich noch nie bewegt haben, Wolken aus Stein. Seit es sie gibt, hat sie nie ein Windhauch getroffen, nicht ein Strahl der Sonne.
Marcel behielt diese Gedanken für sich. Die anderen könnten sich fürchten, überlegte er: Wenn ihnen aufgeht, wie allein wir hier unten sind . . .
Das Licht der Lampe breitete sich über die Wand zur Linken aus. Wer weiß, ob hier jemals ein Mensch war, dachte Marcel, durch das enge Loch kann ja kaum jemand hereinkommen, kein Mensch, kein Tier.
„Pferde!“ rief Simon plötzlich, „da sind ja Pferde!“ Er nahm Marcel am Arm, und dann nahm er die Lampe und leuchtete dorthin, wo er Pferde sah.
„Unsinn“, sagte Marcel, „hier unten Pferde?“
„Eine ganze Herde ist da!“ rief Jacques.
Und Georges rief aus: „Und Kühe und Hirsche!“
„Seid ihr denn alle verrückt?“ sagte Marcel. Er sah noch immer nichts.
Da leuchtete Simon eine Stelle recht lange an und deutete auf Mähne und Schweif und Hufe. Und nun sah auch Marcel: ein Pferd, ein rötlichbraunes Pferd, es war dicht neben ihm, zum Greifen nahe. Er faßte das Pferd an. Und es erschrak nicht und blieb am selben Fleck, obgleich es die Vorderhufe zum Sprung aufgehoben hatte. Kalt faßte sich das Pferd an, und als Marcel seinen Finger ansah, war die Fingerkuppe rötlichbraun.
„Farbe!“ stellte er fest. „Das Pferd ist gemalt, aber so, daß jeder denkt: ein lebendiges Pferd!“
Alle betasteten das Bild, Marcel atmete auf. „Wie gut, daß es Farbe ist – etwas, das wir kennen. Jetzt kann ich es euch ja sagen: Ich hatte schon gedacht, ihr wärt verzaubert, und dann kam auch ich mir so vor, und als ich das Tier sah, dachte ich, daß hier unten doch nur gezauberte Tiere sein können, und ich hatte nur noch darauf gewartet, daß der Zauberer persönlich zum Vorschein käme und sagte: Guten Tag, hübsch von euch, daß ihr mich besuchen kommt . . .“
„Da!“ rief Simon, „da schaut her, was für ein fremdes Tier das ist! So eins gibt es doch gar nicht . . . mit so langen kerzengeraden Hörnern!“
„Gib meine Lampe her!“ sagte Marcel, seine Stimme war belegt. „Was du auch alles anleuchten mußt!“
Aber er leuchtete selbst das merkwürdige Tier an, den Bauch, der beinah bis zum Boden hing, den stumpfen Kopf, die Hörner, die wie zwei Speere weit aus dem Kopf hinausstanden.
Unheimlich war dieses Tier. Marcel nahm die Lampe wieder und leuchtete weiter die Wand zur Linken ab, Streifen um Streifen. Über dem Pferd, das er angefaßt hatte, war ein weiteres, und daneben eins, und weiter oben eins, und alle waren langgestreckt in wildem Lauf. Und ihnen entgegen blickten Hirsche mit mächtigen Geweihen, ein rötlicher, ein dunkler Hirsch und einer in hellem Braun, ein Rudel in heftiger Bewegung. Und drüber gewaltige Rinder von riesigen Ausmaßen, mit Hörnern länger als Männerarme.

Was die Jungen weiter in der Höhle erleben, wie ihre Funde erst von den Wissenschaftlern bezweifelt, schließlich aber doch anerkannt werden, könnt ihr in dem Jugendbuch von Hans Baumann „Die Höhle der großen Jäger“ nachlesen.

2. Frühe Hochkulturen

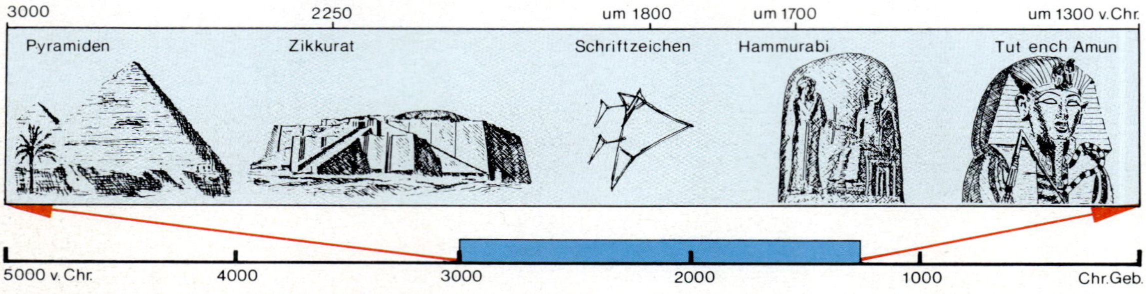

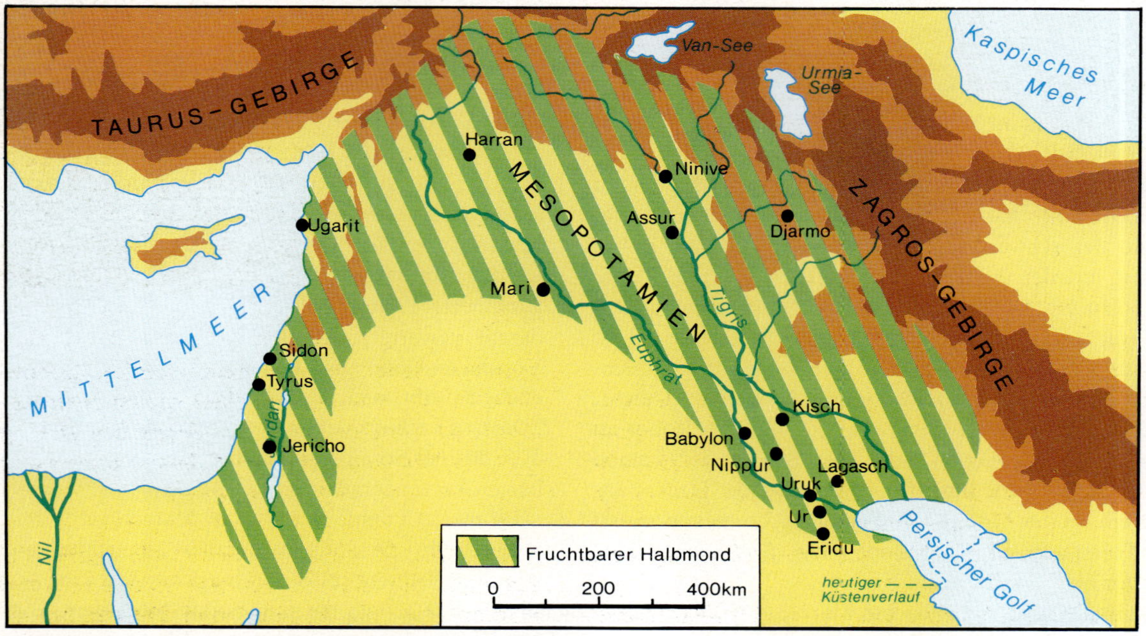

Der Vordere Orient zur Zeit der frühen Hochkulturen.

Mesopotamien heißt wörtlich übersetzt „zwischen den Flüssen". In dieses Gebiet (Karte 1) wanderte im 5. Jahrtausend v. Chr. das Volk der Sumerer ein. Diese Menschen waren Bauern und kamen möglicherweise aus gebirgigen Gegenden im Osten oder Nordosten Mesopotamiens. Sie gründeten die ersten Hochkulturen. Unter „Kultur*" versteht man die unterschiedlichen Lebensformen menschlicher Gruppen. Solche Kulturen können sich unterscheiden nach der Art ihres Ackerbaus und der Ernährung, nach der Sprache, der Kunst, Religion oder der Siedlungsweise.

- *Prüft nach, welche verschiedenen Formen von Kulturen ihr in den vorangegangenen Seiten kennengelernt habt.*
- *Stellt Vermutungen darüber an, was dagegen mit Hochkulturen gemeint sein könnte.*
- *Beschreibt und vergleicht unterschiedliche Kulturen in unserer Zeit.*
- *Beschreibt die Lage des „Fruchtbaren Halbmondes" und versucht, diese Bezeichnung zu erklären und zu begründen.*

Frühe Hochkulturen entstanden in den Landschaften großer Flußebenen, wie z. B. in Mesopotamien oder am Nil in Ägypten.

Mesopotamien

Der Tell von Assur, von Norden aus gesehen. Foto.

Mesopotamien wird besiedelt

Tell nennen die Vorgeschichtsforscher in Mesopotamien einen flachen Hügel, in dem sich ein Bauwerk, ein Dorf, eine Stadt oder ein Palast aus sehr alter Zeit verbirgt. Natürliche Gebirge gibt es im Tiefland von Mesopotamien nicht.

1 *Beschreibt und erklärt die Landschaft auf dem Bild.*

2 *Versucht euch vorzustellen, wie sich diese Landschaft verändert, wenn es regnet oder wenn der nahe Tigris Hochwasser führt. Malt ein Bild dazu.*

Seit Urzeiten hatten Euphrat und Tigris feinen Lehmstaub im Tiefland Mesopotamiens angeschwemmt. Jedes Frühjahr überflutete Hochwasser weite Gebiete. Im Sommer trockneten Hitze und Sandstürme das Land zu einer harten Lehmfläche aus. Sehr einladend war dieses Gebiet nicht. Und doch kamen mit der Zeit von den Gebirgshängen und aus den Steppen des umliegenden Landes Menschen in das Tiefland. In den Gewässern und in den Schilfdickichten konnte man Fische und Vögel jagen. Lehm und Schilf gaben Baumaterial ab. Man konnte den Lehm zu Ziegeln formen und in der Sonne trocknen. Aber Häuser und Siedlungen konnten wieder überschwemmt werden. Sonne und Sandstürme konnten die Felder wieder austrocknen.

3 *Denkt darüber nach, wie Menschen sich gegen Überflutungen schützen können und wie man Felder vor Trockenheit bewahrt.*

Für diese Arbeiten wurden viele Arbeitskräfte benötigt. Sie mußten versorgt und untergebracht werden. Für die Planung und Durchführung der Bauarbeiten und zur Verteilung des Ackerlandes brauchte man eine Verwaltung. So könnten zunächst Dörfer entstanden sein. Aus manchen von ihnen wurden Städte. Sie wurden in Mesopotamien wie kleine Staaten von Königen regiert.
Man kann sagen, daß die Städte der Sumerer Stadtstaaten waren. Es gab viele von ihnen. Erst im vergangenen Jahrhundert hat man sie wiederentdeckt. Man hat sie aus den Tells ausgegraben.

4 *Versucht zu erklären, wie Regen, Wind und Sand an einem solchen Tell gearbeitet haben. Ihr könnt im Werkraum oder im Freien ausprobieren, was aus luftgetrocknetem Lehm wird, wenn er wieder naß wird.*

5 *Oft wurden Städte im Krieg niedergebrannt. Deren Überreste blieben besonders gut erhalten. Gebt mögliche Gründe dafür an.*

1 **Der Tempelturm des Gottes Nanna von Ur,** erbaut um 2250 v. Chr. Seine Vorderfront war 60 m lang, die Seitenkante 40 m. Die erste Plattform ragte 15 m in die Höhe. Im heutigen Irak nennt man einen solchen Turm eine „Zikkurat".

Die Städte der Götter

In den Zentren der Städte fand man große Tempelanlagen. Dazu gehörte fast immer solch ein Stufenturm. Heute sind davon nur noch Stümpfe erhalten. Priester und Priesterinnen verwalteten die Tempelanlagen. Der jeweilige Stadtkönig war zugleich oberster Priester. Deshalb nennt man ihn einen Priesterkönig.

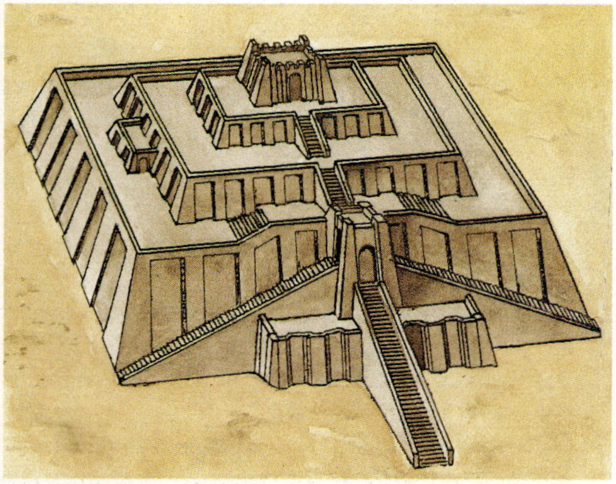

2 **Modell der Zikkurat von Ur.**

Für das Leben der Sumerer waren Jahresablauf, Gestirne und Naturereignisse sehr wichtig. Sie beeinflußten den Ackerbau und das Ergebnis der Ernten. Sie wurden deshalb auch alle als Götter verehrt. Zugleich hatte jede Stadt ihren Schutzgott. Nanna, der Mondgott z. B., war für den Jahresablauf verantwortlich und Stadtgott von Ur. In Uruk (Karte S. 36) wurde besonders Inanna verehrt. Sie war die Göttin der Liebe und galt als Spenderin allen Lebens und aller Fruchtbarkeit. Die Zikkurat waren für die Sumerer der Weg, auf dem Priester und König zu den Göttern gelangen konnten. Zugleich war es die Treppe, auf der die Götter zu den Menschen herabsteigen konnten.

1 *In Babylon, einer anderen mesopotamischen Stadt, gab es auch eine Zikkurat. Die Bibel berichtet darüber. Lest nach 1. Moses 11,1–9. Was wird dort über den Sinn des Turmes und Gott ausgesagt?*

2 *Baut aus Knet, Bausteinen oder Ton das Modell einer Zikkurat.*

Die „Friedensseite" der sogen. „Standarte von Ur". Bauern aus den Dörfern bringen ihre Produkte zum Priesterkönig in die Stadt. Holztafel, mit Steinen und Muschelstücken belegt, aus dem Königsfriedhof von Ur, um 2680 v. Chr.

Wirtschaft und Verwaltung in Stadt und Land

Die Priester hatten beobachtet, daß Überschwemmungen und Dürrezeiten an bestimmte Jahreszeiten gebunden waren. Diese wiederum waren abhängig von den Umlaufbahnen von Sonne, Mond und Sternen. Aus diesen Beobachtungen hatten die Priester einen Jahreskalender von 360 Tagen errechnet. Alle fünf bis sechs Jahre wurde ein zusätzlicher Schaltmonat eingeführt.

1 *Vergleicht das sumerische Jahr mit dem unseren.*

Nach diesem Kalender organisierten und überwachten die Priester die Arbeiten an den Bewässerungsanlagen und Dammbauten. Im Laufe der Zeit wurden sie auch die Verwalter der Landwirtschaft in der Stadt und in den umliegenden Dörfern. Sie ließen die Ernteüberschüsse lagern, verteilten diese zu gegebener Zeit und gaben auch neues Saatgut aus. Dabei geriet immer mehr Land in den Besitz des Tempels und der Priesterschaft. Der Priesterkönig als Vertreter des Stadtgottes war ebenfalls Landbesitzer, ebenso waren es seine wichtigsten Beamten. Für die verschiedenen Aufgaben in den Städten mit ihren Dörfern benötigte man auch viele Fachleute. Diesen Fachleuten, den Beamten des Königs und den Priestern standen viele Sklaven als Arbeitskräfte zur Verfügung.

2 *Legt eine Liste an, in der die wichtigsten Berufe in diesen Stadtstaaten aufgeführt sind.*

3 *Versucht, in einem Bild oder einem Plan eine Rangfolge dieser Gesellschaftsordnung (Kultur) darzustellen.*

Häufig griffen Nomadenstämme aus den Bergen oder aus der Steppe diese reichen Städte an. Auch versuchten einzelne Könige, die Vorherrschaft über andere Stadtstaaten zu erringen. Man mußte sich also schützen. In der Stadt Uruk war der Held Gilgamesch Stadtkönig.
Eine sumerische Sage (um 1800 v. Chr.) erzählt:

Q Der Held Gilgamesch erbaute Uruks Mauer.
Die Männer Uruks zürnten sehr und schimpften,
die Mütter und Töchter klagten weinend.
Die Mauer, rühmenswert in späten Tagen –
wie Sklaven mußten sie die Männer bauen,
sie arbeiteten hier Tag und Nacht.
Das Mädchen konnte seinen Freund nicht sehen,
der Mann die Gattin in den Arm nicht nehmen.

4 *Sprecht über die möglichen Gründe für Gilgameschs Verhalten.*

5 *Zur Sicherung der Mauern und zur Verteidigung der Stadt mußte ein Stadtkönig auch noch andere Maßnahmen vorbereiten. Sprecht darüber, welche das gewesen sein könnten.*

6 *Beschreibt anhand des Bildes, welche landwirtschaftlichen Produkte die sumerischen Bauern aus den Dörfern in die Stadt mitbringen.*

Einige Beispiele sumerischer Schriftzeichen in ihrer Entwicklung (1 und 2 um 3000, 3 um 1800 und 4 um 800 v. Chr.).

Die erste Schrift entsteht

Um bei ihren Arbeiten nicht die Übersicht zu verlieren, machten sich die Priester und Schreiber Notizen. Sie ritzten Zeichen und Bilder in weiche Tontäfelchen. Daraus haben sich im Lauf der Zeit die ersten Schriftzeichen entwickelt. Die ältesten Tontafeln, die gefunden wurden, enthalten alle Angaben über Warenlieferungen. Sollten diese Notizen aufbewahrt werden, wurden die Tontafeln gebrannt. Deshalb sind sie heute oft noch so gut erhalten.

1 *Beschreibt, was sich in der Entwicklung der Zeichen von Spalte 1 zu Spalte 2 verändert hat.*

Diese Veränderung wurde wahrscheinlich deswegen notwendig, weil man so auf größeren Tafeln waagerecht schreiben konnte. Das ging leichter und schneller.

2 *Beschreibt nun die Veränderungen in den Spalten 3 und 4.*

Man benutzte jetzt einen dreikantigen Griffel, mit dem man in kürzerer Zeit diese Keilschriftzeichen aufschreiben konnte.

3 *Erklärt, was mit den Zeichen d1 bis i1 im Lauf der Zeit geschehen ist.*

Auf diese Weise bildete sich aus den Bildzeichen allmählich eine Schrift, mit der man dann auch vollständige Texte schreiben konnte.

4 *Vergleicht p mit o und b. Versucht nun zu erklären, warum man für p nicht b, sondern ein ganz neues Zeichen, das Rechteck, genommen hat.*

Kinder, die Lesen und Schreiben lernen sollten, mußten viele Jahre bei Privatlehrern in den Tafelhäusern zur Schule gehen. Neben Lesen und Schreiben standen auch noch Mathematik, Zeichnen und Musik auf dem Lehrplan. Hatten die Schüler ausgelernt, bekamen sie die begehrtesten Posten im Staat.

5 *Überlegt, zu welchen Zwecken man im Alltag der Städte Zeichnen und Mathematik benötigte.*

Ein Text um das Jahr 2000 v. Chr. berichtet vom Alltag in den Tafelhäusern:

Q „Nun, Schüler, wohin gingst du all die Zeit?"
„Ins Tafelhaus!" „Was hast du da gemacht?"
„Die Tafel las ich und mein Frühstück aß ich,
die Tafel schrieb ich voll bis an den Rand!
Als Schulschluß war, bin ich nach Hause gegangen
und sprach dem Vater das Gelernte vor,
las auch die Tafel ihm – er war zufrieden.
Am Morgen mußt' ich wieder früh heraus.
Ich schaute nach der Mutter, sprach zu ihr:
„Das Schulbrot noch!" Zur Schule lief ich schon.
Der, der die Aufsicht hatte, fuhr mich an
im Schulhaus: „Warum kommst du denn zu spät?"
Da ward mir Angst, mein Herz fing an zu klopfen.
Ich ging zum Lehrer. „Marsch, auf deinen Platz!"
Gleich sah mein Lehrer meine Tafel an,
geriet in Zorn, und dann bekam ich Prügel."

6 *Vergleicht diesen Text mit eurem Schulalltag und euren Schulfächern.*

Hammurabi von Babylon

Die Stadtkönige sicherten zwar ihre Städte durch Mauern und Soldaten. Trotzdem gelang es in der Geschichte Mesopotamiens mehrfach Nomadenstämmen, die Macht in den Stadtstaaten an sich zu reißen.

Auf diese Weise wurde auch König Hammurabi Herrscher über die Stadt Babylon (Karte S. 36). Von dort aus gelang es um 1800 v. Chr. ihm und seinen Soldaten, viele andere Stadtstaaten zu unterwerfen und ein großes Reich zu gründen. In seiner Regierungszeit entstand das größte Gesetzgebungswerk, das aus jener Zeit bekannt ist.

Darin heißt es u. a.:

Q 1. Wenn ein Bürger einen anderen Bürger des Mordes bezichtigt, es ihm aber nicht beweist, so wird der, der ihn bezichtigt hat, getötet.

2. Wenn ein Bürger eine Bürgertochter geschlagen hat, und wenn diese Frau stirbt, so töte man seine Tochter.

3. Wenn er die Tochter eines Untergebenen geschlagen hat und diese Frau stirbt, so zahlt er eine halbe Mine Silber. (Mine war ein sumerisches Gewicht.)

4. Wenn ein Bürger einen Deich nicht gefestigt hat, in seinem Deich eine Öffnung entsteht, er gar die Flur vom Wasser wegschwemmen läßt, so ersetzt der Bürger das Getreide, das er dadurch vernichtet hat.

5. Wenn ein Baumeister einem Bürger ein Haus baut, aber seine Arbeit nicht fest genug ausführt, so daß das Haus zusammenstürzt und er dadurch den Hauseigentümer ums Leben bringt, so wird dieser Baumeister getötet.

Auf einer steinernen Säule ließ Hammurabi 220 solcher Gesetze einmeißeln. Dort konnten die Bürger sich über ihre Rechte erkundigen. Hammurabi wurde auch oberster Gerichtsherr, der Richter ernannte. Vorher war dies das Recht der Priester in den Tempeln gewesen.

1 *Beschreibt, wie Verbrechen von Menschen an Menschen bestraft werden.*

2 *Vergleicht die Fälle, in denen Geldstrafen angedroht werden.*

3 *Sprecht darüber, welche der Strafen ihr für angemessen haltet und welche euch zu hart erscheinen.*

4 *Erkundigt euch nach heutigen Gerichtsurteilen in ähnlichen Fällen. Vergleicht die Strafen.*

Hammurabi nimmt vom Sonnengott die Gesetze entgegen. Dieser gilt als Gott der Weisheit und für die Sumerer als Richter in der Totenwelt. Basaltstein, um 1700 v. Chr.

Zum Nachdenken

1 *Überlegt, wer heute in den Städten und Staaten vergleichbare Aufgaben ausführt, wie sie damals in Mesopotamien von den Priestern bewältigt wurden.*

2 *Stellt die wichtigsten Merkmale zusammen, die für die Stadtstaaten kennzeichnend waren.*

3 *Vergleicht diese Stadtstaaten mit Siedlungen früherer Zeiten und beschreibt, was sich geändert hat.*

Zusammenfassung

Im 5. Jahrtausend v. Chr. wanderten die Sumerer in Mesopotamien ein. Ab dem 4. Jahrtausend v. Chr. entstanden dort die ersten frühen Hochkulturen. In den Stadtstaaten Mesopotamiens spielten die Priester eine wichtige Rolle. Oberster Herrscher war der Priesterkönig. Hammurabi von Babylon gelang es um 1800 v. Chr., ein großes Reich in Mesopotamien zu gründen. Unter seiner Regierung entstand ein großes Gesetzeswerk.

Ägypten – Hochkultur am Nil

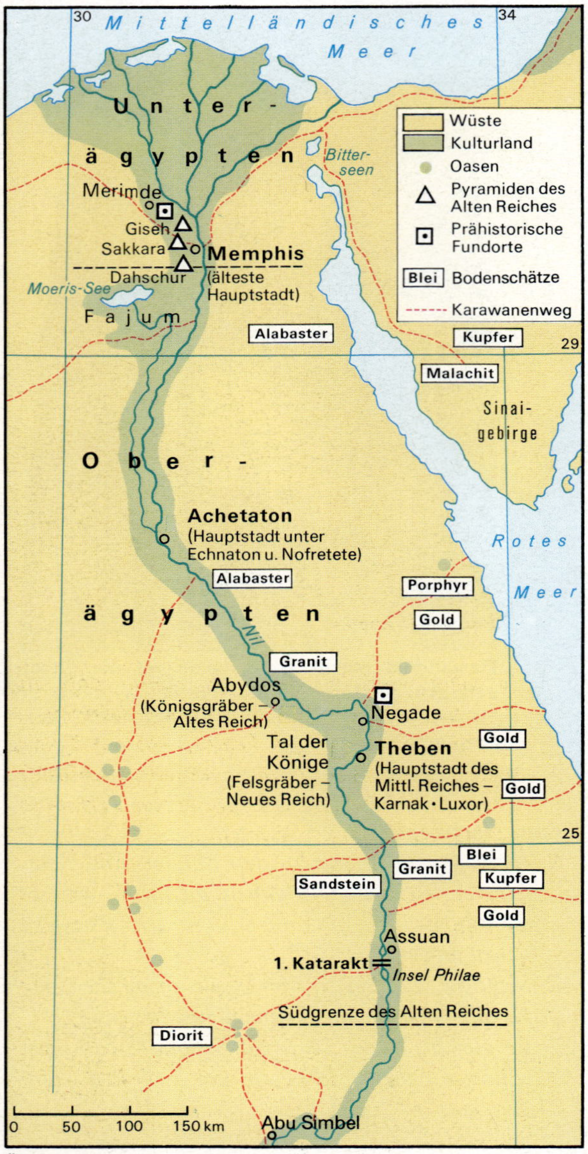

Ägypten zur Pharaonenzeit.

Der Nil und die Menschen

1 *Seht euch die Karte und die Bilder der gegenüberliegenden Seite an. – Stellt fest, wo für die Ägypter Ackerbau möglich war und wo sie wohnten.*

2 *Meßt nach, wie breit die Fläche fruchtbaren Bodens ist.*

3 *Überlegt, welchen Einfluß die landschaftlichen Gegebenheiten auf das Leben der Menschen haben können.*

Im 5. Jahrhundert v. Chr. schrieb der griechische Geschichtsschreiber Herodot, nachdem er Ägypten besucht hatte:

Q Offenbar sind die fruchtbaren Gebiete Ägyptens ein Geschenk des Nils.
Die Ägypter ernten den Ertrag ihres Bodens heute so mühelos wie kaum andere Menschen. Sie haben es nicht nötig, mühevoll mit dem Pflug Furchen zu ziehen, den Boden zu hacken oder sonst Feldarbeiten zu tun, womit sich andere auf dem Acker plagen. Der Strom kommt von selbst, bewässert die Äcker und fließt dann wieder ab. Dann besät jeder seinen Acker und treibt Schweine darauf. Wenn er die Tiere die Saat hat festtreten lassen, wartet er ruhig die Ernte ab, drischt das Korn mit Hilfe der Schweine und fährt es heim.

Immer wieder vollzog sich in regelmäßiger Wiederkehr am Nil folgendes Naturereignis: Der Nil führte im Frühjahr zunächst immer weniger Wasser. Große Trockenheit herrschte. Dann endlich, wenn es in seinem Quellgebiet zu starken Regenfällen kam, schwoll der Nil mächtig an und wälzte große Schlammassen der Mündung zu. Das flache Land verschwand unter den braunen Fluten. Nur die auf der Hochfläche liegenden Dörfer waren vor ihm sicher. Wenn der Nil nach einigen Monaten in sein altes Flußbett zurückkehrte, blieb eine fruchtbare Schlammschicht auf dem Boden zurück.
Jetzt war die Zeit der Aussaat gekommen, und einige Zeit später konnte das Korn geschnitten, konnten Linsen, Bohnen, Zwiebeln, Datteln, Feigen und Trauben geerntet werden. Dann wurde die Erde wieder trocken und dürr.
Die Ägypter wußten genau, wann der Nil wieder erneut ansteigen würde: Wenn der Stern Sirius kurz vor Sonnenaufgang im Osten sichtbar wurde, dann stand die Nilschwelle unmittelbar bevor. Dieser Tag – in unserem Monat Juni – wurde der Neujahrstag. Die Zeit bis zum nächsten Neujahrstag teilte man in 12 Monate zu 30 Tagen ein und fügte fünf Schalttage hinzu. So entstand der „Sirius-Kalender“, der im Grunde noch heute gültig ist.

Zusammenarbeit und Vorratshaltung

4 *Seht euch nochmals die Karte und die Bilder an und vergleicht sie mit dem Bericht Herodots. – Warum nannte er Ägypten ein Geschenk des Nils?*

5 *Stellt Vermutungen an, welche Probleme und Aufgaben sich für die Ägypter aus dem Ansteigen des Nils ergeben konnten.*

Der Nil bestimmte das Zusammenleben der Menschen. Da alle von der Überschwemmung und dem fruchtbaren Schlamm abhängig waren, mußten auch alle zusammenarbeiten: Deiche, Kanäle, Staudämme und Auffangbecken mußten gebaut werden. Nur so konnte man die Flut des Nils bändigen und das Wasser auf alle Felder leiten. Mit Hilfe einfacher Schöpfgeräte wurde das Wasser auch auf höhergelegene Flächen gebracht (vgl. Bild 2). Dämme und Deiche mußten unablässig und sorgfältig instandgehalten werden.

Der Nil konnte zum Segen, aber auch zum Verhängnis werden. In normalen Jahren gab es genug Getreide. Eine zu große Überschwemmung aber konnte alles zerstören, eine zu geringe hatte Hungersnot zur Folge. Die Menschen begriffen daher sehr schnell, daß nur eine planmäßige Vorratswirtschaft helfen konnte, ein schlechtes Erntejahr zu überleben. Deshalb wurden die Getreideüberschüsse gesammelt und in Speichern eingelagert.

Die Vorratswirtschaft hatte auch noch andere Folgen: Nicht mehr alle brauchten Bauern zu sein. Ein Teil der Bevölkerung wurde für andere Arbeiten frei und konnte von den Bauern mitversorgt werden. Forscher, Künstler, Handwerker und Händler konnten sich so ganz ihrem Beruf widmen. Eine vielfältige Arbeitsteilung bildete sich heraus.

Wahrscheinlich hat die Vorratswirtschaft auch zur Erfindung der Schrift in Ägypten beigetragen, da man sich ja einen Überblick über Ernteerträge, Vorräte, Anzahl der Menschen und Tiere verschaffen mußte.

Schreibkundige Beamte notierten alles, verteilten die Vorräte und beaufsichtigten die Arbeit. So wurde im Laufe der Zeit die ganze Bevölkerung in verschiedene Schichten mit unterschiedlichen Aufgaben und Tätigkeiten gegliedert.

Verantwortlich für die Planung aller notwendigen Arbeiten waren der König und seine Beamten.

1 Nillandschaft heute.

6 *In dem Bericht Herodots steht, daß die Ägypter „recht mühelos" ernten können. – Überlegt mit Hilfe des Textes, was ein ägyptischer Bauer ihm darauf antworten könnte. Vergleicht diese Antwort mit euren Vermutungen (Aufgabe 5 der Vorseite).*

2 Bauern schöpfen Nilwasser in einen Bewässerungskanal – heute wie vor 5000 Jahren.

[1] **Der Goldsarg des Pharaos Tutanchamun** (1332–1323 v. Chr.), Foto.

Der Pharao

Die ägyptischen Könige wurden Pharaonen genannt. „Pharao" bedeutet „großes Haus". Ursprünglich hat man so den Königspalast genannt, später den König selbst.

In einem Loblied auf den Pharao Ramses II. (1310–1244 v. Chr.) heißt es:

Q Wir kommen zu Dir, Herr des Himmels, Herr der Erde. Du lebende Sonne des ganzen Landes. Herr der Lebensdauer, du, der den Windhauch in jedermanns Nase gibt, du Säule des Himmels, Balken der Erde, du Herr aller Speisung, der wacht, wenn alles schläft, dessen Kraft Ägypten errettet, der die Fremdländer besiegt und triumphierend heimkehrt, dessen Stärke Ägypten schützt, Geliebter der Wahrheit, der in seinen Gesetzen in ihr lebt, du unser König, unser Herr, unsere Sonne, von dessen Aussprüchen alles lebt.

1 *Schreibt aus dem Text alle Bereiche heraus, über die der Pharao Macht besaß.*

2 *Beschreibt das Verhältnis zwischen dem Pharao und der Bevölkerung.*

Der Pharao trug nach Meinung der Ägypter die Verantwortung für alles, was im Land zu geschehen hatte: für Bewässerung, Nahrungs- und Vorratsbeschaffung, für ein geregeltes Zusammenleben der Bewohner und für die Sicherung des Friedens. So viele Fähigkeiten konnte – so meinte man – nur ein übernatürliches Wesen besitzen. Daher verehrten die Ägypter den Pharao als Gott.

Alle Bewohner Ägyptens waren Untertanen dieses Gottkönigs, aber nicht alle waren gleichgestellt. Das hing mit den verschiedenen Aufgaben zusammen, die im Land zu erfüllen waren.

[2] **Schreiber zählen das Vieh.** Holzmodell aus dem Grab eines hohen Beamten, um 2100 v. Chr.

☐1 **Wandmalereien aus dem Grab eines ägyptischen Beamten,** um 1400 v. Chr.

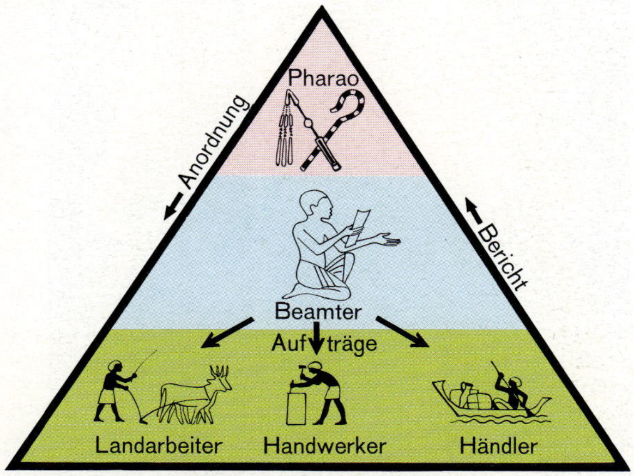

☐2 **Der Aufbau der ägyptischen Gesellschaft.**

Die ägyptische Gesellschaft

Die meisten Ägypter waren Bauern. Sie bestellten als Pächter das Land, das dem Pharao gehörte. Einen kleinen Teil der Ernte konnten sie für sich behalten, den größten Teil mußten sie aber in den staatlichen Speichern abliefern.

In den Dörfern und Städten lebte eine große Anzahl von Handwerkern. Der Pharao beschäftigte unzählige Maurer, Steinmetze, Goldschmiede, Weber und Maler. Bezahlt wurden sie mit Naturalien: Brot, Bier, Bohnen, Salz und Kleidung.

Großes Ansehen wegen ihres Könnens genossen die Schreiber. Als Hieroglyphen (= heilige Zeichen) wurde ihre Schrift von den Griechen bezeichnet. Es gab mehr als 6000 verschiedene Zeichen. Jedes Zeichen stand ursprünglich für ein Wort (Bilderschrift). Die Ausbildung zum Schreiber dauerte daher viele Jahre.

Ohne die Schreiber wäre die ägyptische Verwaltung nicht möglich gewesen. Sie hielten die regelmäßigen Volks- und Viehzählungen, die Fänge der Fischer, die Steuerzahlungen und den Bestand der Vorräte schriftlich fest. Diese Schreiber waren Beamte des Königs.

1 *Beschreibt die Bilder dieser Doppelseite.*

2 *Ordnet die dargestellten Personen den verschiedenen Gruppen in der Grafik* ☐2 *zu.*

3 *Schreibt eurem Tischnachbarn eine Mitteilung, die nur aus Bildzeichen besteht. – Welche Schwierigkeiten ergeben sich für ihn beim Lesen?*

4 *Stellt euch vor, die Ägypter hätten keine Schrift besessen. – Der Beamte auf Bild* ☐2, *S. 44, möchte dem Pharao mitteilen: In meinem Bezirk gibt es: 125 Ochsen, 512 Kühe, 251 Ziegen. In den Vorratsspeicher werde ich liefern: 27 Zentner Korn, 8,5 Pfund Zwiebeln, 12 Krüge Öl, 15 Pfund frische Fische und 200 Liter Bier. –*
Der Bezirk des Beamten liegt 220 km von der Hauptstadt entfernt. Auf der Strecke steht alle 10 km ein Bote. Ein Bote gibt dem anderen diese Angaben mündlich weiter. Welche Schwierigkeiten können sich dabei ergeben?
Versucht dazu folgendes Spiel: Ein Schüler ist der Beamte. Er teilt die Zahlen dem ersten Boten (seinem Tischnachbarn) leise mit. Dieser flüstert die Angaben dem nächsten Boten (Schüler) ins Ohr usw. Wie kommen die Angaben beim letzten Boten (Schüler) an?

Ägyptisches Totengericht: Begleitet von der Himmelsgöttin (links) steht eine verstorbene Priesterin vor einer Waage. Auf der linken Waagschale liegt ihr Herz, auf der anderen eine Figur, die die Wahrheit darstellt. Ein Gott mit dem Kopf eines Schakals kontrolliert die Waage. Der Schreiber in Gestalt eines Pavians hockt auf der Waage und verkündet das Ergebnis: „Ihr Herz hat die Prüfung bestanden. Sie soll wieder zum Leben erweckt werden. – Rechts der Totengott Osiris. Aus dem Totenbuch des Schreibers Hunefer, 13. Jh. v. Chr.

Die Ägypter glaubten an ein Weiterleben nach dem Tode, das ihrem Leben auf Erden ähnlich war.
Ob man nach dem Tode noch weiterleben durfte, entschied der Totengott Osiris.
Man gab den Toten Textrollen mit in das Grab, auf denen ihre Rechtfertigungsrede stand:

Q 1 Ich habe nicht Unrecht getan gegen die Menschen, ich habe keinen Diener vor seinem Herrn schlecht gemacht, ich habe nicht hungern lassen, ich habe nicht weinen gemacht, ich habe das Kornmaß weder vergrößert noch verringert.
Ich habe getan, womit die Götter zufrieden sind: Ich habe dem Hungernden Brot gegeben, dem Dürstenden Wasser, dem Nackten Kleider und dem Schifflosen eine Fähre. Ich bin rein, ich bin rein, ich bin rein.

1 *Beschreibt den Glauben an das Weiterleben nach dem Tode mit Hilfe des Bildes und des Textes.*
2 *Sprecht miteinander, wie ihr darüber denkt.*

Die Pyramiden
Nach dem Tode des Pharao sollte sein Leichnam würdig begraben und vor Grabräubern sicher sein. Deshalb ließen die Pharaonen schon zu Lebzeiten große Pyramiden errichten.
Die Pyramide des Pharao Cheops (um 2520 v. Chr.) ist der gewaltigste Steinbau der Welt, 146 m hoch und 230 m lang an jeder Seite. Diese Pyramide würde der größten christlichen Kirche, dem Petersdom in Rom, bequem Platz bieten.
2300000 Steine sind in dieser Pyramide verbaut. Jeder Stein wiegt 2,5 Tonnen. Zum Vergleich: Ein Mittelklassewagen wiegt etwa 1 Tonne. Würden alle Steine der Cheops-Pyramide auf einen Container-Zug verladen, dann würde dieser Güterzug von Athen bis München reichen. Ein anderes Beispiel: Würde man aus den Steinen der Cheops-Pyramide eine Mauer bauen, 3 m hoch und 30 cm breit, dann wäre diese Mauer fast 3000 km lang.
Über den Bau der Pyramide berichtet Herodot:

Q 2 Cheops zwang alle Ägypter, für ihn zu arbeiten. Die einen mußten Steinblöcke aus den Steinbrüchen im arabischen Gebirge bis an den Nil schleppen. Dann wurden die Blöcke auf Schiffen über den Fluß geschafft. Andere mußten die Steine dann weiterschleifen bis zu den libyschen Bergen. Mit dieser Arbeit waren 100000 Mann gruppenweise beschäftigt, jede Gruppe drei Monate.
Zehn Jahre dauerte allein der Bau der Straße, auf der sie die Steine beförderten. Dieses Werk erscheint mir fast so gewaltig wie der Bau der Pyramide selber, denn die Straße ist fast 1000 m lang und 18 m breit. An der Pyramide selbst arbeitete man 20 Jahre.

1 **Auf die langsam wachsende Pyramide wurden die Steinblöcke über eine Rampe geschleppt.** Mit zunehmender Bauhöhe wurde die Rampe weiter nach außen verlängert.

2 **Zum Abschluß wurde die Pyramide mit Steinplatten verkleidet und geglättet.** Dabei benutzte man Holzgerüste.

Nach heutigen Berechnungen waren beim Pyramidenbau etwa 4000 Facharbeiter 20 Jahre lang beschäftigt. Weitere 70000 Saisonarbeiter kamen während der Überschwemmungszeit hinzu.
Später ließen die Pharaonen ihre Gräber im „Tal der Könige" in den Fels einhauen (vgl. Karte S. 42). Im Jahre 1922 wurde hier das Grab des Pharao Tutanchamun gefunden (Bild S. 44). Es ist das einzige Grab, das kein Grabräuber vorher entdeckt hatte.

1 *Stellt mit Hilfe des Berichts und der Bilder* 1 *und* 2 *eine Liste auf mit allen Maßnahmen und Arbeiten, die für den Bau der Pyramide nötig waren.*

2 *Steckt in der Straße, in der eure Schule steht, die Seitenlinie der Cheops-Pyramide ab.*

3 **Cheops-Pyramide** (ca. 2520 v. Chr.), Seitenlänge 230 m, ursprüngliche Höhe 146 m. Foto.

Zum Nachdenken
Sprecht darüber, ob ihr lieber in Ägypten oder in einem Dorf der Jungsteinzeit gelebt hättet. – Begründet eure Entscheidung.

Zusammenfassung
Der Nil zwang die Menschen zum gemeinsamen Handeln. Gute Erntejahre brachten mehr Getreide, als die Bauern selber brauchten. Überschüsse wurden in Getreidespeichern für Notzeiten gesammelt.
Überschüsse und Vorratswirtschaft führten zu einer arbeitsteiligen Gesellschaft: Handwerker, Händler und Beamte konnten ernährt werden, ohne daß sie selber Bauern waren.
An der Spitze des ägyptischen Staates stand der Pharao, der als Gottkönig verehrt wurde. Alle Bewohner waren seine Untertanen, wenn auch in unterschiedlicher Stellung. Hohes Ansehen genossen vor allem die Schreiber. Eine große Rolle im Leben der Ägypter spielte der Glaube an ein Weiterleben nach dem Tode. Sichtbarer Ausdruck dieses Glaubens sind die Pyramiden.

Zum Weiterlesen

Die folgende Geschichte spielt vor mehr als 3300 Jahren im alten Ägypten; zur Zeit des Pharao Echnaton, der von etwa 1364 bis 1347 vor Christus regierte, die alten Götter „absetzte“ und nur Aton, die Sonne, als einzige Gottheit gelten ließ:

Krokodile

Mit einer Kraft, die ihm niemand zugetraut hätte, stieß und boxte sich der fünfzehnjährige Senmut durch die Menge. Keuchend erreichte er die Sperrkette der Soldaten, die den Pharao mit Speeren und Schilden gegen das Volk abschirmten, das sich zum Jubeln zusammendrängte.

Pharao Echnaton und alle Bewohner des heiligen Landes Ägypten feierten die Genesung der großen königlichen Gemahlin Nofretete von schwerer Krankheit. Die meisten feierten befohlen, nur wenige freuten sich ehrlich.

Eine Woche lang war die Königin in hitzigem Fieber gelegen, dann wurde sie plötzlich gesund.

„Der Pharao hat sie geheilt“, verkündeten die Priester des Sonnengottes Aton. „Er ist Atons göttlicher Sohn und hat Macht über Leben und Tod . . .“

Senmut stieß zwei Soldaten zur Seite, stürzte auf den freien Platz zwischen Sperrkette und Atontempel und schrie: „Pharao, höre mich! Gib mir meinen Vater zurück, den sie für dich erschlagen haben! Du kannst es, Pharao, das sagen deine Priester! Gib ihn mir zurück! Du bist doch ein Gott, Pharao!“

Mehr konnte er nicht schreien. Speerschäfte schlugen ihn nieder.

Unbewegt blickten der Pharao und seine Gemahlin ins Nichts. Sie zuckten mit keiner Wimper, als sich Senmut noch einmal aufbäumte, bevor er liegenblieb.

Nur kurze Zeit war Stille gewesen. Jetzt setzte der Jubel von neuem ein. Gongschläge dröhnten, Trompeten schmetterten, Lauten und Harfen wurden geschlagen, Rohrflöten und Doppeloboen quiekten, Trommeln und Rasseln lärmten dazwischen, und die befohlenen Jubler schrien: „Heil dem göttlichen Pharao! Heil der großen königlichen Gemahlin!“ Wer nicht laut genug jubelte, dem halfen Aufpasser nach.

Der Hauptmann der Leibgarde hob die golddurchwirkte Offizierspeitsche. Zwei riesige Nubier liefen zu ihm. Die Peitschen in ihren Fäusten waren nicht vergoldet. Getrocknetes Blut klebte daran.

Der Hauptmann wies auf Senmut und befahl: „Ins Wasser mit ihm!“

Einer der Schwarzen hob den Bewußtlosen auf und warf ihn über die Schulter. Der andere schlug mit der Peitsche eine Gasse durch die Menge. Wo er zuschlug, verebbte der Jubel, aber nur für kurze Zeit. Dann setzte er unter den strengen Blicken der amtlichen Aufpasser wieder ein . . .

Am Nordende der heiligen Stadt Achetaton klatschte es kurze Zeit später im Wasser. Die Fluten des heiligen Nilstromes schlugen über Senmut zusammen.

An dem gegenüberliegenden Ufer klatschte es ebenfalls.

„Krokodile“, sagte der eine Nubier zum anderen.

Der schüttelte den Kopf. „Die weißen Ägypter sind seltsame Menschen“, murmelte er. „Ihr Land ist ihnen heilig – das ist gut. Der Nil ist ihnen heilig – das ist noch besser. Aber warum sind vielen von ihnen die Ungeheuer heilig, die Menschen fressen und scheußlicher sind als unsere Dämonen?“

Sein Kamerad zuckte die Achseln und meinte: „Vielleicht mögen sie Krokodile. Was manche mögen, ist seltsam. Meine Großmutter mochte Nilpferde, obwohl ein Nilpferd meinen Großvater ersäuft hatte.“

Senmuts Körper trieb nordwärts. Die Krokodile folgten ihm.

Beschwörend spuckten die Nubier in den Strom, um sich von ihrer Schuld am Tode des Jungen zu befreien. Dann liefen sie zurück.

Pharao Echnaton saß wie ein steinernes Abbild seiner selbst. Als Zeichen göttlich-königlicher Macht trug er die Doppelkrone mit dem Kopf der heiligen Uräusschlange; starr hielt er Geißel und Zepter. Königliches Leinen umhüllte den Körper, und der Wert des golddurchwirkten, mit Edelsteinen besetzten Halskragens war unschätzbar. Den Thron hatten Künstler aus edlen Hölzern gefertigt, mit geschnitzten Geierköpfen verziert und mit Goldblech überzogen.

Senmut wird in letzter Sekunde gerettet. – Was er dann erlebt, könnt ihr nachlesen in dem Buch von Josef Carl Grund, Rette dich Pharao. Eine Erzählung aus dem alten Ägypten, Loewe-Verlag Bayreuth 1985.

Wie arbeitet man mit Karten im Geschichtsunterricht?

Im Geschichtsunterricht spielen Karten eine wichtige Rolle. Neben den geographischen Karten, die ihr aus dem Erdkundeunterricht kennt, gibt es auch Geschichtskarten.

Um eine Karte richtig „lesen" zu können, muß man sich vor allem die beigefügten Erklärungen (= die Legende) ansehen.

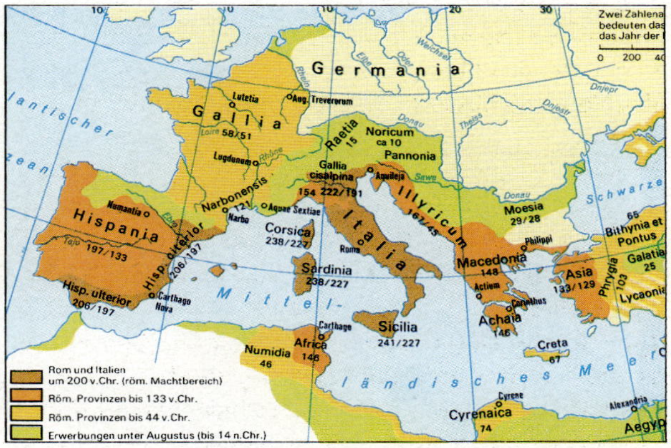

Geographische Karten

können Hinweise geben, welche naturgegebenen Bedingungen (Wüsten, Berge, Flüsse, Seen usw.) das Leben der Menschen beeinflußten. Mit Hilfe der folgenden Fragen kann man daher einer Karte wichtige Informationen entnehmen:

- *Durch welche geographischen Bedingungen wird eine Landschaft oder ein Land bestimmt?*
- *Gibt es für das Land einen natürlichen Schutz?*
- *Kann man Aussagen zur Fruchtbarkeit machen?*
- *Wie ist das Klima?*
- *Welche Folgen könnten sich daraus für die Bewohner ergeben?*
- *Wo liegen wichtige Zentren?*
- *Welche Folgen können sich aus den geographischen Gegebenheiten für das Leben der Menschen untereinander ergeben?*
- *Müssen alle Menschen dichtgedrängt auf engem Raum zusammenleben?*
- *Ist der Reise- und Handelsverkehr im Land ohne größere Schwierigkeiten möglich?*

Anregung: Vergleicht eine geographische Karte von Ägypten und Griechenland miteinander. Nennt die wichtigsten Unterschiede.

Geschichtliche Karten

wollen immer nur auf ganz bestimmte Ereignisse oder Zusammenhänge hinweisen. Sie verzichten deshalb auf vieles, was man in einer geographischen Karte findet. Deshalb ist es bei Geschichtskarten besonders wichtig, auf die Legende zu achten. Folgende Grundfragen kann man anhand einer historischen Karte stellen:

Welcher Raum ist dargestellt?
- *Welche Flüsse, Meere, Gebirge und Städte sind eingetragen?*
- *Welche heutigen Länder oder Städte liegen in dem dargestellten Raum?*
- *Welche Ausdehnung hat der dargestellte Raum? (Achtet auf den Maßstab.)*
- *Welchen Zustand (welche Zeit) oder welche Entwicklung zeigt die Karte?*
- *Welche Zeitangaben finden sich in der Legende oder in der Karte?*
- *Welche Veränderungen werden sichtbar? (Achte auf die Farbgebung von Staatsgebieten.)*

Welche Einzeleintragungen findet ihr auf der Karte, z. B.: Heereszüge – Völkerbewegungen – Schlachten – Bodenschätze – Stadtgründungen.

3. Das antike Griechenland und die Welt des Hellenismus

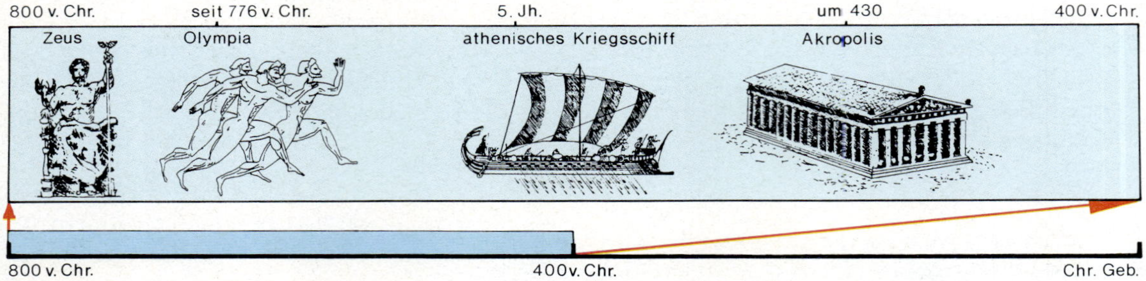

26. August 1972. Als letzter von 5976 Läufern, die in 29 Tagen und 7 Stunden die olympische Flamme von Olympia nach München gebracht hatten, lief ein 18jähriger Schüler in das Münchener Olympiastadion ein. Vier weitere Läufer, einer aus Afrika, einer aus Asien, einer aus Amerika und einer aus Ozeanien, begleiteten ihn bis zur Treppe, die zur Feuerschale emporführte. Dann erklangen aus den Lautsprechern die Worte, die einst der griechische Gott Apoll gesprochen haben soll:

Haltet fest an dem alten Brauch:
Bewahret euer Land,
vom Kriege haltet euch fern und
gebt der Welt ein Zeichen für brüderliche Freundschaft,
wenn die freudige Zeit der vierjährigen Spiele naht.

- *Sucht in einem Atlas die Orte Olympia und München.*
- *Berichtet, was ihr über die Olympischen Spiele wißt.*
- *Stellt Vermutungen darüber an, warum die olympische Flamme aus Griechenland geholt wird.*
- *Die Worte des Gottes Apoll sagen etwas über den ursprünglichen Sinn der Spiele. Sprecht darüber, ob diese Worte auch auf die Olympischen Spiele unserer Zeit zutreffen.*

Stadtstaaten in Griechenland

Reliefkarte von Griechenland.

Viele griechische Staaten – ein Griechenland

1 *Vergleicht mit Hilfe der Karte die griechische Landschaft mit der Landschaft in eurer Umgebung. Welche Unterschiede stellt ihr fest?*

2 *Überlegt jetzt mit Hilfe der Karte, warum die Griechen bei weiteren Fahrten eine Seereise der Reise übers Land vorgezogen haben.*

3 *Seht in einem Atlas nach, wieviel Kilometer die griechischen Städte höchstens vom Meer entfernt liegen.*

Wer mit dem Flugzeug nach Griechenland kommt, der sieht als erstes zahlreiche Gebirge. Der größte Teil der griechischen Landschaft besteht aus kleineren oder größeren Bergen und Gebirgszügen. Sie sind nicht sehr hoch. Vor etwa 2500 Jahren haben sie aber den Verkehr zwischen den verschiedenen Gebieten Griechenlands stark behindert.

Gut ausgebaute Straßen gab es nicht. Im Gegenteil: Die damals üblichen Feldwege waren so schmal, daß zwei Eselskarren nur mit Mühe aneinander vorbeikamen. Eine Reise zum nächsten Ort jenseits der Berge war beschwerlich und wurde deshalb nur von wenigen unternommen. Nachrichten von einer Stadt zur anderen drangen nur mit großer Verspätung durch. So lebten die Menschen in den einzelnen Gebieten, abgeschlossen durch die Berge, weitgehend für sich.

In Griechenland gab es kein großes Reich mit einer Hauptstadt. Jede Stadt bildete vielmehr einen Staat für sich mit einer eigenen Regierung. Wir sprechen deshalb von Stadtstaaten. Wenn damals ein Grieche gefragt wurde, woher er komme, dann antwortete er nicht „Ich bin ein Grieche“, sondern: Ich bin ein Athener, Korinther oder Spartaner usw. Gemeinsam aber war allen Griechen die Sprache. Durch die Sprache unterschied man sich von allen Nicht-Griechen. Wer die griechische Sprache nicht beherrschte, der wurde von ihnen als Stammler bezeichnet, den man kaum verstehen konnte. Das griechische Wort dafür lautet „Barbar“.

4 *Bittet in einem Reisebüro um Griechenland-Kataloge. Fertigt daraus eine Wandzeitung an mit Bildern über die griechische Landschaft und das „alte Griechenland“.*

5 *Zeigt auf der Karte die im Text genannten Orte.*

6 *Bittet eine(n) griechische(n) Mitschüler(in), einige Worte in griechischer Schrift an die Tafel zu schreiben und einige Sätze griechisch zu sprechen.*

7 *Sprecht darüber, inwiefern eine gemeinsame Sprache so wichtig ist für das Zusammengehörigkeitsgefühl. Nennt eventuell Beispiele aus einem Urlaub, den ihr im Ausland verbracht habt.*

Griechische Götter.

Viele griechische Staaten – die gleichen Götter

Überall in Griechenland gab es prächtige Tempel und heilige Stätten, an denen man Götter verehrte. Vom Leben und Handeln dieser Götter berichten griechische Sagen:

Q Zeus wollte wieder einmal seine Kinder und Geschwister beim Göttermahl vereint sehen. Daher ließ er Hermes, den Götterboten, zu sich kommen und befahl ihm: Ziehe deine Flügelschuhe an und rufe mir deine Brüder und Schwestern herbei. Ich will mit Hera, meiner Frau, ein Göttermahl geben.
Hermes flog zuerst zu Hephaistos, dem Gott des Feuers. Der schmiedete großartige Waffen. Seine Frau war die schöne Aphrodite. Sie warf noch einen Blick in ihren Spiegel und machte sich dann auf den Weg zum Olymp. Ihr hinkender Mann konnte mit ihr nicht Schritt halten.
Athene, die Lieblingstochter des Zeus, traf Hermes in jener Stadt an, deren Einwohner sie zur Schutzgöttin erwählt hatten. Sie nahm Lanze und Schild und eilte zu ihrem Vater.
Zuletzt fand Hermes den Gott des Krieges, Ares. Wie er ihn antraf – mit Schild und Lanze – so brachte ihn Hermes zu seinen Geschwistern auf den Olymp.
Auch die Brüder des Zeus waren gekommen: Poseidon, der Gott des Meeres, und Hades, der Gott der Unterwelt. Er verließ seinen Richterstuhl, um der Einladung zu folgen. Kerberos, den mehrköpfigen Hund, ließ er als Wächter der Unterwelt zurück.
Am Kopf des Tisches hatten neben Zeus und Hera die beiden Brüder Poseidon und Hades Platz genommen. Bei Nektar und Ambrosia unterhielten sich die Götter und teilten Zeus ihre Sorgen und Nöte mit.

Der Olymp – ein etwa 3000 m hoher Berg – liegt in Nordgriechenland. Das berühmteste Heiligtum von Zeus, dem höchsten Gott, befindet sich in Olympia.

1 *Zeigt den Olymp und Olympia auf der Karte der Vorseite.*

2 *Ordnet die Götternamen den Darstellungen auf dem Bild zu. Begründet eure Zuordnung.*

3 *Die griechischen Götter handelten und fühlten ähnlich wie die Menschen. Sucht für diese Behauptung einige Beweise in der Sage.*

4 *Nennt einige Unterschiede zwischen dem Götterglauben der Griechen und eurem Glauben.*

Anlage von Olympia (Rekonstruktion). ① Festtor, ② Tempel des Zeus, ③ Tempel der Zeus-Gemahlin Hera, ④ Stadion, ⑤ Übungsstätten. Lithographie von C. Votteler, 19. Jahrhundert.

Olympia – Gemeinschaftsfest der griechischen Staaten

Alle vier Jahre fanden während des Sommers zu Ehren des Göttervaters Zeus sportliche Wettkämpfe in Olympia statt. Während dieser Zeit durften die griechischen Staaten keine Kriege untereinander führen. An den olympischen Spielen nahmen Sportler aus allen griechischen Stadtstaaten teil. Über den Sinn der Spiele schrieb Isokrates (436–338 v. Chr.), ein athenischer Bürger:

Q 1 Mit Recht werden unsere Vorfahren gelobt, weil sie unsere Festversammlung stifteten. Unseren Vorfahren verdanken wir es, daß wir uns alle an einem Ort versammeln, nachdem wir einen Waffenstillstand geschlossen und alle Feindseligkeiten eingestellt haben.
Während des Festes bringen wir gemeinsam unsere Opfer dar, verrichten gemeinsam Gebete und werden uns dabei unseres gemeinsamen Ursprungs bewußt.
Alte Freundschaften werden erneuert, neue Freundschaften werden geschlossen. So lernen wir, uns gegenseitig besser zu verstehen. Das ist wichtig für die Zukunft.

1 *Gebt in eigenen Worten wieder, welche Bedeutung die Festpiele in Olympia nach Meinung des athenischen Bürgers hatten.*

2 *Besorgt euch Bilder von heutigen Olympischen Spielen und fertigt daraus eine Wandzeitung an.*

3 *Vergleicht diese Bilder mit dem Bild und der Darstellung auf dieser Seite. Welche Unterschiede stellt ihr fest?*

Heutzutage finden die Olympischen Spiele alle vier Jahre an einem anderen Ort statt.
Vor einiger Zeit aber meldeten die Zeitungen:

Q 2 Die griechische Regierung ist bereit, dem Internationalen Olympischen Komitee* ein großes Gebiet kostenlos zu überlassen, etwa 7 km von Olympia entfernt. Hier soll ein kleiner olympischer Staat entstehen. Die olympischen Spiele könnten dann alle vier Jahre an diesem Ort stattfinden.

4 *Diskutiert diesen Vorschlag der griechischen Regierung. Was spricht eurer Meinung nach dafür und was gegen diesen Vorschlag?*

[1] **Wagenrennen.** Der Wagenlenker gehört zu den wenigen Athleten, die bekleidet sind.

[2] **Weitsprung aus dem Stand.** Zwischen 1,5 und 4,5 kg schwere Gewichte aus Stein, Blei oder Eisen verstärken den Vorwärtsschwung.

[3] **Stadionlauf über 192 m.** Griechische Vasen – Malereien aus dem 5. und 4. Jh. v. Chr.

Die Olympischen Spiele

Die ersten olympischen Spiele, von denen wir sicher wissen, fanden im Jahr 776 v. Chr. statt. Teilnehmer an den Kämpfen konnten nur Griechen sein. Nicht-Griechen (Barbaren), Sklaven und Frauen waren nicht zugelassen.

Zwischen 30000 und 40000 Zuschauer waren zugegen, wenn die Wettkämpfe durchgeführt wurden. Sie dauerten fünf Tage:

1. Tag: Feierliche Eröffnung durch Opfer zu Ehren des Zeus. Die Wettkämpfer leisten vor dem Standbild des Zeus den olympischen Eid:

Wir schwören, daß wir rein griechischen Blutes sind, noch nie gegen die Gesetze verstoßen haben, uns gewissenhaft vorbereitet haben und daß wir beim Wettstreit keinen Betrug begehen wollen.

2. Tag: Wettstreit der Trompeter vor der Echohalle. Wagenrennen. Fünfkampf: Diskus, Weitsprung, Speerwurf, Ringen und Stadionlauf (192 m).

3. Tag: Festprozession zum heiligen Bezirk. Am Altar vor dem Zeustempel: Opferung, Gesänge, Flötenspiel und Gebete. Abends: Opferschmaus.

4. Tag: Schwerathletische Kämpfe: Ringen, Faustkampf, Pankration (eine Mischung zwischen Boxen und Judo, wobei fast alles erlaubt war) und Waffenlauf über 400 m.

5. Tag: Siegerehrung im Tempel mit Dankopfern zu Ehren des Zeus. Festessen der Sieger im Rathaus von Olympia. Abends: Die Sieger laden ihre Freunde zu einem festlichen Mahl bei Gesang und Musik ein.

Die Athleten wollten bei den Wettkämpfen keine Rekorde aufstellen. Sie wollten Erste sein, besser sein als alle anderen. Zweite oder dritte Plätze gab es nicht. Es gab nur Sieger oder Verlierer. Dabei war es völlig gleichgültig, ob man mit einem schlechten Wurf oder in einer schlechten Zeit gewonnen hatte.

Von den Siegern wurden Standbilder angefertigt, die man in Olympia aufstellte. In ihrer Heimatgemeinde erhielten sie ein Leben lang kostenlose Verpflegung und Befreiung von den Steuern.

1 *Erkundigt euch, wie die Olympischen Spiele heute ablaufen und fertigt dann eine Tabelle an:*

Die Olympischen Spiele	
damals	heute
. . .	. . .

1 *Stellt Vergleiche an im Hinblick auf die Teilnehmer, Art und Zahl der Wettkämpfe, die Dauer und die Ehrung und Vergünstigungen für die Sieger. Die Bilder auf diesen Seiten geben euch einige Hinweise.*

293mal – von 776 v. Chr. bis 394 n. Chr. – wurden die Olympischen Spiele in ununterbrochener Reihenfolge abgehalten. Dann wurden die Spiele vom dem christlichen Kaiser von Konstantinopel verboten, der darin nur eine heidnische Unsitte sah. Erst im Jahr 1896 wurden sie von dem Franzosen Baron de Coubertin erneut ins Leben gerufen. Zur Ehre Griechenlands fanden die ersten Spiele der Neuzeit in Athen statt. Bei allen Olympischen Spielen darf die griechische Mannschaft als erste in das Stadion einmarschieren.

Zum Nachdenken
Äußerungen zu den Olympischen Spielen:
Damals: Der griechische Bürger Xenophanes (etwa 570–460 v. Chr.) meinte:
„Die Wettkämpfe haben keinen Sinn. Auch wenn es im Volk jemanden gibt, der tüchtig ist im Faustkampf, der etwas leistet im Fünfkampf, Ringen oder Schnellauf, dies alles nützt dem Staat nichts. Gering ist der Nutzen, den das Volk davon hat."
Heute: Es ist eine Irreführung, immer wieder zu behaupten, daß der Sport, wie er heute betrieben wird, die Völker verbindet.
– *Diskutiert diese Äußerungen.*

Zusammenfassung
In Griechenland gab es zahlreiche selbständige **Stadtstaaten.** Dennoch bestanden zwischen allen Griechen wichtige Gemeinsamkeiten, nämlich: die gleiche **Sprache,** die Verehrung der gleichen Götter, besonders des obersten Gottes **Zeus,** und die gemeinsame Feier der **Olympischen Spiele.** Hierdurch erhielten sie das Gefühl der Zusammengehörigkeit.
Olympische Spiele gibt es seit mindestens 776 v. Chr. Über 1000 Jahre wurden sie ununterbrochen alle vier Jahre gefeiert. Dann wurden sie von einem christlichen Kaiser verboten. Erst im Jahre 1896 wurden sie von dem Franzosen Baron de Coubertin erneut ins Leben gerufen.

1 **Zielfoto vom 400-m-Lauf.**

2 **Handballspiel zwischen Spanien und USA, München 1972.**

3 **Siegerehrung beim Weitsprung der Frauen, München 1972.**

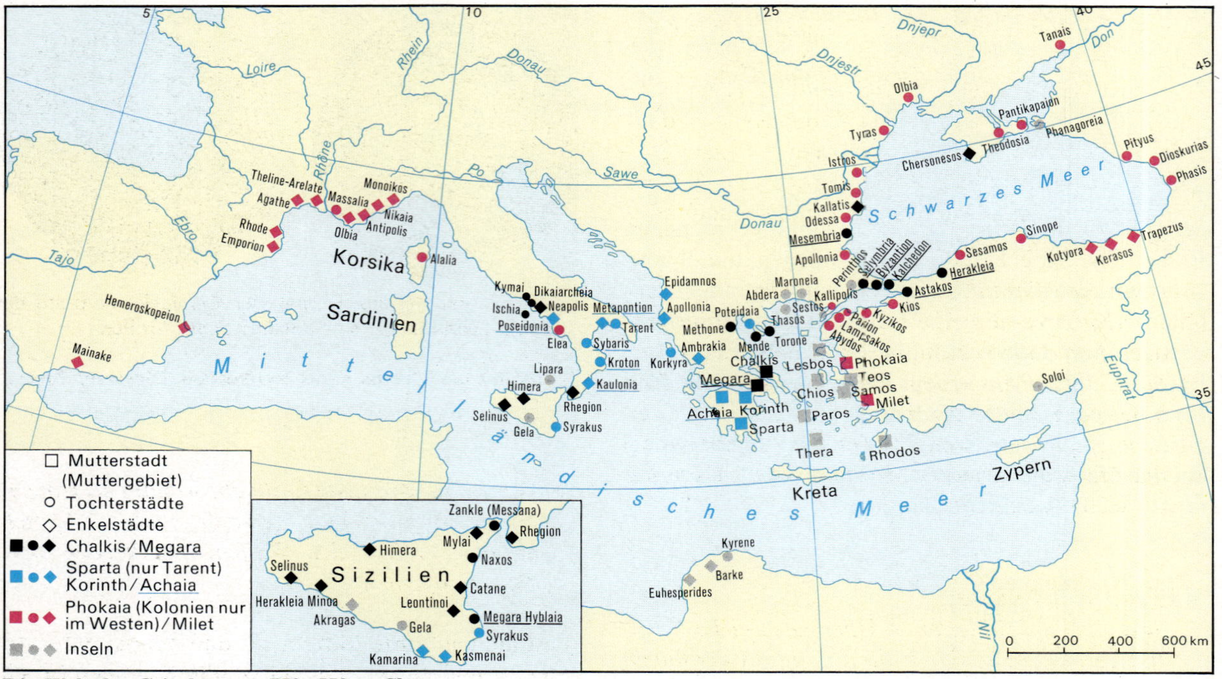

Die Welt der Griechen um 750–550 v. Chr.

Wir sitzen um unser Meer wie die Frösche um einen Teich – Die Ausbreitung der Griechen

Herkunftsorte von Siegern bei Olympischen Spielen	
Olympiade	Herkunft des Siegers im
29. Olympiade (664 v. Chr.)	Weitsprung aus Sparta
48. Olympiade (588 v. Chr.)	Stadionlauf aus Kroton in Süditalien
65. Olympiade (520 v. Chr.)	Stadionlauf aus Tarent in Süditalien
66. Olympiade (516 v. Chr.)	Stadionlauf aus Himera auf Sizilien
79. Olympiade (464 v. Chr.)	Faustkampf aus Rhodos
93. Olympiade (408 v. Chr.)	Stadionlauf aus Kyrene in Nordafrika
99. Olympiade (384 v. Chr.)	Langlauf aus Kreta
103. Olympiade (368 v. Chr.)	Stadionlauf aus Ephesus in Kleinasien

1 *Überlegt, inwiefern die Liste der Olympiasieger und ihrer Herkunftsorte einen Hinweis auf griechische Städte gibt. – Lest nochmals nach auf S. 54.*

2 *Sucht die genannten Orte auf der Karte.*

3 *Schreibt auf, in welchen heutigen Staaten es griechische Siedlungen gab.*

4 *Erklärt mit Hilfe der Karte den Satz: Wir sitzen um unser Meer wie die Frösche um einen Teich.*

Die Gründung der Kolonie Kyrene

Auf der griechischen Insel Thera, dem heutigen Santorin, brach im 7. Jahrhundert v. Chr. eine große Hungersnot aus.
Über die dann folgenden Ereignisse berichtet der griechische Geschichtsschreiber Herodot um 450 v. Chr.:

Q Der König von Thera berief die Versammlung aller Bürger ein, und diese faßten folgenden Entschluß: Wenn eine Familie zwei Söhne hat, dann soll das Los entscheiden, wer von den beiden auswandern muß. Führer und König der Auswanderer soll Battos sein. Ziel der Auswanderer war Libyen; dort sollte eine Kolonie gegründet werden. Sollte das Unternehmen scheitern, dürfen die Auswanderer nach Thera zurückkehren, jedoch frühestens nach fünf Jahren. So fuhren etwa 200 Auswanderer auf zwei Schiffen mit je 50 Ruderern ab. Nach langer Fahrt landeten sie auf einer kargen Insel vor der Kyrenaika. Da sie keinen geeigneten Siedlungsplatz fanden, kehrten sie nach Thera zurück. Die Theräer aber ließen sie nicht an Land, sondern befahlen ihnen, umzukehren.

1 *Nennt den Grund der Auswanderung.*
2 *Überlegt, warum die Auswanderer frühestens nach fünf Jahren zurückkehren durften.*
3 *Sprecht darüber, welche Eigenschaften eurer Meinung nach Battos als Anführer haben mußte.*
4 *Stellt eine Liste mit all den Dingen zusammen, die die Auswanderer eurer Meinung nach mit auf das Schiff nehmen sollten.*

Ausfahrt und Ankunft

5 *Seht euch die Bilder an. – Überlegt, welche Nachrichten die Städte durch diese Münzen vermitteln wollten.*

Ein heutiger Geschichtswissenschaftler erzählt:
„Begleiten wir ein Auswandererschiff, das ins Ungewisse fährt: An Bord befinden sich 100 bis 200 Männer, Bauernsöhne, Händler, der Schiffsführer und der Anführer, dazu Waffen, Werkzeuge, Saatgut, lebendes Vieh, Feuer und Erde aus der Mutterstadt. Frauen sind zunächst noch nicht dabei. Einen Kompaß zur Orientierung kennt man noch nicht. Die Fahrt geht daher möglichst an der Küste entlang. Der endgültige Siedlungsplatz sollte auf einer Anhöhe liegen, die man als Verteidigungsort benützen kann, außerdem über eine Quelle und genügend Ackerland verfügen.
Durch Gebet und Opfer nimmt der Anführer feierlich von dem Boden Besitz. Man fertigt aus der mitgebrachten Erde einen gemeinsamen Herd und legt dort das Feuer aus der Mutterstadt nieder. Nun müssen Häuser gebaut, Nahrungsmittel beschafft, der Boden urbar gemacht werden. Der Landvermesser wird jedem ein Stück Land durch Los zuweisen. Man wartet auf die Reaktion der einheimischen Bevölkerung: Zieht sie sich ins Hinterland zurück, wehrt sie sich gegen die fremden Eindringlinge oder kommt es über Tauschhandel und Heirat zu einem friedlichen Nebeneinander?“ (1)

[1] Münze mit Löwenkopf und vier Gerstenkörnern aus der Kolonie Leontinoi (Leo = der Löwe) auf Sizilien.

[2] Münze mit Thunfisch aus Kyzikos am Schwarzen Meer.

6 *Vergleicht eure Liste (Aufgabe 4) mit den Dingen, die in diesem Text genannt sind. – Sprecht darüber, wozu die Waffen, Werkzeuge usw. dienen sollten.*

Fast um das ganze Mittelmeer und um das Schwarze Meer gründeten griechische Städte Kolonien (Tochterstädte). Diese Tochterstädte gründeten ihrerseits wieder Kolonien (Enkelstädte), wie z. B. Nikaia (= Nizza) und Massilia (= Marseille) in Südfrankreich. Das Gefühl der Zusammengehörigkeit aber blieb bei allen Auswanderern bestehen durch die gleiche Sprache, die Verehrung der gleichen Götter und durch die Freundschaften, die man in Olympia schloß oder erneuerte (vgl. S. 53).
Zum Thema „Auswanderung heute“ schrieb ein Wissenschaftler:
„Man braucht ja nur jene Griechen zu fragen, die nach Amerika, Australien oder Ägypten gegangen sind, um dort als Schneider, Friseure oder Küchenjungen ihr Glück zu versuchen. Sie geben für ihre Auswanderung vier Gründe an: Wir waren arm, und wir wollten reich werden. Wir lebten in beengten und bedrängten Verhältnissen, und wir wollten besser leben. Wir erstickten in unseren Traditionen, und wir wollten eine freiere Luft atmen. Wir waren verlassen, allein, und wir wollten zu unserem Bruder oder einem Onkel, die uns sagten, wir sollten kommen.“ (2)

7 *Ausländische Mitschüler können der Klasse berichten, warum sich ihre Eltern entschlossen haben, für einige Jahre oder für immer ihr Heimatland zu verlassen.*

Schwerbewaffnete Krieger rücken in dichtgeschlossenen Reihen vor. Korinthische Vasenmalerei um 650 v. Chr.

Sparta – Der Bürger gehört dem Staat

Der griechische Schriftsteller Plutarch (46–120 n. Chr.) berichtet:

Q Wenn ein Kind geboren wurde, mußte es der Vater zu den Ältesten der Gemeinde bringen; diese untersuchten das Kind. Wenn es wohlgebaut und kräftig war, gaben sie dem Vater den Auftrag, das Kind aufzuziehen. War es aber schwächlich und mißgestaltet, so ließen sie es zu der sogenannten Ablage an einem Felsengrund bringen. Sie meinten, für ein Wesen, das von Anfang an nicht fähig sei, gesund und kräftig heranzuwachsen, sei es besser, nicht zu leben.

Die Ammen erzogen die Säuglinge dazu, nicht wählerisch beim Essen zu sein, keine Angst zu haben im Dunkel und nicht weinerlich zu sein. Sobald die Jungen das siebente Lebensjahr erreicht hatten, mußten sie das Elternhaus verlassen. Jetzt übernahm der Staat die Erziehung. Die Jungen wurden in Horden eingeteilt. Sie erhielten alle die gleiche Erziehung und Nahrung und gewöhnten sich an gemeinsames Spiel und gemeinsames Lernen.

Zum Führer der Horde wählten sie denjenigen, der sich durch Klugheit und Kampfesmut auszeichnete. Sie hörten auf seine Befehle und unterwarfen sich seinen Strafen.

Lesen und Schreiben lernten sie nur so viel, wie sie brauchten. Die ganze übrige Erziehung bestand darin, pünktlich zu gehorchen, Strapazen zu ertragen und im Kampf zu siegen.

Mit zunehmendem Alter wurde diese Erziehung noch verschärft: Sobald die Jungen zwölf Jahre alt waren, gingen sie stets – auch im Winter – ohne Unterkleidung, bekamen im Jahr nur einmal einen Mantel, waren am ganzen Körper schmutzbedeckt und durften weder baden noch sich salben, mit Ausnahme weniger Tage im Jahr.

Die strenge Erziehung bestand auch für die Erwachsenen. Keiner durfte so leben wie er wollte, sondern sie lebten in der Stadt wie in einem Feldlager. Es durfte auch nicht jeder, der den Wunsch hatte, das Land verlassen, um zu reisen, so daß er andere Sitten, Gebräuche und Staatsformen hätte kennenlernen können. Ebenso wurden Fremde, die keinen wichtigen Grund für ihr Kommen angeben konnten, wieder des Landes verwiesen. Denn mit fremden Menschen kommen auch fremde Gedanken. Neue Gedanken aber führen zu neuen Werturteilen und stellen das Bestehende in Frage.

1 *Schreibt auf, was euch an der Erziehung in Sparta gefällt und was euch nicht gefällt. Begründet eure Entscheidungen.*

1 *Nennt die Ziele, die mit der spartanischen Erziehung erreicht werden sollten. Sprecht darüber, wozu Kinder und Jugendliche heute eurer Meinung nach erzogen werden sollten.*

2 *Informiert euch, welche Regierungen ihren Bürgern heutzutage Reisen in das Ausland verbieten. Überlegt, welche Gründe es für dieses Reiseverbot geben könnte.*

Spartanischer Krieger. Relief aus dem 6. Jh. v. Chr.

Ein Leben in Angst

Sparta war seit dem 8. Jahrhundert v. Chr. ein mächtiger Stadtstaat im Süden der Halbinsel Peloponnes (vgl. Karte, S. 51). Die Vorfahren der Spartaner waren um 900 v. Chr. aus dem Norden eingewandert. Sie unterwarfen die alteingesessene Bevölkerung und teilten alles Land unter sich auf. Um ihre Herrschaft auf Dauer zu sichern, errichteten die Spartaner einen Militärstaat.

Neben den Spartanern gab es noch zwei weitere Bevölkerungsgruppen:

– die Bevölkerung, die in den Randgebieten des Stadtstaates wohnte. Man nannte sie Periöken, d. h. die „Umwohnenden“. Einige von ihnen bebauten das Land, andere arbeiteten für die Spartaner als Händler und Handwerker. Denn Handel und Gewerbe zu treiben, war den Spartanern verboten, damit sie sich ganz dem Kriegsdienst widmen konnten.

– die unterworfene Bevölkerung, die zu Sklaven gemacht wurde. Man nannte sie Heloten. Diese Heloten hatten keinerlei politische Rechte, mußten die Äcker der Spartaner bestellen und etwa die Hälfte des Ertrages an ihre Herren abliefern. Wegen ihrer zahlenmäßigen Überlegenheit wurden die Heloten von den Spartanern gefürchtet.

Die Spartaner – so der griechische Schriftsteller Plutarch – ergriffen daher folgende Maßnahmen:

Q 1 Von Zeit zu Zeit wurden die tüchtigsten jungen Männer aufs Land geschickt, versehen mit Schwertern und den notwendigen Nahrungsmitteln, sonst nichts. Am Tage versteckten sie sich und ruhten aus, bei Nacht gingen sie auf die Straße und töteten jeden Heloten, den sie trafen. Oft auch gingen sie über die Felder und erschlugen die stärksten und kräftigsten von ihnen. Auch sonst behandelten sie die Heloten sehr hart und roh.
Es ist also richtig, wenn gesagt wird, in Sparta sei der Freie wirklich in allem frei und der Sklave nichts als ein Sklave.

Der athenische Dichter Kritias (um 460–403 v. Chr.) meinte:

Q 2 Aus Mißtrauen gegen die Heloten geht der Spartaner immer mit dem Speer in der Hand umher. Er hofft, auf diese Weise dem Heloten überlegen zu sein. Das zeigt doch, daß die Spartaner in ständiger Angst leben. Sie wagen kaum aufzuatmen wegen des Schrecklichen, das man ständig erwartet. Wie können denn Menschen die Freiheit genießen, die beim Frühstücken, beim Schlafen und jeder anderen Beschäftigung die Furcht vor ihren Sklaven dazu zwingt, bewaffnet zu sein!

1 *Vergleicht die beiden Berichte miteinander. – Welcher Beurteilung würdet ihr euch anschließen? Begründet eure Antwort.*

2 *Informiert euch, in welchen Staaten auch heutzutage eine Minderheit über die Mehrheit herrscht.*

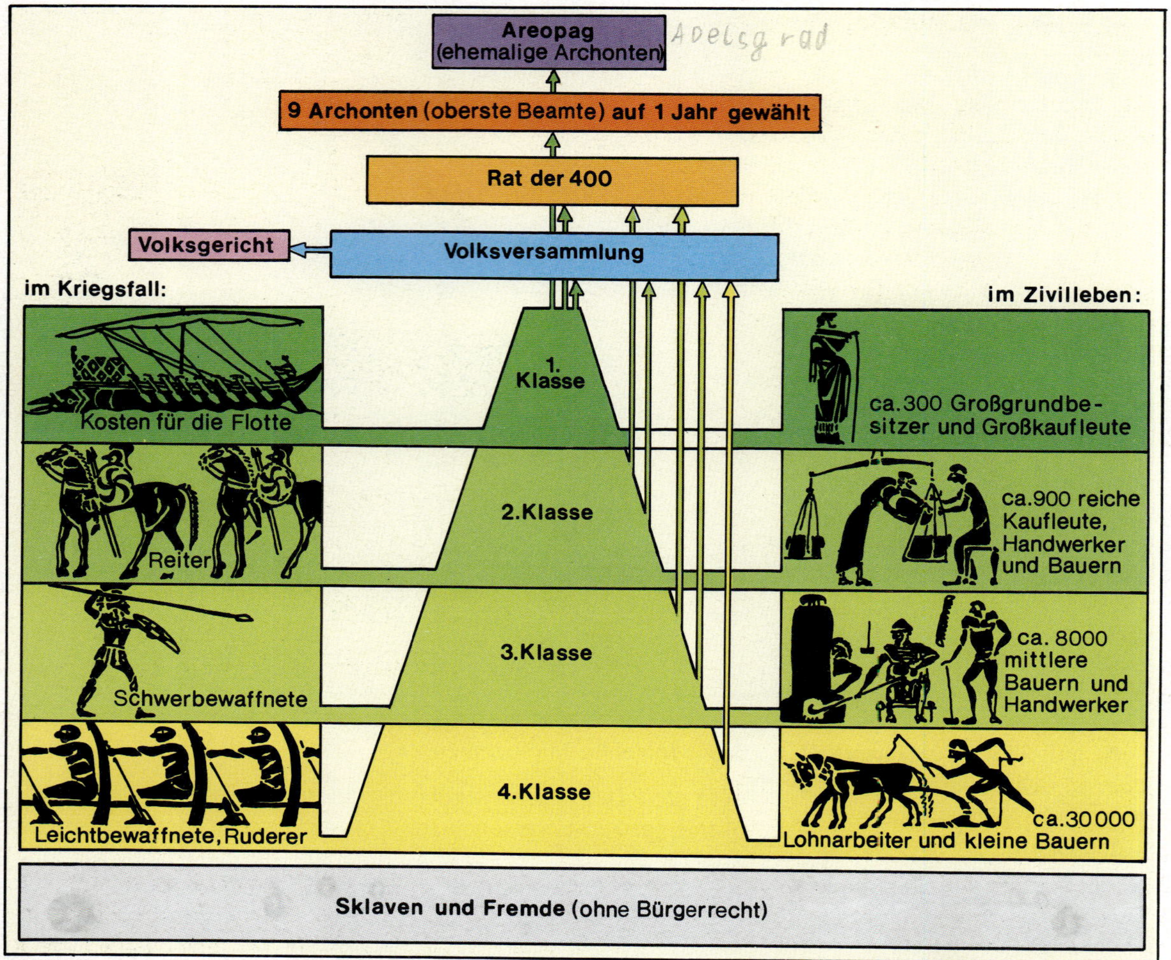

Die Verfassung Athens nach den Reformen des Solon.

Athens Entwicklung zur Demokratie

Neben Sparta war Athen der zweite bedeutende Stadtstaat in Griechenland. Wenn im 7. Jahrhundert v. Chr. ein Spartaner den Stadtstaat Athen besucht hätte, wäre ihm vieles fremd vorgekommen. In Athen gab es keinen König mehr. Die Adligen hatten im 7. Jahrhundert v. Chr. die Königsherrschaft beseitigt. Sie bestimmten jetzt allein, was zu geschehen hatte. Handwerker, Händler, Fischer, Hirten und die große Masse der kleinen Bauern hatten keinerlei politische Rechte.

Im Gegensatz zu den reichen Adeligen, denen fast das gesamte Ackerland gehörte, waren die Bauern sehr arm. Meist besaß der Bauer nur ein kleines Stück Land. Die Ernte war oft so gering, daß er nur mit Mühe seine Familie davon ernähren konnte. Schon bald war alles verbraucht, und der Bauer hatte nichts mehr zu säen für das nächste Jahr. Also ging er zu einem reichen Adeligen und borgte sich Saatgut. Doch auch der nächste Sommer war wieder trocken, und die Ernte reichte erneut kaum für die eigene Familie. Und diesmal borgte ihm der Adelige nichts. Vielmehr forderte er jetzt das kleine Stück Land des Bauern als Pfand.

Fortan mußte der Bauer als Schuldknecht für den Adeligen arbeiten. Manche Bauern wurden sogar als Sklaven ins Ausland verkauft. Es kam auch vor, daß ein Bauer zunächst seine Frau oder seine Kinder als Sklaven verkaufen mußte, um seine Schulden zu bezahlen.

Der griechische Schriftsteller Plutarch schreibt:

Q Da nun damals die Ungleichheit zwischen Arm und Reich den Höhepunkt erreichte, befand sich die Stadt in einer höchst kritischen Lage: Die kräftigsten Bauern taten sich zusammen. Sie ermahnten sich gegenseitig, nicht länger zuzusehen, sondern einen zuverlässigen Mann zum Anführer zu wählen. Ihr Ziel war es, das ganze Land neu aufzuteilen, die verschuldeten Bauern aus der Knechtschaft zu befreien und die bestehenden Verhältnisse im Staat umzustürzen.

Einsichtsvolle Adelige wandten sich deshalb an Solon. Dieser Mann hatte sich nicht beteiligt an dem ungerechten Vorgehen der Adeligen; er war aber auch selber nicht in Not. So stand er außerhalb des Streites. Man bat Solon, als Schiedsrichter zwischen Adeligen und Bauern zu vermitteln und eine Lösung zu finden.

1 *Spielt folgende Situation: Bauern treten Adeligen gegenüber. – Überlegt mit Hilfe von Text und Quelle, welche Forderungen sie erheben; wie könnten die Adeligen darauf reagiert haben?*

2 *Sprecht darüber, welche Lösung ihr vorschlagen würdet, um zwischen Bauern und Adeligen zu vermitteln.*

Solon traf um 600 v. Chr. folgende Maßnahmen:

- Die Schulden der Bauern wurden getilgt, die Schuldknechtschaft verboten. Versklavte Bauern wurden freigekauft. Abgelehnt wurde von ihm die Neuverteilung des Bodens.
- Alle Bürger erhielten das Recht zur politischen Mitbestimmung, aber der Umfang ihrer Rechte und Pflichten war abhängig von ihrem Einkommen. Solon teilte deshalb die Bürger nach ihrem Jahreseinkommen in vier verschiedenen Klassen ein (vgl. Grafik der Vorseite).

3 *Vergleicht die Maßnahmen Solons mit euren Lösungsvorschlägen.*

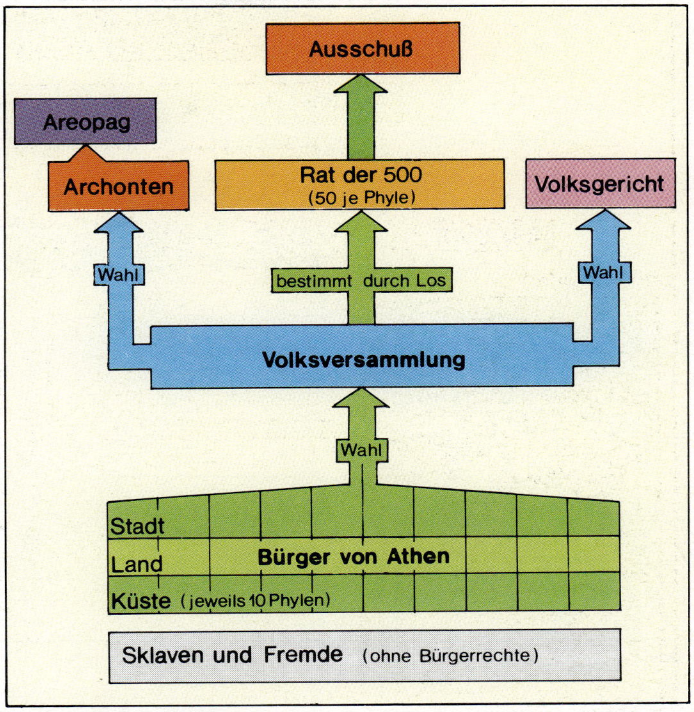

Verfassung des Kleisthenes.

4 *Seht euch die Grafik S. 60 an. Erstellt eine Tabelle mit vier Spalten. In der ersten Spalte nennt ihr die Rechte und Pflichten der 1. Klasse, in der zweiten Spalte jene der 2. Klasse usw.*

5 *Schreibt eine Stellungnahme zu den Maßnahmen Solons aus der Sicht eines Bauern und aus der Sicht eines Adeligen.*

Da die Athener mit der Verfassung Solons nicht zufrieden waren, kam es im Jahr 508 v. Chr. zu einer weiteren Reform: Der Stadtstaat Athen wurde in zehn Wahlbezirke (= Phylen) aufgeteilt. Jeder Wahlbezirk setzte sich zusammen zu je einem Drittel stimmberechtigter Bürger aus der Stadt, dem Landesinneren und von der Küste. Stimmberechtigt war jeder männliche Bürger Athens über 20 Jahre. Die Bürger aller zehn Wahlbezirke bildeten die Volksversammlung. Das war der Beginn der Volksherrschaft in Athen, der Demokratie.

6 *Erklärt mit Hilfe des Schemas oben die Verfassung Athens nach der erneuten Reform im Jahr 508 v. Chr.*

7 *Zeigt, welche Möglichkeiten Bürger in unserer Demokratie haben, am politischen Leben teilzunehmen.*

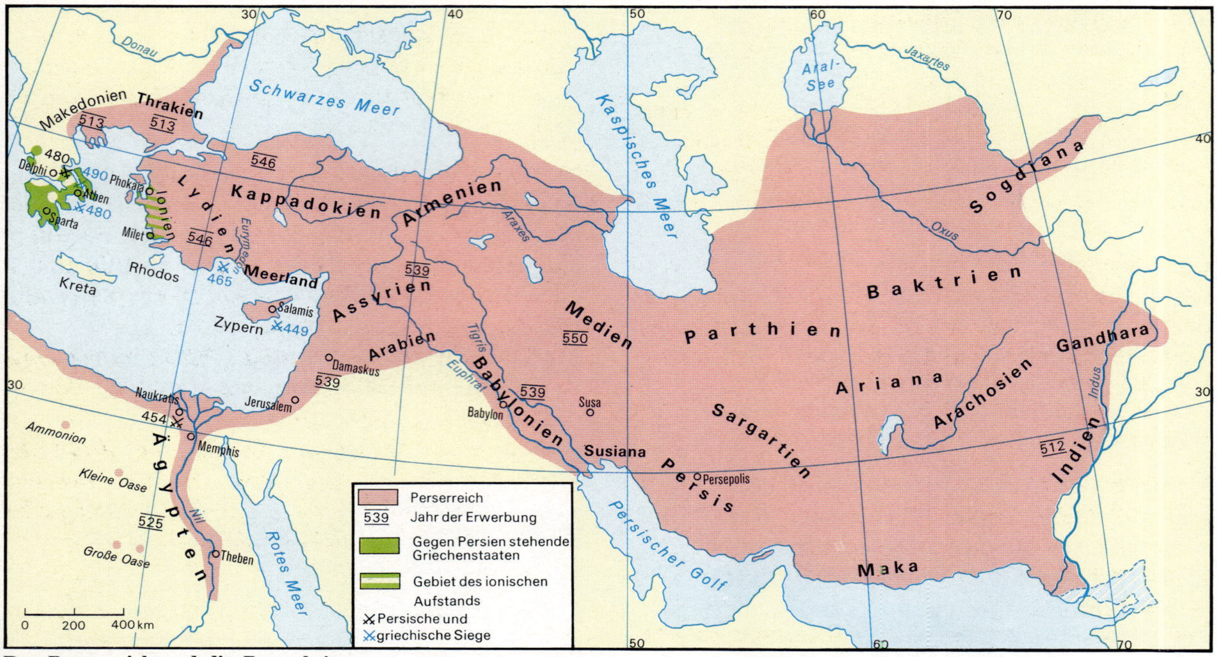

Das Perserreich und die Perserkriege.

Die Perserkriege

1 *Zeigt auf einer Wandkarte die Ausdehnung des Persischen Reiches. Nennt die heutigen Länder, die dieses Reich umfaßte.*

2 *Meßt nach, wie viele Kilometer sich dieses Großreich in seiner größten Ausdehnung von Westen nach Osten und von Norden nach Süden erstreckte. Informiert euch über die entsprechenden Entfernungen innerhalb der Bundesrepublik Deutschland.*

Seit dem 6. Jahrhundert v. Chr. besaßen die Perser ein Großreich, das von Indien bis zum Mittelmeer reichte. Der persische Großkönig Xerxes (486 bis 465 v. Chr.) regierte dieses Reich von seinen Palästen in Susa und Babylon aus. Unterstützt wurde er von zwanzig Statthaltern, die er in den eroberten Ländern eingesetzt hatte. Sie achteten darauf, daß die Befehle des Königs durchgeführt und die Steuer von der Bevölkerung pünktlich gezahlt wurden. Als zusätzliche Kontrolle dienten die „Augen" und „Ohren" des Königs. So wurden die Vertrauensleute genannt, die dem König direkt unterstellt waren und ihn über alles Wichtige sofort informieren sollten. Damit alle Befehle und Meldungen schnellstens ihren Zielort erreichten, wurden große Fernstraßen ausgebaut und überall Poststationen zum Pferde- und Botenwechsel eingerichtet. So konnte man an einem Tag 300 km zurücklegen. Eine Botschaft von Susa nach Milet dauerte daher nur acht Tage.

Milet war eine griechische Stadt in Kleinasien. Hier brach im Jahr 499 v. Chr. ein Aufstand gegen die Perser aus. Weitere griechische Städte in Kleinasien schlossen sich an. Unterstützt wurden sie bei ihrem Kampf von Athen mit einigen Schiffen. Dem persischen Großkönig gelang es jedoch, diesen Aufstand niederzuwerfen. Milet wurde völlig zerstört, die Bewohner 2000 km weit in das Landesinnere verschleppt.

Da die Athener die aufständischen Griechen in Kleinasien unterstützt hatten, beschloß der Großkönig, ganz Griechenland zu unterwerfen.

Sieg der Athener bei Marathon

Im Jahr 490 v. Chr. landete ein gut ausgerüstetes persisches Heer mit etwa 20000 Soldaten in der Ebene von Marathon (vgl. Karte S. 68). Die Athener unterliefen in einem 1800 m langen Lauf (vgl. S. 54, Olympische Spiele) den persischen Pfeilhagel und besiegten die überraschten Perser im Nahkampf.

Ein athenischer Bote lief vom Kampfplatz sofort in das 42 km entfernte Athen, um der Bevölkerung den Sieg zu melden. An diesen Sieg erinnert noch heute der Marathonlauf bei den Olympischen Spielen oder anderen Wettbewerben.

Der Feldzug des Xerxes

Zehn Jahre später zog unter Führung des persischen Großkönigs Xerxes erneut ein persisches Heer von 50000 Soldaten nach Griechenland. Begleitet wurde es von 1000 Schiffen.

Zur ersten Schlacht zwischen den vereinigten griechischen Städten und den Persern kam es an den Thermopylen in Mittelgriechenland. Dies ist ein schmaler Engpaß zwischen Bergen und Meer, den die Griechen gesperrt hatten. Drei Tage hielten die Griechen das riesige persische Heer hier auf. Als sie durch Verrat von den persischen Truppen eingekreist wurden, kämpften sie weiter, bis alle – fast 1000 Mann – gefallen waren.

Die Entscheidungsschlacht fand zur See in der engen Bucht von Salamis statt (vgl. Karte S. 68). Vom Ufer aus beobachtete der persische Großkönig wie seine großen und schwerfälligen Schiffe von der beweglichen Flotte der Athener geschlagen wurde. Xerxes floh in großer Eile. Sein Heer ließ er in Griechenland zurück, das aber im folgenden Jahr ebenfalls geschlagen wurde. Griechenland blieb frei.

Über die Gründe für diesen Sieg schrieb der griechische Schriftsteller Herodot (um 450 v. Chr.):

Q Die Athener waren stark geworden. Das Recht eines jeden Bürgers, in der Volksversammlung zu reden, ist eben etwas sehr Wertvolles. Solange die Athener von Adeligen beherrscht wurden, waren sie keinem einzigen ihrer Nachbarn im Krieg überlegen. Jetzt aber, wo sie frei sind, stehen sie an der Spitze. Daran kann man erkennen: Als Untertanen waren sie feige und träge, als freie Menschen aber schaffen sie für sich selber.

Im Jahr 477 schlossen sich viele griechische Städte unter Führung Athens zum Attischen Seebund zusammen, um die Perser von weiteren Angriffen abzuhalten. Die Mitglieder mußten Schiffe stellen oder Beiträge in die gemeinsame Bundeskasse zahlen, die von Athen verwaltet wurde.

Mit Hilfe dieser Bundesmittel erhöhte Athen seine Kriegsflotte auf 200 Schiffe und wurde zur führenden Handels- und Seemacht.

1 *Lest noch einmal die Quelle und nennt die Gründe für die Siege der Griechen. Beachtet dabei: Wofür kämpften die Griechen, und wofür kämpften die persischen Soldaten?*

Zusammenfassung

Übervölkerung und Hungersnöte veranlaßten griechische Stadtstaaten, im ganzen Mittelmeergebiet Kolonien zu gründen.

Die beiden wichtigsten Stadtstaaten waren Sparta und Athen: Bei ihrer Einwanderung versklavten die Spartaner die einheimische Bevölkerung. Aus Angst vor Aufständen befanden sie sich in ständiger Kriegsbereitschaft. Ein Privatleben gab es nicht.

Könige gab es in Athen seit dem 7. Jahrhundert v. Chr. nicht mehr. Hier herrschte der Adel über eine weitgehend verarmte bäuerliche Bevölkerung. Als die Spannungen zwischen Adeligen und Bauern sich verschärften, gab Solon um 600 v. Chr. den Athenern eine neue Verfassung. Politische Rechte und Pflichten richteten sich nach dem Jahreseinkommen. Um 500 v. Chr. kam es zu einer weiteren Reform. Mit ihr begann in Athen die Demokratie.

Ihre Unabhängigkeit erkämpften sich griechische Stadtstaaten im Kampf gegen die Perser, die in den Jahren 480/479 v. Chr. endgültig besiegelt wurde.

Marktplatz in Athen. Rekonstruktion.

Athen – Handelszentrum am Mittelmeer

1 *Beschreibt den Marktplatz auf dem Bild. Vergleicht ihn mit dem Marktplatz eurer Stadt.*

Der bedeutendste Stadtstaat in Griechenland war **Athen.** Mittelpunkt der Stadt war ein großer Marktplatz. Dichtgedrängt standen Verkaufsstände und Handwerksbuden, bedeckt mit Fellen oder Weidengeflechten. Hierher kamen die Bauern aus der Umgebung. Sie brachten Gemüse, Obst, Honig und Eier. Andere Händler und Handwerker stellten zum Verkauf: Fisch, Fleisch und Geflügel, Töpfe und Pfannen, Schmuck, Werkzeuge oder Schuhe.
Um den Käufern die Übersicht zu erleichtern, standen die Verkaufstische nach Waren geordnet. In einer Ecke des Marktplatzes waren vor allem Gemüse und Wein zu finden, in einer anderen Kessel und Haushaltsgeräte, wieder anderswo Buchrollen, Schmuck, Kleidung usw. Großes Gedränge herrschte stets vor jenen Ständen, die Erzeugnisse aus dem Ausland anboten.
Der griechische Dichter Hermippos berichtet um 430 v. Chr.:

Q Uns bringen die Schiffe aus Kyrene Rindleder, vom Hellespont die Makrelen und Salzfische jeglicher Art.
Rippenstücke vom Rind kommen aus Thessalien, ebenso Graupen.
Syrakus liefert Schweine und Parmesankäse.
Es schickt uns Ägypten Tauwerk und Segeltuch, aber auch Papyrusrollen für Bücher.
Den Weihrauch beziehen wir aus Syrien, aus Kreta Zypressenholz für die Götter.
Libyen verkauft uns, was wir an Elfenbein brauchen, Rhodos Rosinen und getrocknete Feigen.
Euböa liefert die Birnen und wohlschmeckende Äpfel, Phrygien Sklaven in Menge und Arkadien Söldner für den Krieg.
Kastanien und Mandeln kommen aus Paphlagonien (nördliche Türkei), Datteln und feinstes Weizenmehl aus Zypern, Teppiche und bunte Kissen aus Karthago.

Außerdem kamen noch jedes Jahr etwa 750000 Zentner Getreide aus Ägypten, Sizilien und von der Schwarzmeerküste.

2 *Ordnet die Einfuhrgüter nach Gruppen.*

3 *Vergleicht die Karte der gegenüberliegenden Seite mit einer entsprechenden Karte im Atlas. Wie heißen die Länder, mit denen Athen Handel trieb, heute?*

Athen – ein griechischer Stadtstaat

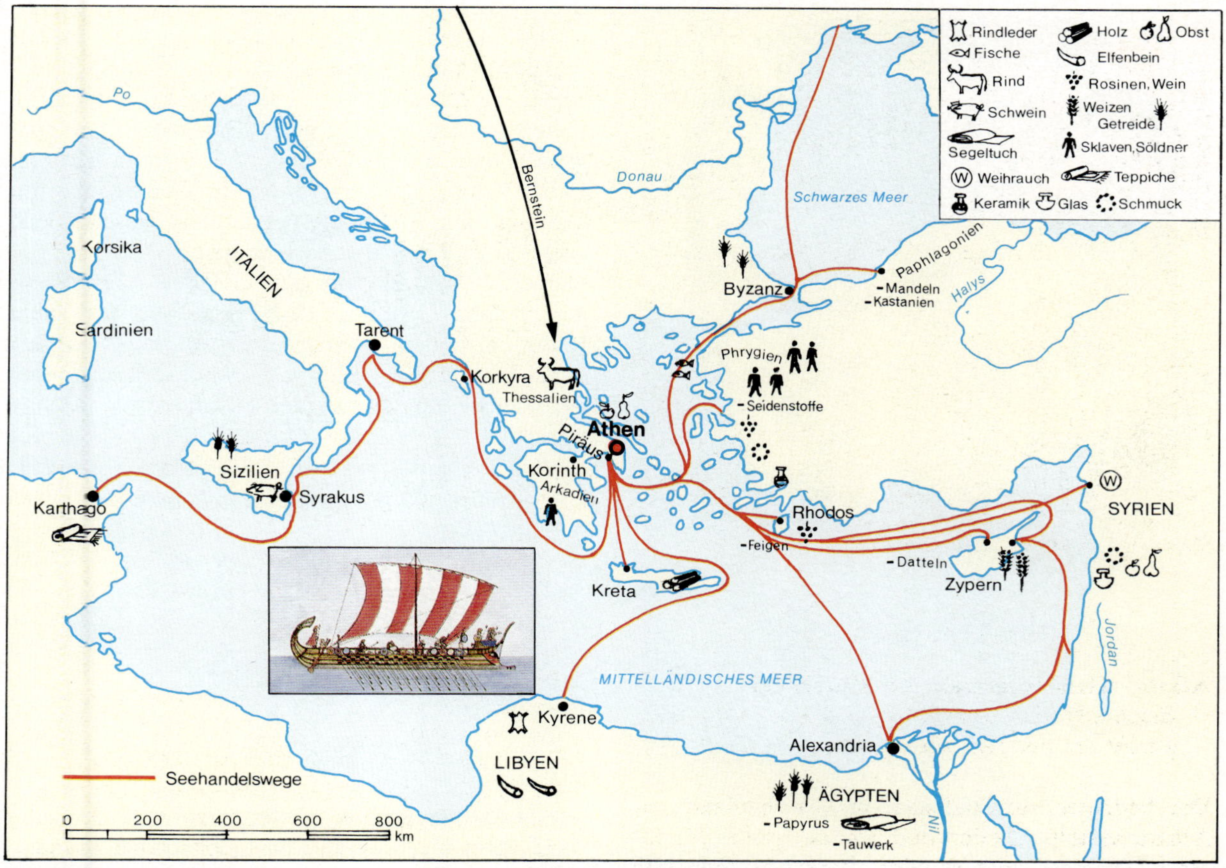

Athenische Importe. Importwaren, die im Hafen von Piräus umgeschlagen werden.

Der Hafen von Piräus

Seehandel in großem Ausmaß kann man nur betreiben, wenn man über eine große Flotte und einen entsprechenden Hafen verfügt. Athen hatte beides. Auf der Halbinsel Piräus, nur wenige Kilometer von der Stadt entfernt, wurden ein Handelshafen und zwei Kriegshäfen gebaut. Es gab Liegeplätze für 400 Schiffe, dazu Lagerräume, Zollgebäude, Wechselstuben und Warenhallen.

Von Piräus aus stach die Handelsflotte in See, bis zu 200 Schiffe auf einmal. Es waren breite, schwerfällige Handelsschiffe, die über einen großen Laderaum verfügten. Zwischen 30 t und 100 t konnten sie befördern. Die Fahrtgeschwindigkeit betrug 3–4 Knoten in der Stunde (1 Knoten = ungefähr 1850 m). Einen Kompaß kannte man nicht, ebenso fehlte es an zuverlässigen Seekarten. Die Schiffe fuhren deshalb nur tagsüber, immer so nah wie möglich an der Küste entlang oder von Insel zu Insel. So führte eine Fahrt von Piräus nach Sizilien über Korkyra und Tarent (Karte).

Begleitet wurde die Handelsflotte von schnellen und wendigen Kriegsschiffen; diese waren etwa 40 m lang, aber nur 5–6 m breit. Am Bug hatten sie einen Rammsporn, um die Flanke feindlicher Schiffe einzurammen. Ein magisches Auge sollte Unheil fernhalten. Auf jedem Kriegsschiff gab es neben den fast 180 Ruderern und den Matrosen auch noch 30 schwerbewaffnete Soldaten. Mit diesen Schiffen sicherte sich Athen im 5. Jahrhundert v. Chr. die Vorherrschaft im Ägäischen Meer.

1 *Informiert euch, wieviel Tonnen ein Lkw befördert.*

2 *Seht in einem Atlas nach, wie lang die genannte Strecke von Piräus nach Sizilien ungefähr ist. Berechnet, wieviel Tage eine Handelsflotte für die Hin- und Rückfahrt brauchte.*

Olivenernte. Die Früchte werden mit Stangen oder Schilfrohr vom Ölbaum heruntergeschlagen. Attischer Krug aus dem 6. Jahrhundert v. Chr.

Bauern und Handwerker arbeiten für den Export

Zum Tausch für die Waren, die sie aus dem Ausland bezogen, lieferten die Athener mit ihren Schiffen Wein und Öl, das aus den Früchten der Olivenbäume gewonnen wurde. Wein und Olivenöl wurden in großen, dickbauchigen Tonkrügen transportiert. Ihrer schönen Form und kunstvollen Bemalung wegen waren diese Krüge im ganzen Mittelmeerraum eine begehrte Ware.

1 *Beschreibt das Bild. Es zeigt zwei wichtige Ausfuhrgüter Athens.*

2 *Erklärt folgende Feststellung: An der Ausfuhr von Wein und Olivenöl verdienten Bauern, Händler, Schiffsbesitzer und Töpfer.*

Die Töpfer wohnten in einem besonderen Stadtviertel Athens, „Kerameikos“ genannt. Außer Krügen fertigten sie auch Vasen, Schalen, Trinkgefäße, Kochtöpfe und Öllampen an. Den Ton holten sie sich aus den nur 10 km entfernten Tongruben und färbten ihn mit roter Farbe. Auf einfachen Töpferscheiben wurden die Gefäße geformt, dann in der Sonne getrocknet und anschließend geglättet und bemalt und gebrannt.

Dargestellt wurden auf den Gefäßen z. B. Wettkämpfe aus Olympia, Jagdszenen und vor allem Bilder aus dem Alltagsleben. Gezeigt wurden dabei häufig Tätigkeiten von Handwerkern, deren Erzeugnisse für den Export ebenfalls sehr wichtig waren.

3 *Beschreibt die auf den Bildern der gegenüberliegenden Seite geschilderten handwerklichen Tätigkeiten.*

4 *Fertigt eine zweispaltige Liste an. In die linke Spalte tragt ihr die Berufe ein, in die rechte die Erzeugnisse.*

Über die Handwerker und ihre Tätigkeit schrieb der griechische Schriftsteller Xenophon (um 430–354 v. Chr.):

Q In kleinen Städten macht derselbe Mann Bett, Tür, Pflug, Tisch, und oft baut er noch die Häuser. Er ist froh, wenn er auf diese Weise genügend Kunden hat, um seinen Lebensunterhalt verdienen zu können. Es ist aber unmöglich, daß jemand, der viele handwerkliche Tätigkeiten ausübt, alles gut machen kann.

In den großen Städten aber, wo es viele Käufer gibt, genügt für jeden Handwerker ein einziges Gewerbe zum Lebensunterhalt. Oft genügt es sogar, wenn er nur einen Teil dieses Gewerbes beherrscht. So macht der eine Männer-, der andere Damenschuhe, ja mitunter lebt der eine lediglich vom Zuschneiden des Leders, der andere näht es zusammen. Wer sich so ganz auf einen kleinen Teil eines Handwerks konzentriert, macht das natürlich auch am besten.

5 *Der Text nennt einen Grund für die hohe Qualität der handwerklichen Erzeugnisse. Wiederholt ihn mit eigenen Worten.*

6 *Nennt Beispiele für diese Art der Arbeitsteilung in heutiger Zeit.*

1–5 **Griechische Vasenmalerei aus dem 5. Jh. v. Chr.**

1 **Erzgießerei.** Ein Mann, der auf einem Schemel sitzt, schürt das Feuer des Schmelzofens. Ein Junge hinter dem Ofen drückt den Blasebalg. An einem Ziegengehörn hängen Tonmodelle, daneben eine Blattsäge und andere Werkzeuge. Ein Arbeiter schaut zu; neben ihm ein Handwerker beim Zusammensetzen einer Statue, deren Kopf auf dem Boden liegt.

2 **Schmiede.**

3 **Herstellung von Tonkrügen.**

4 **Herstellung von Waffen.**

5 **Schusterwerkstatt.**

Das Gebiet des Stadtstaates Athen.

Perikles – ein berühmter Staatsmann Athens

Der berühmteste Politiker Athens im 5. Jahrh. v. Chr. war Perikles. Fünfzehnmal hintereinander wählten ihn die Athener seit 443 v. Chr. in das höchste Staatsamt. Perikles war der Meinung, für den Staat sei es am besten, wenn sich alle athenischen Bürger für ihn verantwortlich fühlen würden: Wie der athenische Geschichtsschreiber Thukydides (ca. 455–396 v. Chr.) berichtet, sagte Perikles:

Q Die Verfassung, die wir haben, ist ein Vorbild für andere Staaten. Ihr Name ist Demokratie* (= Volksherrschaft), denn bei uns trifft nicht eine kleine Minderheit, sondern das Volk die politischen Entscheidungen.
Vor dem Gesetz sind alle Bürger gleich. Jeder, der etwas für den Staat zu leisten vermag, kann also bei uns ein politisches Amt erhalten.
Das ganze Volk trifft in der Volksversammlung die Entscheidungen und sucht hier ein rechtes Urteil über die Dinge zu gewinnen.
Unsere Stadt ist für jedermann offen. Ausweisungen von Fremden gibt es bei uns nicht.

Mindestens vierzigmal im Jahr wurden alle Bürger zu einer Volksversammlung eingeladen, doch mehr als 2000 bis 3000 Bürger kamen in der Regel nicht zusammen. Häufig dauerten die Beratungen von Sonnenaufgang bis zum Abend. Jeder Bürger hatte das Recht, auf den Versammlungen zu sprechen und Anträge zu stellen; doch nur wenige, die über genügend Erfahrung verfügten und redegewandt waren, nahmen diese Möglichkeit wahr.
Von der Volksversammlung wurden die Gesetze beschlossen, über Krieg und Frieden abgestimmt und die Staatsbeamten und Richter gewählt. Staats-

beamte und Richter erhielten für jeden Arbeitstag eine Bezahlung, die dem Tagesverdienst eines Handwerkers entsprach; ebenso viel Geld erhielten die Teilnehmer an den Volksversammlungen. Diese Regelung ermöglichte es auch ärmeren Mitbürgern, am politischen Leben teilzunehmen und ein Amt zu übernehmen.

1 *Erklärt, was Perikles unter „Demokratie" versteht.*

2 *Sucht auf der Karte der Vorseite die Orte Salamis, Sunion und Marathon, die auch zum Stadtstaat Athen gehörten. Stellt die ungefähren Entfernungen auf der Straße zwischen diesen Orten und Athen fest.*

3 *Berechnet, wie lange Teilnehmer aus diesen Orten für den Fußmarsch nach Athen brauchten.*

4 *Spielt folgende Situation: Bauern in Sunion unterhalten sich zur Zeit der Frühjahrsaussaat, ob sie zur Volksversammlung nach Athen gehen sollen.*

Sklaven im Bergwerk. Tontafel, um 600 v. Chr.

Demokratie = Herrschaft des Volkes?
Thukydides schrieb:

Q 1 Perikles war mächtig durch sein Ansehen. Er wurde daher nicht durch die Volksversammlung gelenkt, sondern er selber lenkte sie aufgrund seines Einflusses. So bestand in Athen dem Namen nach eine Demokratie, in Wirklichkeit jedoch die Herrschaft eines einzigen Mannes.

Zur Zeit des Perikles lebten in Athen und Umgebung etwa 300000 Menschen. Politisches Mitspracherecht aber hatten nur 40000 Männer ab dem 22. Lebensjahr, deren Eltern auch athenische Bürger waren. Keinerlei politische Rechte hatten Frauen, Kinder, die 30000 Fremden und die etwa 100000 Sklaven.

Viele Sklaven arbeiteten als Handwerker in einem Betrieb oder waren als Diener oder Dienerinnen in einem Haushalt tätig; einige übernahmen die Stelle eines Erziehers und Lehrers für die Kinder einer reichen Familie. Zehntausende aber schufteten in den staatlichen Silberbergwerken in der Nähe Athens. Die Arbeit in den niedrigen Stollen dauerte von Sonnenaufgang bis Sonnenuntergang. Ruhe- oder Feiertage gab es nicht. Mit dem Gewinn aus dieser Arbeit wurden u. a. Beamte, Richter und Teilnehmer an den Volksversammlungen bezahlt.

5 *Vergleicht die Rede des Perikles mit jener des Thukydides und zeigt, wo sie sich widersprechen.*

6 *Fremde, die in Athen wohnten, arbeiteten und Steuern zahlten, durften an den Volksversammlungen nicht teilnehmen und nicht wählen. Informiert euch, ob es vergleichbare Regelungen auch bei uns gibt.*

7 *Erkundigt euch über Sklaverei heute. Ihr könnt dazu gemeinsam einen Brief schreiben an: terre des hommes, Postfach 4126, 4500 Osnabrück. Zählt in diesem Brief ganz genau auf, was ihr wissen möchtet.*

Demokratie im Vergleich
Das Grundgesetz der Bundesrepublik Deutschland bestimmt in Artikel 3:

Q 2 (1) Alle Menschen sind vor dem Gesetz gleich.
(2) Männer und Frauen sind gleichberechtigt.
(3) Niemand darf wegen seines Geschlechts, seiner Abstammung, seiner Rasse, seiner Sprache, seiner Heimat und Herkunft, seines Glaubens, seiner religiösen oder politischen Anschauungen benachteiligt oder bevorzugt werden.

8 *Schreibt auf, wie diese Bestimmungen in Athen zur Zeit des Perikles gelautet hätten.*

9 *Achtet auf Beispiele, wo eurer Meinung nach gegen diese Bestimmungen verstoßen wird, und sprecht darüber.*

Ein vornehmes griechisches Haus mit einem kleinen Verkaufsladen. Rekonstruktion.

Frauen in Athen
Wie in der Politik, so übten die athenischen Männer auch im Privatleben eine Art Vorherrschaft aus.
In seiner „Hauswirtschaftslehre" schrieb Xenophon um 400 v. Chr.:

Q 1 Du wirst stets im Hause bleiben müssen. Die Sklaven, die draußen arbeiten sollen, schickst du hinaus. Über die Sklaven, die im Hause arbeiten, hast du die Aufsicht zu führen.
Lebensmittel, die die Sklaven vom Markt bringen, mußt du in Empfang nehmen. Nimm davon, was sofort verwendet werden soll. Was aber übrigbleiben soll, mußt du gut verwahren, damit nicht der für das ganze Jahr gedachte Vorrat in einem Monat verbraucht wird.
Und wenn die Wolle ins Haus geschafft wird, mußt du dafür Sorge tragen, daß alle Hausbewohner nach Bedarf die entsprechenden Gewänder erhalten. Auch mußt du dich darum kümmern, daß das getrocknete Getreide eßbar und schmackhaft bleibt.

1 *Nennt die Aufgaben, die in Athen den Frauen zugewiesen wurden. Beachtet dabei auch das Bild.*

2 *Stellt euch vor, ihr könntet mit dem Athener sprechen: Erklärt ihm, was ihr von seinen Anweisungen haltet. Berichtet ihm ferner, in welchen Punkten sich das Leben einer Frau in unserer Gesellschaft von dem Leben einer athenischen Hausfrau unterscheidet und in welchen Punkten es übereinstimmt.*

Zu den Aufgaben der athenischen Frauen gehörte ferner die Erziehung der Kinder. Die Entscheidung, ob ein neugeborenes Kind in die Familie aufgenommen wurde, traf allein der Vater.
So schrieb der Arbeiter Hilarion an seine Frau:

Q 2 Herzliche Grüße! Wisse, daß wir auch jetzt noch in Alexandria sind. Ängstige Dich nicht, wenn alle heimkehren, ich aber hier bleibe. Ich bitte Dich und ermahne Dich: Sorge für das Kind. Und sobald wir Lohn bekommen, schicke ich ihn Dir. Wenn Du unser nächstes Kind gebierst, so laß es leben, falls es männlich ist; falls es ein Mädchen ist, setze es aus.
Ich vergesse Dich nicht.

3 *Sprecht darüber, was ihr von der Forderung des Arbeiters Hilarion an seine Frau denkt.*

Athen – ein griechischer Stadtstaat

Unterrichtsszenen aus Athen, um 480 v. Chr. Vasenmalerei.

Kindererziehung

Der griechische Gelehrte Aristoteles (384–322 v. Chr.) schrieb:

Q 1 Es sind im wesentlichen vier Dinge, in denen man die Jungen zu unterrichten pflegt: Lesen und Schreiben, Turnen, Musik und gelegentlich auch Rechnen.
Lesen und Schreiben braucht man im Geschäftsleben, für die Hausverwaltung, zur weiteren Ausbildung und für viele politische Aufgaben. Wer rechnen kann, wird sich beim Kauf und Verkauf von Gegenständen nicht täuschen lassen. Das Turnen ist nützlich für Gesundheit und Kraft. Doch wozu ist die Musik gut? Die Rhythmen und Töne können Zorn, Mitleid, Tapferkeit, Zucht und ihre Gegensätze sehr gut wiedergeben. Wenn wir Musik hören, verwandelt sich unsere Seele. Die Musik kann also den Charakter beeinflussen. Deshalb muß man den jungen Menschen mit der Musik vertraut machen und ihn zu ihr hinführen.

1 *Beschreibt die Darstellung auf dem Bild. Welche Unterrichtsfächer werden gezeigt?*

2 *Fertigt eine Tabelle an. In die linke Spalte tragt ihr die Unterrichtsfächer ein, in die rechte Spalte die Begründung.*

Während die Jungen in Begleitung eines Sklaven* die Schule besuchten, blieben die Mädchen zu Hause. Von der Mutter oder Großmutter erlernten sie hier die häuslichen Arbeiten wie Kochen, Spinnen und Weben. Im Alter von 15 Jahren wurden sie verheiratet. Den Ehemann hatten zuvor ihre Eltern ausgesucht. Er bestimmte von nun an über ihr weiteres Leben (vgl. Q 1 der vorigen Seite). Die Männer nahmen am häuslichen Leben kaum Anteil. Sie waren mehr unterwegs als daheim. Sie trafen sich auf dem Marktplatz, in den Sporthallen oder auf den Volksversammlungen. Abends lud man seine Freunde zu sich nach Hause ein. An diesen Zusammenkünften durften Frauen nicht teilnehmen. Nur wenige Männer handelten anders. Zu ihnen gehörte auch Perikles.
Ein heutiger Wissenschaftler meint:

Q 2 Niemand hätte etwas dabei gefunden, wenn Perikles seine Frau schlecht behandelt hätte. Daß er aber seine Frau als ein menschliches Wesen ansah, daß er wirklich mit ihr zusammenlebte, anstatt sie in die Frauengemächer zu verbannen, daß er Freunde zusammen mit ihren Frauen zu sich einlud, darüber regte sich jeder Athener auf.

3 *Sprecht über das Verhältnis von Jungen und Mädchen, von Männern und Frauen, damals in Athen und heute.*

Die Akropolis* heute. Foto.

Prachtbauten in Athen

In den wenigen Jahren der Regierungszeit des Perikles wurden in Athen alle jene Tempel und Gebäude errichtet, deren Überreste noch heute Millionen Menschen jedes Jahr bewundern.

Zur Bezahlung der Baumaßnahmen verwendete Perikles die Gelder aus der Bundeskasse des Attischen Seebundes (vgl. S. 63), aus der eigentlich der gemeinsame Kampf aller Griechen gegen die Perser bezahlt werden sollte.

Gegner des Perikles – so berichtet Plutarch um 100 n. Chr. – warfen ihm in der Volksversammlung vor:

Q 1 Schimpf und Schande ist über Athen gekommen, da es die Bundesgelder von Delos nach Athen geholt hat. Das übrige Griechenland muß sich betrogen vorkommen, wenn wir mit den Geldern, die für den Krieg gegen die Perser eingezahlt wurden, unsere Stadt vergolden und herausputzen. Perikles antwortete:

Die Bundesgenossen stellen uns kein einziges Pferd, kein Schiff, keinen Soldaten zur Verfügung. Sie geben uns nichts als ihr Geld. Das Geld aber gehört nicht denen, die es zahlen, sondern denen, die es bekommen, sofern sie für den Betrag die vereinbarte Gegenleistung erstatten.

Da nun unsere Stadt mit Kriegsbedarf hinreichend versorgt ist, müssen wir den Überfluß für Werke verwenden, die uns ewig Ruhm und allgemeinen Wohlstand versprechen.

Plutarch meinte zu den Maßnahmen des Perikles:

Q 2 Er legte dem Volk großartige Pläne für Unternehmungen und Bauten vor, die der Stadt ewigen Ruhm, den Handwerkern für lange Zeit Arbeit geben sollten. Vielerlei Materialien wurden benötigt: Steine, Erz, Elfenbein, Gold, Eben- und Zypressenholz, und zu ihrer Bearbeitung brauchte es mancherlei Handwerker, so Zimmerleute, Bildhauer, Kupferschmiede, Steinmetzen, Färber, Goldarbeiter, Elfenbeinschnitzer, Maler usw. Die Transporte zur See brachten den Reedern, den Matrosen und Steuerleuten Beschäftigung, diejenigen zu Lande den Wagenbauern, Pferdehaltern und Fuhrleuten, den Seilern, Leinewebern, Sattlern, Straßenbauern und Bergleuten. Jedes Handwerk verfügte über eine Masse von ungelernten Hilfsarbeitern, welche als Handlanger dienten. Kurz, die Vielfalt der Arbeiten machte es möglich, daß jedem Alter und jedem Stand reicher Gewinn zuströmte.

So stiegen die Bauten empor, in unnachahmlicher Schönheit der Formen. In kurzer Zeit wurden sie geschaffen für ewige Zeit. Ihre lebendige Kraft schenkt ihnen bis auf den heutigen Tag den Reiz der Neuheit und Frische. So liegt ein Hauch immerwährender Jugend über diesen Werken. Die Zeit geht vorüber, ohne ihnen etwas anzuhaben.

Perikles förderte vor allem die Bauten auf der Akropolis. Für Athene, die Stadtgöttin, ließ er einen prächtigen Tempel errichten, 72 m lang und 34 m breit. Im Tempel befand sich ein kleiner Raum mit dem Standbild Athenes. Es war 12 m hoch und mit Gold und Elfenbein verziert. Das Gewicht allein des Goldes betrug über 1000 kg.

Die bunten Giebelfelder zeigten Bilder aus dem Leben der Göttin und von dem Fest der Athener, das sie zu Ehren Athenes jedes Jahr feierten.

1 *Nehmt Stellung zu den Vorwürfen der Gegner des Perikles und seiner Antwort.*

2 *Nennt mit Hilfe des Berichtes zwei Ziele, die Perikles mit seinen Baumaßnahmen verfolgte.*

3 *Stellt fest, welche Handwerksgruppen an dem Bau der Tempel beteiligt waren.*

☐1 **Die Akropolis von Athen zur Zeit des Perikles.** Rekonstruktion.

☐2 **Standbild der Athene im 5. Jh. v. Chr.** Rekonstruktion.

☐3 **Bilderfries am Tempel der Göttin Athene im 5. Jh. v. Chr.** Rekonstruktion.

Walhalla in der Nähe von Regensburg.

Der Einfluß griechischer Künstler und Wissenschaftler auf Europa

Im Oktober 1830 wurde in der Nähe von Regensburg, hoch über den Ufern der Donau, der Grundstein gelegt für einen Tempel mit dem Namen **Walhalla.** Vorbild für die Walhalla war nach dem Willen des bayerischen Königs der Tempel auf der Akropolis in Athen (Bild S. 72). In der Walhalla werden die Büsten berühmter deutschsprachiger Frauen und Männer aufbewahrt.

So wie die Walhalla wurden überall in Europa zahlreiche Gebäude nach dem Vorbild griechischer Tempel errichtet. Nicht nur in der Baukunst, auch in zahlreichen Wissenschaften galten die Griechen als Lehrmeister:

Im griechischen Volksglauben hieß es lange Zeit: Wenn Zeus seinen gewaltigen Schild schüttelt, bewegen sich die Wolken, bildet sich Gewitter, löst er den Donner aus. Als furchtbare Waffe schleudert er den Blitz. Im 5. Jahrhundert aber gaben sich die griechischen Wissenschaftler mit dieser Erklärung nicht mehr zufrieden. Sie begannen systematisch zu forschen. „Warum“, so fragten sie, „wird es Tag und Nacht? Warum sieht man von einem Schiff, das am Horizont auftaucht, zuerst den Mast? Warum gibt es Sonnen- oder Mondfinsternisse?“ Hinter jeder Naturerscheinung suchte man jetzt die Ursache. Die Griechen haben auf diese Weise die Grundlagen gelegt für das wissenschaftliche Denken. Von ihnen haben alle späteren Völker gelernt, systematisch zu forschen.

1 *Kennt ihr weitere Bauwerke, die nach griechischem Vorbild errichtet wurden?*

2 *Folgende Begriffe stammen aus dem Griechischen: Physik, Astronomie, Geographie, Historie, Biologie, Architektur, Thermometer, Apotheke, Orgel, Musik, Atom, Theater, Demokratie, Praxis, Theorie. Erklärt diese Begriffe mit Hilfe eines Lexikons.*

3 *Die Begriffe zeigen, auf welchen Gebieten die Griechen Vorbild waren für spätere Völker. Zählt einige dieser Gebiete auf. Denkt dabei z. B. an eure Schulfächer.*

Zum Nachdenken

Über Perikles, der bei den Athenern in hohem Ansehen stand, sagte ein Bürger:

Perikles war mächtig durch sein Ansehen. So bestand in Athen dem Namen nach eine Demokratie, in Wirklichkeit jedoch die Herrschaft eines einzigen Mannes.

Diskutiert diese Äußerung.

Zusammenfassung

Der bedeutendste Stadtstaat Griechenlands im 5. Jahrhundert v. Chr. war Athen. Es galt als Handelszentrum im ganzen Mittelmeerraum. Aus vielen Ländern bezog Athen Getreide, Holz oder Luxusgüter und lieferte dafür Öl, Wein und Keramik. Um seinen Seehandel zu schützen, unterhielt es eine starke Kriegsflotte.

Berühmt war Athen auch wegen seiner Staatsform, die als Demokratie bezeichnet wurde. Politisch betätigen durften sich allerdings nur die Vollbürger. Ausgeschlossen von der Politik blieben Frauen, Fremde und Sklaven. Seine Blütezeit erlebte Athen unter Perikles (443 bis 429 v. Chr.). Er ließ prächtige Bauten errichten, vor allem auf der Akropolis, die wir noch heute bewundern. Wie in der Baukunst wurde Athen auch im Theaterwesen und in den Naturwissenschaften zum Vorbild für alle späteren Völker.

1 **Akropolis heute.** Foto.

2 **Griechisches Restaurant.** Foto 1987.

Griechenland – wir informieren uns über ein Land

Die Bilder 1 und 4 berichten euch vom Leben in Griechenland vor fast 2500 Jahren.

Vielleicht möchtet ihr auch gern wissen, wie die Menschen heutzutage in Griechenland leben. Wenn in eurer Klasse griechische Mitschüler sind, so laßt euch von ihnen berichten. Es gibt aber auch noch weitere Möglichkeiten, um sich zu informieren.

Ihr könnt verschiedene Arbeitsgruppen bilden:

- *Eine Gruppe könnte in ein griechisches Restaurant gehen: Aus welcher Gegend Griechenlands kommt der griechische Wirt? Wie sah sein Leben in Griechenland aus? Warum kam er in die Bundesrepublik Deutschland? Was vermißt er bei uns besonders? usw.*
- *Eine zweite Gruppe schreibt an das griechische Fremdenverkehrsamt in Frankfurt oder an die griechische Botschaft in Bonn und bittet um Zusendung von Informationsmaterial.*
- *Eine weitere Gruppe sammelt Bildmaterial über Griechenland und Zeitungsmeldungen zur Anfertigung bzw. Ausgestaltung der Wandzeitung.*
- *Die vierte Gruppe könnte ein griechisches Essen mit griechischer Musik vorbereiten.*

3 **Griechisch-deutsches Straßenfest.** Foto.

4 **Olympia.** Rekonstruktion.

Das Wagenrennen.
Rekonstruktion.

Sportliche Wettkämpfe

„Die griechischen Stadtstaaten legen großen Wert darauf, daß sich bereits die Kinder in den verschiedenen Sportarten üben. Sportliche Wettkämpfe, zu denen die Besucher in Scharen herbeiströmen, finden in den Städten und in den großen Heiligtümern statt, dem des Zeus in Olympia und dem des Apollon in Delphi.
Der bekannteste Sport ist der Ringkampf, der vom zehnten Lebensjahr an ausgeübt wird. Eine besondere Form des Ringkampfes ist das Pankration: Hier ist alles erlaubt, nur nicht dem Gegner die Augen auszukratzen! Die Kämpfer wälzen sich im Schlamm (die frisch umgepflügte Erde wird vorher mit Wasser besprengt) und verdrehen einander brutal die Glieder. Der Kampf ist beendet, wenn einer der beiden erschöpft den Arm hebt. Auch das Boxen ist eine beliebte Sportart bei den Griechen; man wickelt sich dazu Lederriemen um die Hände. Die Kinder lernen Weitsprung, indem sie Hanteln aus Stein oder Metall in den Händen halten, die die Kontrolle über die Armbewegungen erleichtern. Eine beliebte Disziplin ist auch das Diskuswerfen. Der Diskus kann bis zu vier Kilogramm wiegen. Auch der Speerwurf gehört zu den von den Griechen augeübten Sportarten. Doch am beliebtesten ist der Wettlauf im Stadion, der über unterschiedliche Strecken, meist über 200 Meter, geht. Das Fest von Olympia – die Olympischen Spiele – finden alle vier Jahre beim Heiligtum des Zeus auf dem Peloponnes statt. Hier sind sogar Sklaven als Zuschauer zugelassen, nicht aber Frauen. Dieses Fest zieht alle berühmten Sportler Griechenlands an, darüber hinaus aber auch Wetter, die vor allem die Pferderennen sehen wollen. Reiche Griechen wie Alkibiades besitzen Reitställe und können dadurch viele der großen Wagenrennen gewinnen. Im Jahre 416 v. Chr. läßt Alkibiades in Olympia neun Quadrigen (Vierspänner) starten, mit denen er den ersten, zweiten und vierten Platz gewinnt. Die Olympiade dauert sieben Tage und endet mit einer feierlichen Prozession, einem großen Festmahl und der Bekanntgabe der Resultate durch den Herold. Die Sieger, Olympioniken genannt, werden in ganz Griechenland berühmt und wie Helden verehrt.“

Weitere interessante Information über das Leben der Griechen finden sich in dem Band von Pierre Miquel. So lebten sie im alten Griechenland. Tessloff Verlag, Hamburg 1982.

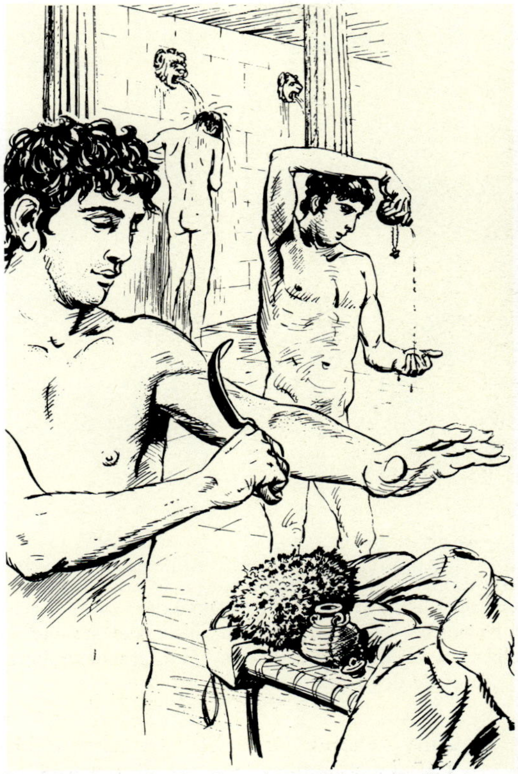

Zur Ausrüstung der Sportler gehören ein Schwamm zum Waschen und ein Kännchen mit Öl zum Einreiben des Körpers. Nach dem Wettkampf wird der Staub, der sich fest auf die eingeölte Haut gelegt hat, mit einem Bronzeschaber abgekratzt. Abschließend wäscht sich der Athlet unter dem Brunnen.

Diese beiden Boxer kämpfen erbarmungslos miteinander. Der Kampfrichter überwacht die Einhaltung der Regeln. Hände und Unterarme der Boxer sind mit Lederriemen umwickelt, in die auch Bleistücke eingearbeitet sein können. Jeder Schlag ist gefährlich für den Gegner, und der Kampf ist erst beendet, wenn einer der beiden aufgibt oder erschöpft zur Erde fällt.

Um bessere Weiten zu erzielen, trainieren die Weitspringer mit Hanteln, die bis zu 5 Kilogramm wiegen können. Der Athlet Phayllos von Kroton soll mit Hilfe solcher Hanteln 16 Meter weit gesprungen sein!

Die ersten sechs Läufer sind soeben zum Wettlauf gestartet. Die Griechen kennen noch keinen Tiefstart mit einem Knie auf der Erde, sondern warten das Startsignal stehend ab, die Füße nah beieinander und den Körper vorgebeugt. Der Sportler vorn im Bild, der einen Kranz aus Ölbaumzweigen trägt, freut sich, weil er gerade den Sieg im 400-Meter-Lauf errungen hat. Dieser Wettbewerb geht zweimal über die Länge des Stadions.

Der Hellenismus

Die Alexanderschlacht, erhalten als Mosaik aus der alten römischen Stadt Pompeji. Es ist die Kopie eines griechischen Bildes, das um 300 v. Chr. entstand und das Vorgänge der Schlachten bei Issos (333 v. Chr.) und bei Gaugamela (331 v. Chr.) verbindet. Links der makedonische König Alexander, im Streitwagen rechts der Perserkönig Darius mit seinem Wagenlenker; über dem gestürzten Pferd vor Alexander der Anführer der Leibgarde des Darius.

Alexander von Makedonien erobert das Perserreich

1 *Sucht auf der Karte Makedonien und die Orte Issos und Gaugamela. Meßt den Weg nach, den die Makedonen bis zu diesen Schlachtorten marschiert sind.*

Im 4. Jahrhundert v. Chr. war es zwischen den griechischen Stadtstaaten wieder zu Machtkämpfen um die Vorherrschaft gekommen. Doch nun griff ein weiteres Volk in diese Auseinandersetzungen ein, die Makedonen. Sie waren ein kriegerisches Hirten- und Bauernvolk und lebten nördlich von Griechenland. Teilweise stammten sie von den gleichen Völkern ab wie die Griechen und sprachen auch deren Sprache. Häufig kam es zu Kämpfen zwischen den Makedonen und ihren Nachbarvölkern. Das Heer entschied bei ihnen darüber, wer König wurde. Die Soldaten galten als die Gefährten des Königs. 359 v. Chr. war Philipp König der Makedonen geworden.

Mit seinem schlagkräftigen Heer gelang es ihm, die Vorherrschaft über ganz Griechenland zu gewinnen. Er zwang die Einzelstaaten zu einem Bündnis, dem Hellenischen Bund. Dieser Name hängt damit zusammen, daß die Griechen sich selber Hellenen nannten. Philipp begann, einen Feldzug gegen Persien vorzubereiten. Als er 336 v. Chr. starb, wurde sein Sohn Alexander König der Makedonen und Oberbefehlshaber des Bündnisses. Er begann sogleich, den Plan seines Vaters in die Tat umzusetzen. 334 v. Chr. zog er mit seinem Heer, das hauptsächlich aus Makedonen bestand, nach Kleinasien (Karte auf der nächsten Seite). In mehreren Schlachten gelang es Alexander bis 330 v. Chr., die Perser zu besiegen (Bild und Karte). Babylon wurde Regierungssitz des eroberten Reiches.

2 *Stellt Vermutungen darüber an, wie das Heer mit Nahrung versorgt werden konnte. Schreibt dazu auf, für was Alexander und seine Offiziere sorgen mußten, damit sie bei ihren Kämpfen erfolgreich blieben.*

3 *Meßt nach, wie lang die gesamte Wegstrecke der Soldaten war, die den ganzen Feldzug mitgemacht haben.*

Alexander nahm als König des persischen Großreiches immer mehr die Gewohnheiten seiner

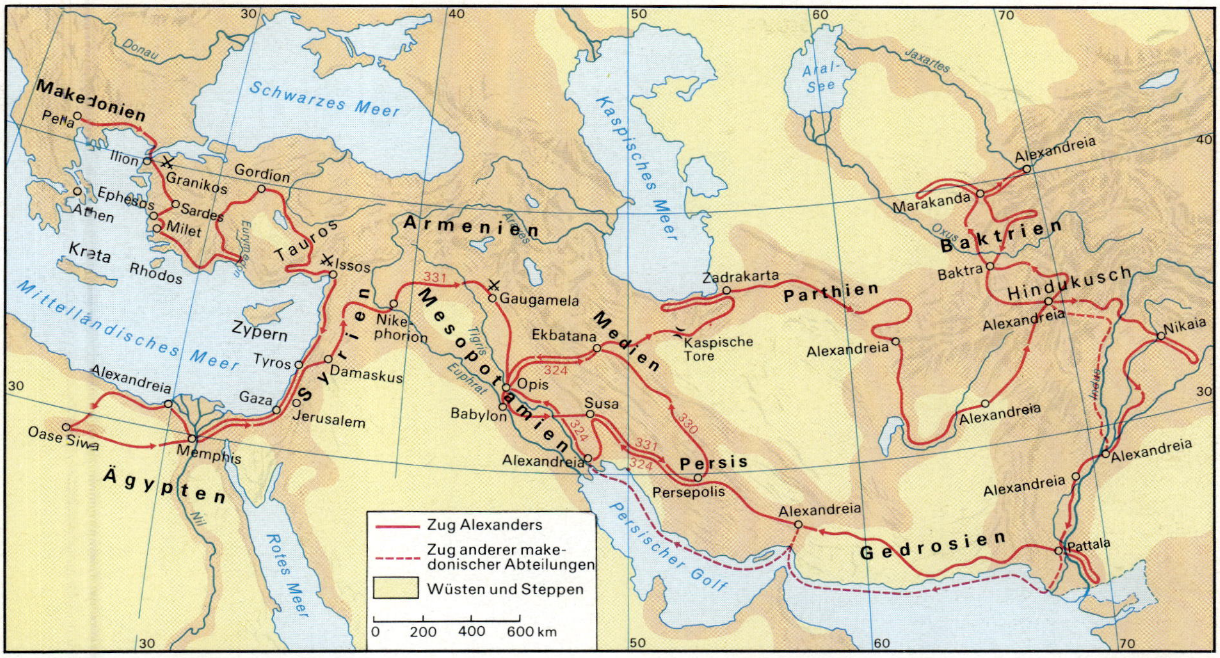

Die Feldzüge Alexanders von Makedonien.

persischen Vorgänger an. Dazu gehörte auch die Einführung des Kniefalls bei der Begrüßung des Königs. Das aber verweigerten die makedonischen Soldaten. Sie waren im Verlauf des Feldzugs im großen Heer Alexanders eine Minderheit geworden. Oft gab es Streit zwischen den Truppenteilen, auch zwischen makedonischen Offizieren und Alexander. Der griechische Schriftsteller Plutarch berichtet von einem solchen Streit. Bei einem Gefecht hatten sich makedonische Truppen zeitweilig zurückziehen müssen. Bei einem späteren Trinkgelage kam es deswegen zu Spötteleien und Wortgefechten.

Wie Plutarch um 100 n. Chr. berichtete, empörte sich Kleitos, Reitergeneral und Freund Alexanders:

Q „Es ist nicht gut, wenn Makedonen, die viel besser gewesen sind als die Spötter, von Barbaren verhöhnt werden. Durch das Blut der Makedonen und durch meine Wunden hier bist du so groß geworden, daß du dich als Gottes Sohn aufspielst." Wütend antwortete Alexander: „Meinst du, daß du davon viel Freude haben wirst, mich zu beschimpfen und die Makedonen aufzuwiegeln, du Schurke?" „Wir haben auch jetzt keine Freude", rief Kleitos, „wenn das der Lohn unserer Mühe ist. Wir nennen die glücklich, die gefallen sind, ehe sie erleben mußten, wie Makedonen mit persischen Stöcken geschlagen werden und bei Persern darum betteln müssen, vor ihren König treten zu dürfen."

Im weiteren Verlauf des Streites erstach Alexander den Kleitos mit einem Speer.

1 *Schreibt auf, welche Vorwürfe Kleitos erhebt, und was aus den „Gefährten des Königs" geworden ist.*

Nach all seinen Erfolgen strebte Alexander danach, die Herrschaft über die ganze bekannte Welt zu gewinnen. Als er über den Indus (Karte) hinaus vormarschieren wollte, weigerten sich die Soldaten, weiterzuziehen. Der Feldzug wurde abgebrochen. Ein Teil des Heeres kehrte auf dem Seeweg nach Mesopotamien zurück. Den Rest führte Alexander durch die Wüste Gedrosiens. Dabei sollen mehr als 40000 Soldaten umgekommen sein. Während der Vorbereitung eines neuen Feldzuges in den Süden starb Alexander 323 v. Chr.

2 *Schreibt die wichtigsten Stationen in Alexanders Herrscherlaufbahn auf.*

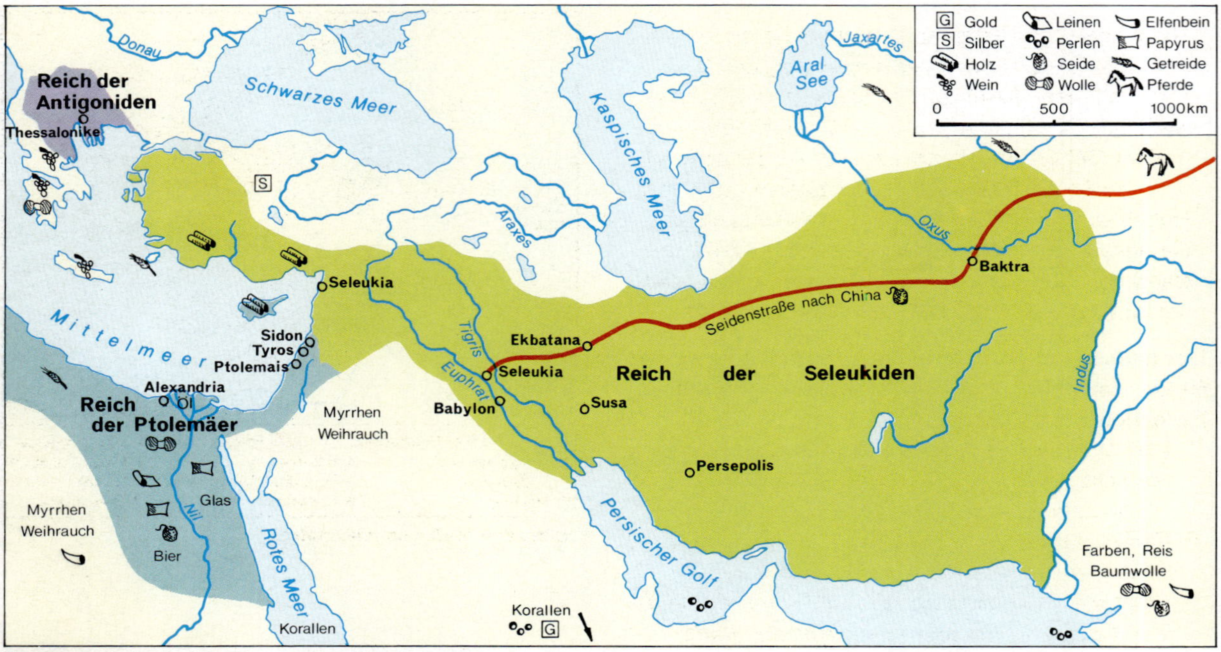

Die Herrschaftsbereiche der Nachfolger Alexanders.

Die Reiche der Nachfolger Alexanders

Alexander hatte keine eigenen Nachkommen. Die mächtigsten seiner Generäle wurden seine Nachfolger. Fast 50 Jahre lang kämpften sie um die Vorherrschaft. Schließlich entstanden drei größere Nachfolgereiche. Sie wurden nach den neuen Königsgeschlechtern benannt.

1 *Vergleicht und beschreibt nach der Karte die Nachfolgereiche.*

2 *Untersucht, in welchen Gegenden wichtige Güter und Waren produziert werden. Sprecht über ihren Verwendungszweck.*

Wie Alexander waren die neuen Könige Alleinherrscher und ließen sich wie Götter verehren. In allen Nachfolgereichen wurden auch weiterhin neue Städte gegründet. Griechen und griechisch sprechende Einheimische übernahmen die wichtigsten Ämter. Tempel, Theater, Sportanlagen und Wohnviertel nach griechischem Vorbild wurden gebaut. Griechisch war die Sprache, mit der sich die Einwohner unterschiedlicher Herkunft miteinander verständigten. Griechisch wurde die Sprache dieser hellenistischen Welt. Die neue Weltkultur, die damals entstand, nennt man den Hellenismus.

3 *Nennt die heutige Weltsprache.*

Alexandria

Eine der wichtigsten Neugründungen war Alexandria in Ägypten. Sie war noch zu Lebzeiten Alexanders entstanden und wurde später Regierungssitz des Nachfolgereiches dieses Gebietes. Mit 500000 Einwohnern war sie die größte Stadt der damaligen Welt.

Der römische Forscher Strabo besuchte und beschrieb sie kurz vor Christi Geburt:

Q Die ganze Stadt wird von Straßen durchschnitten, die Platz für Wagen und Reiter bieten. Zwei sind besonders geräumig mit der Breite von mehr als 30 m. Die Stadt besitzt sehr schöne öffentliche Bezirke. Zum Palastviertel gehört auch das Museion mit einer Wandelhalle und dem Speiseraum der Gelehrten. Am Großen Hafen liegt die Insel Pharos mit dem berühmten Leuchtturm, dessen Höhe gut

160 m beträgt. Hinter dem kleinen Hafen erhebt sich das Theater, der Poseidontempel, der Marktplatz mit den Warenlagern, dahinter die Schiffswerften. Die Stadt ist voll von Heiligtümern und großen Gebäuden. Durch den Kanal, der den Nil mit dem Roten Meer verbindet, kommen gewaltige Flotten sogar aus dem Indischen Ozean und bringen die wertvollsten Frachten nach Alexandria. Der Wohlstand der Stadt ist vor allem darin begründet, daß der gute Hafen der größte Handelsplatz der Welt ist.

Der damals weltberühmte Leuchtturm leuchtete fast 60 km weit. Um 1100 n. Chr. stürzte er bei einem Erdbeben zusammen.

1 *Versucht mit Hilfe der Karte herauszubekommen, wie etwa Seide aus China über Indien nach Alexandria gelangt sein kann.*

2 *Erklärt nach der Quelle, woher man die Mittel bekam, um die Stadt so prächtig auszubauen.*

3 *Vergleicht den Plan von Alexandria mit der Quelle auf der Vorseite und beschreibt die Stadt.*

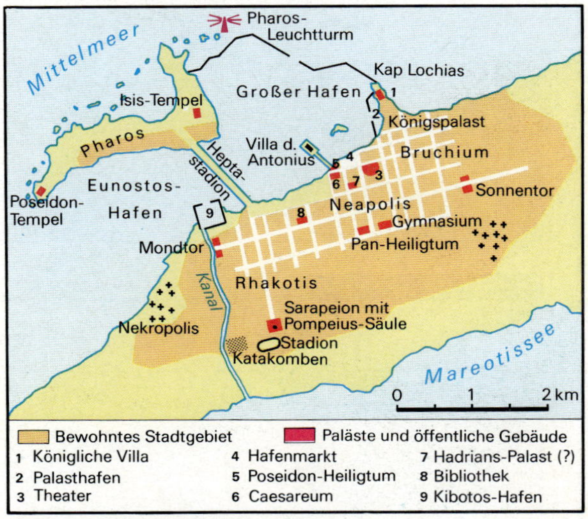

Hafen und Stadt von Alexandria.

Im Museion gab es eine Bibliothek mit 700000 Buchrollen. Die bekanntesten Wissenschaftler der hellenistischen Welt forschten und lehrten dort. Forscher im Museion fanden heraus, daß die Erde eine Kugel sein muß, daß sie sich um sich selbst und um die Sonne dreht. Der Erdumfang wurde auf 40000 km berechnet.

4 *Prüft diese Berechnung in einem Lexikon nach.*

Der Mathematiklehrer Euklid schrieb ein Geometriebuch, das bis in unsere Zeit hinein benutzt wurde. Archimedes erfand den Flaschenzug und Katapultgeschütze. Mit den Katapulten konnten Steine oder starke Pfeile sehr zielsicher über große Entfernungen geschossen werden. Auch eine Feuerspritzpumpe wurde in Alexandria erfunden. Der Seemann und Forscher Pytheas erkannte, daß Ebbe und Flut vom Mond abhängen. Auf seinen Forschungsreisen kam er bis in die Nordsee. Auch Schriftsteller und Sprachforscher lehrten neben vielen anderen Wissenschaftlern dort.

5 *Unser Ausdruck „Museum" ist vom Wort „Museion" abgeleitet. Beschreibt den Unterschied zwischen unserem Museum und dem Museion von Alexandria. Die meisten der neuen Maschinen wurden für die Kriegsführung erfunden. Versucht Gründe dafür zu finden.*

Zum Nachdenken

1 *Alexander hat den Beinamen „der Große" erhalten. Sammelt Argumente, die für und gegen diesen Titel sprechen.*

2 *Ihr habt in diesem Kapitel Begriffe wie „Weltreich", „Weltherrschaft" und „Weltsprache" kennengelernt. Erklärt anhand der Karten der vorherigen Seiten, auf welche Gebiete sich das bezieht. Sprecht darüber, was wir heute meinen, wenn wir „Welt" sagen.*

Zusammenfassung

Philipp von Makedonien besiegte im 4. Jahrhundert v. Chr. die griechischen Stadtstaaten und gründete den Hellenischen Bund. Als er starb, wurde sein Sohn Alexander König von Makedonien: Er begann einen Feldzug gegen das Perserreich. In mehreren Schlachten eroberten seine Truppen Persien. Nach Alexanders Tod entstanden mehrere Nachfolgereiche. Wie schon Alexander ließen sich die Nachfolger als Götter verehren. In den eroberten Gebieten breitete sich mit vielen neuen Stadtgründungen die griechische Kultur aus. So entstand die Weltkultur des Hellenismus. Große Bedeutung erlangte Alexandria in Ägypten.

4. Das Römische Weltreich

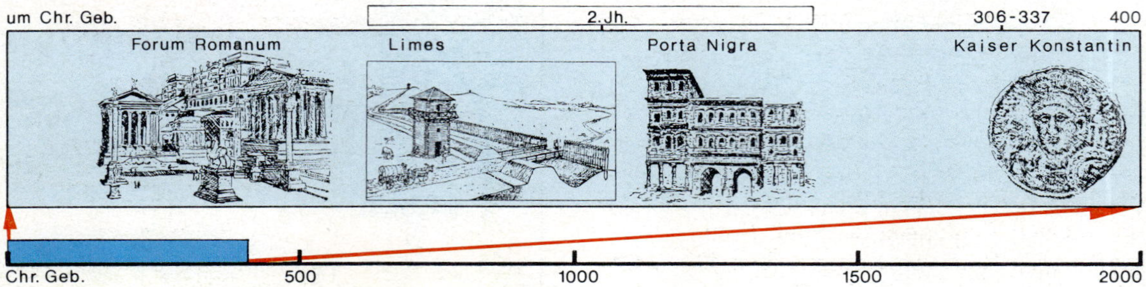

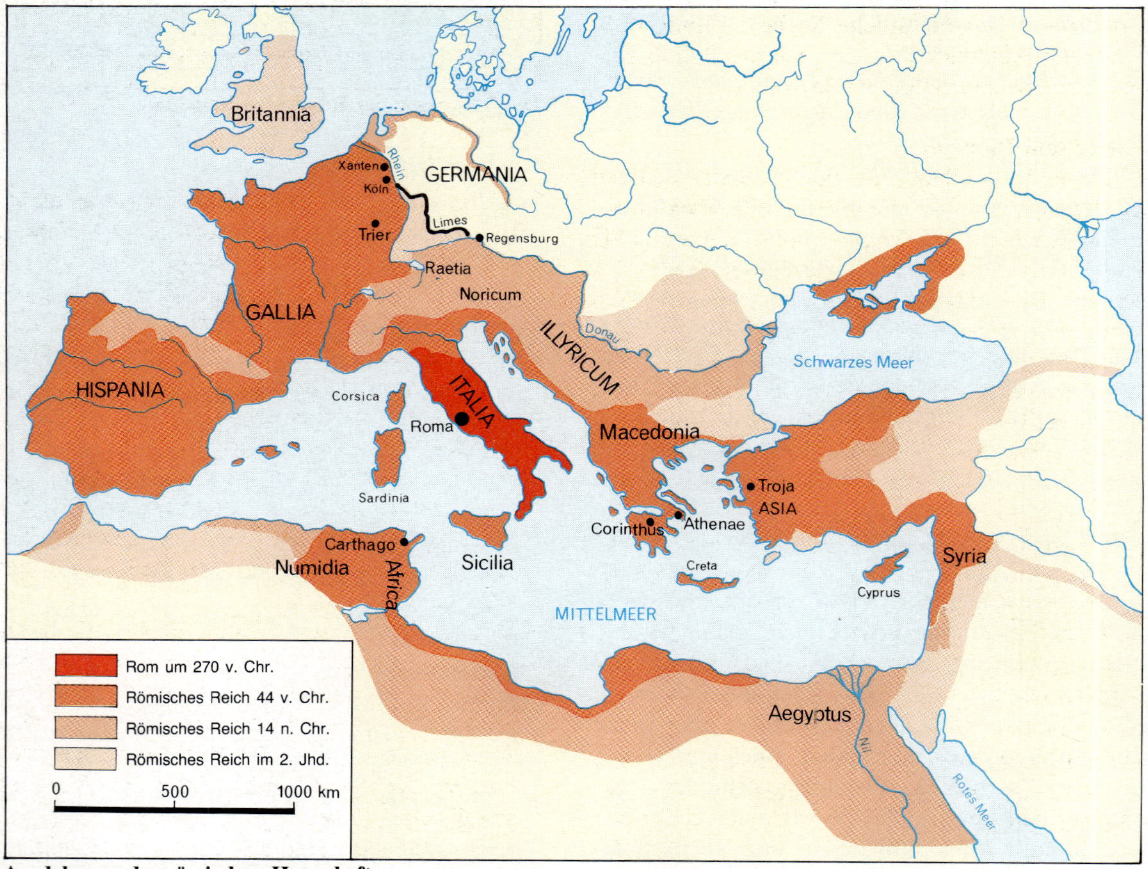

Ausdehnung der römischen Herrschaft.

- *„Rom wird eine Großmacht". Beschreibt diese Entwicklung anhand der Karte.*
- *Überlegt, was die Ausdehnung des Römischen Reiches für die unterworfenen Völker bedeutete.*
- *Fertigt eine Tabelle an: In die linke Spalte tragt ihr die römischen Ländernamen ein, in die rechte Spalte die heutigen Bezeichnungen.*

damals	heute
Gallia	. . .
. . .	. . .

Die Anfänge Roms

Die Anfänge Roms gehen zurück auf eine kleine Siedlung aus der Zeit um 1000 v. Chr. Sie lag auf einem Hügel am Unterlauf des Tiber.
Nach und nach wurden auch die Hügel in der Umgebung besiedelt. Sie waren durch ihre Lage vor Überschwemmungen geschützt und konnten leicht verteidigt werden. Allmählich entwickelte sich aus diesen kleinen Siedlungen die Stadt Rom.
Regiert wurde Rom von Königen. Um 500 v. Chr. wurde der letzte König von den Römern vertrieben. Ihren Staat nannten sie jetzt Republik (von lat. res publica = die öffentliche Sache). Damit wollten sie zum Ausdruck bringen, daß die Politik eine Angelegenheit aller Bürger sein sollte.

Patrizier und Plebejer

Die führende Stellung in diesem Staat nahmen reiche Adlige ein. Sie besaßen große Ländereien und nannten sich Patrizier (lat. patres = Väter). Sie allein bestimmten in Rom, sie stellten die führenden Beamten, die Richter, die Offiziere und die hohen Priester. Die meisten Römer waren keine Adligen, sondern Bauern, Handwerker und Händler. Diese Gruppe wurde als Plebejer (von lat. plebs = das Volk) bezeichnet. Sie waren von den politischen Tätigkeiten und der Rechtsprechung ausgeschlossen. Die meisten Plebejer unterstellten sich einem Patrizier, sie wurden seine Klienten.
Für die Klienten ergaben sich daraus einige Vorteile: In Rom gab es keine Polizei. Wer einen Mitbürger verklagen wollte, der mußte selber dafür sorgen, daß der Angeklagte vor Gericht erschien, und selber auch die Bestrafung vornehmen. Dazu waren nur die mächtigen Patrizier in der Lage. Sie vertraten ihre Klienten vor Gericht.
Die Patrizier sorgten in Notlagen für den Unterhalt ihrer Klienten. Umgekehrt stärkten die Klienten die Macht ihrer Patrizier.

Die Römische Republik – eine Sache aller Bürger?

Als die Plebejer immer mehr für den Staat leisten mußten, waren sie mit der Alleinherrschaft der Patrizier nicht mehr einverstanden. In heftigen Kämpfen setzten die Plebejer durch, daß sie eigene Vertreter wählen durften, die Volkstribunen. Sie konnten Amtshandlungen der Beamten verbieten. Die Volkstribunen hatten auch das Recht, gegen neue Gesetze Einspruch zu erheben (Veto-Recht).

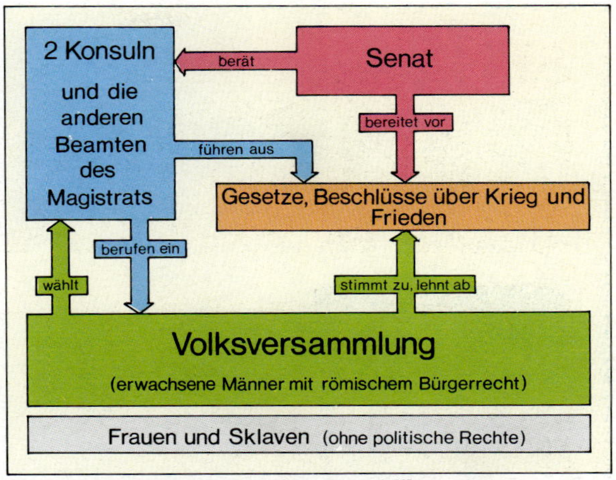

Die Verfassung der Römischen Republik.

Auf Betreiben der Volkstribunen wurde dann um 450 v. Chr. das geltende Recht aufgeschrieben, an das alle Bürger in gleicher Weise gebunden waren. Seit der Mitte des 4. Jahrhunderts konnten sich auch Plebejer um Regierungsämter bewerben.
Seit dieser Zeit sind die wichtigsten politischen Einrichtungen der Römischen Republik: die Volksversammlung, die Beamtenschaft und der Senat:

- An der Volksversammlung konnten alle erwachsenen männlichen Bürger teilnehmen; ausgeschlossen waren Frauen und Sklaven. Die Volksversammlung stimmte über Gesetzesvorlagen ab und über Krieg und Frieden. Sie wählte außerdem die wichtigsten
- Regierungsbeamten. Die höchsten Beamten waren die beiden Konsuln. Sie waren die Staatsoberhäupter. Ihren Anordnungen mußte jeder folgen. Im Krieg waren sie Oberbefehlshaber. Unterstützt wurden die Konsuln durch weitere Beamte für die Rechtsprechung, die Verwaltung der Finanzen usw.
- Der Senat war anfangs eine Versammlung der mächtigsten Patrizier. Später konnten auch Plebejer Mitglied des Senats werden. Er hatte die größte politische Macht. Die Mitglieder, Senatoren genannt, bereiteten die Gesetzesvorlagen vor und berieten die Konsuln. Kein Konsul konnte es wagen, gegen den Rat des Senats zu entscheiden.

1 *Seht euch das Schema an und schreibt auf, welche Rechte der Senat, die Volksversammlung und die Regierungsbeamten haben.*

1 **„Römische Soldaten" auf der Römerstraße bei Brixen 1985.** An der Spitze ein Soldat mit den Feldzeichen seiner „Truppe".
(Bei Bekleidung und Bewaffnung handelt es sich um originalgetreue Rekonstruktionen.)

2 **Ein römischer Offizier mit Beinschienen und Offiziersmantel.**

Von der Stadt zum Weltreich
Um 500 v. Chr. war Rom noch ein kleiner Bauernstaat, nicht viel größer als das heutige Hamburg. 250 Jahre später beherrschte es Italien. Weitere Kriege folgten: Römische Truppen eroberten Spanien, Gallien, Griechenland, Kleinasien, Germanien, Britannien und Nordafrika (vgl. Karte S. 82). Voller Stolz rief der römische Feldherr Marius (um 157–86 v. Chr.) seinen Landsleuten zu:

Q 1 In dem, was für den Staat das weitaus Beste ist, darin bin ich unterrichtet: einen Feind niederzuschlagen, Wachdienst zu tun, nichts zu fürchten als einen schlechten Ruf, Winter und Sommer gleichmäßig zu ertragen, auf dem Boden zu schlafen, zur selben Zeit Mangel und Anstrengung auszuhalten.

Mithridates VI., 120–63 v. Chr., König von Pontus am Schwarzen Meer, sagte über die Römer:

Q 2 Die Römer haben einen einzigen und uralten Grund dafür, mit allen Nationen und Völkern und Königen Krieg anzufangen: unermeßliche Begierde nach Herrschaft und Reichtum. Sie führen ihre Waffen gegen alle Völker, die schärfsten gegen die, deren Niederlage die meiste Kriegsbeute einbringt.

Der römische Dichter Vergil (70–19 v. Chr.) schrieb:

Q 3 Du Römer, denke an deine Fähigkeiten:
– die Völker durch gerechte Herrschaft zu lenken,
– dem Frieden eine gerechte Ordnung zu geben,
– die Stolzen niederzuwerfen und
– die Unterworfenen zu schonen.

1 *Schreibt mit Hilfe von Q 1 und der Bilder auf der Doppelseite eine Erzählung über einen Tag im Leben eines römischen Soldaten.*
2 *Sprecht über die Aussagen des Römers in Q 1.*
3 *Vergleicht die Aussagen des Königs und des römischen Dichters. Welche Nach- oder Vorteile der römischen Herrschaft werden genannt?*
4 *Überlegt, wie es zu diesen unterschiedlichen Beurteilungen kommen kann.*

Um ihr Weltreich verwalten zu können, teilten es die Römer in große Verwaltungsbezirke ein, die sie Provinzen nannten. An der Spitze dieser Provinzen standen hohe römische Beamte. Sie waren zugleich Oberbefehlshaber der hier eingesetzten Truppen. Die Provinzbewohner hatten eine jährliche Abgabe von ihren Bodenerträgen zu entrichten, mußten aber keinen Kriegsdienst leisten.

1 **Lagerwache.**
(Bei Bekleidung und Bewaffnung handelt es sich um originalgetreue Rekonstruktionen.)

Triumphzug in Rom
Nach seinem Sieg über die Makedonen (167 v. Chr.) kehrte der römische Feldherr Aemilius Paullus im Triumphzug nach Rom zurück. Plutarch berichtet um 100 n. Chr.:

Q Der festliche Umzug war auf drei Tage verteilt: Am ersten Tag wurden die erbeuteten Bildsäulen und Gemälde auf 250 Wagen vorbeigefahren und zur Schau gestellt.
Am folgenden Tag wurden die schönsten und kostbarsten makedonischen Waffen auf vielen Wagen vorgeführt.
Hinter den Wagen marschierten 3000 Männer mit Silbergeld in 750 Gefäßen. Jedes Gefäß mußte von vier Mann getragen werden. Andere trugen silberne Mischkrüge, Trinkhörner, Schalen und Becher.

Außer diesen unermeßlichen Schätzen brachte Aemilius Paullus von diesem Feldzug noch 150000 Kriegsgefangene mit, die als Sklaven verkauft wurden.

Die Sklaven
Sklaven galten im Römischen Reich als eine Sache, mit der der Besitzer machen konnte, was er wollte. Die Tötung von Sklaven wurde nicht bestraft.
Sklaven arbeiteten in den Städten als Handwerker oder in einem römischen Haushalt als Köche, Verwalter oder Lehrer für die Kinder. Diese Sklaven wurden meist einigermaßen gut behandelt. Manche wurden sogar von ihrem Herrn freigelassen oder konnten sich nach einiger Zeit freikaufen.
Unter unmenschlichen Bedingungen lebten die Sklaven, die im Bergwerk eingesetzt wurden. Viele von ihnen starben schon nach kurzer Zeit infolge der übermäßigen Anstrengungen und der zahllosen Schläge der Aufseher. Die meisten Sklaven aber wurden bei der Landarbeit eingesetzt. Auch sie arbeiteten täglich bis zur Erschöpfung, waren der Willkür ihrer Verwalter ausgesetzt oder mußten sich als Hirten in einsamen Gegenden ihre Nahrung selber beschaffen.

1 *Berichtet von den römischen Eroberungen einmal aus der Sicht eines Römers, dann aus der Sicht eines Kriegsgefangenen.*

2 **Befestigung eines Marschlagers.**

Römischer Bauer auf dem Weg zum Markt. Am Stock über der Schulter trägt er ein Ferkel, in der rechten Hand einen Korb mit Eiern. Auf dem Rücken der Kuh sind zwei an den Beinen zusammengebundene Schafe zu erkennen. Marmorrelief, um 50 n. Chr.

Herren der Welt – ohne das kleinste Stückchen Land

Rom war im Laufe der Zeit zu einer Weltmacht geworden. Die Hauptlast der Kriege hatten vor allem die Bauern tragen müssen.

Die Lage der Bauern um 130 v. Chr. beschrieb der Volkstribun Tiberius Gracchus so:

Q Die wilden Tiere, die in Italien leben, haben ihre Höhlen und kennen ihre Lagerstätten und Schlupfwinkel. Die Männer aber, die für Italien kämpfen und sterben, haben nichts als Luft und Licht. Unstet, ohne festen Wohnsitz, ziehen sie mit Frau und Kind im Land umher.

Die Feldherren lügen, wenn sie in der Schlacht ihre Soldaten ermahnen, Gräber und Heiligtümer gegen die Feinde zu verteidigen. Denn keiner von diesen armen römischen Bürgern hat einen Hausaltar von seinen Vätern geerbt, keiner eine Grabstätte seiner Vorfahren. Für Wohlleben und Reichtum anderer kämpfen und sterben sie im Krieg. Herren der Welt werden sie genannt. In Wirklichkeit aber besitzen sie nicht das kleinste Stückchen Land.

1 *Stellt Vermutungen an, warum im Verlauf der zahllosen Kriege die römischen Bauern verarmten.*

Die römische Gesellschaft im Wandel

In den langen Kriegen waren viele Bauern und deren Söhne gefallen. Andere hatten jahrelang ihre Höfe nicht richtig bewirtschaften können. Hinzu kam, daß der Anbau von Weizen sich nicht mehr lohnte. Das aus den eroberten Gebieten eingeführte Getreide war weitaus billiger als ihr eigenes Korn. Immer mehr Kleinbauern verließen das Land.

Gleichzeitig aber entstanden viele große Gutsbetriebe. Denn reiche Großgrundbesitzer hatten das Land verschuldeter Bauern aufgekauft und manche Bauern auch gewaltsam vertrieben. Ihr Wohlstand wuchs, weil sie sich auf den Anbau bestimmter Nahrungsmittel spezialisierten. Sie bauten Wein und Oliven in großem Umfang an oder betrieben Viehwirtschaft. Die Großgrundbesitzer besaßen meist mehrere große Höfe, die sie von Verwaltern beaufsichtigen ließen. Auf ihren Gütern arbeiteten Sklaven, die für ihre Arbeit nicht bezahlt zu werden brauchten.

Unter dieser Situation hatten besonders die Kleinbauern zu leiden. Früher hatten sie noch als Tagelöhner einen zusätzlichen Verdienst erhalten. Jetzt wurden sie höchstens bei Erntearbeiten gebraucht.

Ansicht einer römischen Villa. Wandmalerei aus dem 1. Jh. n. Chr. aus Pompeji.

So mußten viele ihre Höfe aufgeben. Sie zogen mit ihren Familien nach Rom. Doch auch hier erwartete sie keine bessere Zukunft, denn im Kleinhandel und im Handwerk waren ebenfalls Sklaven tätig.

Mittellos, ohne Verdienstmöglichkeiten, gehörten sie bald zur großen Masse der Proletarier: So nannte man diese Menschen, die nichts anderes besaßen als ihre Nachkommen (von lateinisch: proles).

1 *Nennt die Folgen der Kriege für die römischen Bauern. Vergleicht das Ergebnis mit euren Vermutungen auf der vorigen Seite.*

2 *Beschreibt die Bilder dieser Doppelseite. Stellt euch folgende Situation vor: Ein Bauer kommt auf dem Weg zum Markt an der Villa und den Landgütern des Großgrundbesitzers vorbei. Schreibt auf, was er dabei gedacht und empfunden haben könnte.*

Tiberius und Gaius Gracchus – zwei Volkstribunen kämpfen für Reformen im Staat

Wenn ein Krieg drohte, wurden freie Bauern zum Heeresdienst eingezogen. Ihre Ausrüstung mußten sie selbst stellen. Freie Bauern, die über soviel Geld verfügten, gab es aber immer weniger.

Der Volkstribun Tiberius Gracchus wollte diese Situation ändern. Er forderte im Jahr 133 v. Chr., daß jeder Großgrundbesitzer höchstens 1000 Morgen (250 ha) Land besitzen dürfe. Das übrige Land sollten landlose Bauern erhalten. Mit diesem Vorschlag waren die Großgrundbesitzer nicht einverstanden. Der römische Schriftsteller Appian schreibt um 150 n. Chr.:

Q So traten denn die Reichen in Gruppen zusammen, wehklagten und hielten den Armen die Aufwendungen vor, die sie seit langer Zeit für Feldbestellung, Anpflanzungen und Gebäude gemacht hatten; andere erwähnten die dort befindlichen Gräber ihrer Väter, wieder andere die Mitgift ihrer Frauen, die sie in die Grundstücke gesteckt hätten, oder auch, das Land sei ihren Kindern als Aussteuer gegeben worden. So herrschte überall nichts als Unordnung, Jammer und Empörung.

Ein Jahr später wurde Tiberius Gracchus von aufgebrachten Senatoren ermordet. Das gleiche Schicksal ereilte 10 Jahre später auch seinen Bruder Gaius, der ebenfalls eine Landreform durchsetzen wollte.

Die Frage, wie es in Zukunft weitergehen sollte, spaltete die politische Führungsschicht in zwei Blöcke: Auf der einen Seite standen die Popularen (von lateinisch: populus = das Volk). Sie wollten mit Hilfe der Volkstribunen und der Volksversammlung Reformen durchsetzen.

Ihnen gegenüber standen die Anhänger der Senatspartei. Sie vertraten die Interessen der Besitzenden und lehnten jede Reform ab.

3 *Sprecht darüber, was die Proletarier auf die Klagen der Patrizier geantwortet haben könnten.*

4 *Sprecht darüber, was ihr von den Reformvorschlägen der Gracchen haltet.*

Porträtbüste von Gaius Julius Caesar (100–44 v. Chr.), entstanden zur Zeit des Kaisers Augustus.

Die Heeresreform des Marius

In den Jahren nach der Ermordung der Gracchen wurden römische Heere mehrmals von germanischen Stämmen besiegt. Eine Reform des Heeres wurde dringend notwendig. Durchgeführt wurde sie von Marius, einem Anhänger der Popularen. Er wurde im Jahre 107 v. Chr. zum Konsul gewählt:

- Auf sein Betreiben wurden in das Heer auch Proletarier aufgenommen. Jeder erhielt vom Staat die Ausrüstung, Sold und Verpflegung.
- Für die Zeit nach dem Ausscheiden aus dem Militärdienst versprach Marius den Soldaten ein Stück Land als Alterssicherung.

Diese Heeresreform hatte weitreichende Folgen: Für die Proletarier war der Militärdienst die einzige Möglichkeit, ihren Lebensunterhalt zu verdienen. Sie wollten deshalb auch nach dem Ende eines Krieges weiterhin Soldaten bleiben. Aus dem bisherigen Bürgerheer wurde ein Berufsheer. Dieses Heer aber diente in erster Linie nicht dem Staat, sondern seinem Feldherrn, der Beute und Belohnung versprach. Ein Feldherr, der großen Gewinn in Aussicht stellte und seinen Soldaten die Altersversorgung zusicherte, konnte sich auf seine Truppen unbedingt verlassen. Erfolgreiche Heerführer gewannen so immer mehr Macht im Staat.

1 *Spielt folgende Situation: Mehrere Proletarier unterhalten sich darüber, ob sie sich freiwillig zum Heeresdienst melden sollen.*

Der Feldherr Gaius Julius Caesar

In den folgenden Jahrzehnten kam es in Rom zu erbitterten Kämpfen zwischen verschiedenen Heerführern um die Macht. Ein besonders erfolgreicher Heerführer war Gaius Julius Caesar.

Caesar, ein Populare, wurde im Jahr 59 v. Chr. zum Konsul gewählt. Zwischen 58 und 51 v. Chr. eroberte er ganz Gallien und unterstellte dieses Gebiet der römischen Herrschaft. Am Ende dieser Kämpfe verfügte Caesar über hohes Ansehen bei der Bevölkerung, großen Reichtum und über ihm treu ergebene Soldaten. Seine Machtstellung war so groß geworden, daß ein Senator meinte: „Nicht die Gallier und Germanen muß man fürchten, die größte Gefahr droht von Caesar.“ Als der Senat verlangte, daß Caesar seine Soldaten entlassen sollte, beschloß er, nach Rom zu marschieren. Kampflos besetzte er in kurzer Zeit Italien und besiegte das vom Senat aufgestellte Heer. Durch diesen Sieg wurde Caesar zum Alleinherrscher.

2 *Sprecht über die Warnung des Senators. – Wem drohte seiner Ansicht nach durch Caesar eine Gefahr?*

Die Alleinherrschaft Caesars

Nach seinem Sieg über Pompejus herrschte Caesar allein im Römischen Reich.

Der römische Schriftsteller Cassius Dio (155 bis 235 n. Chr.) berichtete:

Q Der Senat überließ Caesar die Besetzung aller Beamtenstellen und ernannte ihn zum Diktator. Er allein sollte Soldaten halten dürfen und die alleinige Verfügung über die Staatskasse haben. Und die Senatoren beschlossen außerdem, es solle ein elfenbeinernes Standbild von Caesar zusammen mit den göttlichen Standbildern im Festzug mitgeführt werden. Ein anderes Bild Caesars stellten sie im Tempel auf mit der Inschrift: „Dem unbesiegten Gott“, ein weiteres auf dem großen Marktplatz zu den Bildern der einstigen Könige Roms.

Eine der ersten Maßnahmen Caesars bestand darin, die Versorgung seiner Soldaten sicherzustellen. Sie wurden in verschiedenen Gebieten des Römischen Reiches angesiedelt und erhielten Land zur Bearbeitung.

Anderen gab er Arbeit durch ein großzügiges Bauprogramm in der Hauptstadt. Die Zahl der Proletarier sank von 320000 auf 150000.

Die Ermordung Caesars. Historiengemälde von Karl Theodor von Piloty aus dem 19. Jahrhundert.

Vom Volk wurde Caesar sehr verehrt. Unter den Senatoren aber hatte er zahlreiche Gegner. Sie fürchteten, Caesar wolle König werden und damit den endgültigen Untergang der Republik herbeiführen. So beschlossen sie, ihn zu beseitigen. Am 15. März 44 v. Chr. ermordeten sie Caesar während einer Senatssitzung.

1 *Nennt die Gründe, die zur Ermordung Caesars führten.*

2 *Seht euch das Bild an. – Wie werden Caesar und seine Mörder vom Maler dargestellt?*

Eine Zeit des Friedens unter Augustus

Nach der Ermordung Caesars kämpften in Rom verschiedene Gruppen um die Macht. In einem Bürgerkrieg, der mit ungeheurer Grausamkeit geführt wurde, konnte sich schließlich Octavian, ein Neffe Caesars, durchsetzen. Sein Ziel – so behauptete er – sei es, die alte Republik wiederherzustellen. Vom Senat ließ er sich als „Neugründer" des Staates feiern und den Titel „Augustus" (= der Erhabene) verleihen.

Mit Augustus begann für das Römische Reich eine Zeit des Friedens: Auf den Straßen konnte sich der Handelsverkehr ungestört entwickeln. Die Handelsschiffe wurden nicht länger von Seeräubern bedroht. Kriege gegen andere Völker fanden in weit entfernten Gegenden statt. Die Römer merkten davon kaum etwas.

Voller Stolz schrieb Augustus selber:

Q 1 Die Provinzen Gallien, Spanien und Germanien vom Meer bis zur Elbe habe ich befriedet. Die Alpenländer habe ich befrieden lassen, ohne auch nur ein Volk unrechtmäßig zu bekriegen.

Der Anführer eines britannischen Stammes, der von den Römern angegriffen wurde, meinte hingegen nach einem Bericht des römischen Geschichtsschreibers Tacitus (etwa 55–120 n. Chr.):

Q 2 Feindlicher als die Natur sind die Römer. Diese Räuber des Erdkreises durchstöbern jetzt die Meere, nachdem ihnen keine neuen Länder mehr zur Verfügung stehen. Stehlen, Töten, Rauben – das nennen sie mit einem falschen Wort „Herrschaft", und Frieden nennen sie es, wenn sie eine Wüste hinterlassen.

3 *In beiden Berichten ist vom „Frieden" oder „befrieden" die Rede. – Erklärt, was Augustus bzw. der Anführer des britannischen Stammes darunter verstehen.*

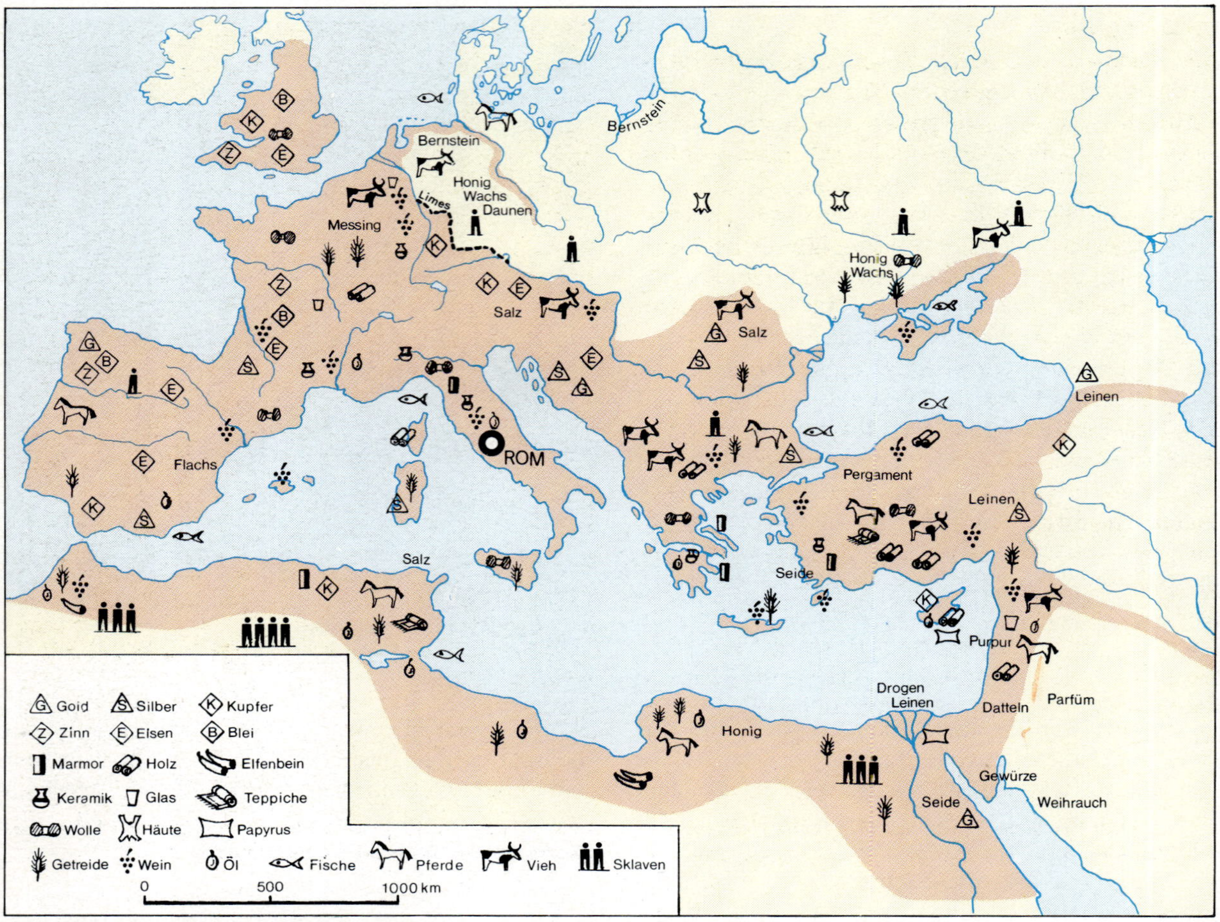

Die Wirtschaft im Römischen Reich. Produkte, die nach Rom geliefert wurden.

Die Wirtschaft des Römischen Reiches

Rom war nicht allein der politische Mittelpunkt eines Weltreiches. Es war mit über einer Million Einwohnern die größte Stadt der Welt.

Eine wichtige Aufgabe für Augustus bestand darin, diese Massenbevölkerung mit Lebensmitteln, vor allem mit Getreide für das tägliche Brot, zu versorgen. Viele Bewohner hätten sich und ihre Familien aus eigener Kraft gar nicht ernähren können. Um sich die Unterstützung dieser Massen zu sichern, ließ Augustus die Ernte und den Transport des Getreides nach Rom beaufsichtigen und die Händler kontrollieren, die damit beschäftigt waren.

In und um Rom lebten aber auch zahlreiche besonders vornehme und reiche Leute. Diese verlangten nach Kostbarkeiten und Sklaven.

In einem heutigen Bericht heißt es:

In den drei Häfen Roms strömten die Güter der Welt zusammen: Gemüse, Obst und Wein aus Italien; Getreide aus Ägypten und Afrika; Öl, Pökelfleisch, Blei, Silber und Kupfer aus Spanien; Wild, Holz und Wolle aus Gallien; Datteln aus den Oasen; Marmor aus Griechenland und Numidien; Elfenbein aus Nordafrika; Bernstein aus den baltischen Ländern; Glasschätze aus Phönizien und Syrien; Stoffe und Seide aus dem Orient; Weihrauch aus Arabien; Gewürze und Edelsteine aus Indien. (1)

1 *Fertigt mit Hilfe dieses Berichtes und der Karte eine Tabelle an. In die linke Spalte tragt ihr die heutigen Ländernamen ein, in die rechte Spalte die Waren, die nach Rom geliefert wurden. Nehmt die Karte S. 82 zur Hilfe.*

Kaiser Augustus

Alle wichtigen politischen Entscheidungen wurden von Augustus selbst getroffen. Er war – wie Caesar – Alleinherrscher. Im Gegensatz zu Caesar bemühte Augustus sich aber, dies nicht zu deutlich werden zu lassen. Alle politischen Einrichtungen und Ämter der Republik ließ er bestehen. Jahr für Jahr wählte die Volksversammlung auch weiterhin die höchsten Beamten und stimmte über die Gesetze ab. Jedoch legte Augustus vorher fest, wer für die höchsten Beamtenstellen in Frage kam und welche Gesetze zur Abstimmung vorgelegt werden sollten. Vom Senat ließ er sich die Befehlsgewalt über das römische Heer und die wichtigsten Provinzen übertragen. Außerdem erhielt er alle Rechte eines Volkstribuns. Um seine besondere Stellung zu kennzeichnen, nannte Augustus sich selber „Princeps". Princeps heißt der „Erste" und bedeutet, daß dieser Senator alle anderen aufgrund seines Ansehens überragt. Augustus war aber nicht nur der Erste unter den Senatoren, sondern regierte wie ein Kaiser. Das Wort Kaiser leitet sich ab von Caesar. Diesen Namen trugen Augustus und alle seine Nachfolger als Titel. Man bezeichnet daher die Zeit seit Augustus als die römische Kaiserzeit.

1 *Lest nochmals die Darstellung über Caesar und gebt eine Erklärung, warum Augustus sich nur als „Erster" unter den Senatoren bezeichnen läßt.*

Kaiser Augustus, dargestellt wie ein römischer Feldherr und ein griechischer Halbgott. Bronzestatue 14 n. Chr.

Zusammenfassung

Bis um 500 v. Chr. wurde Rom von Königen regiert. Nach der Vertreibung des letzten Königs nannten die Römer ihren Staat eine „Republik". Diese Republik sollte eine Angelegenheit aller Bürger sein.
In Wirklichkeit herrschten die mächtigen Adligen, die Patrizier. Mit ihrer Vormachtstellung aber waren die Plebejer nicht einverstanden. Nach langen Auseinandersetzungen erhielten sie das Recht, Volkstribunen zu wählen, die gegen Beschlüsse des Senats Einspruch erheben konnten.
Aus dem kleinen Dorf am Tiber wurde durch Eroberungen im Laufe der Jahrhunderte die Hauptstadt eines Weltreichs. Um dieses Reich verwalten zu können, teilten es die Römer in Provinzen ein. Von ihren Eroberungszügen brachten die Römer häufig reiche Beute und zahllose Kriegsgefangene mit, die sie als Sklaven verkauften. Die meisten Sklaven wurden für die Landarbeit eingesetzt.
Mit der wachsenden Größe des Reiches wuchs auch die Ungleichheit unter den Ständen. Während Großgrundbesitzer immer reicher wurden, verarmten die kleinen Bauern. Sie zogen als Proletarier in die Städte. Als die Volkstribunen Tiberius und Gaius Gracchus eine Landreform versuchten, wurden sie ermordet.
Die Umwandlung des Heeres in eine Armee von Berufssoldaten durch Marius förderte ihren Mißbrauch durch ehrgeizige und erfolgreiche Feldherren. Es kam zu jahrzehntelangen Bürgerkriegen, in denen schließlich Caesar die Alleinherrschaft errang. Im Jahr 44 v. Chr. wurde Caesar von Senatoren ermordet.
Sein Nachfolger, Kaiser Augustus, beendete die Bürgerkriege. Für die Römer war seine Herrschaft eine Zeit des Friedens, in der sich der Handelsverkehr ungestört entwickeln konnte.

Forum Romanum. Rekonstruktion.

Alltag in Rom

Strabo (63 v.–20 n. Chr.), ein Grieche, der zur Zeit des Augustus lebte, schrieb nach einer Besichtigung Roms:

Q 1 In Rom gibt es gepflasterte Straßen, Wasserleitungen und unterirdische Gräben, durch welche der Unrat aus der Stadt in den Tiber geleitet wird. Die Wasserleitungen führen so viel Wasser herbei, daß ganze Flüsse durch die Stadt und die unterirdischen Kanäle strömen und fast jedes Haus Wasserbehälter und reichlich sprudelnde Brunnen hat. Rom besitzt ferner zahlreiche herrliche Bauwerke. Viele davon stehen auf dem Marsfeld. Dieser Platz ist so groß, daß Wagenrennen und Pferdesport betrieben werden können, während sich gleichzeitig eine gewaltige Menge an Menschen im Ball- und Reifenspiel und im Ringen üben kann. Ferner gibt es viele Theater, breite Straßen, prächtige Tempel, herrliche Wohngebäude und Paläste.
Kommt man auf den alten Markt und sieht die prächtigen Bauten, die Tempel, Säulengänge und Wohngebäude, dann kann man leicht alles vergessen, was es sonst so gibt. So schön ist Rom.

Der römische Dichter Juvenal (60–140 n. Chr.) meinte dagegen:

Q 2 Bin ich in Eile, komme ich wegen der vielen Menschen kaum voran. Hinter mir drückt das Volk in Scharen nach. Der eine stößt mir den Arm in die Seite, ein anderer ein hartes Brett. Bald trifft mich ein Balken am Schädel, bald ein Ölfaß. Kot bespritzt meine Waden, von allen Seiten bekomme ich Tritte von mächtigen Sohlen, und bald tritt mir ein grober Soldat mit den Nägeln seiner Stiefel auf die Zehen. In jedem Landstädtchen könnte ich mir ein Häuschen kaufen zum gleichen Preis, den ich hier jedes Jahr als Miete für ein finsteres Loch zahlen muß. Nun, mein Freund, weißt du etwa, warum ich die Hauptstadt verlasse.

1 *Vergleicht die beiden Aussagen miteinander. Warum findet der Grieche Rom so besonders schön, weshalb verläßt der Römer die Stadt?*

2 *Sprecht darüber, wie ihr euch entscheiden würdet.*

Brot und Spiele

1 *Beschreibt die Situationen auf den Bildern* 1 *und* 2.

Zur Zeit des Kaisers Augustus lebten in Rom fast 1,2 Mio. Menschen. Unter ihnen gab es viele Arme und Arbeitslose. An über 200000 römische Bürger ließ der Kaiser daher jeden Monat je 30 kg Weizen kostenlos verteilen, damit sie wenigstens genug zu essen hatten.

Die römischen Bürger forderten vom Kaiser aber nicht nur „Brot“. Er sollte auch für Unterhaltung und Vergnügungen in ihrer Freizeit sorgen. „Brot und Spiele“ – so lautete die Forderung an den Kaiser. Abwechslung und Unterhaltung suchten die Römer vor allem in den Thermen. Das waren prächtig ausgestattete Freizeitzentren mit Dampf- und Wasserbädern, Kalt- und Warm-, Schwimm- und Wannenbädern. Daneben gab es auch Sportplätze, Gymnastikhallen, Büchereien und Museen. Außerdem waren in den Säulenhallen zahlreiche kleine Läden eingerichtet, in denen man einkaufen konnte. Alles zusammen bildete ein großes Freizeitzentrum. Der Eintrittspreis war so niedrig, daß auch ärmere Leute diese Thermen besuchen konnten. In den größeren Thermen konnten sich bis zu 5000 Besucher gleichzeitig aufhalten.

Beliebt bei den Römern war auch der Circus Maximus. Hier fanden die Pferde- und Wagenrennen statt. Gerne gingen die Römer auch in das Kolosseum. Dies war ein Rundbau, fast 60 m hoch, mit 45000 Sitzplätzen. In der Mitte war – wie im Zirkus – eine Arena. Fast immer war das Kolosseum überfüllt. Alle wollten den Tierkämpfen zusehen, die der Kaiser für die Massen veranstalten ließ. Bären ließ man gegen Büffel kämpfen, Büffel gegen Elefanten oder Elefanten gegen Rhinozerosse.

Häufig gab es auch den Kampf Mensch gegen Tier (Bild 1). Als das Kolosseum im Jahre 80 n. Chr. eingeweiht wurde, starben an einem Tage fast 5000 Tiere in der Arena. Grausamer war der Kampf der Gladiatoren untereinander (Bild 2). Es war ein Kampf auf Leben und Tod. Die Kämpfer wurden von einer fanatischen Menge angefeuert. Beendet war der Kampf häufig erst dann, wenn einer der Kämpfer tot am Boden lag.

Wie wichtig den Kaisern diese Freizeitveranstaltungen waren, geht aus einem Bericht des Kaisers Trajan (98–117 n. Chr.) hervor:

1 **Gladiator im Kampf mit einem Panther.** Mosaik um 300 n. Chr.

Q 108 n. Chr.: Der Kaiser veranstaltet zum 2. Mal Gladiatorenspiele.
109 n. Chr.: Der Kaiser übergibt eine Badeanstalt der Öffentlichkeit. Er veranstaltet Gladiatorenspiele, die 117 Tage dauern. Es kämpfen 4941 Gladiatorenpaare.
112 n. Chr.: Der Kaiser veranstaltet Spiele in drei Theatern an 15 Tagen. Außerdem sorgte er für Wagenrennen mit 30 Starts.

2 *Nehmt Stellung zu den Gladiatorenkämpfen. Wie denkt ihr über diese „Freizeitunterhaltung“?*

3 *Überlegt, warum der Kaiser Gladiatoren- und Theaterspiele veranstalten ließ.*

2 **Kampf zweier Gladiatoren.** Von einem Aufpasser werden die Gladiatoren mit einem Lederriemen immer wieder angetrieben. Fußbodenmosaik aus der Villa in Nennig/Mosel, 230/240 n. Chr.

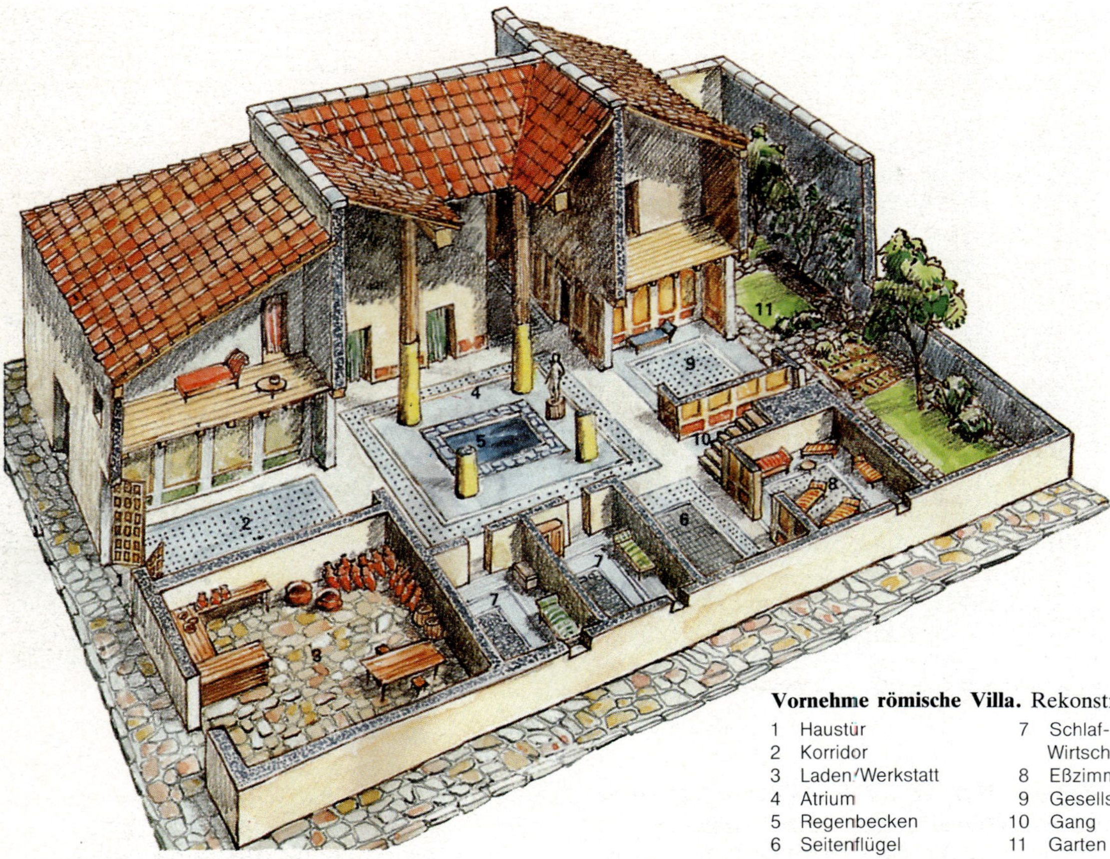

Vornehme römische Villa. Rekonstruktion

1 Haustür
2 Korridor
3 Laden/Werkstatt
4 Atrium
5 Regenbecken
6 Seitenflügel
7 Schlaf-, Wohn- und Wirtschaftsräume
8 Eßzimmer
9 Gesellschaftsraum
10 Gang
11 Garten

Villen und Mietskasernen

Kaiser Tiberius (14–37 n. Chr.) sagte einmal:

Q 1 Was soll ich zuerst verbieten? Den grenzenlosen Umfang der Villen? Die riesige und aus allen Nationen zusammengesetzte Dienerschaft? Die Schwere der Silber- und Goldgefäße? Die kostbaren Gewänder, die ebenso von Männern wie von Frauen getragen werden? Unsere Siege über fremde Völker ermöglichen es, fremdes Gut so zu verprassen.

1 *Untersucht mit Hilfe dieser Aussage, des Bildes oben sowie des Bildes* 1 *der gegenüberliegenden Seite, wie ein reicher Römer gewohnt hat.*

In Rom gab es etwa 1500 Villen, die von reichen Römern bewohnt wurden. Die übrige Bevölkerung lebte in Häusern, die wir heute als Mietskasernen bezeichnen würden (Bild 2 der gegenüberliegenden Seite). Man wohnte dicht gedrängt und mußte an den Hausbesitzer hohe Mieten zahlen. In den Räumen im Erdgeschoß befanden sich Läden. Die kleinen Fenster in den Mauerbögen erhellten notdürftig ein Zwischengeschoß. Es diente gleichzeitig als Lagerraum und als Wohnung für den Ladeninhaber und seine Familie (Bild 3 der gegenüberliegenden Seite). Über dem Zwischengeschoß befanden sich weitere Wohnungen, alle vollgestopft mit Mietern. Heizung gab es keine und fließendes Wasser auch nicht. Häufig waren die Häuser baufällig. Der Dichter Juvenal klagte:

Q 2 Wir hausen hier in Gebäuden mit Stützbalken leichter Art; nur solche zieht der Verwalter ein, wenn die Wand schwankt. Hat er die alten Risse verstopft, dann sagt er, wir sollten ruhig schlafen, obgleich die Gefahr des Einsturzes dauert.

1 **Römische Luxusvilla in Pompeji.** Rekonstruktion.

1 *Beschreibt mit Hilfe der Bilder 2 und 3 sowie des Textes die Wohnung eines armen Händlers.*

2 *Besprecht gemeinsam, wer für Rom die vielen Siege errungen hat und wer von diesen Siegen den alleinigen Nutzen hatte.*

2 **Römisches Mietshaus.** Rekonstruktion.

3 **Wohnung eines armen Händlers.** Rekonstruktion nach Funden in der römischen Hafenstadt Ostia.

Grabmal eines vornehmen römischen Ehepaars,
1. Jh. v. Chr.

Die Gesellschaft im Wandel

Mit der Zeit veränderte sich die römische Gesellschaft. Ursachen waren die Bürgerkriege und der wachsende Reichtum der Bürger. Für die einfachen Leute gab es Schauspiele, Theater- und Zirkusvorstellungen sowie Wagenrennen.

Der römische Geschichtsschreiber Tacitus (55 bis 120 n. Chr.) schrieb:

Q 1 Seht! Erstarrt ist der Geist der Jugend, die sich dem Müßiggang hingibt. Keine einzige ernsthafte und ehrenvolle Aufgabe bringt sie dazu, daran zu arbeiten. Schlaf, Erschlaffung und nur der Eifer für üble Beschäftigungen hat alle befallen. Verweichlicht sind sie und erfüllt von der Leidenschaft, sittenlose Gesänge und Tänze vorzuführen. Das Leitbild der jungen Männer von heute ist es, die Haare in Locken zu legen und in der Verzärtelung des Körpers mit den Frauen zu wetteifern.

Der römische Schriftsteller Seneca (4 v. bis 65 n. Chr.) schrieb:

Q 2 Früher wurden die Söhne, nicht in Kämmerchen von einer gemieteten Amme, sondern von der Mutter selbst erzogen. Ihr größtes Lob war es, Familie und Haus zu schützen und für die Kinder da zu sein. Oder aber es wurde eine ältere Verwandte ausgewählt, der man die gesamte Nachkommenschaft anvertraute, weil man ihren Charakter kannte. In deren Gegenwart wäre es nicht möglich gewesen, etwas Schändliches zu sagen oder etwas Unehrenhaftes zu tun.

Heute dagegen wird der eben geborene Säugling irgendeiner griechischen Sklavin übergeben. Keiner im Haus achtet mehr darauf, was er vor Kindern spricht oder tut. Die Eltern selbst gewöhnen die Kinder nicht an Bescheidenheit, sondern an Geschwätzigkeit.

Hierdurch schleichen sich Unverschämtheit sowie Mißachtung und Geringschätzung von Eigenem und Fremdem ein. Die besonderen Laster dieser Stadt Rom werden, so scheint mir, schon im Mutterleib empfangen: die Begeisterung für Schauspieler und die Leidenschaft für Gladiatoren und Pferde.

Wenn damit der Geist beschäftigt ist, wieviel Raum bleibt dann noch für die guten Fertigkeiten über?

1 *Schreibt alle Klagen auf, die in diesen beiden Berichten erhoben werden.*

2 *Nennt die Gründe, die in diesen Berichten für das veränderte Verhalten angegeben werden.*

Die Rückbesinnung auf altrömische Wertvorstellungen

Kaiser Augustus und römische Schriftsteller forderten die Bürger dazu auf, sich wieder auf das einfache Leben ihrer Vorfahren zu besinnen. Gemeint waren damit jene Wertvorstellungen, von denen man glaubte, daß sie das Leben in der Republik bestimmt hätten. Dazu gehörte die Einordnung in die Gemeinschaft, wie sie vor allem in der Großfamilie gefordert und eingeübt wurde: Absoluter Gehorsam gegenüber dem Vater, gegenseitige Achtung, Fürsorge und Bescheidenheit sollten wieder wichtige Ziele bei der Erziehung von Jungen und Mädchen werden, verbunden mit einer tiefen Frömmigkeit und Ehrfurcht vor den Göttern.

Auf diese Weise – so hoffte man – würden aus Kindern Bürger, die aus Verantwortung gegenüber dem Staat, den Beamten und den Feldherren unbedingt gehorchten, ohne selber große Ansprüche zu stellen. Gerne verwies man daher auf Vorbilder aus früheren Zeiten und aus der Gegenwart.

Der griechische Geschichtsschreiber Polybios (200–120 v. Chr.) berichtet:

Q 1 Wenn in Rom ein angesehener Mann stirbt, wird er im Leichenzug zum Marktplatz geführt, und zwar stehend, so daß ihn alle sehen können. Dann hält sein Sohn oder ein anderer Verwandter eine Rede über die Tugenden des Verstorbenen und über seine Taten. Diese Rede weckt in der Menge ein solches Mitgefühl, daß der Todesfall als ein Verlust für das ganze Volk erscheint.
Anschließend spricht der Redner über die anderen vornehmen Leute, die auf dem Marktplatz versammelt sind. Er berichtet, bei dem Ältesten beginnend, von den Erfolgen und Taten eines jeden. Auf diese Weise wird die Erinnerung an die Verdienste der hervorragenden Männer immer wieder erneuert.
Vor allem aber wird die Jugend angespornt, für das Vaterland alles zu ertragen, um ebenfalls derartigen Ruhm zu erringen.

Grabrede für eine verstorbene Ehefrau (100 n. Chr.):

Q 2 Ehen von so langer Dauer, die durch den Tod beendet, nicht durch Scheidung getrennt werden, sind selten. Uns war es beschieden, daß unsere Ehe ohne eine Trübung bis zum 41. Jahre fortdauerte.
Was soll ich deine häuslichen Tugenden preisen: deine Keuschheit, deine Folgsamkeit, dein freundliches und umgängliches Wesen, deine Beständigkeit in häuslichen Arbeiten, deine Frömmigkeit, frei von allem Aberglauben, deine Bescheidenheit im Schmuck, die Einfachheit im Auftreten? Wozu soll ich reden von der Zuneigung zu den Deinen, deiner liebevollen Gesinnung gegenüber der ganzen Familie, da du mit gleicher Sorge meine Mutter und deine Eltern umhegtest und unzählige andere Tugenden gemeinsam hattest mit all den Ehefrauen, die auf Frauenehre halten?

Standbild eines Römers mit den Büsten seiner Vorfahren, um Christi Geburt.

1 *Seht euch die Bilder dieser Doppelseite an. Auf welche Werte weisen diese Darstellungen hin?*
2 *Welches Verhalten seiner Frau lobte der Mann in seiner Grabrede?*
3 *Sprecht darüber, welche Vorbilder ihr habt.*

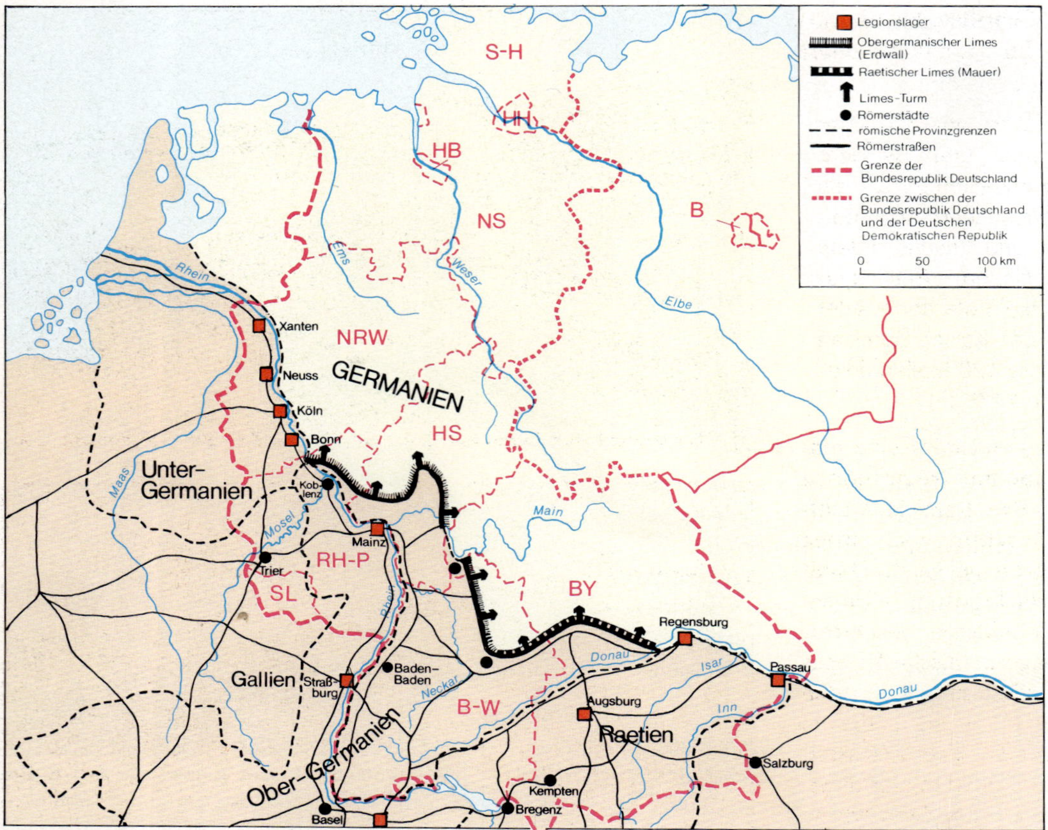

Obergermanischer und rätischer Limes.

Der Limes

1 *Beschreibt mit Hilfe eines Atlanten den Verlauf der römischen Grenze in der Bundesrepublik Deutschland.*

Kaiser Augustus wollte ein Römisches Reich schaffen, das durch natürliche Grenzen gesichert sein sollte. Bis zu seinem Tode hatte er dieses Ziel erreicht: Das Römische Reich wurde vom Atlantischen Ozean, von den Wüsten in Nordafrika und im Nahen Osten sowie von den Flüssen Euphrat, Donau und Rhein begrenzt (vgl. Karte, S. 82).
Gescheitert war Augustus aber mit seinem Plan, die Reichsgrenze östlich des Rheins bis an die Elbe vorzuschieben. Germanische Stämme unter ihrem Anführer Varus brachten den Römern im Jahre 9 n. Chr. im Teutoburger Wald eine vernichtende Niederlage bei. Rhein und Donau blieben daher die Reichsgrenzen.
Unter seinen Nachfolgern kamen nur noch wenige Eroberungen hinzu. Sie beschränkten sich meistens darauf, die Grenzen zu halten und noch sicherer zu machen. Überall dort, wo nicht Berge oder Flüsse eine natürliche Grenze bildeten, wurden Erdwälle aufgeschüttet, Türme, Palisaden oder Mauern errichtet. Diese Grenzbefestigung wurde Limes genannt.
Zur Ausrüstung der Soldaten, die hier ihren Dienst versahen, gehörten stets: Säge, Beil, Sichel, Eimer, Korb, Spaten und zwei Schanzpfähle.

2 *Zählt die Tätigkeiten auf, die die Soldaten neben dem Wachdienst an der Grenze noch zu verrichten hatten. Beachtet dabei die Bilder auf den Seiten 99 und 101.*

Sicherung des Römischen Reiches

Der römische Schriftsteller Frontinius schriebt im 1. Jahrhundert n. Chr.:

Q Weil die Germanen, treu ihrer Gewohnheit, aus ihren Wäldern und dunklen Verstecken heraus die Unsrigen überraschend anzugreifen pflegten und nach jedem Angriff eine sichere Rückzugsmöglichkeit in die Tiefe der Wälder besaßen, ließ der Kaiser Domitian einen Limes über 120 Meilen anlegen (1 Meile = 1478 m).

Anfänglich war der Limes eine einfache Grenzstraße mit Wachttürmen aus Holz. Alle 500 m stand ein Wachtturm. Auf den Wachttürmen wurden Fackeln und Stroh gelagert. Damit gaben die Wachtposten Rauchzeichen zu den anderen Wachttürmen, wenn sich germanische Krieger dem Limes näherten. Von den Türmen aus wurden auch die in den nahe gelegenen Lagern (Kastellen) stationierten Soldaten alarmiert. Im Laufe eines Jahrhunderts wurde der Limes dann voll ausgebaut. Teilweise bestand er aus einer 2–3 m hohen Mauer (Bild [2]), sonst aus einem Holzzaun aus Eichenstämmen. Hinter dem Holzzaun wurden noch Graben und Wall angelegt. Die Steinmauer oder der Holzzaun allein hätten die Germanen kaum von ihren Überfällen abhalten können. Erst das wirkungsvolle Meldesystem zwischen den Wachttürmen und den Kastellen ermöglichte die Abwehr der germanischen Angriffe.

1 *Seht euch nochmals die Karte der Vorseite an. Tragt in eine Tabelle ein: In die linke Spalte jene Länder der Bundesrepublik Deutschland, die ganz oder teilweise zum Römischen Reich gehörten; in die rechte Spalte jene Länder, die von den Römern nicht besetzt wurden.*

[1] **Obergermanischer Limes mit Holzzaun, Wall und Graben.** Rekonstruktion.

[2] **Rätische Limes-Mauer.** Rekonstruktion.

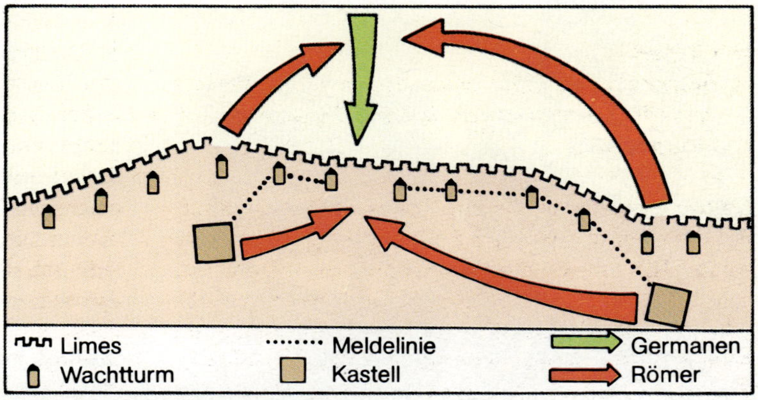

[3] **Wach- und Meldeanlagen am Limes.**

2 *Schaut euch Abbildung [3] genau an. Sprecht darüber, was geschah, wenn ein römischer Wachtposten germanische Krieger sichtete. Schreibt das Vorgehen der Römer auf.*

[1] **Römisches Kastell.** Modell aus dem Limes-Museum in Aalen.

[2] **Römische Soldatenschuhe.**
Die Sohle ist mit ca. 100 Nägeln benagelt.

Römische Kastelle
Die römischen Soldaten, die den Limes zu überwachen hatten, waren in großen Militärlagern, den Kastellen, untergebracht. In der Mitte des Kastells stand das Gebäude des Kommandanten, umgeben von Büros, Waffenkammern, Lazarett, Lebensmittel- und Getreidespeichern, den Stallungen und Mannschaftsbaracken. Das Haus des Kommandanten hatte eine Wohnfläche von fast 700 qm. In den Mannschaftsbaracken mußten sich 8 Soldaten ein Zimmer von 33 qm teilen.

Täglich mußten die Soldaten militärische Übungen ausführen. Rüstungen und Waffen wurden im Lager selbst hergestellt. In jedem großen Kastell gab es dafür eigene Werkstätten. Mancher Soldat erhielt hier eine gründliche handwerkliche Ausbildung. War nach 20 Jahren seine Dienstzeit abgelaufen, so konnte er weiterhin in diesem Beruf tätig sein.

Römische Soldaten bauen Straßen

Nach dem Bau des Limes und der Errichtung von Kastellen gab es fast 200 Jahre lang nur noch wenige Kämpfe zwischen römischen Soldaten und Germanen. So wurden die Soldaten auf Befehl des Kaisers jetzt mehr zum Straßenbau eingesetzt (Bilder [1]–[3]).

Ohne gut ausgebaute Straßen hätten die Römer ihr riesiges Reich nicht sichern können. Auf den Straßen marschierten die Soldaten. Auf den Straßen ritten auch die Boten nach Rom, berichteten dem Kaiser von der militärischen Lage an den Grenzen und kehrten mit seinen Befehlen wieder zu den Truppen zurück. Truppen konnten schnell von einem Ort an einen anderen verlegt werden. Waffen, Handwerkserzeugnisse und Nahrungsmittel gelangten in kurzer Zeit bis zu den entferntesten Grenzbefestigungen. Zur Zeit seiner größten Ausdehnung verfügte das Römische Reich über ein Straßennetz von 250000 km; davon waren 80000 km Fernstraßen (Länge der Autobahnen in der Bundesrepublik Deutschland = 8000 km), die ständig überwacht wurden.

1 *Stellt euch vor, ihr wäret Römer und hättet die Aufgabe, eine Straße zu bauen. Betrachtet die Bilder* [1]–[3] *und sprecht über die Aufgaben, die dabei gelöst werden müssen. Nicht alle Arbeiten des römischen Straßenbaus sind gezeigt. Denkt bei euren Planungen daran, daß die Soldaten auch verpflegt und untergebracht werden müssen.*

2 *Seht euch nochmals die Abb.* [1] *bis* [3] *an und erzählt folgende Geschichte zu Ende: „Sobald der Landvermesser eine Straße mit Stangen abgesteckt hatte, wurde auf beiden Seiten . . .“*

[1]–[3] **Bau einer Römerstraße.** Rekonstruktion.

Ein römischer Gutshof. Rekonstruktion aus dem Limes-Museum in Aalen.

Römische Lebensweise in den Provinzen*

Römische Soldaten, Offiziere, Verwaltungsbeamte und Händler brachten in alle Provinzen des großen Reiches die römische Lebensweise. An den großen Flüssen und Fernverkehrsstraßen entstanden Römerstädte wie Trier, Worms, Mainz, Koblenz, Bonn und Köln. Sie verfügten, ebenso wie Rom, über Theater, Tempel, Thermen und Stadien.

Außerdem bauten die Römer zahlreiche große Gutshöfe zur Versorgung der Bevölkerung und der Soldaten (Bild oben). Fast jeder Gutshof verfügte über eine Warmluftheizung, die das Bad und die Wohnräume in den kalten Herbst- und Wintermonaten erwärmte. Steinhäuser, Straßenbau, Wasserleitungen – für die unterworfenen Völker war dies alles neu. Selbst zahlreiche Früchte und Pflanzen, die die Römer anbauten, kannten die Germanen nicht. Sie übernahmen daher hierfür die römischen Begriffe. Es sind Begriffe, die wir heute noch in veränderter Form gebrauchen, wie der folgende Text zeigt:

Auf einer **strata,** bedeckt mit **plastrum,** nähert sich ein germanischer Händler auf seinem **carrus** dem römischen Gutshof. Seine Ware hat er sorgfältig verpackt in **cista, saccus** und **corbis.** Umgeben war der Gutshof von einer **murus** aus **caementum.** Durch die geöffnete **porta** gelangte er in den Innenhof. Jetzt stand er vor der **villa,** gedeckt mit roten **tegula.** In der Villa gab es eine **camera** und die geheizte **extuva** mit einem langen **discus.** An der Wand hing ein **speculum.** Jedes Zimmer hatte ein großes **fenestra.** Im **cellarium** befand sich die riesige **pressa,** mit deren Hilfe **vinum** und **mustum** hergestellt wurden. Unterm Dach war noch ein **spicarium.**

Für seine Waren, Felle und Bernstein, erhielt der germanische Händler Obst und Gemüse wie: **prunum, persicum** und **radix;** außerdem **oleum, vinum** und den guten **caseus.** Für einige Waren ließ er sich auch in römischer **moneta** bezahlen.

1 *Lest den Text und setzt anstelle der lateinischen Wörter die entsprechenden deutschen Wörter ein.*

2 *Über das Leben der Römer in Deutschland informieren euch auch die Bilder* [1]–[4] *auf der gegenüberliegenden Seite.*

Römische Spuren in Deutschland

[1] **Porta Nigra in Trier,** erbaut im 2. Jahrhundert n. Chr.

[2] **Grabstein eines römischen Soldaten.** Die Inschrift lautet: Der Soldat Viatorinus diente 30 Jahre und wurde im Barbarenlande von einem Franken erschlagen. Der Stellvertreter des Kommandeurs der Deutzer Einheit ließ den Grabstein setzen.

[3] **Römische Gläser und Tafelgeschirr.**

[4] **Moselschiff.** Von einem Grabmal bei Neumagen.

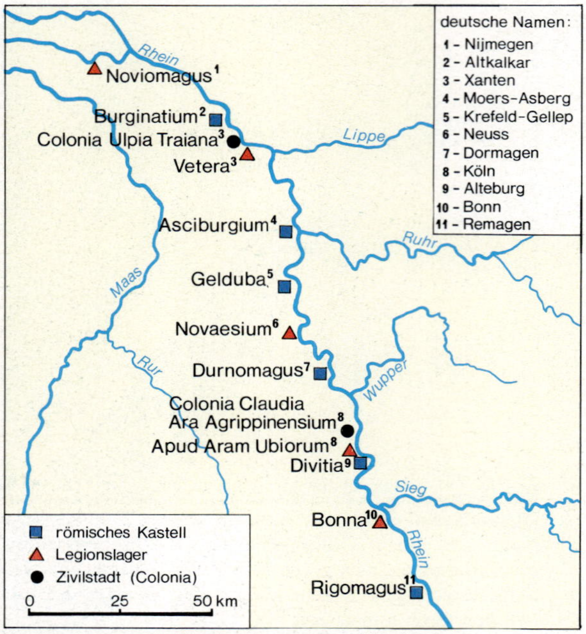

Legionslager und Zivilsiedlungen am Niederrhein.

Römer am Rhein

Ein Wissenschaftler berichtet:

„Als der Feldzug des Kaiser Augustus gegen die Germanen durch die Niederlage im Teutoburger Wald (9 n. Chr.) gescheitert war, wurde die Rheinlinie als endgültige Grenze des Römischen Reiches ausgebaut. Eine bis zur Rheinmündung verlaufende Grenzstraße, die ‚Limesstraße', verband mehrere große Legionslager für je etwa 6000 Soldaten. Dazwischen lagen kleinere Kastelle für Hilfstruppen, die mit jeweils etwa 500 oder 1000 Mann belegt waren. Nach und nach entstanden auch Zivilsiedlungen mit Handwerkern, Baumeistern, Wirten, Händlern usw. Später fanden hier auch einheimische Kelten und Germanen Unterkunft und Beschäftigung. Und schließlich ließen sich auch entlassene Soldaten, von denen viele mit Frauen aus der Umgebung der Lager verheiratet waren, in den Siedlungen nieder. So bildete sich allmählich eine neue Mischbevölkerung, die weitgehend römische Lebensweise annahm." (1)

1 *Stellt fest, wie groß die Entfernungen zwischen den einzelnen Legionslagern oder Kastellen sind. Überlegt euch, warum sich alle Lager und Kastelle auf dem linken Rheinufer befinden.*

Die Gründung der Colonia Ulpia Trajana – Xanten

Unter den römischen Zivilsiedlungen in der Provinz Niedergermanien gab es nur zwei große Städte: Köln und die Colonia Ulpia Trajana in der Nähe des heutigen Xanten.

Diese Siedlung wurde um 100 n. Chr. gegründet. Sie liegt in der Nähe des alten römischen Legionslagers Vetera. Von diesem Lager waren Teile der römischen Legionen in die Schlacht im Teutoburger Wald gezogen. Die zivile Stadt liegt etwa 1800 m von diesem Lager entfernt. Der Kaiser Trajan gab ihr den Namen.

Ein Geschichtsforscher hat eine Stadtgründung der Römer so rekonstruiert:

„Nach den Angaben des Architekten steckten die Landvermesser zunächst das Straßennetz ab. Jedes öffentliche Gebäude erhielt seinen Platz zugewiesen. Nach der Vermessung hielten die künftigen Bewohner ihren militärischen Einzug. An der Spitze marschierte der mit der Gründung beauftragte Kommissar.

Als erstes wurde der Grund zum städtischen Mittelpunkt gelegt. Dann ergriff der Kommissar einen von weißen Rindern gezogenen Pflug und zog mit ihm eine Furche, so daß die Schollen nach innen fielen. Die Furche deutete den Verlauf des Stadtgrabens an, die Schollen den künftigen Wall. Wo sich Tore erheben sollten, wurde der Pflug getragen und die Furche unterbrochen." (2)

Eine Stadt wie Rom?

2 *Nennt mit Hilfe der Zeichnung der gegenüberliegenden Seite die öffentlichen Gebäude und ihre Funktionen.*

3 *Erklärt jetzt den Satz: Jede römische Stadt war „ein Stück Rom in der Fremde".*

4 *Vergleicht eure Aufzählung mit den öffentlichen Einrichtungen heutiger Städte.*

Der Bau der römischen Stadt erforderte große Mengen an Baumaterial, vor allem Steine zum Bau der Tempel, des Amphitheaters und der vielen Häuser. Steinbrüche aber gab es in der näheren Umgebung nicht. Sie mußten aus großen Entfernungen herbeigeschafft werden: Kalk- und Sandstein aus der Umgebung von Metz und Trier, farbenprächtiger Marmor aus Italien, Griechenland und Nordafrika.

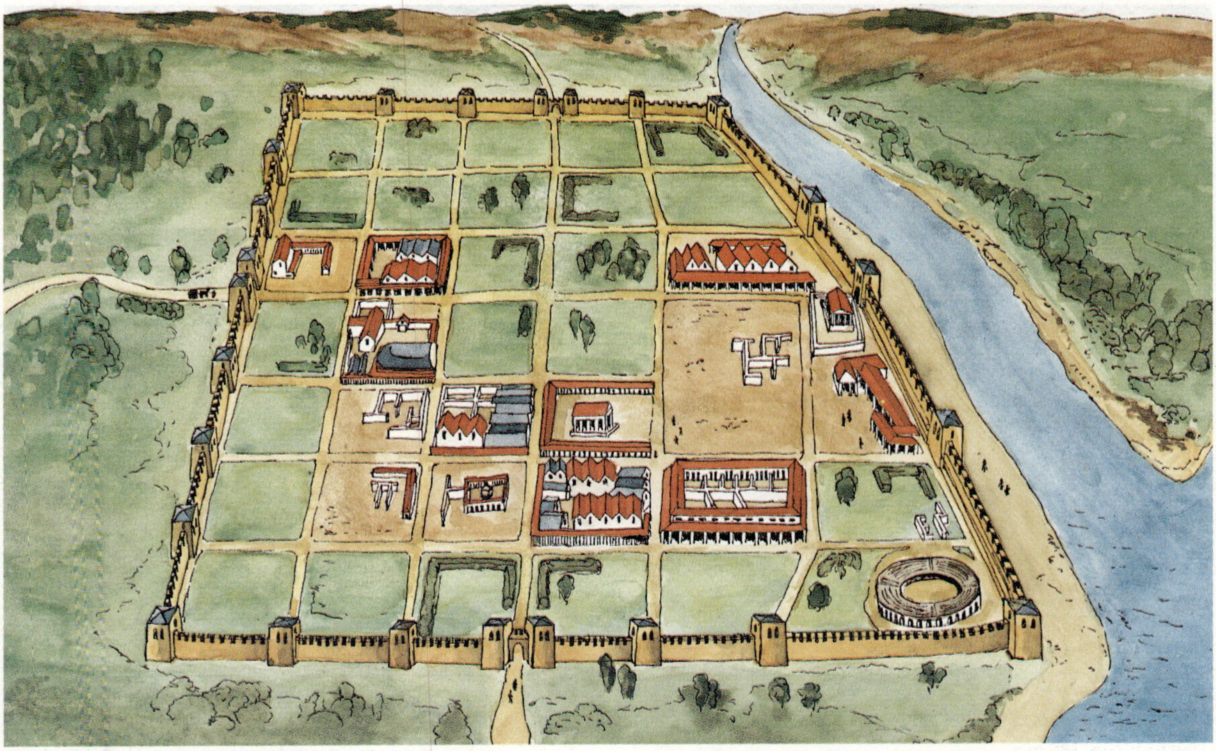

Modell der Colonia Ulpia Trajana – Xanten.

Als die Stadt endlich fertiggestellt war, wohnten hier etwa 10000 Menschen. Das große Amphitheater bot sogar 12000–13000 Menschen Platz.
Die Stadt bestand bis zum 4. Jahrhundert.
Nach dem Abzug der Römer verfiel sie mehr und mehr. Auf dem ehemaligen Friedhof aber bauten die Christen eine Kirche über dem Grab von zwei Märtyrern. Man nannte diese Kirche „ad sanctos" (= zu den Heiligen). Daraus entstand der Name Xanten.

1 *Ein Germane besucht die neue römische Stadt. Anschließend berichtet er in seinem Dorf davon. Schreibt eine entsprechende Erzählung.*

Zusammenfassung
Rom wurde unter Augustus und seinen Nachfolgern immer weiter ausgebaut. Prächtige Tempel dienten der Verehrung der Götter, herrliche Wohngebäude und Paläste zeigten den Reichtum wohlhabender Bürger. Theaterspiele, Wettrennen und Gladiatorenkämpfe gab es zur Unterhaltung der Massen, die dadurch auch von ihrer Armut abgelenkt wurden.
Kaiser Augustus und römische Schriftsteller forderten dazu auf, über den Reichtum und Luxus nicht die alten römischen Wertvorstellungen zu vergessen. Augustus und seine Nachfolger wollten die Grenzen des Römischen Reiches sichern. Dort, wo natürliche Grenzen wie Berge, Flüsse, das Meer oder Wüsten fehlten, baute man deshalb seit dem 1. Jahrhundert n. Chr. den Limes.
Römische Lebensweise herrschte auch in den Provinzen vor. Zahlreiche Funde legen noch heute Zeugnis ab vom Leben der Römer in Deutschland.

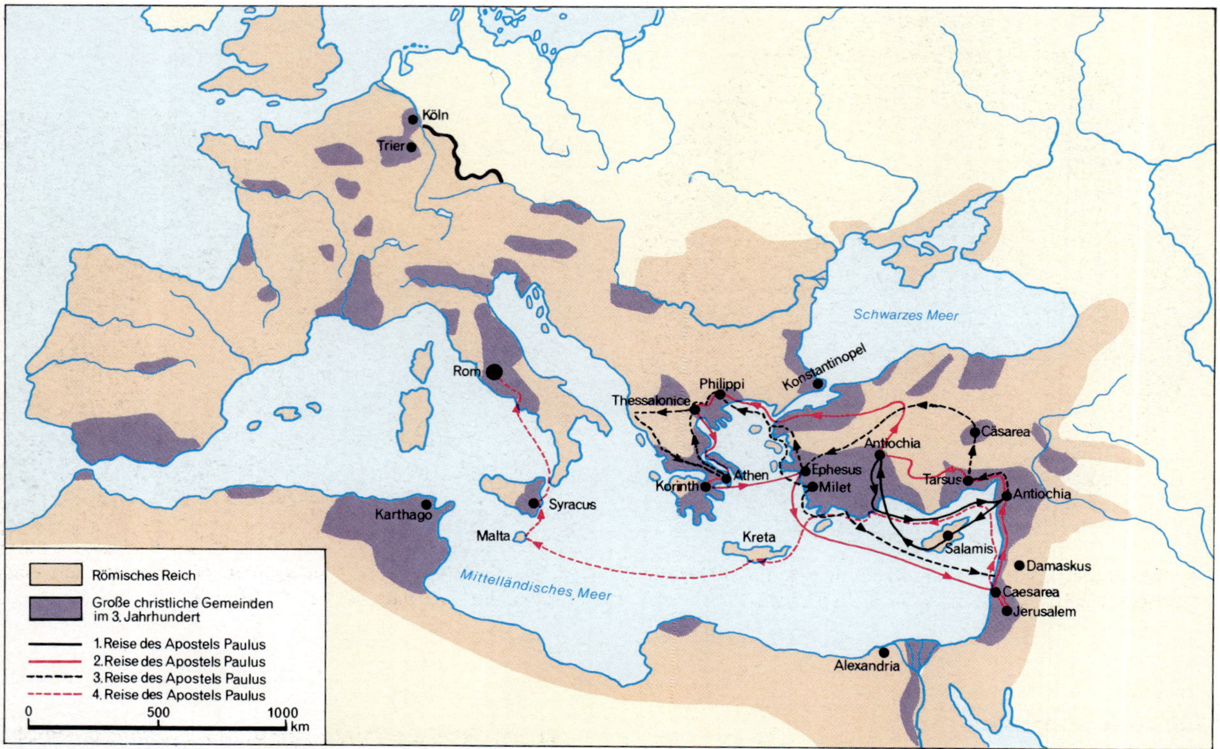

Die Ausbreitung des Christentums im 3. Jahrhundert.

Christliche und römische Religion

In der christlichen Botschaft fanden die Menschen Antworten auf Fragen, die sie stark bewegten: Woher kommt der Mensch, und wohin geht er? Gibt es ein Weiterleben nach dem Tode? Gibt es nach dem Tod einen Frieden und ewige Erlösung von Qualen, Bedrohungen, Ängsten?

Solche Fragen wurden von der römischen Religion nicht beantwortet. Die römische Religion kannte keine „Heilige Schrift", keine Sammlung von Geboten, die das Denken und Verhalten der Menschen bestimmten.

Die Römer opferten den verschiedensten Göttern, um dafür Schutz und Unterstützung zu erhalten. Durch Opfer, Prozessionen und Gebete sollte das Wohlwollen der Götter erreicht werden. Für jeden Bereich in der Natur und im menschlichen Leben gab es einen oder mehrere Götter, so z. B. für Wegkreuzungen und für Quellen, für Aussaat und Ernte, für Ehe und Geburt, für Krieg, Rechtsprechung und Politik. Aber es gab keinen Gott, zu dem man eine persönliche Beziehung entwickeln konnte, dem man alle seine Sorgen und Nöte vortragen konnte.

Diese Möglichkeit bot das Christentum. Daß ein Gott, Christus, Mensch geworden, für die Menschen gestorben und wieder auferstanden war, daß die Gläubigen ihre Erlösung erwarten durften, das waren Hoffnungen, die keiner der unzähligen Götter am römischen Götterhimmel vermitteln konnte. Die christlichen Gebote der Nächstenliebe, der Brüderlichkeit und der Demut begeisterten Menschen aller Bevölkerungsschichten. In der christlichen Gemeinde galt jeder gleich viel, ob Mann, Frau, Sklave oder z. B. Senator.

1 **Hinrichtung eines Christen, der zum Tod durch Raubtiere verurteilt wurde.** Schale aus dem 4. Jahrhundert.

2 **Die drei Jünglinge im Feuerofen.** Wandmalerei aus einer Katakombe in Rom aus dem 2. Jahrhundert.

Christenverfolgungen

Die Christen waren im Römischen Reich zunächst nur eine kleine Minderheit. Sie gingen ihren Berufen nach, zahlten pünktlich ihre Steuern und beteten auf ihren Zusammenkünften für das Wohl des Kaisers und seiner Beamten. Abgelehnt wurde von ihnen aber die Verehrung der Kaiser als Götter.

Das führte bald zu allerlei Verdächtigungen: „Wer die göttliche Verehrung der Kaiser ablehnt, ist sicherlich ein Gegner des Römischen Reiches." Sprachen die Christen nicht auch davon, daß sie ein „anderes Reich" errichten wollten? Warum trafen sich die Christen so oft? Wurden hier vielleicht heimlich Verbrechen vorbereitet? Es dauerte nicht lange, da galten die Christen als Staatsfeinde und Kriminelle, die man streng verfolgen mußte.

Die erste große Christenverfolgung fand unter Kaiser Nero im Jahr 64 n. Chr. statt. Dabei wurden wahrscheinlich auch die Apostel Petrus und Paulus getötet.

Immer wieder kam es in den folgenden Jahrhunderten zu Christenverfolgungen.

Über die Verhaftung und Verurteilung des Bischofs und Märtyrers* Polykarp aus Smyrna im Jahr 155 berichtet ein Rundschreiben der Gemeinde:

Q Als Polykarp in die Arena geführt wurde, erhob sich ein großer Lärm. Der römische Richter ermahnte ihn: „Nimm Rücksicht auf dein Alter! Schwöre beim Glück des Kaisers und sprich: Fort mit den Gottlosen! Lästere Christus, und ich lasse dich frei." Da sprach Polykarp: „86 Jahre diene ich ihm, und er hat mir nie ein Leid getan. Wie kann ich meinen König lästern, der mich erlöst hat?" Der Richter drohte: „Wilde Tiere stehen mir zur Verfügung, denen lasse ich dich vorwerfen, wenn du nicht nachgibst." Er aber sprach: „Rufe sie herbei! Eine Bekehrung vom Besseren zum Schlechteren gibt es für mich nicht." Noch einmal sagte der Richter: „Wenn du die Tiere nicht achtest, so lasse ich dich verbrennen."

Polykarp aber blieb standhaft und wurde verbrannt.

1 *Berichtet, wie man Christen, die ihrem Glauben treu blieben, hinrichten ließ. Beachtet die Bilder.*

2 *Lest im Alten Testament beim Propheten Daniel, Kapitel 3, die Geschichte von den drei Jünglingen im Feuerofen nach. Überlegt, warum gerade diese Geschichte von den ersten Christen häufig bildlich dargestellt wurde.*

3 *Sprecht darüber, wie man sich heute gegenüber Minderheiten verhält.*

Prozession der Märtyrer zu Christus am Jüngsten Gericht. In den Händen tragen sie Kronen als Zeichen des Sieges. Mosaik aus dem 5./6. Jahrhundert in der Kirche San Apollinare Nuovo in Ravenna.

Konstantin der Große fördert das Christentum

1 *Beschreibt das Bild und überlegt, weshalb die Märtyrer als Sieger dargestellt werden.*

Fast 300 Jahre lang wurden die Christen immer wieder verfolgt. Zu einer Wende kam es erst unter Kaiser Konstantin (306–337). Er erkannte, daß der Glaube an die alten heidnischen Götter immer mehr schwand. In allen Gefahren nämlich, die dem Reich in den letzten Jahrhunderten gedroht hatten, hatten die Staatsgötter sich als ohnmächtig gezeigt. Wirksame Hilfe, meinte Konstantin, könne man deshalb nicht mehr von ihnen erwarten. Im Jahr 313 traf er sich mit seinem Mitkaiser in Mailand.
Gemeinsam erließen sie folgendes Gesetz:

Q Wir haben beschlossen, den Christen und allen Menschen in unserem Reich das freie Recht zu geben, derjenigen Religion zu folgen, für die sie sich entschieden haben. Jedem Menschen ist es also erlaubt, die Religion der Christen anzunehmen. Im Hinblick auf die Christen bestimmen wir, daß ihnen die Häuser, in denen sie früher zusammenzukommen pflegten, ohne Zaudern und Zögern zurückerstattet werden.
Auch wer solche Häuser geschenkweise erhalten hat, soll sie so schnell als möglich denselben Christen zurückgeben.

Kaiser Konstantin duldete das Christentum nicht nur, er förderte es auch. Auf seinen Befehl hin wurden in Rom große Gotteshäuser gebaut. Im ganzen Reich galt von nun an der Sonntag als staatlicher Feiertag.

2 *Informiert euch, was das Grundgesetz für die Bundesrepublik Deutschland über die freie Religionsausübung sagt.*

Das Christentum als Staatsreligion

Wie Kaiser Konstantin, so förderten auch fast alle seine Nachfolger das Christentum.
Kaiser Theodosius erließ dann im Jahr 391 folgende Bekanntmachung:

Q 1 Niemand darf an irgendeinem Orte, in irgendeiner Stadt den vernunftlosen Götterbildern ein unschuldiges Opfertier schlachten.
Wenn jemand es wagt, ein Tier zu opfern und mit Opfermehl zu bestreuen oder rauchende Eingeweide zu befragen, der soll wie ein Verbrecher vor Gericht gebracht werden.
Wenn einer Götterbilder mit Darbringung von Weihrauch verehrt, der soll Einbuße erleiden an dem Haus oder Besitztum, in dem er seinen Götzendienst verrichtet hat.

392 erfolgte eine weitere Anordnung:

Q 2 Alle, die sich mit dem unheiligen Irrtum oder Verbrechen des heidnischen Götzendienstes beflecken, also alle Heiden, sollen weder zum Kriegsdienst zugelassen werden noch mit der Ehre eines Beamten oder Richters ausgezeichnet werden.

Hieronymus, ein gelehrter Geistlicher, schrieb um 400 n. Chr.:

Q 3 Alle Tempel Roms sind mit Ruß und Spinnweben bedeckt. Das Heidentum ist nur noch eine vereinzelte Erscheinung. Die alten Götter, denen ganze Völker huldigten, fristen ihr Dasein nur noch auf den Dachgiebeln zusammen mit Kauz und Uhu. Die Fahnen der Soldaten zeigen das Zeichen des Kreuzes.

Münze Kaiser Konstantins aus dem Jahr 315. Am Helm die griechischen Buchstaben X (= Ch) und P (= r), die Anfangsbuchstaben von „Christus“.

1 *Nennt Unterschiede zwischen den Erlassen der Kaiser Konstantin und Theodosius.*
2 *Sprecht über die Folgen dieser Erlasse für die Nicht-Christen.*
3 *Schildert in einem kurzen Bericht die Ausbreitung des Christentums von den ersten Gemeinden bis hin zur Staatsreligion.*

Zum Nachdenken

1 *Informiert euch, z. B. im Religionsunterricht, in welchen Ländern die Christen heutzutage in der Minderheit sind.*
2 *Überlegt gemeinsam, welche Probleme es geben könnte durch das Zusammenleben verschiedener Glaubensgemeinschaften in einem Staat. Sprecht auch über die Möglichkeiten gegenseitiger Toleranz.*

Zusammenfassung

Jesus hatte seinen Jüngern geboten, die christliche Botschaft den Menschen in aller Welt zu verkünden. Noch im 1. Jahrhundert entstanden überall im Römischen Reich die ersten christlichen Gemeinden. Da die Christen sich weigerten, die römischen Kaiser als Götter zu verehren, wurden sie als Staatsfeinde angesehen. Jahrhundertelang wurden sie immer wieder grausam verfolgt und hingerichtet. Erst 313 n. Chr. erließ Kaiser Konstantin d. Gr. einen Erlaß, in dem die christliche Religion geduldet wurde. Unter Kaiser Theodosius wurde sie im Jahr 391 zur alleinigen Staatsreligion erhoben.

Modellbau eines Limes-Wachtturmes

Der Limes war zunächst ein überschaubarer Grenzstreifen mit Wachttürmen, die mit jeweils 4–5 Mann besetzt waren. Von jedem Turm aus konnten die Soldaten zu den beiden benachbarten Türmen sehen. Sie konnten so durch Licht- oder Rauchsignale oder auch mit einem Horn die Annäherung von Feinden sehr schnell weitermelden (vgl. Seite 99).

Zum Bau dieser Wachttürme verwendeten die Römer frischgeschlagene Bäume, mit denen in Blockbauweise einfach und schnell gebaut werden konnte. Die Türme waren wegen des unebenen Geländes unterschiedlich hoch. Ihre Höhe schwankte zwischen 8 und 15 Metern. Der Grundriß der Türme war quadratisch. Die Kantenlänge lag zwischen 3 und 5 Metern. Damit keine ungebetenen Gäste in den Turm eindringen konnten, befand sich der Einstieg in einer Höhe von etwa 3 Metern. Die Leiter zum Einstieg konnte eingezogen werden.

[1] **Blick in einen Wachtturm.**

Zum Herstellen des Modells benötigt man:
- etwa 12 m Rundhölzer mit 6 mm Durchmesser
- eine Feinsäge
- ein Schnitzmesser
- eine flache Holzfeile
- einen Schraubstock
- Holzleim
- Furnierreste oder dünne Leisten.

Der Wachtturm wird auf einer Sperrholz- oder Preßspanplatte aufgebaut. Für den Nachbau ist ein Maßstab von 1:50 sinnvoll, das Modell wird dann etwa 20 cm hoch.

Sprecht mit eurem Geschichts- und Werklehrer darüber, ob ihr dieses Modell in der Schule nachbauen könnt.

Als erstes werden 8 cm lange „Baumstämme" gesägt. Diese werden dann auf beiden Seiten jeweils oben und unten mit der Holzfeile eingekerbt (vgl. Bild [2]). Die Einkerbungen sind jeweils 1,5 mm tief (¼ des Holzdurchmessers). Werden diese „Stämme" dann rechtwinklig übereinandergelegt, so liegen sie ohne Zwischenraum aufeinander.

Zuerst werden zwei gegenüberliegende Stämme (a) gelegt. Darauf wird wenig Holzleim aufgetragen, dann werden die zwei Stämme (b) aufgesetzt (vgl. Bild [3]). So können 10–12 Baumlagen aufgebaut werden, in dieser Höhe befindet sich dann die Tür. Diese ist 5 Lagen hoch und 2 cm breit. Für die Türe werden also 10 Hölzer benötigt, die 2,5 cm lang und nur auf einer Seite eingekerbt sind (Bild [7]). In den Einstieg werden zwei senkrechte Hölzer als Türrahmen eingeklebt.

Danach können wieder 5–7 Lagen hochgebaut werden, dann wird die Plattform angelegt. Dazu werden „Baumstämme" verwendet, die jeweils an beiden Seiten 2 cm überstehen. Diese sind also 12 cm lang. Auf die überstehenden Holzenden kann dann später die Plattform aufgebaut werden (vgl. Bild [5]).

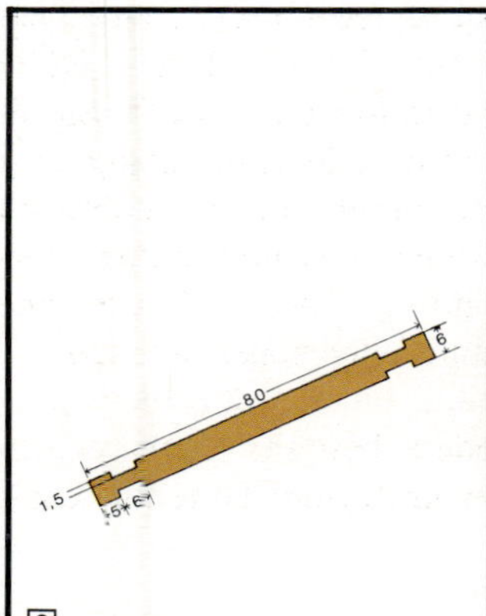

2

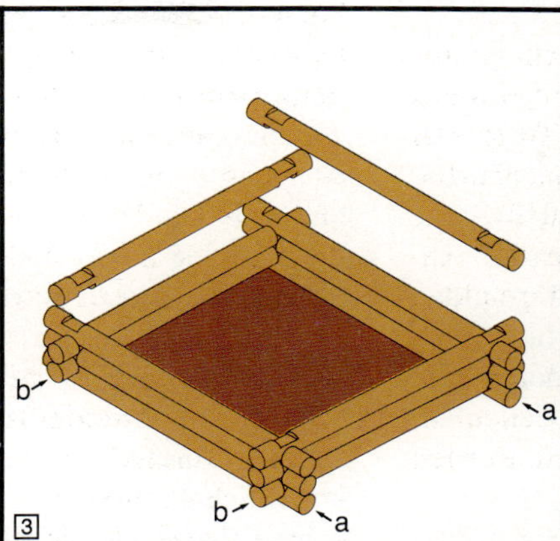

3

4

5

6

Direkt über der Plattform wird eine zweite Tür angelegt. Darüber werden noch 3 Baumlagen aufgebaut. Die oberste Lage besteht aus Balken, die, wie bei der Plattform, 2 cm überstehen. Darauf wird ein Grundrahmen für das Dach aufgeleimt. Dieser Rahmen sollte aus flachen Leisten gebaut werden. Auf die Ecken des Rahmens werden die vier Dachbalken (9 cm lang), wie bei einem Zelt, aufgebaut. Diese Dachbalken müssen an beiden Enden abgeschrägt werden, damit sie voll auf dem Rahmen bzw. aufeinander liegen (vgl. Bild 6). Zum Decken des Daches eignen sich Furnierreste oder dünne Leisten.

Schließlich muß noch die Plattform aufgebaut werden. Zunächst wird der Boden der Plattform mit dünnen Leisten gelegt. Dabei ist zu beachten, daß die vier überstehenden Balkenenden auf gleiche Höhe gebracht werden. Dazu können die vier Balkenenden, die zu hoch sind, mit der Raspel abgeflacht werden.

Der Aufbau des Geländers wird einfacher, wenn man Vierkanthölzer (ca. 4 mm stark) verwendet. Alle Teile des Geländers müssen sorgfältig gesägt und geleimt werden. Die schrägen Stützen werden oben und unten abgeschrägt (vgl. Bild 7).

7

Zum Weiterlesen

Feuer am Limes

Das Römerlager an der rätisch-alamannischen Grenze glich einem Ameisenhaufen. Die gesamte Ala (Reiterabteilung) – tausend Reiter mit Offizieren und Unteroffizieren – war alarmiert. Jeder hatte zu tun: mit Kommandieren und Antreiben, mit Saubermachen, Pferdestriegeln, Ausbessern der Befestigungsmauern, Polieren der Waffen und Rüstungen, Schmücken des Fahnenheiligtums und mit dem Abtransport des Eigentums des Kommandanten aus dem Verwaltungsgebäude.

Alles mußten die Legionäre machen, denn Frauen und Sklaven durften das Kastell nicht betreten. Und so schnell sollte alles gehen, als ob römische Soldaten Zauberhände und die Puste germanischer Auerochsen hätten!

Die Offiziere brüllten die Unteroffiziere an, die Unteroffiziere die Mannschaften; und mancher Legionär *dachte,* was er nicht auszusprechen wagte: Die Brüller können leicht brüllen, weil sie nicht zupacken müssen. O Götter, stopft ihnen die Mäuler!

Und warum der Betrieb?

Drohte ein alamannischer Angriff?

Nein. Kein Wächter am Limes – der Grenzmauer, die das römisch besetzte Rätien gegen das Gebiet der Alamannen abschirmte – hatte in Horn oder Kriegstrompete gestoßen. Drüben war es ruhig. Von der Plattform der Türme aus, die sich über die Steinmauer erhoben, konnten die Wächter weit in die Runde spähen. Die Türme im Limes standen auf Sichtweite.

Hatten sich die Kelten im besetzten Rätien gegen die römischen Herren erhoben?

Nein. Auch diesseits der Mauer war kein Aufbegehren. Ganz im Gegenteil. Die Kelten, die mit den Familien der römischen Soldaten und anderen Römern in der Siedlung hinter dem Kastell wohnten, arbeiteten genauso geschäftig wie diese. Sie säuberten Gassen und Wege, schmückten ihre Häuser und legten Festtagsgewänder bereit. In manche Nischen wurden Götterstatuen gestellt: römische und keltische und manche Figuren, von denen niemand wußte, welche Gottheiten sie darstellten.

Auch in den großen landwirtschaftlichen Gütern im weiteren Umland des Kastells war Hochbetrieb. Die römischen Herren trieben ihre Sklaven zum Schmücken der Gutshöfe an, zum Reinigen der Götterbilder an den Eingängen, zum Säubern der Wege und zum Ausdenken erlesener Speisen für vornehme Gäste.

Vornehme Gäste waren die Offiziere des Kastells, der vornehmste Gast war der Kommandant. Auf ihn kam es an, wieviel Getreide, Früchte, Fleisch und Futtermittel der einzelne Großbauer in das Kastell liefern durfte. Diese Lieferungen wurden besser bezahlt als Verkäufe an Zivilisten.

Aufregung und Putzfimmel hatte ein Eilbote ausgelöst, der auf schäumendem Pferd ins Lager galoppiert war und Kunde aus Rom gebracht hatte: „Der neue, von Kaiser Decius ernannte Kommandant und seine Gemahlin sind aus der Hauptstadt aufgebrochen. Zwanzig Reiter unter dem Befehl eines Centurio begleiten sie. Der Reisekutsche folgen drei Lastwagen mit schwerem Gepäck; jeder von vier Gäulen gezogen, die in den Militärstationen an der großen Heerstraße regelmäßig ausgewechselt werden. Ich wurde vorausgeschickt, um zu melden, wieviel Platz der neue Kommandant für sich, seine Begleitung und den Troß benötigt und daß er größten Wert auf militärische Ordnung und Sauberkeit legt . . .

Deshalb der Rummel.

Das Militärlager, die Gutshöfe, die Wohn- und Geschäftshäuser, die öffentlichen Bäder – „Thermen“ hießen sie in der Sprache der Römer –, die kleineren Kastelle, die dichter am Limes standen, und die Wachttürme in der Grenzmauer wurden auf Hochglanz gebracht.

Einer der wenigen, die der gefürchteten Sippschaft aus Rom gelassen entgegensahen, war der alte, nun scheidende Kommandant des Kastells: der Präfekt Antonius Cornelius Tuditanus.

Er war ein sehr annehmbarer Kommandant gewesen und hatte seine Leute nie unnötig gehetzt. Der Beiname Tuditanus – „der Hammerschädel“ – paßte gar nicht zu ihm. Er hatte ihn von einem Vorfahr übernommen, dessen Stirnbein angeblich stärker als ein germanischer Hammer gewesen war. Der Hammerstiel, hieß es, sei beim Zuschlagen abgebrochen, der Schädel des Großvaters heil geblieben . . .

Seit einigen Jahren liebte der Präfekt die Bequemlichkeit. Aufgeregtes Getue war ihm zuwider geworden. Jetzt freute er sich auf Rom, wo er als Pensionist gemütlich weiterzuleben gedachte.

Rom lag weit entfernt von den unberechenbaren Alamannen jenseits des Limes, die sich lange Zeit ruhig verhielten, um dann plötzlich loszuschlagen. Es waren Überfälle und keine Kriege; aber es gab

Germanische Händler am Limes. Modell aus dem Limes-Museum in Aalen.

nie richtigen Frieden an dieser verdammten Mauer . . .
Da stieß der Posten auf einem Wachtturm am Limes in die Kriegstrompete. Einmal lang – dreimal kurz – einmal lang – dreimal kurz – lang – kurz. „Achtung!" hieß das. „Gefahr! Bei den Alamannen tut sich was!"
Die Wache im nächsten Vorkastell nahm das Signal auf und gab es weiter an das Hauptlager, das der Präfekt Tuditanus befehligte . . .
Von immer mehr Wachttürmen schmetterte die Warnung ins rätische Land: „Alamannengefahr!"
Im Hof des Hauptkastells ließ Glabrio vierhundert Reiter mit ihren Offizieren und Unteroffizieren antreten. Dann schickte er zwei berittene Spähtrupps über den Limes hinaus ins alamannische Land.
Trompeten und Hörner schmetterten weiter. Ob diesmal nicht mehr als nur ein Überfall drohte?
In fieberhafter Eile packten Männer, Frauen, Kinder und Sklaven in der Römersiedlung die wichtigsten Habseligkeiten zusammen. Die Sklaven griffen zu, ohne daß sie mit Peitschenhieben angetrieben wurden. Sie wußten, daß die Alamannen keinen Unterschied zwischen römischen Herren und römischen Knechten machten.
In den großen Gutshöfen wurden schwere Wagen vollgepackt, in den Koppeln Herden zusammengetrieben, aus Läden und Handwerkerstuben Waren und Werkzeuge auf Karren verladen.
Die Alamannen waren gefürchtet, wenn sie als Feinde kamen. Dann kämpften sie mit Todesverachtung und ohne Erbarmen.
Kaum zu fassen, daß sie sich zivilisiert und umgänglich zeigten, wenn sie als Händler oder Schmuggler Geschäfte machten. Da tauschten sie Met, Felle und Bernstein gegen römischen Wein, feine Stoffe, Werkzeuge aus Eisen und Stahl, Schmuck, Glas und Tongefäße. Sie tranken auf die Gesundheit ihrer Geschäftspartner und machten sogar Witze.
Wehe aber, wenn sie plötzlich zu den Waffen griffen! Einige Reiter im Hof des Kastells waren von wütenden Alamannen verwundet worden; drei Männern liefen entstellende Narben über das Gesicht.
In den Augen einiger Legionäre flackerte Angst.

Vom weiteren Schicksal dieses römischen Kastells berichtet Josef Karl Grund. Feuer am Limes. Loewes Verlag, Bayreuth. 3. Auflage, 1986.

5. Die Völkerwanderung der Germanen

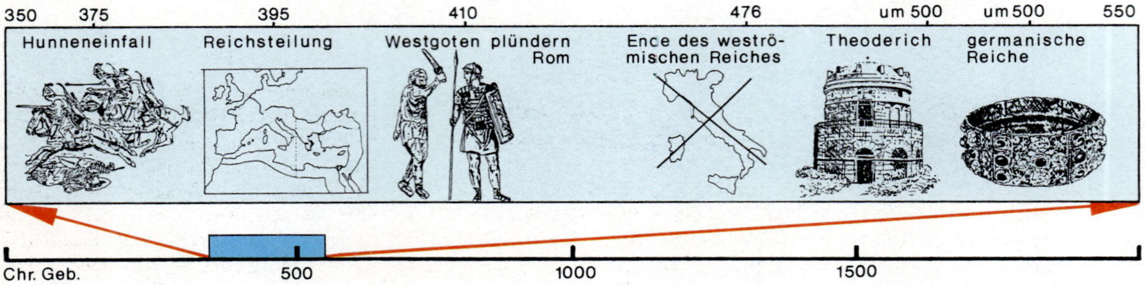

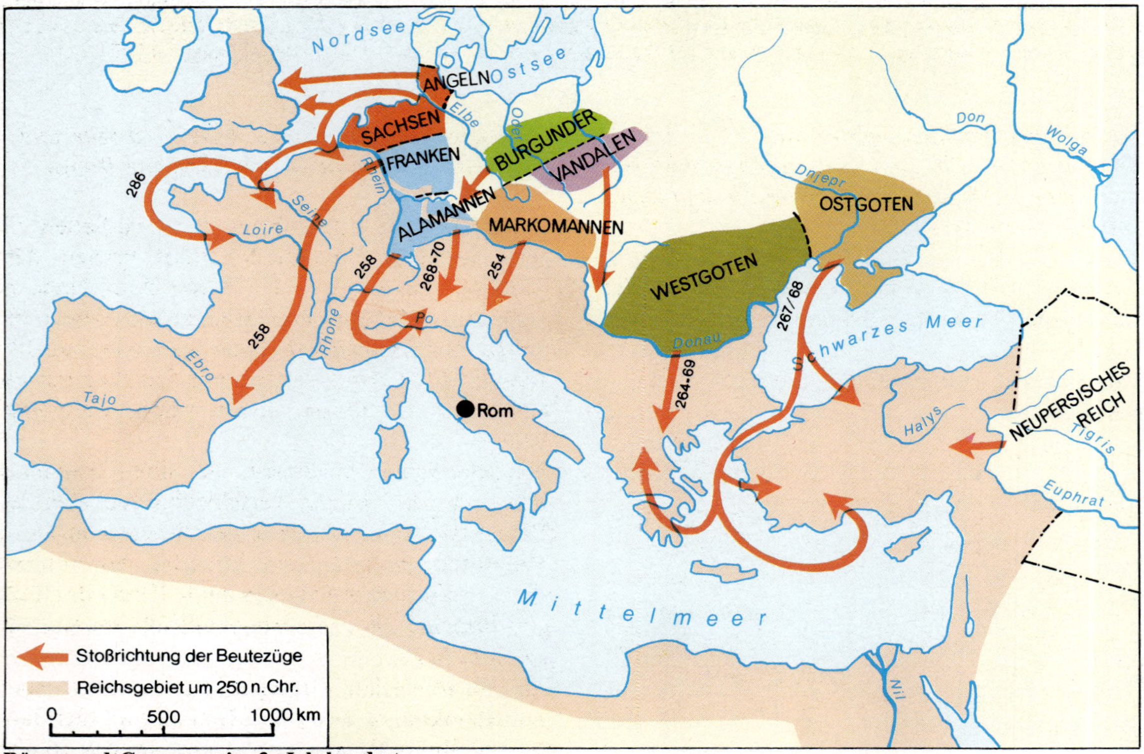

Römer und Germanen im 3. Jahrhundert.

- *Beschreibt mit Hilfe der Karte die Vorstöße germanischer Völker in das Gebiet des Römischen Reiches.*

- *Die römische Grenze von der Nordsee bis zum Schwarzen Meer war ungefähr 3000 km lang. Überlegt, welche Probleme sich daraus für die Römer ergaben.*

Ursachen für den Niedergang des Römischen Weltreiches

Neun Opfer eines Massakers aus der Römerzeit entdeckt
Archäologen erforschen Brunnenschacht bei Regensburg

REGENSBURG. Mit zertrümmerten Schädeln haben Angehörige eines Germanenstammes neun Römer nach einem Massaker in einen Brunnen bei Regensburg geworfen. In diesem Brunnen fanden bayerische Archäologen dieser Tage die zerschmetterten Knochen der Erschlagenen.
Dem Archäologen Udo Osterhaus gelang es jetzt, das blutige Schauspiel aus der Völkerwanderungszeit aufzuklären: Die Römer wurden Opfer eines Überfalls der Germanen, die immer wieder Angriffe auf die Nordgrenze des Römischen Weltreiches starteten.
Bei einem dieser Überfälle vor rund 1600 Jahren ist ein großer römischer Bauernhof südöstlich des Legionslagers Castra Regina (Regensburg) zerstört worden. Die Bewohner wurden niedergemetzelt. Die Germanen haben die Leichen zerstückelt und in einen Brunnen geworfen.
Bei den Planierarbeiten für eine neue Fabrik stießen die Bauarbeiter auf einem Acker auf diesen Brunnen. Neben den Skeletten fanden sich in dem Brunnen Werkzeuge, Reste eines üppigen Mahles und Knochen eines Hundes, dem bei dem Überfall der Kopf abgeschnitten worden war. Wahrscheinlich schlachteten die Germanen nach dem Überfall, die auf dem Gutshof gemästeten Rinder und brieten das Fleisch. Die Essensreste landeten im Brunnen, den sie schließlich mit Tiermist auffüllten, berichtete der Archäologe gestern vor der Presse.
Der Bauernhof wurde nach Einschätzung von Osterhaus um 200 nach Christi Geburt zur Versorgung der römischen Legionäre errichtet. Dabei sei auch der Brunnen angelegt worden.

1 *Sprecht über den Zeitungsbericht.*
2 *Berichtet mit Hilfe des Zeitungsberichtes, wie man heute zu Erkenntnissen über die damaligen Ereignisse kommen kann.*

Das Römische Reich zerfiel immer mehr. Dieser Zerfall wurde durch die Zustände im Inneren des Reiches beschleunigt.
Bischof Cyprian von Karthago (200–258 n. Chr.) klagte:

Q Du mußt wissen, daß diese Welt (Rom) schon alt geworden ist. Sie verfügt nicht mehr über die Kraft und die Stärke, die sie einst aufrecht erhielten ... Es verringert sich in den erschöpften Bergwerken die Erzeugung von Silber und Gold und der Abbau von Marmor. Es gibt nicht genug Bauern auf den Feldern und Seeleute auf den Meeren. Es gibt in den Kasernen nicht genug Soldaten, auf den Märkten fehlt die Ehrlichkeit, vor Gericht die Gerechtigkeit ...

Zusätzlich wurden ständig die Steuern erhöht. Der Staat verlangte von den Bürgern immer neue Leistungen, hauptsächlich um das Heer finanzieren zu können. Um die Versorgung des Heeres zu sichern, durfte niemand mehr seinen Beruf wechseln. Die Pachtbauern, die ihre Bauernstellen nicht mehr verlassen durften, wurden vollständig abhängig von den Großgrundbesitzern. Dies führte zu großer Unzufriedenheit bei der Bevölkerung.

3 *Nennt mit Hilfe der Karte der Vorseite und der Quelle Gründe für den Niedergang Roms.*

Im Verlauf des 3. Jahrhunderts verließen viele germanische Stämme mit Männern, Frauen, Alten, Kindern und allem, was sie von ihrer Habe mitschleppen konnten, ihre Heimat und zogen nach Süden. Bei kleinen Stämmen waren es nur 10–15 Tausend Menschen, die sich auf den Weg machten. Höchstens ein Viertel davon waren waffenfähige Krieger.
Möglicherweise begannen sie ihre Wanderung, weil sich das Klima verschlechterte, aber auch Naturkatastrophen, wie Überschwemmungen und Mißernten, könnten die Ursache gewesen sein. Viele lockte sicher auch das milde Klima des Südens und Berichte über die Annehmlichkeiten des römischen Lebens.
An den römischen Grenzen kam es nun zu ständigen Kleinkriegen zwischen Römern und Germanen, die auf ihren Beutezügen immer wieder römische Gebiete plünderten. 100 Jahre lang konnten die Römer diese Germanen zurückwerfen.

4 *Überlegt euch, was die Germanen in ihrer Heimat alles zurücklassen mußten.*
5 *Stellt Vermutungen auf, welche Folgen die ständigen Kriege für die römische Bevölkerung hatten.*

Die Mühen der Wanderung

Ein heutiger Schriftsteller gibt ein Bild vom Alltag während der Völkerwanderung:

„Unendlich mühsam quälen sich die Ochsenkarren mit ihren schweren, massiven Scheibenrädern aus Holz über den weichen Untergrund. Seit Tagen regnet es ununterbrochen. Wie leicht waren sie noch an der Rheingrenze auf den gut ausgebauten römischen Straßen vorangekommen! Aber das liegt 500 Kilometer zurück. Sehnsüchtig denken alle an die reichen Nahrungsvorräte, die ihnen dort bei ihren Überfällen auf die römischen Gutshöfe in die Hände gefallen waren. Jetzt, im teilweise zerstörten, unwegsamen Gallien ist die Stimmung auf einem Tiefpunkt. Die Kinder weinen vor Hunger und Kälte, Männer und Frauen sind am Ende ihrer Kraft. Seit einer Woche ernähren sie sich von dem, was der Wald an wilden Beeren und Wild hergibt. Die letzten Getreidevorräte sind längst aufgebraucht.

Seit dem frühen Morgengrauen sind sie unterwegs. Jede Steigung wird zur Qual: Greise, Frauen und Kinder schieben mit letzter Kraft die schweren Wagen. Die Ochsen allein schaffen es nicht mehr.

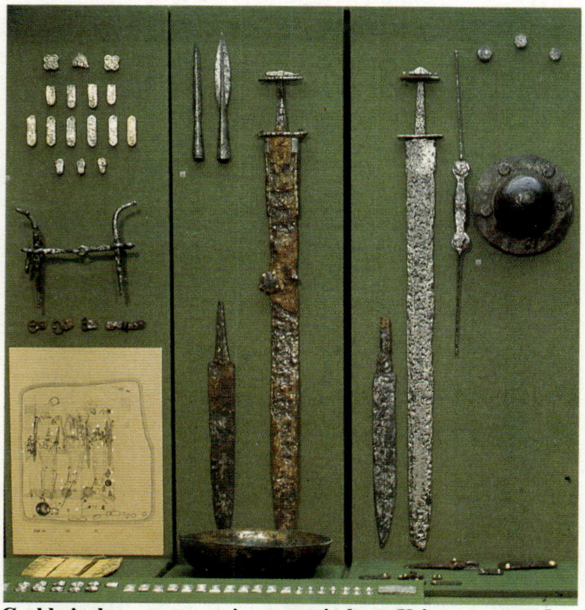

Grabbeigaben von zwei germanischen Kriegern aus dem 5. Jahrhundert. Zaumzeug, Trense, Langschwert, Kurzschwert, Speer, Pfeilspitzen und Buckel des Schildes.

Das größte Problem ist im Moment dieser Fluß, von dem sie nicht einmal den Namen kennen. Tagelang ziehen sie schon an ihm entlang, um einen Übergang zu finden. Die letzte Brücke war zerstört, die Kundschafter haben noch immer keine Furt entdecken können.

Der Wagenzug kommt zum Stehen. Der erste Wagen ist in den Graben gerutscht, er wird für Stunden den Weg blockieren. Scheibenrad und Achse sind zerbrochen, einer der wertvollen Ochsen hat sich ein Bein gebrochen, er muß geschlachtet werden. Jetzt bewährt sich der Zusammenhalt der Sippe: Der Wagen wird entladen, gemeinsam gehen sie an die mühsame Reparatur.

Im hinteren Teil des Zuges hört man vereinzeltes Murren. Einige sprechen von Umkehr, andere davon, sich einen anderen Heerführer zu wählen. Haben sie in der letzten Zeit nicht genügend durchgemacht? 40 Männer und 3 Wagen haben sie beim letzten Überfall der Einheimischen auf ihren Zug verloren! 15 Kinder sind allein in den letzten vier Wochen gestorben! Nur 7 Kilometer sind sie am letzten Tag vorangekommen und heute erst 3! Aber umkehren, wohin? Viel zu weit sind sie schon von der Heimat entfernt, zwei Jahre und drei Monate dauert nun ihre Wanderung schon.

Es ist Abend geworden. Die Frauen bereiten auf vielen Feuern die Abendmahlzeit aus Beeren und Wurzeln, die sie während des Tages nebenher gesammelt haben. So hart sie der Verlust des Ochsen auch trifft, endlich gibt es wieder einmal Fleisch! Die Wagen sind zu einer Wagenburg zusammengeschoben. Langsam zieht die Nachtkälte herauf. Die Fellmäntel werden enger um den Körper gezogen. Müdigkeit und Erschöpfung lassen die Gespräche verstummen.

Plötzlich kommt Bewegung in die Menschen. Die Kundschafter sind zurück! Zwei Tagesreisen weiter öffnet sich ein weites, fruchtbares Tal! Kleine Dörfer, reiche Viehherden, Getreide, Wein.

Die Müdigkeit ist plötzlich wie weggeblasen, überall reden die Männer von Kampf und Beute.“ (1)

1 *Schildert mit eigenen Worten, mit welchen Schwierigkeiten die Stämme auf ihren Zügen fertig werden mußten.*

2 *Spielt folgende Szene: Zwei Dorfbewohner in Gallien unterhalten sich über die Ereignisse, nachdem ein germanischer Stamm durch ihr Gebiet gezogen ist.*

Die Hunnen stürmen heran. Kolorierter Holzstich nach einer Zeichnung von E. Klein, 19. Jahrhundert.

Die „wilden“ Hunnen

„Die Hunnen kommen!“ Dieser Ruf versetzte ganze Völker in Europa seit 375 in Angst und Schrecken. Die Hunnen waren ein nichtseßhaftes Reitervolk, das mit seinen Viehherden umherzog. Sie kamen von der inneren Mongolei. Nachdem sie auf ihren Zügen nach Osten an die chinesische Mauer gestoßen waren, zogen sie durch ganz Asien bis nach Mitteleuropa.

Der römische Geschichtsschreiber Ammianus Marcellinus (um 330–400 n. Chr.) berichtet:

Q 1 Sie führen ein so wildes Leben, daß sie weder Feuer noch Gewürz bei der Zubereitung ihrer Speisen brauchen. Sie ernähren sich von den Wurzeln wilder Pflanzen und dem rohen Fleisch von Tieren, das sie zwischen ihre Schenkel und den Rücken ihrer Pferde legen und so ein wenig mürbe machen. Sie bewohnen kein Haus und vermeiden jedes Gebäude, als wäre es ein Grab. Nicht einmal Hütten mit einem Rohrdach haben sie. An ihre häßlichen, jedoch ausdauernden Pferde sind sie wie angewachsen. Tag und Nacht leben sie auf ihren Pferden. Voller Lüge und Tücke sind sie und ohne alle Religion. Nur unersättliche Goldgier beherrscht sie.

1 *Wie sieht der römische Berichterstatter die Hunnen?*

Der Grieche Priscus berichtet über einen Besuch beim Hunnenkönig Attila im Jahr 449 n. Chr.:

Q 2 Nachdem wir mehrere Flüsse überquert hatten, kamen wir in ein riesiges Dorf. Dort befand sich ein Gebäude, das alle anderen Wohnsitze Attilas an Stattlichkeit übertraf. Die Sessel waren längs der beiden Seitenwände im Raum aufgestellt, in der Mitte saß auf einem Speisesofa Attila. Ihm gegenüber saßen zwei Söhne, der älteste Sohn saß auf dem Sofa des Königs, aus Ehrfurcht vor seinem Vater hielt er die Augen zu Boden gesenkt. Den Barbaren und uns wurden erlesene Speisen auf silbernen Geschirren aufgetragen, während Attila nur einen Holzteller mit Fleisch erhielt. Er zeigte sich auch sonst überaus mäßig. Die Gäste tranken aus goldenen und silbernen Kelchen, er selbst bediente sich eines hölzernen Bechers. Ebenso trug er ein ganz einfaches Gewand . . .

2 *Beschreibt, wie nach dem Bericht des griechischen Berichterstatters die Hunnen leben.*

3 *Vergleicht die Darstellung der Hunnen in* **Q 1** *und in* **Q 2**.

4 *Stellt Vermutungen an, wie es zu zwei so unterschiedlichen Darstellungen kommen konnte.*

Das Grabmal des Ostgotenkönigs Theoderich in Ravenna. Das Dach besteht aus einer einzigen behauenen Felsplatte.

Das Ende des weströmischen Reiches
Im Jahr 395 wurde das römische Reich geteilt. Rom blieb die Hauptstadt für die westliche Reichshälfte. Für die östliche Reichshälfte wurde Konstantinopel (heute Istanbul) die Hauptstadt. Damit sollte das Reich besser gesichert werden.
Mit dem Vorstoß der Hunnen nach Europa begann der endgültige Zusammenbruch des weströmischen Reiches. Die germanischen Völker, auf die die Hunnen stießen, mußten sich entweder unterwerfen oder fliehen. Deshalb versuchten viele der germanischen Völker von den Hunnen auf römisches Gebiet auszuweichen.
451 gelang es den Römern zusammen mit verschiedenen germanischen Stämmen die Hunnen im heutigen Frankreich aufzuhalten. Die Hunnen unter ihrem König Attila wurden in einer blutigen Schlacht besiegt. Aber nun traten an die Stelle der Hunnen viele andere germanische Stämme, die Rom bedrohten. Der Druck der Hunnen hatte sie in Bewegung gebracht und die Römer waren inzwischen zu schwach, diese Stämme aufzuhalten. 476 wurde der letzte römische Kaiser von den Germanen abgesetzt. Das war das Ende des weströmischen Reiches.

Eroberung und friedliches Zusammenleben: West- und Ostgoten in Italien
Sowohl die Westgoten wie die Ostgoten eroberten im Verlauf der Völkerwanderung Italien.
Über das Verhalten der Westgoten in Italien schreibt der Gote Jordanes im 6. Jh. n. Chr.:

Q 1 Was rechts und links an ihrem Weg lag, raubten sie aus. Zuletzt zogen sie in Rom ein. Doch auf Befehl Alarichs plünderten sie hier bloß. Sie legten aber nicht, wie Barbaren sonst zu tun pflegen, Feuer an die Stadt. Von Rom wendeten sie sich unter ähnlichen Verheerungen über Mittelitalien bis nach Sizilien.

Nach den Westgoten eroberten die Ostgoten unter ihrem König Theoderich Italien. Theoderich herrschte dort 30 Jahre lang.
Über seine Herrschaft schreibt ein unbekannter Zeitgenosse:

Q 2 In seiner Zeit war Italien 30 Jahre vom Glück begleitet, denn er tat nichts verkehrt. Er regierte die beiden Völker wie eines, die Römer und die Goten. Den Staatsdienst der Römer überließ er, wie zur römischen Kaiserzeit, weiter den Römern selbst. Er war ein Freund von Bauten und ein Erneuerer der Städte.

Auch in dem Grabmal, das sich Theoderich selbst bauen ließ, wird deutlich, daß er die römische Kultur* nicht zerstören wollte: Als germanischer König ließ er es nach römischen Vorbildern errichten und mit dem christlichen Kreuz versehen.
Die gotischen Krieger erhielten nur ein Drittel des Ackerlandes, die Römer durften zwei Drittel für sich behalten. Dagegen übernahmen die Goten allein den gesamten Kriegsdienst. Um eine Vermischung der Völker zu verhindern, verbot Theoderich Heiraten zwischen Römern und Goten.

1. *Vergleicht das Verhalten der Westgoten in Italien mit dem Verhalten der Ostgoten.*
2. *Beschreibt, mit welchen Maßnahmen Theoderich versuchte, ein friedliches Zusammenleben zwischen Goten und Römern zu ermöglichen.*

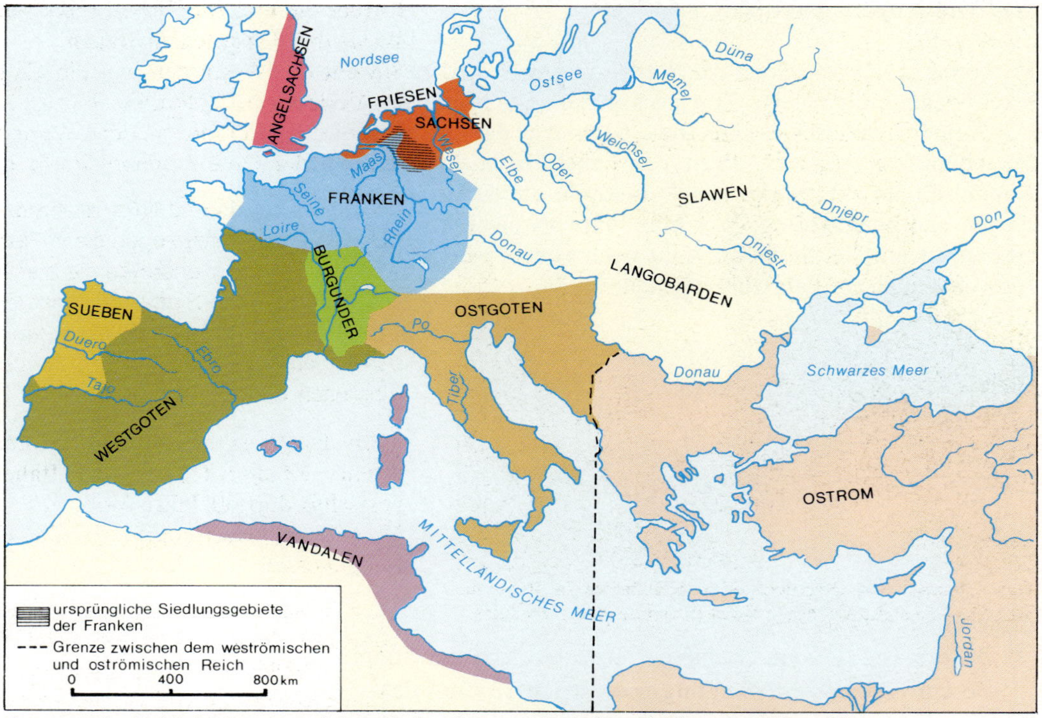

Germanische Reichsbildungen auf dem Boden des weströmischen Reiches um 500 n. Chr.

Die Germanen gründen neue Reiche

Nach dem Untergang des weströmischen Reiches bestand das Oströmische Reich noch 1000 Jahre lang. Im übrigen Gebiet des ehemaligen römischen Weltreiches entstanden viele neue germanische Reiche. Eines dieser Reiche stieg im Lauf der Zeit zu besonderer Größe und Macht auf: Das Reich der Franken. In langen Kriegen unterwarfen die Frankenkönige immer weitere Gebiete. So wurde das fränkische Reich allmählich zum hauptsächlichen Nachfolger des römischen Reiches. Die anderen germanischen Reiche in Spanien und Nordafrika gingen im Laufe der folgenden Jahrhunderte wieder unter.

1 *Beschreibt mit Hilfe der Karte, welche neuen Reiche auf dem Gebiet des weströmischen Reiches entstanden.*

2 *Versucht herauszufinden, welche Stammesnamen sich bis heute erhalten haben und wo diese Namen heute als Landschaftsbezeichnung oder Bezeichnung für die Bevölkerung noch verwendet werden.*

Zum Nachdenken

Wie leben in eurer Stadt die Angehörigen verschiedener Völker zusammen? Welche Schwierigkeiten gibt es? Was müßte unbedingt im Zusammenleben verbessert werden?

Zusammenfassung

Um 375 n. Chr. löste der Ansturm der Hunnen große Wanderungsbewegungen vieler germanischer Völker aus. Zu dieser Zeit war Rom auch schon innerlich schwach geworden, die Kraft zur Verteidigung reichte nicht mehr aus. So brach die römische Herrschaft unter dem Druck der Germanen endgültig zusammen. Auf dem Boden des weströmischen Reiches entstanden zahlreiche germanische Reiche neu. Die meisten zerfielen wieder in Kämpfen untereinander oder mit den oströmischen Kaisern. Nur das Reich der Franken blieb für lange Zeit bedeutsam.

Das Völkerwanderungsspiel

Spielregeln:

Ihr könnt bei diesem Spiel die Wanderung verschiedener germanischer Stämme über lange Zeit nachspielen. Ihr begleitet sie dabei wie in einer Zeitmaschine. Die Reise beginnt an der Ostsee bei Nr. 1. Ihr könnt das Spiel zu zweit oder auch zu mehreren spielen. Kommt ihr auf ein „Ereignisfeld“, müßt ihr die dazugehörige Frage suchen und beantworten. Wer eine Antwort nicht weiß, muß einmal aussetzen. Bei Sechs dürft ihr noch einmal würfeln. Wer eine Eins hat, muß ein Feld zurückgehen.

Ereignisfelder:

(3) Du erklärst deinem Nachbarn, weshalb sich ein Stamm aus diesem Gebiet in Bewegung gesetzt hat (2 Gründe).

(7) Die Alamannen kommen an den Limes. Wen treffen sie dort?

(12) Nun erobern sie einen römischen Gutshof in Oberitalien. Welche Dinge kennen sie dort nicht?

(16) Die Römer bieten ihnen Land an der Donau an. Welche Gegenleistung können sie anbieten?

(21) Die Hunnen kommen und dringen in das Gebiet der Goten ein. Was empfiehlst du den Goten?

(23) Der römische Befehlshaber läßt viele gefangene Männer der Goten als Sklaven verkaufen. Was unternimmt der Stamm?

(27) Die Westgoten haben Rom erobert. Weshalb wollen sie nicht bleiben?

(29) Ein Römer erklärt dir, weshalb es mit Rom bergab geht. Was sagt er?

(30) Theoderich und seine Ostgoten haben die Macht übernommen. Ein Ostgote möchte ein römisches Mädchen heiraten. Was sagt ihm der König?

(31) Theoderich fragt dich, wie Goten und Römer am besten friedlich zusammenleben können. Was antwortest du ihm?

(32) Theoderich ist gestorben. Wovor haben die Goten jetzt Angst?

(36) Eine Familie zieht in ihr heutiges Wohngebiet. In welchem Stamm lebst du jetzt als Begleiter mit ihnen (Karte der Vorseite)?

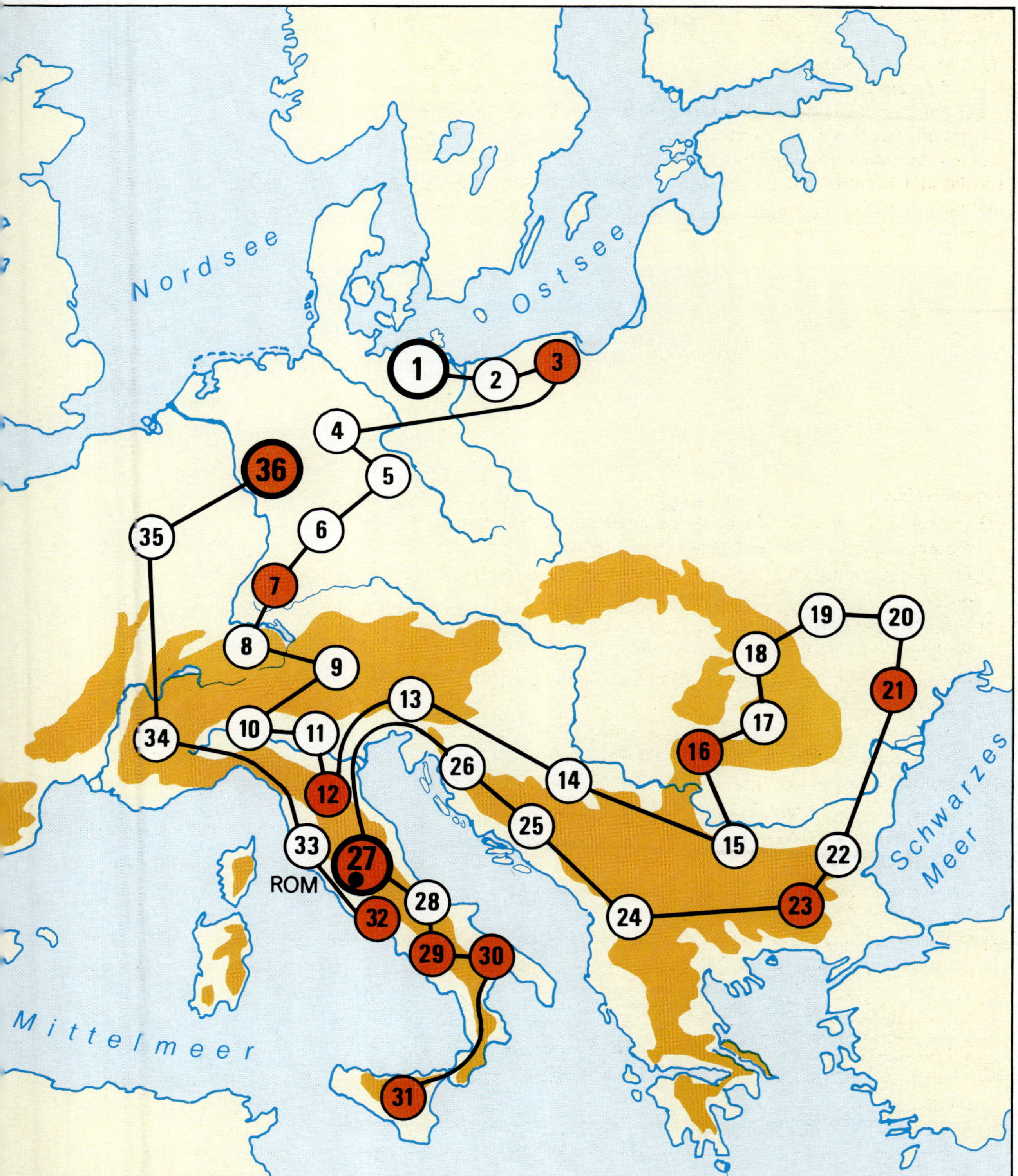
Nordsee
Ostsee
Schwarzes Meer
Mittelmeer
ROM
1
2
3
4
5
6
7
8
9
10
11
12
13
14
15
16
17
18
19
20
21
22
23
24
25
26
27
28
29
30
31
32
33
34
35
36

6. Der Islam und das Arabische Weltreich

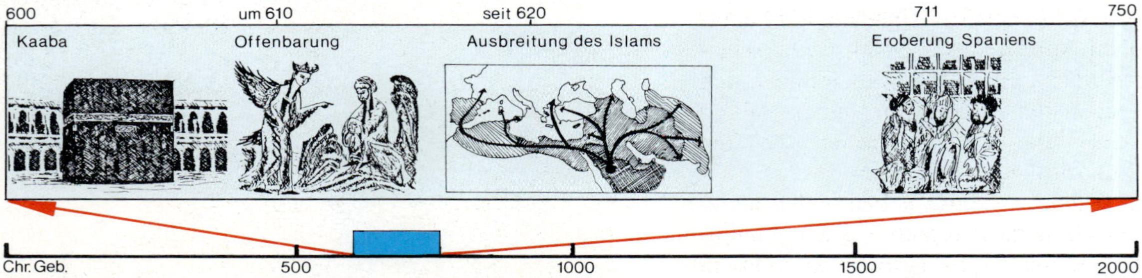

1 **Die Kaaba in Mekka,** das zentrale Heiligtum der Muslime und Ziel der islamischen Pilger. Foto.

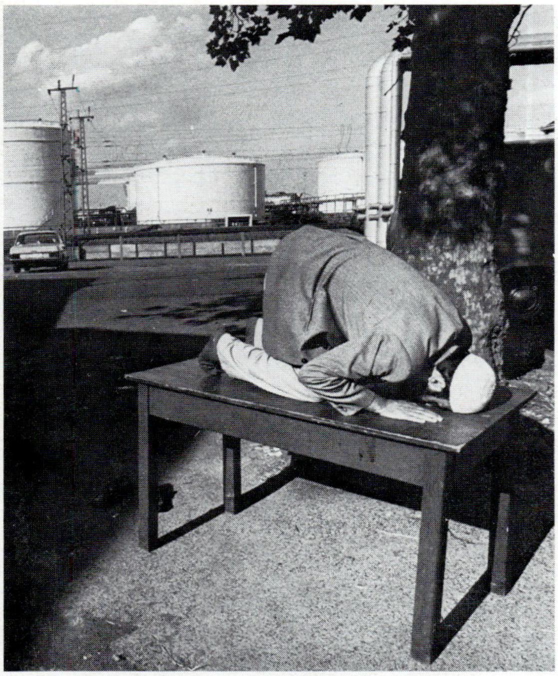

2 **Ein Gastarbeiter betet auf einer Baustelle in Deutschland.** Foto.

Der Islam stellt an jeden Gläubigen fünf Forderungen:

1. Die Verkündigung des einen Gottes: Es gibt keinen Gott außer Allah. Mohammed ist sein Prophet.
2. Das Gebet, fünfmal täglich.
3. Das Almosen, milde Gaben für die Armen.
4. Das Fasten von Sonnenaufgang bis Sonnenuntergang im Fastenmonat Ramadan.
5. Die Pilgerfahrt nach Mekka, die jeder Muslim einmal im Leben unternehmen soll.

– *Sprecht über die Bilder.*
– *Vergleicht die Forderungen des Islam mit den religiösen Pflichten eines Christen.*
– *Sprecht darüber, welche Forderung für einen gläubigen Muslim, der als Gastarbeiter in der Bundesrepublik Deutschland arbeitet, besonders schwer zu erfüllen ist.*
– *Muslimische Schüler in der Klasse können von ihrem Glauben und religiösen Leben berichten.*

Der Prophet Mohammed

In Arabien lebten im 6. Jahrhundert hauptsächlich Nomaden. Sie gehörten verschiedenen Stämmen an. Diese Stämme waren untereinander verfeindet. Ständig gab es zwischen ihnen Kämpfe um gutes Weideland und fruchtbare Oasen.

Jeder Stamm verehrte neben vielen anderen Göttern auch seinen eigenen Hauptgott. Nur die Kaaba (sprich: Ka-a-ba) in Mekka verehrten alle Araber gemeinsam. Die Kaaba ist ein würfelförmiger Bau. In seiner Ostwand befindet sich der heilige schwarze Stein, ein Meteorit.

In Mekka wurde um 570 n. Chr. Mohammed geboren. Er stammte aus einer armen Händlerfamilie. Seine Eltern starben früh. Mohammed wurde Hirte, dann Kameltreiber, schließlich Leiter der Handelskarawane einer reichen Witwe, die er später heiratete.

Auf seinen langen Reisen kam Mohammed mit Juden und Christen zusammen. Von ihnen hörte er, daß es nur einen einzigen Gott gibt.

Als Mohammed 40 Jahre alt war, erschien ihm nach der Legende der Erzengel Gabriel in einer Höhle in der Nähe Mekkas. Er befahl ihm, den Menschen den wahren Glauben zu bringen.

Und so verkündete Mohammed, was Gott ihm durch den Engel aufgetragen hatte:

Q Es gibt keinen Gott außer Allah. Er ist der Lebendige und der Beständige. Alles, was im Himmel und auf Erden ist, gehört ihm. Gott ist der Freund aller, die glauben. Seid gut zu euren Eltern; seid ehrerbietig gegen sie, auch wenn sie alt und schwach geworden sind. Alle Gläubigen sind Brüder; haltet Frieden untereinander und fürchtet Gott. Ihr Männer, spottet nicht über andere Männer. Ihr Frauen, spottet nicht über andere Frauen. Vielleicht sind die anderen besser als ihr. Und gebt einander keine Schimpfnamen.

Nicht das ist Frömmigkeit, daß ihr (beim Gebet) euer Gesicht nach Osten wendet oder Westen. Frömmigkeit übt vielmehr, wer an Gott glaubt, an den Jüngsten Tag, an die Engel, an das Buch (Koran) und an die Propheten, seinen Besitz mit Liebe hingibt an Anverwandte, Waisen, Arme, Wanderer, Bittende und Gefangene.

Die Männer stehen über den Frauen, weil Gott sie von Natur vor diesen ausgezeichnet hat.

Die rechtschaffenen Frauen sind demütig ergeben.

Jesus auf einem Esel und Mohammed auf einem Kamel reiten nebeneinander. Arabische Buchmalerei aus dem 13. Jahrhundert.

Die neue Lehre wurde Islam genannt, d. h. „Hingabe an Gott". Nach der Lehre des Islam waren auch Moses und Jesus Propheten. Mohammed ist der letzte Prophet, den Gott sandte.

Die Offenbarungen und Lehren Mohammeds sind im Koran (= Lesung) aufgeschrieben.

1 *Der Koran enthält Glaubenssätze und Verhaltensregeln. Nennt die entsprechenden Sätze in der Quelle.*

2 *Vergleicht diese Korantexte mit dem christlichen Glauben. Welche Übereinstimmungen könnt ihr feststellen?*

3 *Sprecht über die Aussage des Korans zum Verhältnis von Mann und Frau.*

Mohammed reitet nach seinem Tod auf einer Stute mit Menschenkopf durch das Paradies. Der Erzengel Gabriel führt ihn. Türkische Buchmalerei 1436.

Die Ausbreitung des Islam

Mohammed predigte, daß vor Gott alle Menschen gleich sind und die Reichen mit ihrem Besitz die Armen und Notleidenden unterstützen sollten.

Die reichen Kaufleute aus Mekka wollten von dieser Botschaft nichts wissen. Sie versuchten Mohammed lächerlich zu machen und verfolgten ihn sogar. Mohammed floh daher im Jahr 622 mit seinen Anhängern in die 400 km entfernte Stadt Medina. Mit dieser Flucht, der Hedschra (= arab. Auswanderung), beginnt der eigentliche Siegeszug des Islam. Für die Muslims ist dies ein so wichtiger Abschnitt ihrer Geschichte, daß sie ihre Zeitrechnung mit dem Sommer 622 beginnen.

In Medina wurde Mohammed nicht nur als religiöser Führer, sondern auch als Schiedsrichter bei Stammesfehden anerkannt. Er wurde Gemeindeoberhaupt und damit der politische Führer Medinas.

Innerhalb von zehn Jahren gelang es ihm, teils mit Waffengewalt, die umliegenden Stämme und Sippen zu bekehren. Im Jahr 630 eroberte er Mekka und erklärte es zur heiligen Stadt. Das alte heidnische Heiligtum, die Kaaba, ließ er bestehen. Den schwarzen Stein, so erklärte er, habe Gott auf die Erde geworfen als Zeichen seines Bundes mit den Menschen. Als Mohammed im Jahr 632 starb, bekannte sich schon fast ganz Arabien zum Islam.

1 *Nennt mit Hilfe der Karte der nächsten Seite die heutigen Länder, die sich bis zum Tode Mohammeds zum Islam bekehrt hatten.*

2 *Beschreibt das Bild. – Überlegt, warum der Maler sich das Paradies vor allem mit Bäumen, Blumen und Wasser vorstellte.*

Ausbreitung des Islam.

Das islamische Weltreich

Nachfolger Mohammeds als religiöser und politischer Führer wurde ein enger Vertrauter des Propheten. Er nahm den Titel „Kalif" an, was Stellvertreter (des Propheten) bedeutet.
Die Kalifen riefen die Muslime dazu auf, für den Islam weitere Gebiete zu erobern.
Sie verwiesen dabei auf den Koran:

Q 1 Euch ist befohlen zu kämpfen, obwohl es euch widerstrebt. Aber vielleicht ist das gut für euch, was euch widerstrebt, und vielleicht ist das schlecht für euch, was ihr gern habt.
Allah allein weiß es.
Diejenigen, die im Glauben und in Allahs Namen ausgezogen sind und in seinem Namen Krieg geführt haben, dürfen auf seine Gnade hoffen.
Diejenigen, die in Allahs Namen ihr Leben lassen müssen, leitet er auf den rechten Weg, gibt ihren Herzen Frieden und führt sie in das Paradies, das er ihnen versprochen hat.

In weniger als einhundert Jahren errichteten die Araber ein Weltreich, das im Osten bis an die Grenze Indiens und Chinas reichte. Im Jahr 711 überschritten arabische Truppen die Meerenge von Gibraltar. Spanien und Portugal gerieten unter ihre Herrschaft.

Wie man mit den unterworfenen Städten und Völkern verfuhr, zeigt folgender Vertrag:

Q 2 Vertrag zwischen dem muslimischen Feldherrn Amr und dem Stadtkommandanten von Alexandria in Ägypten im Jahr 642:
Dieser Vertrag schließt alle christlichen Untertanen, Priester, Mönche und Nonnen mit ein. Er gewährt ihnen Sicherheit und Schutz. Auch ihre Kirchen, Wohnungen und Wallfahrtsplätze sollen geschützt werden und ebenso alle, die diese Wallfahrtsorte besuchen. Sie verdienen Rücksicht, weil sie den Propheten Jesus anerkennen und weil Mohammed uns eine Ermahnung hinterließ, barmherzig zu sein und ihnen Sicherheit zu garantieren.

Ein weiteres Vordringen der arabischen Truppen wurde durch Siege der Franken im Jahr 732 bei Tours und Poitiers verhindert.

1 *Beschreibt die Ausbreitung des Islam anhand der Karte.*
2 *Nennt Gründe für die schnelle Ausbreitung des Islam.*
3 *Sprecht über das Verhalten der Muslime gegenüber den unterworfenen Völkern.*
4 *Informiert euch, in welchen Ländern heute der Islam die Staatsreligion ist.*

Frauen hören auf der Galerie einer Moschee der Predigt zu. Arabische Handschrift.

Familie und Erziehung im Islam

Die häufigste Form der Ehe unter den Muslimen war es, daß ein Mann nur eine Frau heiratete. Wenn ein Mann reich genug war, mehrere Frauen und eine große Kinderschar zu versorgen, konnte er bis zu vier Frauen heiraten. Es war ihm jedoch vorgeschrieben, sie alle gleich zu behandeln.
Über die Pflichten der Frau sagte ein muslimischer Gelehrter des Mittelalters:

Q Die Frau soll im Innern des Hauses bleiben und an ihrem Spinnrad sitzen. Mit den Nachbarn soll sie nicht viel reden und nur in dringenden Angelegenheiten sie besuchen.
Sie soll das Haus nicht verlassen, außer mit seiner Erlaubnis. Wenn sie ausgeht, soll sie sich in abgetragene Kleider hüllen und wenig begangene Wege wählen, die Hauptstraßen und Märkte hingegen vermeiden. Auch soll sie darauf achten, daß kein Fremder ihre Stimme höre oder an ihrem Äußeren sie erkenne. Sie soll ferner die vorgeschriebenen Gebetszeiten und das Fasten beachten. Begehrt ein Freund ihres Mannes an der Türe Einlaß und der Mann ist nicht zu Hause, soll sie sich in kein Gespräch mit ihm einlassen.
Der Mann soll bei ihr an erster Stelle stehen, dann erst sollen sie selbst und ihre Verwandten kommen. Auch soll sie zärtlich sein gegen ihre Kinder, sie hegen und pflegen und sorgsam behüten. Sie soll mit den Kindern so wenig wie möglich schimpfen und möglichst wenig dem Mann widersprechen.

1 *Schreibt aus dem Text alle Gebote und Verbote für die Frauen heraus.*
2 *Sprecht über die Anordnungen und sagt, was ihr davon haltet. – Begründet eure Meinung.*
3 *Zeigt, wie die untergeordnete Stellung der Frau auf dem Bild zum Ausdruck gebracht wird.*

Die Kinder

Frauen und Kinder lebten in einem besonderen Bereich des Hauses, den man Harem (= das Abgesonderte) nannte. Bei einem reichen Muslim gehörten zum Harem verschiedene Bauten: Wohnräume, Innenhöfe mit Bäumen und Blumenbeeten, mit Wasserspielen und Terrassen. Dieser Brauch, ein Privathaus aufzuteilen in Harem und Nicht-Harem, war schon vor dem Aufkommen des Islam im östlichen Teil des Römerreichs verbreitet.
Bis zum siebten Lebensjahr lag die Erziehung der Kinder hauptsächlich bei der Mutter. Danach kümmerte sich der Vater um die Ausbildung des Sohnes. Er hielt ihn zu den religiösen Pflichten der Muslime an – vor allem zur täglichen Gottesverehrung und zum Fasten – und schickte ihn nach Möglichkeit in eine Schule. Dort lernten die Jungen in erster Linie den Koran lesen, schreiben und auswendig aufsagen. Deshalb nennt man diese Schule auch Koranschule.
Sie besuchten sie, bis sie den Koran oder wenigstens Teile davon auswendig konnten. Dann ließ der Vater den Sohn einen Beruf erlernen.
Die Mädchen dagegen wurden meist bis zu ihrer frühen Verheiratung von der Mutter in ihren künftigen Pflichten als Hausfrau, Mutter und Ehefrau unterwiesen.

4 *Vergleicht die Erziehung von Jungen und Mädchen im alten Griechenland (S. 71), im Islam und heute bei uns. Welche Gemeinsamkeiten oder Unterschiede stellt ihr fest?*

Der Islam und die Wissenschaft

Im islamischen Weltreich gab es im 10. Jahrhundert 15 große Städte mit mehr als 100000 Einwohnern. Neben Bagdad, Kairo und Damaskus gehörte dazu auch Cordoba in Spanien.

Ein heutiger Wissenschaftler schreibt:

„Mit ihren 28 Vorstädten war Cordoba um die Mitte des 10. Jahrhunderts die größte Stadt im gesamten Europa. Außer den Wohnungen der Wesire (= oberste Staatsbeamte) und Beamten besaß Cordoba 113000 Wohnhäuser, 600 Moscheen, 300 Bäder, 50 Hospitäler, 80 öffentliche Schulen, 17 Hochschulen und 20 öffentliche Bibliotheken, die Hunderttausende von Büchern enthielten.

Zur selben Zeit gab es in Europa außer Konstantinopel keine Stadt mit mehr als 30000 Einwohnern, besaß keine Gemeinde ein Krankenhaus oder eine höhere Schule, gab es nirgends eine nennenswerte Bibliothek oder gar ein öffentliches Bad.“ (1)

Arabische Wissenschaftler schufen das Zehnersystem, mit dem wir heute noch rechnen; sie erfanden das Schießpulver und wußten um die Kugelgestalt der Erde. Der Erdumfang wurde von ihnen auf einen Kilometer genau errechnet. Das Handbuch eines arabischen Arztes über Pocken und Masern wurde in Europa bis zum vorigen Jahrhundert nachgedruckt.

Der Einfluß der arabischen Wissenschaft und Kultur wird auch in folgenden Wörtern deutlich, die arabischen Ursprungs sind:

Admiral	Jacke	Marzipan	Sirup
Algebra	Kaffee	Matratze	Sofa
Alkohol	Kampfer	Mütze	Teppich
Arsenal	Kattun	Natron	Ziffer
Basar	Kittel	Orange	Zucker
Damast	Laute	Pflaster	
Gitarre	Limonade	Rhabarber	

1 *Schlagt die unbekannten Begriffe im Lexikon nach. Stellt fest, welchen Bereichen des Lebens diese Begriffe entstammen.*

2 *Lest nochmals die Seiten 74 und 102 und erstellt eine Tabelle mit drei Spalten. In die linke Spalte schreibt ihr, auf welchen Gebieten die Griechen, in die mittlere und rechte Spalte, auf welchen Gebieten Römer und Araber unsere Kultur beeinflußt haben.*

3 *Sprecht über die Beschreibung Cordobas. – Erkundigt euch in eurer Stadtbibliothek, über wie viele Bände sie verfügt.*

In der Bibliothek einer Moschee (= Gebetshaus). Arabische Buchmalerei aus dem 14. Jh.

Zum Nachdenken

Mohammed hatte geschrieben: Die Tinte des Schülers ist heiliger als das Blut der Märtyrer. – Überlegt, was dieser Satz über die Haltung des Islams zur Wissenschaft aussagt.

Zusammenfassung

Mohammed vereinte durch die von ihm verkündete Lehre des Islam die arabischen Stämme in einem großen Reich. Er selber war – ebenso wie seine Nachfolger, die Kalifen – religiöser und politischer Führer zugleich. Die im Islam vereinigten arabischen Stämme errichteten innerhalb von einhundert Jahren ein Weltreich, das von Indien bis Spanien reichte.

Die arabische Kultur beeinflußte auf vielen Gebieten die europäische Kultur.

7. Das Reich Karls des Großen

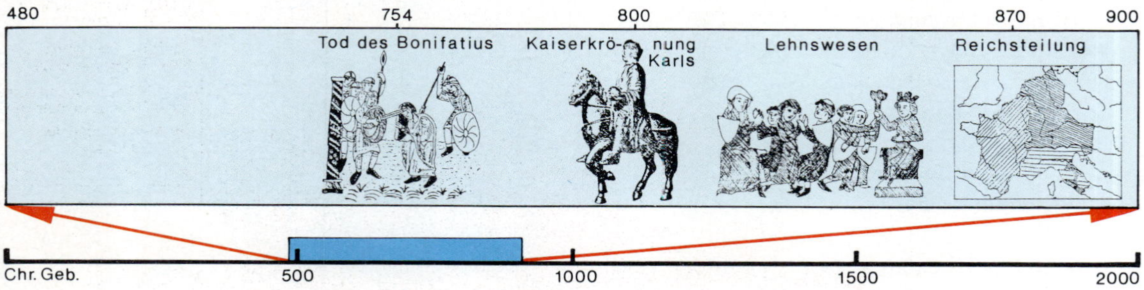

Auf der Briefmarke in lateinischer Sprache: Karl der Große.

Karl als Vater Europas: Unter seiner Herrschaft waren die heutigen Partnerstädte Aachen und Reims bedeutende Mittelpunkte in einem Reich.

Auf der Briefmarke in französischer Sprache: Karl der Große.

Aus einem deutschen Schulbuch:

Vor allem ist es Karl gelungen, germanische Stämme und gallische Völker in einem mächtigen christlichen Reich zu vereinen. Bei den Völkern des Abendlandes lebt die Erinnerung an ihn in Sage und Geschichte fort. Sowohl Franzosen als auch Deutsche erheben Anspruch darauf, daß Karl der Große ihr Kaiser gewesen sei.

– *Seht euch die Karte auf der nächsten Seite an. Überlegt, warum sowohl die deutsche wie die französische Post eine Briefmarke über Karl den Großen herausgegeben hat.*

– *Seit 1950 wird jedes Jahr der „Internationale Karlspreis der Stadt Aachen“ verliehen. Mit diesem Preis sollen Menschen geehrt werden, die sich in besonderer Weise um die politische Einigung Europas verdient gemacht haben. Sprecht darüber, warum man hierfür die Bezeichnung „Karlspreis“ auswählte.*

– *Schreibt einen Brief an die Stadtverwaltung von Aachen und bittet um Mitteilung, wer diesen Preis in den letzten Jahren erhalten hat.*

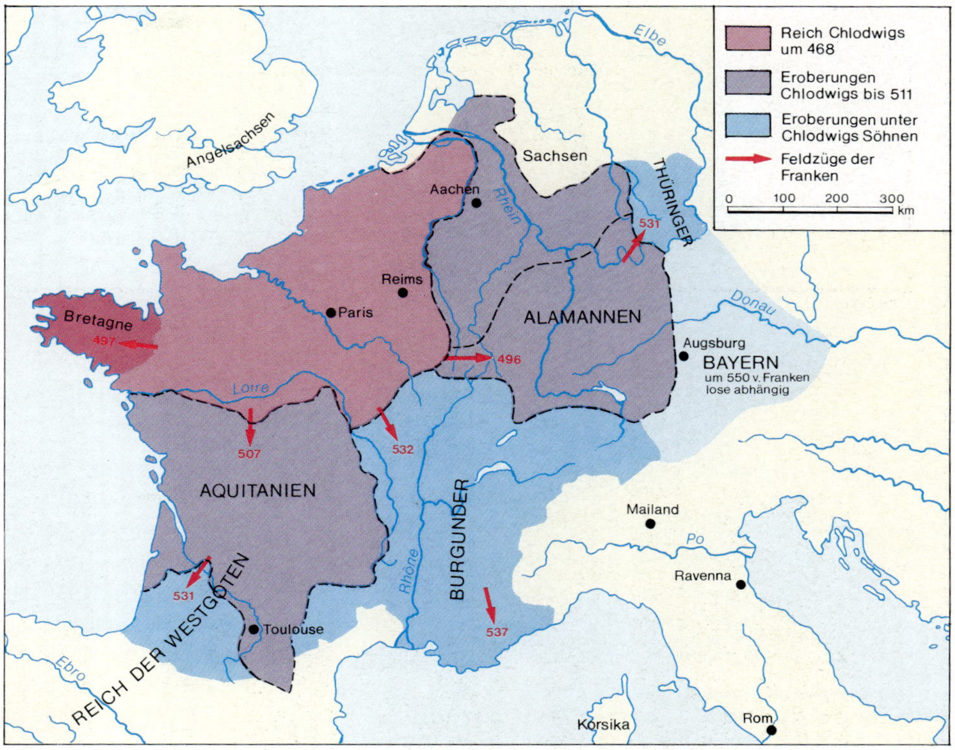

Das Frankenreich um 550 n. Chr.

Die Bekehrung eines fränkischen Königs zum Christentum

1 *Vergleicht diese Karte mit einer Westeuropakarte in eurem Atlas. Stellt fest, welche Gebiete der fränkische König Chlodwig eroberte.*

2 *Überprüft mit Hilfe der Karte Seite 114 unter wessen Herrschaft die Bevölkerung vorher gelebt hat.*

Die Franken, die im 5. Jahrhundert die römischen Truppen in Gallien immer weiter zurückdrängten, gehörten verschiedenen kleinen Stämmen an. Einer dieser kleinen Stämme wurde von dem Fürsten Chlodwig angeführt. Im Jahr 482 machte sich Chlodwig zum König über die Franken, indem er die Fürsten der anderen Teilstämme durch Mord oder Verrat beseitigte. Nur vier Jahre später vertrieb er den letzten römischen Statthalter aus Gallien.
Chlodwig erkannte schnell, daß er sein großes Reich nur mit Unterstützung der gallischen Bischöfe und Äbte regieren konnte. Diese Geistlichen verfügten über die entsprechende Erfahrung und kannten sich in der Verwaltung aus.

Die Bekehrung Chlodwigs zum Christentum erfolgte, als seinen Truppen im Kampf gegen die Alamannen eine totale Niederlage drohte.
Gregor von Tours (540–594 n. Chr.), Bischof und Geschichtsschreiber, berichtete:

Q Als Chlodwig dies sah, erhob er seine Augen zum Himmel und sprach: „Jesus Christus! Hilfe, sagt man, gibst du den Bedrängten und Sieg denen, die auf dich hoffen. Ich flehe dich demütig um deinen mächtigen Beistand an. Gewährst du mir jetzt den Sieg über meine Feinde, so will ich an dich glauben und mich taufen lassen auf deinen Namen. Denn ich habe meine Götter angerufen, doch sie helfen mir nicht. Sie sind wohl ohnmächtig und stehen ihren Dienern nicht bei. Nun rufe ich dich an. An dich will ich glauben, wenn ich nur der Hand meiner Feinde entkomme." Als er so gebetet hatte, wandten die Alamannen sich und begannen zu fliehen. Bald darauf ging der König zum Taufbade hin.

3 *Erklärt, warum Chlodwig den christlichen Glauben annahm.*

1 **Gewandnadel aus einem alamannischen Grab des 6. Jahrhunderts.** Auf der Rückseite steht eine Bitte an germanische Götter: Loppur, Wodan und Donar sollen der Leubwinia göttlichen Schutz gewähren.

2 **Funde aus alamannischen Gräbern des 6. Jahrhunderts.**

Missionare bringen den Germanen das Christentum

1 *Betrachtet die Bilder. Die abgebildeten Funde geben Hinweise auf den Glauben jener, denen der Schmuck ins Grab gelegt wurde.*

2 *Stellt Vermutungen darüber an, wie die unterschiedlichen Grabbeigaben zu erklären sind.*

Chlodwig und seine Nachfolger förderten die weitere Ausbreitung des Christentums. Unterstützt wurden sie von Mönchen aus Irland und Schottland, die den germanischen Stämmen die christliche Botschaft verkündeten.
Von Papst Gregor d. Gr. (540–604 n. Chr.) war anderen Missionaren bereits der Rat gegeben worden:

Q 1 Die Heiligtümer ihrer Götter sollen nicht zerstört werden, sondern nur die Götzenbilder darin. Dann soll man die Heiligtümer mit Weihwasser besprengen, Altäre errichten und die Gebeine von Heiligen (Reliquien) dorthin bringen. So wird aus einer Stätte des Aberglaubens ein Ort, an dem man dem wahren Gott dient.
Wenn dann das Volk sieht, daß die Tempel nicht zerstört werden, wird es von seinem Aberglauben lassen. Es wird sich weiterhin an dem vertrauten Ort einfinden und den wahren Gott anbeten.

Über die Christianisierung bei den Friesen heißt es in einem zeitgenössischen Bericht:

Q 2 Als der heilige Wolfram den Friesen das Christentum predigte, brachte er endlich Radbot, ihren Herzog, dazu, daß er sich taufen lassen wollte. Radbot hatte schon einen Fuß in das Taufbecken gestellt; da fiel ihm ein, vorher zu fragen, wohin denn seine Vorfahren gekommen wären; ob sie bei den Scharen der Seligen oder in der Hölle seien. Sankt Wolfram antwortete: „Sie waren Heiden, und ihre Seelen sind verloren." Da zog Radbot schnell den Fuß zurück und sprach: „Auf ihre Gesellschaft mag ich nicht verzichten; lieber will ich elend bei ihnen in der Hölle wohnen als herrlich ohne sie im Himmelreich."

3 *Schildert mit Hilfe des Textes und des Bildes auf der nächsten Seite den Taufvorgang.*

4 *Erklärt, auf welche Weise die Missionare die heidnische Bevölkerung für das Christentum gewinnen wollten.*

5 *Sprecht im Religionsunterricht über Mission in unserer Zeit.*

Bonifatius spendet die Taufe und erleidet den Märtyrertod. Im Hintergrund links hält ein Mönch das Taufkleid bereit. Buchmalerei aus dem Kloster Fulda 875.

Bonifatius, der Apostel der Deutschen

1 *Beschreibt die Ereignisse auf dem Bild.*

An die Stelle der Missionare* aus Irland und Schottland traten im 8. Jahrhundert angelsächsische Mönche. Der bedeutendste unter ihnen war Winfried, der später vom Papst den Namen Bonifatius (= der es gut macht) erhielt. Im Jahre 722 wurde Bonifatius vom Papst zum Bischof geweiht. Gleichzeitig erhielt er den Auftrag, die germanischen Stämme zum Christentum zu bekehren.

Bonifatius ging daraufhin nach Thüringen und Hessen, wo er das Kloster Fulda gründete. Von den Erfolgen bei den Hessen berichtete der Mönch Willibald im Jahr 768:

Q Viele Hessen erhielten damals die Taufe. Andere aber opferten immer noch heimlich oder offen an Bäumen und Quellen, betrieben Weissagung, Zauberei und Beschwörung. Da beschloß Bonifatius, eine Eiche von seltener Größe, die den alten heidnischen Namen Donareiche führte, im Beisein seiner Mönche zu fällen. Als diese Absicht bekannt wurde, versammelte sich eine große Menge Heiden, die den Feind ihrer Götter heftig verfluchte. Kaum aber hatte Bonifatius den Baum ein paarmal mit der Axt getroffen, da wurde die ungeheure Masse des Baumes durch göttliche Winde erschüttert. Die Enden der Äste brachen und die Eiche stürzte krachend zu Boden. Die Heiden aber, die kurz zuvor noch geflucht hatten, fingen an, den Herrn zu preisen und an ihn zu glauben.

2 *Sprecht darüber, wie ihr auf die Fällung der Donareiche reagiert hättet.*

Im Jahre 732 wurde Bonifatius vom Papst zum Erzbischof ernannt. Neben seiner Missionstätigkeit bemühte er sich jetzt besonders um eine feste Kirchenordnung. Er gründete viele neue Bistümer und ernannte die Bischöfe. Außerdem sorgte er für eine gründliche Ausbildung fränkischer Priester und Mönche.

Im Alter von 80 Jahren brach Bonifatius noch einmal mit einer kleinen Anzahl Begleiter zur Mission nach Friesland auf. Hier wurde er von heidnischen Kriegern am 5. Juni 754 erschlagen. Sein Leichnam wurde in Fulda beigesetzt.

Die Nachfolger des Bonifatius setzten das von ihm begonnene Werk fort und gründeten weitere Bistümer wie z. B. Verden (782), Osnabrück (783) und Hildesheim (822).

3 *Überlegt, wie die friesischen Krieger ihre Tat begründet haben mögen.*

Zusammenfassung

Der fränkische König Chlodwig (482–511) unterwarf immer mehr Gebiete Galliens und Germaniens und vereinigte sie im Frankenreich. Durch die Annahme des Christentums gewann er die Unterstützung der gallisch-römischen Bischöfe. Chlodwig und seine Nachfolger förderten die Ausbreitung des Christentums durch irisch-schottische und später angelsächsische Missionare. Bedeutendster Missionar war Bonifatius, der zahlreiche Klöster und Bistümer gründete und für eine gründliche Ausbildung fränkischer Priester und Mönche sorgte.

Die Ausdehnung des Frankenreiches unter Karl dem Großen

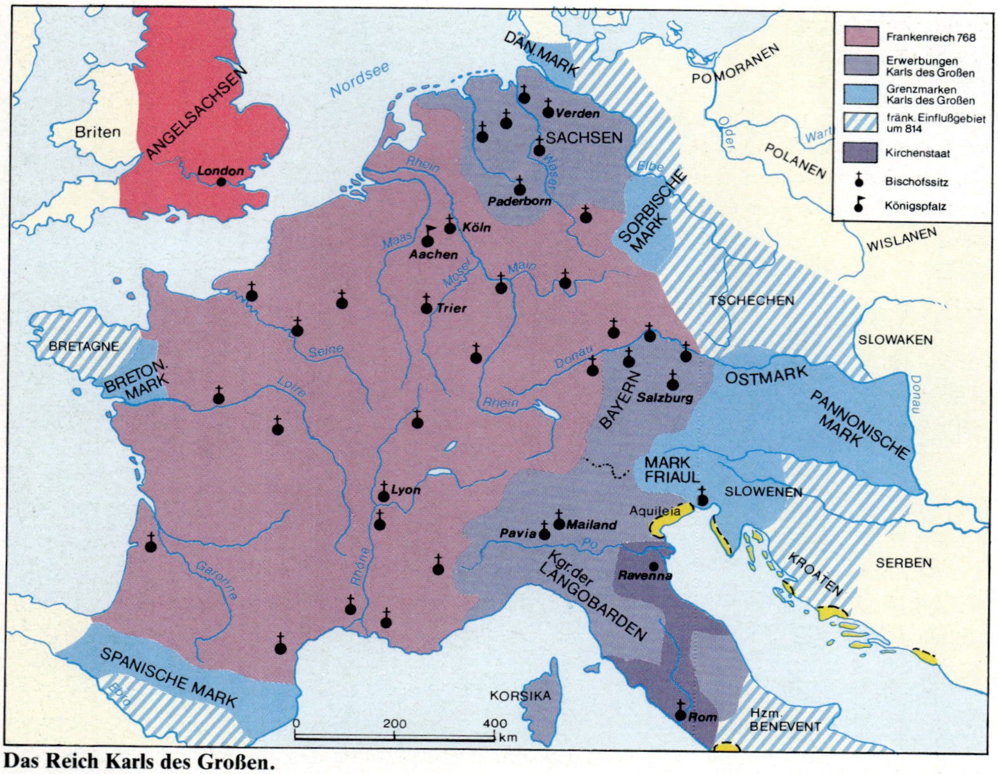

Das Reich Karls des Großen.

Die Sachsenkriege

1. *Nennt die Stämme, die unter Karl d. Gr. dem Frankenreich eingegliedert wurden! Sucht ihre Gebiete auch in eurem Atlas.*
2. *Sucht im Atlas jene Staaten, die heute auf dem Gebiet des Frankenreiches liegen.*

Im Jahre 768 n. Chr. übernahm Karl die Herrschaft im Frankenreich. Unter seiner Führung erreichte es seine größte Ausdehnung. Erbitterten Widerstand gegen die Eingliederung in das fränkische Reich leisteten vor allem die Sachsen.
Über den Krieg berichtet Einhard, ein Geschichtsschreiber, um 810:

Q Der sächsische Krieg war der langwierigste, grausamste und für das Frankenvolk anstrengendste, den es je geführt hat. Denn die Sachsen waren, wie fast alle Völker auf dem Boden Germaniens, wild von Natur, dem Götzendienst ergeben und gegen unsere Religion feindselig.
Die Grenze zwischen uns und den Sachsen verlief fast überall in der Ebene, mit Ausnahme weniger Stellen, wo größere Waldungen oder Bergrücken beide Gebiete klar trennten. Totschlag, Raub und Brandstiftung auf beiden Seiten nahmen kein Ende. Das erbitterte die Franken so, daß sie nicht mehr bloß Gleiches mit Gleichem vergelten, sondern offen Krieg mit ihnen führen wollten. Der Krieg wurde also begonnen und 33 Jahre lang von beiden Seiten mit großer Erbitterung geführt.
Schließlich, nachdem Karl alle besiegt und unterworfen hatte, holte er 10000 Mann mit Weib und Kind von ihren Wohnsitzen auf beiden Ufern der Elbe weg und siedelte sie ganz verstreut in Gallien und Germanien an.

3. *Überprüft, wer nach Ansicht dieses Geschichtsschreibers schuld an diesem Kriege ist.*
4. *Stellt fest, ob der Geschichtsschreiber ein Franke oder ein Sachse war.*
5. *Schildert den Ausbruch des Krieges und die Maßnahmen Karls d. Gr. aus der Sicht eines Sachsen.*

Unterwerfung und Zwangsbekehrung

1 *Erklärt die Anlage auf dem Bild.*

Die Sachsen kämpften unter Führung ihres Herzogs* Widukind einen verzweifelten Kampf. Sobald Karl und sein Heer das Land der Sachsen verlassen hatten, erhoben sich diese wieder gegen die Franken. Karl griff grausam durch. Die Anführer des Widerstandes ließ er bei Verden hinrichten. Es sollen über 4000 Männer gewesen sein. Widukind selber konnte fliehen. Um den Widerstand endgültig zu brechen, wurden die Sachsen gezwungen, das Christentum anzunehmen.

In einer Anordnung aus dem Jahre 782 bestimmte Karl:

Q 1 3. Wer mit Gewalt in eine Kirche eindringt und dort raubt oder stiehlt oder die Kirche in Brand steckt, wird mit dem Tode bestraft.

4. Wer die vierzigtägige Fastenzeit vor Ostern nicht einhält und in dieser Zeit Fleisch ißt, wird mit dem Tode bestraft.

5. Wer einen Bischof oder Priester tötet, wird mit dem Tode bestraft.

7. Wer den Leichnam eines Verstorbenen nach heidnischer Sitte verbrennt, wird mit dem Tode bestraft.

8. Wer noch ungetauft ist und es unterläßt, zur Taufe zu kommen, weil er Heide bleiben möchte, wird mit dem Tode bestraft.

17. Jeder Sachse soll den zehnten Teil seines Besitzes den Kirchen und den Priestern geben.

34. Wir verbieten allen Sachsen, öffentliche Versammlungen abzuhalten, außer wenn unsere Boten eine Versammlung einberufen.

2 *Spielt folgende Szene: Ein Franke und ein Sachse unterhalten sich über diese Verordnung.*

Gegen diese harten Maßnahmen wehrten sich die Sachsen auch weiterhin. Erst 785 gab Widukind den Kampf auf. Zusammen mit weiteren Stammesgenossen ließ er sich taufen. Andere sächsische Adelige aber führten den Kampf fort.

Alkuin, ein enger Berater Karls, schrieb damals:

Q 2 Wenn dem rauhen Volk der Sachsen die christliche Botschaft mit der gleichen Beharrlichkeit gepredigt worden wäre, mit der man die Einhaltung der Vorschriften für jedes noch so geringe Vergehen durchgesetzt hat, dann wären sie nicht vor dem Sakrament der Taufe zurückgeschreckt. Man muß wissen, daß der Glaube freiwillig, nicht durch Zwang entsteht. Zur Taufe kann man den Menschen zwingen, nicht aber zum Glauben.

Sächsischer Rundwall aus dem 8. Jahrhundert. Rekonstruktion.

Erst im Jahre 804 wurde endgültig Frieden geschlossen. Damit war das Gebiet der Sachsen ein Teil des Frankenreiches geworden.

3 *Nennt Maßnahmen, die der Berater Karls kritisiert.*

4 *Untersucht, wie er seine Kritik begründet.*

Fränkischer Königshof. Rekonstruktion.

Ein Reich ohne Hauptstadt

Das karolingische Reich hatte keine Hauptstadt. König Karl war oft auf Reisen, um dafür zu sorgen, daß im ganzen Reich seine Gesetze und Befehle richtig ausgeführt wurden. In seinem Gefolge waren königliche Berater, Familienangehörige, Mägde und Knechte – insgesamt über 1000 Personen.

Zu den engsten Beratern des Königs gehörte der Kanzler. Er sorgte dafür, daß alle königlichen Erlasse aufgezeichnet und sorgfältig verwahrt wurden. Die königlichen Einnahmen wurden vom Kämmerer verwaltet.

Seneschall, Mundschenk und Marschall hatten bei Reisen die königlichen Beauftragten möglichst zeitig davon zu benachrichtigen, wo und wie lange sich der König aufhalten wolle, damit man alles Nötige vorbereiten konnte. Der Mundschenk hatte für die Getränke, der Marschall für die Pferde und Wagen zu sorgen. Die Hauptlast aber hatte der Seneschall zu tragen, der für die königliche Tafel verantwortlich war. Der Quartiermeister mußte die Unterkunft für den König und dessen Gefolge vorbereiten.

Viele Bischöfe, Äbte und Grafen* waren nicht begeistert, wenn der König mit seinem Gefolge kam, weil sie die Gäste kostenlos versorgen mußten. Karl hatte deshalb im ganzen Lande königliche Güter errichten lassen, in denen er und sein Gefolge gut untergebracht und versorgt werden konnten.

Für die Verwaltung dieser etwa 250 Königshöfe und Pfalzen* erließ Karl genaue Anweisungen:

Q – Auf jedem unserer Königsgüter sollen die Verwalter einen möglichst großen Bestand an Kühen, Schweinen, Schafen, Ziegen und Böcken halten. Fehlen darf dieses Vieh niemals.

– Mit ganz besonderer Sorgfalt ist darauf zu achten, daß alles, was mit den Händen verarbeitet und zubereitet wird, mit der größten Sauberkeit hergestellt wird, wie: Speck, Rauchfleisch, Sülze, Pökelfleisch, Wein, Essig, Most, Senf, Käse, Butter, Malz, Bier, Honig, Wachs und Mehl.

– Jedes Krongut soll in seinem Lagerraum vorrätig haben: Bettdecken, Matratzen, Federkissen, Tischtücher, Bankpolster, Gefäße aus Kupfer, Blei, Eisen und Holz, Ketten, Kesselhaken, Bohrer und Schnitzmesser. Auch das eiserne Kriegsgerät muß man hier verwahren, damit es gut erhalten bleibt.

– Unseren Frauenarbeitshäusern soll man liefern: Flachs, Wolle, Scharlach, Seife, Fett, Gefäße und die übrigen kleinen Dinge, die dort benötigt werden.
– Jeder Verwalter soll in seinem Bezirk tüchtige Handwerker zur Hand haben: Grob-, Gold- und Silberschmiede, Schuster, Drechsler, Stellmacher, Schildmacher, Fischer, Seifensieder, Brauer, Bäcker und sonstige Dienstleute.

1 *Beschreibt mit Hilfe des Textes und des Bildes die Anlage eines Königshofes.*
2 *Stellt fest, welche Leute hier leben.*
3 *Der Verwalter eines Königsgutes erhält die Mitteilung, daß der König mit seinem Gefolge für eine Woche bei ihm einkehren wird. Schreibt auf, welche Vorbereitungen der Verwalter treffen muß.*

1 **Kuppel der Pfalzkapelle (die Zone Gottes).**

Die Verwaltung des Frankenreiches

Das Reich Karls war sehr groß. Er konnte deshalb nicht selber überall nach dem Rechten sehen. Der König teilte das Reich daher in ungefähr 230 Gaue oder Grafschaften (= Verwaltungsbezirke) auf.
– Die Verwaltung in diesen Gebieten übertrug er Männern seines Vertrauens, die er zu Grafen* ernannte. Diese Gaugrafen hatten die Aufgabe, Steuern einzuziehen, Recht zu sprechen und im Kriegsfall ein Heer aufzustellen.
– In den besonders bedrohten Gebieten an den Grenzen des Reiches, in den Grenzmarken, setzte er Markgrafen ein. Die Markgrafen konnten im Falle der Gefahr auf eigene Verantwortung ein Heer aufstellen und in den Krieg ziehen.
– Um die Grafen zu kontrollieren, schickte der König Königsboten im Lande umher, immer einen weltlichen und einen geistlichen Adligen*. Sie überwachten die Tätigkeit der Grafen, vor allem die Verwaltung und die Rechtsprechung.
Karl selbst hielt sich am liebsten in der Pfalz* zu Aachen auf. Hier empfing er ausländische Gesandte, hierhin kamen die Grafen und Bischöfe des ganzen Reiches, um Bericht zu erstatten.
Zur Pfalz gehörte auch die vom Kaiser erbaute Pfalzkapelle. Das Untergeschoß, die „Zone des Volkes“, bestand aus einfachen Steinen. Das Obergeschoß, die „Zone des Königs“, war mit kostbaren Materialien ausgestattet. Die Kuppel, die „Zone Gottes“, wurde mit einem Goldmosaik geschmückt.

2 **Pfalzkapelle in Aachen.**

Kaiser Karl und Papst Leo

[1] **Der Apostel Petrus gibt Papst Leo III. das Pallium, die Bischofsbinde, als Zeichen der Bischofswürde. Karl der Große erhält das Banner der Stadt Rom als Zeichen seiner Schutzherrschaft.** Darunter steht: „Heiliger Petrus, du schenkst Leben dem Papst Leo und Sieg dem König Karl!" Dieses Mosaik entstand kurz vor 800 im Auftrag des Papstes.

[2] **Reiterstatue Karls des Großen, Bronze, 24 cm hoch, aus dem 9. Jahrhundert.**

Die Kaiserkrönung Karls des Großen

1 *Beschreibt das Bild mit Hilfe der Bildunterschrift.*

2 *Sprecht darüber, wie das Machtverhältnis zwischen Papst und Kaiser dargestellt wird.*

3 *Vergleicht die Darstellung Karls d. Gr. auf den Bildern [1] und [2].*

In Rom war es im Jahre 799 zu einer Auseinandersetzung zwischen Papst Leo III. und römischen Adeligen* gekommen. Der Papst floh nach Paderborn. Hier hielt sich gerade König Karl mit seinem Heer auf. Karl versprach dem Papst seine Unterstützung. Im folgenden Jahr begab sich der König selber nach Rom, um die Streitigkeiten beizulegen. Es war Weihnachten. In den Reichsannalen (Jahrbüchern) wurde berichtet:

Q 1 Als König Karl sich vom Gebet vor dem Grab des heiligen Apostels Petrus erhob, setzte ihm Papst Leo eine Krone aufs Haupt, und das ganze Volk der Römer rief: „Dem erhabenen Karl, dem von Gott gekrönten großen und friedbringenden Kaiser der Römer Leben und Sieg!" Danach beugte der Papst nach alter Sitte vor ihm die Knie und begrüßte ihn als Kaiser und Augustus.

Ein Mönch aus dem Kloster Lorsch schrieb:

Q 2 Kaiser Karl herrschte über Rom, wo die Kaiser immer regiert hatten. Außerdem besaß er die übrigen kaiserlichen Regierungssitze in Italien, Gallien und Germanien, die der allmächtige Gott seiner Herrschaft übergeben hatte. Deshalb meinten der Papst und die Bischöfe, die in Rom versammelt waren, und das übrige christliche Volk, man solle dem fränkischen König Karl den Kaisertitel geben.

Ein Mönch in Konstantinopel meinte:

Q 3 Papst Leo floh zum Frankenkönig Karl, der grausame Rache an den Feinden des Papstes nahm und ihn wieder auf seinem Thron einsetzte. Seit jener Zeit steht Rom unter der Macht der Franken. Als Belohnung dafür krönte der Papst ihn zum römischen Kaiser, nachdem er ihm das kaiserliche Gewand angelegt und die Krone aufgesetzt hatte.

4 *Vergleicht die drei Berichte miteinander. Stellt fest, wie die Kaiserkrönung begründet wird.*

5 *Schreibt selbst eine kurze Darstellung der Kaiserkrönung. Beachtet dabei auch, warum der Kaiser nach Rom kommt, wer in der Peterskirche anwesend war, wie die Krönung vor sich ging usw.*

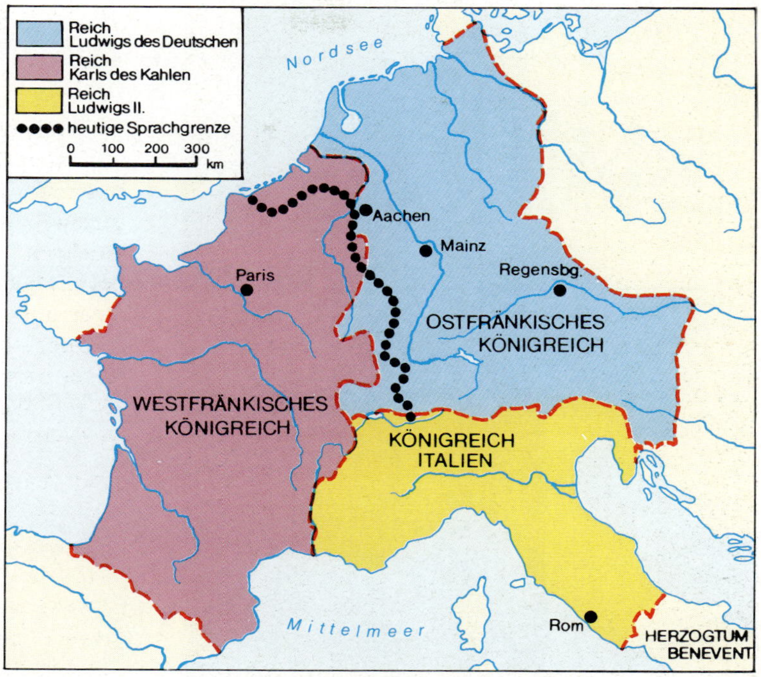

Die Reichsteilung im Jahre 870.

Der Zerfall des Frankenreiches

1 *Seht euch die Karte an. Stellt mit ihrer Hilfe fest, was aus dem Frankenreich nach dem Tode Karls d. Gr. wurde.*

Die letzten Lebensjahre verbrachte der Kaiser vor allem in seiner Lieblingspfalz* Aachen. Hier starb er auch am 28. Januar 814 im 72. Lebensjahr.
Unter seinen Nachfolgern wurde das Reich mehrmals geteilt. Der letzte Karolinger im Ostreich starb im Jahre 911. Die Königswürde ging 919 an Heinrich I., den mächtigen Herzog* in Sachsen. Während seiner Regierungszeit wird das Ostreich zum ersten Mal als „Reich der Deutschen" bezeichnet. Sein Sohn und Nachfolger Otto I. wird vom Papst im Jahr 962 zum Kaiser gekrönt. Seit dieser Zeit wurde die Kaiserwürde immer nur deutschen Königen verliehen.

Zum Nachdenken

Karl wurde schon zu Lebzeiten „Vater Europas" genannt. Erklärt diese Bezeichnung. Vergleicht dazu nochmals die Seite 128.

Zusammenfassung

Unter Karl dem Großen (768–814) erreichte das fränkische Reich seine größte Ausdehnung. In einem über 30 Jahre andauernden Krieg unterwarf König Karl die Sachsen. Sie wurden gezwungen, den christlichen Glauben anzunehmen.
Das Karolingische Reich hatte keine Hauptstadt. Karl reiste daher mit seinem Gefolge durch das Reich, um überall dafür zu sorgen, daß seine Gesetze und Befehle ausgeführt wurden. Verpflegung und Unterkunft fand er vor allem in den Königshöfen und Pfalzen. Um das Reich besser verwalten zu können, teilte er es in Gaue ein. An der Spitze eines Gaues stand der Graf*. Die Tätigkeiten der Grafen ließ Karl durch Königsboten kontrollieren.
Im Jahre 800 wurde Karl in Rom vom Papst zum Kaiser gekrönt. 814 starb er in seiner Lieblingspfalz Aachen.

8. Königtum, Adel und Kirche im Kampf um die Macht

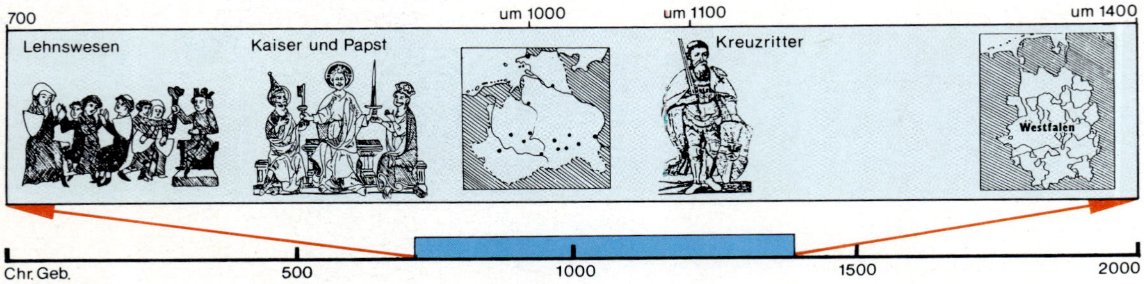

Kaiser Otto III., umgeben von geistlichen und adeligen Würdenträgern. In der linken Hand hält der Kaiser die Weltkugel mit dem Kreuz. Buchmalerei aus dem 11. Jahrhundert.

– *Beschreibt und erklärt das Bild. Beachtet dabei auch die unterschiedlichen Größenverhältnisse der dargestellten Personen.*

– *Überlegt, was der Maler mit diesem Bild zum Ausdruck bringen wollte.*

Die Krönung Ottos I.

1 *Nennt die Herzogtümer zur Zeit Ottos I.*

2 *Sucht auf der Karte die Grenzmarken. Überlegt, gegen welche Bedrohung sie das Reich schützen sollten.*

Widukind von Corvey, ein Benediktinermönch, schreibt in seiner „Geschichte der Sachsen" über die Krönung Ottos I. am 7. August 936:

Q Die Herzöge und die Ersten unter den Grafen mit einer Schar der vornehmsten Ritter versammelte sich zu Aachen in dem Säulenhof, der mit der Basilika Karls des Großen verbunden ist. Sie setzten den neuen Herrscher auf den hier errichteten Thron, reichten ihm die Hände, gelobten ihm Treue, versprachen ihm Hilfe gegen alle seine Feinde und machten ihn nach ihrem Brauch zum König. Während dies die Herzöge und die übrigen Amtsträger taten, erwartete ihn der Erzbischof von Mainz mit der gesamten Geistlichkeit und dem ganzen Volk in der Kirche. Als der König eintrat, ging ihm der Erzbischof entgegen und schritt dann mit ihm bis in die Mitte des Heiligtums. Hier blieb er stehen, wandte sich dem Volk zu und rief: „Seht, ich bringe euch Otto, der von Gott auserwählt, von König Heinrich bestimmt, von allen Fürsten zum König gemacht wurde. Wenn euch diese Wahl gefällt, dann hebt die rechte Hand zum Himmel empor." Darauf hob das Volk die rechte Hand in die Höhe und wünschte mit lautem Zuruf dem neuen Herrscher Heil.
Dann schritt der Erzbischof mit dem König zum Altar, auf dem die Abzeichen des Königs lagen. Der Erzbischof nahm das Schwert und sprach zum König: „Empfange dieses Schwert und treibe mit ihm aus alle Feinde Christi, die Heiden und schlechten Christen." Dann nahm er die Spangen und den Mantel: „Dieses Gewand möge dich ermahnen, im Eifer für den Glauben und im Schutz des Friedens auszuharren bis in den Tod."
Schließlich nahm er Stab und Zepter: „Diese Abzeichen sollen dich ermahnen, mit väterlicher Zucht die Untertanen zu leiten."
Anschließend wurde der König mit dem heiligen Öle gesalbt und von den Bischöfen Hildebert und Wichfrid mit dem goldenen Diadem gekrönt.

Die Herzogtümer zur Zeit Ottos I.

3 *Gebt die wichtigsten Ereignisse der Krönungsfeierlichkeiten wieder, indem ihr folgende Tabelle ausfüllt:*

beteiligte Personen	*Herkunft*	*Handlungen*	*Bedeutung*
...	...	...	...

4 *Die königlichen Abzeichen stehen für eine bestimmte Aufgabe des Königs. Zählt sie auf.*

5 *Überlegt, warum als Krönungsort Aachen ausgewählt wurde.*

Ein König ruft einen Herzog zum Heeresdienst auf. Der Herzog gibt den Aufruf an seine Krieger weiter. Buchmalerei aus dem Sachsenspiegel, 14. Jahrhundert.

Deutscher König und römischer Kaiser

Otto I. verfolgte während seiner Regierungszeit (936–973) vor allem zwei Ziele:
- die Schaffung einer starken zentralen Verwaltung,
- die Sicherung des Reiches gegenüber den Ungarn.

Die Magyaren, von den Deutschen „Ungarn" genannt, waren ein Nomaden- und Reitervolk. Zwischen 900 und 950 fielen sie fast jedes Jahr in das Ostfrankenreich ein. Otto konnte sie im Jahr 955 auf dem Lechfelde bei Augsburg so vernichtend schlagen, daß sie keine weiteren Überfälle mehr wagten. Im Gegenteil: Sie wurden seßhaft, nahmen das Christentum an und gründeten das Königreich Ungarn. Otto trug seit diesem Sieg den Beinamen „der Große".

Im Jahr 962 zog der König nach Rom. Hier wurde er vom Papst zum Kaiser gekrönt. Seit dieser Zeit strebten die deutschen Könige danach, in Rom zum Kaiser gekrönt zu werden. Seit dem 12. Jahrhundert wurde das Reich „Heiliges Römisches Reich" genannt.

Im 15. Jahrhundert hieß es dann endgültig: Heiliges Römisches Reich Deutscher Nation, da die Kaiserkrone von den Römern über die fränkischen Herrscher auf die deutschen Könige übergegangen war. Diesen Namen trug das Deutsche Reich bis zum Jahr 1806.

Geistliche und weltliche Herren – Stützen der kaiserlichen Macht

Für die Verwaltung seines Reiches brauchte Otto der Große ebenso wie einst Kaiser Karl (vgl. S. 135) die Unterstützung der Herzöge, Grafen, Bischöfe und Äbte. Sie sollten die Durchführung seiner Anordnungen überwachen. Wenn er in den Krieg zog, mußten sie ihm schwerbewaffnete Krieger zur Verfügung stellen.

Auch diese Regelung hatte es schon unter Karl d. Gr. gegeben, der im Jahr 804 an einen Abt schrieb:

Q Wir teilen dir mit, daß wir in diesem Jahr den großen Reichstag nach Ostsachsen zusammengerufen haben, und zwar nach Staßfurt an der Bode. Wir befehlen dir, am 17. Juni mit deinen gut bewaffneten und ausgerüsteten Leuten dorthin zu kommen.
Von hier aus wird eine militärische Expedition durchgeführt. Dafür werden Waffen und Geräte und alle andere kriegerische Ausrüstung mit Verpflegung und Bekleidung benötigt.
Jeder Berittene soll Schild, Lanze, Schwert und Hirschfänger haben, dazu Bogen und Köcher mit Pfeilen. Eure Packwagen sollen Vorräte aller Art mitführen: Spitzhacken und Äxte, Bohrer, Beile, Spaten, eiserne Grabscheite und alle anderen Werkzeuge, die man bei einem Feldzug braucht.
Die Lebensmittel müssen vom Reichstag an gerechnet drei Monate reichen. Waffen und Bekleidung für ein halbes Jahr. Wir befehlen dir, streng darauf zu achten, daß du in Ruhe und Frieden den genannten Ort erreichst.

1 *Gebt den Inhalt dieses Schreibens in folgender Tabelle wieder:*

Ausrüstungsgegenstände	benötigt für
...	...

2 *Beschreibt die Vorgänge auf dem Bild und erzählt, was ein Herzog oder Abt alles tun mußte, wenn er zum Heeresdienst gerufen wurde.*

Das Lehen

Grafen, Bischöfe und Äbte mußten für ihre Dienste belohnt werden. Da damals nicht Geld, sondern Land Macht bedeutete, erhielten sie vom König Land. Diese Güter wurden aber vom König nicht verschenkt, sondern nur geliehen. Sie hießen deshalb „Lehen".

Wer sein Lehen vom König erhielt, war ein Kronvasall (Vasall = Knecht, Gefolgsmann).

Die Lehen waren manchmal sehr groß.

Das zeigt eine Aufzeichnung über die Belehnung des Abtes von Limburg an der Lahn durch Kaiser Konrad II. im Jahr 1035:

Q 1 Folgende Ländereien habe ich dem Kloster übergeben: Unsere Güter in Dürckheim, Wachenheim, Schifferstadt, Eichen, Sindlingen, Feuerbach und Sulzbach. Ferner die dazugehörenden Bauern, die Gebäude, Wiesen, Wässer und Wasserläufe, Mühlen, Fischplätze, Felder und Wälder, Wege und Stege. Die noch unverheirateten Söhne kann er in die Küche oder Backstube abordnen, er kann sie auch Wäsche waschen oder die Pferde bewachen lassen. Der Abt kann aber auch jemanden von ihnen zum Reiter in seinem Gefolge machen und ihm ein Lehen übertragen.

1 *Erklärt, wie der Abt über die Güter verfügen konnte, die er vom Kaiser erhielt. Achtet besonders auf den letzten Abschnitt.*

2 *Lest nochmals den Bericht auf der Vorseite und spielt dann folgende Situation: Ein Abt wird vom König immer wieder aufgefordert, Heeresdienst zu leisten. Der Abt weist auf die hohen Ausgaben hin . . .*

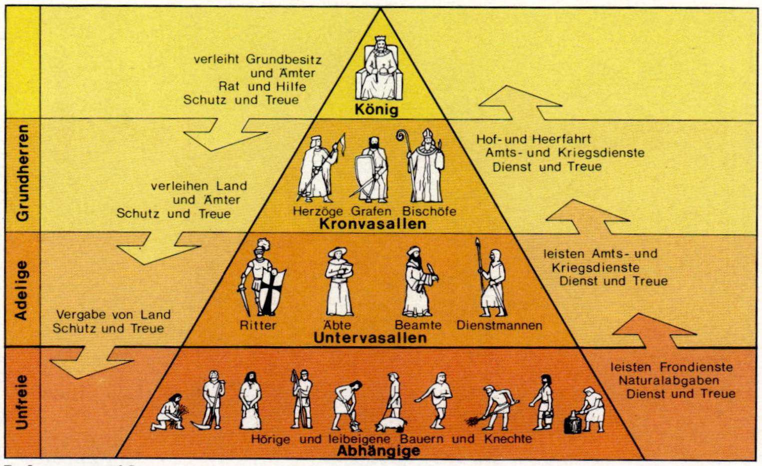

Lehnspyramide.

Lehnsherr und Vasall

Die Übergabe des Lehens erfolgte in feierlicher Form. Der Vasall kniete nieder und legte seine Hände zwischen die Hände seines Herrn. Dann schwor er seinem Lehnsherrn die Treue mit den Worten:

Deine Feinde sind meine Feinde.
Deine Freunde sind meine Freunde.
Ich will dir allezeit treu zugetan und gegenwärtig sein, wenn du mich brauchst.

Die gleiche Treue schwor auch der Lehnsherr seinem Vasallen. Er versprach, ihm, wenn nötig, zu seinem Recht zu verhelfen.

Die Kronvasallen konnten das vom König erhaltene Land wiederum weitergeben an „Untervasallen". So entstand im Laufe der Zeit das Lehnssystem (vgl. Grafik).

3 *Erläutert mit Hilfe der Grafik das Lehnssystem.*

Ein Lehen konnte nicht nur aus Landgütern bestehen. Als Lehen wurden vom König auch ausgegeben z. B. das Grafenamt, das Amt eines Bischofs, Abtes oder Herzogs. Starb ein Vasall, so fiel das Lehen an den Lehnsherren zurück. Der Lehnsherr konnte dann frei entscheiden, ob und wem er das Lehen wieder ausgeben wollte.

Von dieser Abhängigkeit wollten sich die Vasallen möglichst schnell befreien. Als das Reich Karls des Großen zerfiel, setzten es die großen Adelsgeschlechter allmählich durch, daß sie das vom König verliehene Land oder Amt in der eigenen Familie weitervererben durften.

4 *Versucht eine Beurteilung des Lehnswesens*
a) aus der Sicht des Kaisers
b) aus der Sicht eines Herzogs oder Abtes.
Nennt dabei die jeweiligen Vor- und Nachteile.

Kaiser Otto II. gibt dem hl. Adalbert das Bistum Prag als Lehen. Darstellung auf der Bronzetür am Dom zu Gnesen, gegossen um 1120.

Bischöfe und Äbte als weltliche Herren

1 *Beschreibt die Vorgänge auf dem Bild.*

Otto der Große nahm sich Karl d. Gr. zum Vorbild. Auch er war der Ansicht, daß die Herzöge nach seinen Anweisungen zu handeln hätten. Damit aber stieß er auf heftigen Widerstand jener Herzöge, die ihre Selbständigkeit bewahren wollten.

Fest verlassen konnte sich Otto nur auf Bischöfe und Äbte: Hohe Geistliche durften nicht heiraten. Sie hatten also auch keine Erben. Starb ein Bischof oder Abt, so konnte der König ohne Schwierigkeiten erneut über das Land verfügen. Immer stärker wurden daher diese hohen Geistlichen zur Verwaltung des Reiches herangezogen. Als Gegenleistung erhielten sie große Lehensgüter, sogar ganze Grafschaften oder Herzogtümer, die sie verwalten sollten.

Damit waren die Bischöfe zugleich auch weltliche Herren, die dem König zu dienen hatten und auch für ihn in den Krieg ziehen mußten.

Kritisch bemerkte dazu der Bischof Fulbert von Chartres (950–1029):

Q Du fragst, was von solchen Bischöfen zu halten sei, die Unruhen suchen und Krieg führen. Ich wage nicht einmal, sie Bischöfe zu nennen. Ich möchte sie lieber Tyrannen nennen, die sich mit dem Krieg abgeben. Sie ziehen in kriegerischer Begleitung umher und werben gegen Geld Soldaten an. Es gibt wohl kaum Könige oder Fürsten, die so gut wie diese Bischöfe das Kriegswesen kennen und die Truppen ordnen können, um das Blut von Christen, auch wenn sie Feinde sind, zu vergießen. Wenn man ihnen sagt, daß sie nicht, um Lebende zu töten, sondern zur Leitung der Seelen berufen seien, sind sie mit einer Ausrede schnell zur Hand. Sie sagen dann, nur ungern hätten sie zu den Waffen gegriffen; sie seien von anderen bedroht worden und müßten sich nun mit Waffengewalt die Freiheit verschaffen.

Gegen diese Ausreden stehen die Worte des Papstes Nikolaus: Die heilige Kirche ist weltlichen Gesetzen nicht verpflichtet; sie tötet nicht, sie spendet Leben.

2 *Sprecht darüber, wie es sich auswirkte, wenn ein Abt oder Bischof gleichzeitig weltlicher Herr war.*

Geistliche und weltliche Herrschaft im Kampf um die Macht

Mißstände in der Kirche
Die deutschen Könige bestimmten, wer zum Bischof oder Abt geweiht werden sollte. Sie wählten dazu nur Männer aus, auf die sie sich verlassen konnten und die in der Lage waren, große Besitzungen zu verwalten, Krieger für den Wehrdienst auszurüsten und in den Krieg zu führen. Frömmigkeit und christlicher Lebenswandel waren demgegenüber weniger wichtig.
Es war keine Seltenheit, daß Geistliche dem König große Geldsummen boten, um zum Bischof oder Abt ernannt zu werden.
Stolz berichtet ein Bischof:

Q 1 Ich gab Gold und erhielt den Bischofssitz. Aber ich werde es mir schon wieder verschaffen. Ich weihe einen Priester und erhalte Gold. Ich ernenne einen Diakon und erhalte einen Haufen Silber.

Lampert, ein Mönch aus Hersfeld, schrieb um 1080:

Q 2 Nicht ohne Grund hat der Herr über die Mönche unseres Landes Verachtung ausgeschüttet. Sie kümmerten sich nicht mehr um göttliche Dinge, sondern beschäftigten sich ausschließlich mit Geld und Gewinn. Sie bestürmten die Ohren der Fürsten ungestüm nach Abteien und Bistümern. Selbst um ein kleines Amt zu kaufen, versprachen sie täglich goldene Berge.

1 *Erklärt den Zusammenhang zwischen der Ernennung von Bischöfen und Äbten durch den König und den Verfall des Klosterlebens.*

Die Kirche muß frei sein

2 *Überlegt, was der Maler mit dem Bild sagen möchte.*

Papst und Kaiser leiteten ihre Herrschaft direkt von Christus her (vgl. das Bild).
Ihre Aufgabenbereiche aber sollten nach dem Willen der Päpste streng getrennt sein:

Q 3 Der Kaiser hat von Gott seine Herrschaft erhalten zur Leitung der staatlichen Belange. Die Leitung der Kirche kommt nach Gottes Willen den Bischöfen zu, nicht dem Kaiser. Der Kaiser soll sich nicht ein Recht anmaßen, das anderen übertragen ist.

Christus überreicht dem Papst einen Schlüssel und dem Kaiser ein Schwert. Französische Darstellung aus dem 14. Jahrhundert.

3 *Sprecht darüber, welchen Widerspruch ihr zwischen dieser Forderung und der Darstellung auf dem Bild der vorigen Seite seht.*

Gegen die Ernennung von Bischöfen und Äbten durch die deutschen Könige und das zügellose Klosterleben gab es immer stärkeren Widerstand. Für eine Erneuerung des klösterlichen Lebens und der Kirche insgesamt setzten sich vor allem die Mönche des Klosters Cluny in Burgund ein.
Dieses Kloster war schon bei seiner Gründung im Jahr 910 direkt dem Papst unterstellt worden. Weder König noch Herzog, Graf oder Bischof durften sich bei der Wahl eines Abtes einmischen. Die Mönche wählten ihren Abt frei.
Die Äbte von Cluny genossen überall in Europa hohes Ansehen, und diese Äbte forderten immer wieder, daß die Einsetzung von – häufig unwürdigen – Geistlichen in hohe Ämter durch Laien verboten werden müsse. Die Kirche muß frei sein – so lautete ihre Forderung.

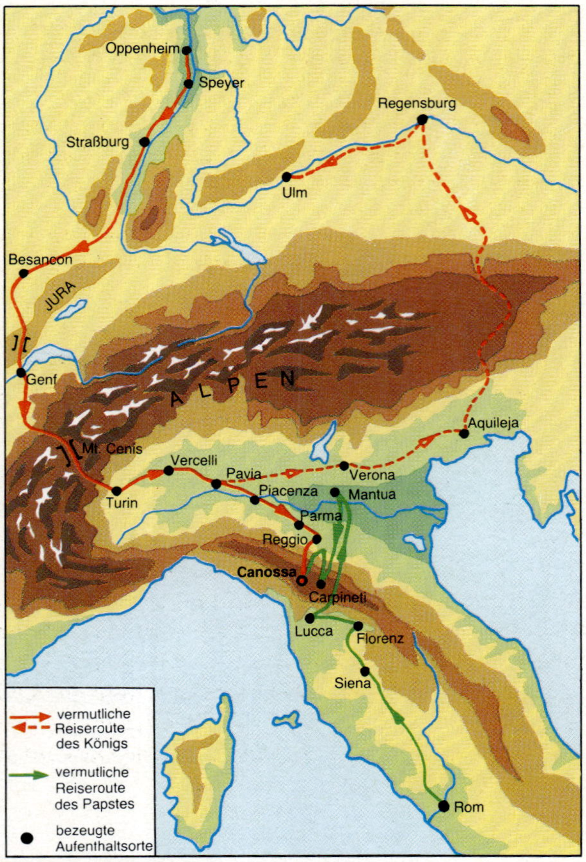

Der Zug Heinrichs IV. nach Canossa.

Kaiser Heinrich IV. und Papst Gregor VII.
Die Forderung nach der Freiheit der Kirche wurde besonders stark vertreten durch den Mönch Hildebrand. Viele Jahre hatte er in Cluny verbracht, bevor er im Jahr 1073 zum Papst gewählt wurde und den Namen Gregor VII. annahm.
Schon kurz nach seiner Wahl nannte er in 27 Leitsätzen seine Vorstellungen vom Papsttum, z. B.:

Q 1 Der römische Papst ganz allein kann Bischöfe absetzen oder auch wieder einsetzen.
- Nur er verfügt über die kaiserlichen Insignien*.
- Alle Fürsten haben die Füße einzig und allein des Papstes zu küssen.
- Der Papst kann Kaiser absetzen.
- Über ihn besitzt niemand richterliche Gewalt.
- Er kann Untertanen vom Treueid gegen Ungerechte entbinden.

Als Gregor VII. diese Sätze veröffentlichte, herrschte im Deutschen Reich König Heinrich IV. (1056–1106). Dieser wurde von den Ansprüchen des Papstes völlig überrascht. Noch sein Vater hatte knapp 30 Jahre zuvor drei Päpste, die sich um die Herrschaft stritten, selbst abgesetzt und den damaligen Bischof von Bamberg zum Papst ernannt.

1 *Spielt folgende Situation: Boten des Papstes teilen Heinrich IV. mit, welche Vorstellungen Gregor VII. von seinem Amt hat. Wie könnte Heinrich IV. reagiert haben?*

Heinrich IV. nahm die Forderungen Gregors VII. zunächst nicht allzu ernst. Er ernannte weiterhin Bischöfe und Äbte und übertrug ihnen weltlichen Besitz und Herrschaftsrechte. Als Papst Gregor VII. dem König daraufhin mit dem Bann (Ausschluß aus der kirchlichen Gemeinschaft) drohte, berief der König im Jahr 1076 eine Reichsversammlung nach Worms.
Vor den Anwesenden verlas er folgenden Brief an den Papst:

Q 2 Unser Herr Christus hat uns zum Königtum, dich aber nicht zur geistlichen Herrschaft berufen. Unsere Bischöfe, die Gott berief, hast du, der Unberufene, zu verachten gelehrt. Auch mich hast du angetastet, mich, von dem die Überlieferung lehrt, daß ich nur von Gott gerichtet werden darf. So steige denn, der du durch diesen Fluch und das Urteil aller unserer Bischöfe und unser eigenes verdammt bist, herab und verlasse den päpstlichen Stuhl, den du dir angemaßt hast.
Ich, Heinrich, von Gottes Gnaden König, mit allen unseren Bischöfen, wir sagen dir: steige herab, steige herab!

Der Papst antwortete auf diese Herausforderung mit dem Kirchenbann.
Inmitten einer großen Versammlung von Kirchenfürsten betete er:

Q 3 Heiliger Petrus, du Fürst der Apostel, höre mich, deinen Knecht an.
Durch deine Gnade ist mir von Gott die Macht gegeben, zu binden und zu lösen im Himmel und auf Erden. Hierauf fest vertrauend, untersage ich König Heinrich, der sich gegen deine Kirche in unerhörtem Stolz erhoben hat, die Herrschaft über

das ganze Reich der Deutschen und über Italien, und ich löse alle Christen von den Banden des Eides, den sie ihm geschworen haben oder noch schwören werden, und ich verbiete, daß ihm irgend jemand wie seinem König dient.

1 *Nennt die Gründe, die Heinrich für die Absetzung des Papstes, der Papst für die Absetzung Heinrichs anführt.*
2 *Stellt fest, auf wen sich König und Papst bei ihrer Entscheidung berufen.*
3 *Überlegt, in welchen Gewissenskonflikt die Lehnsleute des Königs gerieten.*
4 *Besprecht, auf wessen Seite ihr euch gestellt hättet. Begründet eure Entscheidung.*

Der Gang nach Canossa
Der päpstliche Bann wirkte sich für König Heinrich verhängnisvoll aus. Während die meisten Bischöfe dem König die Treue hielten, sahen Herzöge und Grafen ihre Chance gekommen, die eigene Machtstellung auszubauen. Sie weigerten sich, dem König länger zu gehorchen. Offen drohten sie Heinrich IV. damit, einen neuen König zu wählen, falls er nicht binnen eines Jahres vom Bann gelöst sei.
Heinrich IV. entschloß sich daher, nach Italien zu ziehen, um vom Papst die Lossprechung vom Bann zu erhalten. Da die süddeutschen Fürsten die Alpenpässe gesperrt hatten, mußte er Anfang Januar 1077 den Umweg über Burgund nehmen (Karte).
Heinrich begab sich sofort nach Canossa. Hier befand sich der Papst zusammen mit Hugo, dem berühmten Abt des Klosters Cluny und Taufpaten des Königs.
In einem Schreiben an die deutschen Fürsten schildert der Papst kurz danach, was dann geschah:

Q 1 Der König kam persönlich mit wenigen Leuten, ohne eine feindliche oder verletzende Haltung zu zeigen, zur Burg Canossa, wo wir uns aufhielten. Und dort harrte er drei Tage hindurch vor dem Tor der Burg ohne alle Zeichen der königlichen Würde, in jämmerlichem Aufzug, nämlich ohne Schuhe und in wollenem Gewand; er hörte nicht eher auf, unter vielen Tränen Hilfe und Trost des apostolischen Erbarmens zu erflehen, als bis alle sich für ihn mit vielen Bitten und Tränen einsetzten. Schließlich ließen wir uns durch seine beharrliche Reue und die dringende Fürbitte aller dort Anwesenden überwinden, lösten ihn von der Fessel des Bannfluches und nahmen ihn wieder in die Gnade des Abendmahles und in den Schoß der heiligen Mutter Kirche auf.

5 *Gebt eine Erklärung dafür, daß viele Bischöfe dem König treu blieben, viele Adlige sich aber dem Papst anschlossen.*
6 *Versucht eine Beurteilung der Ereignisse in Canossa aus der Sicht des Papstes und jener des Kaisers. Gibt es eurer Meinung nach hier Sieger und Verlierer? Begründet eure Antwort.*

Zu einer endgültigen Einigung kam es erst fast 50 Jahre später im Wormser Konkordat (= Übereinkunft zwischen Staat und Kirche) vom Jahr 1122. Von nun an wurden die Bischöfe frei gewählt vom Domkapitel, der Versammlung der höchsten Geistlichen des Bistums*. Dann erfolgte durch den König die Belehnung mit dem Zepter* als Zeichen der weltlichen Herrschaft. Anschließend erfolgte die Weihe. Vertreter des Papstes übergaben dabei Ring und Stab als Zeichen der kirchlichen Gewalt.

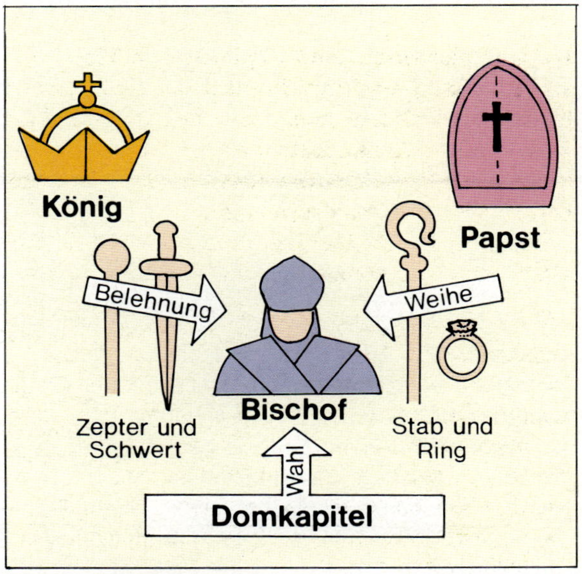

Wormser Konkordat 1122.

Christus als Anführer der Kreuzfahrer, in seiner rechten Hand die Bibel. Buchmalerei aus dem 13. Jahrhundert.

Aufruf zum ersten Kreuzzug

1 *Beschreibt das Bild. Beachtet auch Rüstung und Kleidung der dargestellten Personen.*

2 *Äußert eure Meinung über diese Darstellung Christi.*

Im November 1095 fand in Clermont (Mittelfrankreich) eine Kirchenversammlung statt.
Zum Abschluß hielt Papst Urban II. eine Rede, die von einem Teilnehmer später aufgeschrieben wurde:

Q 1 Ihr Volk der Franken, ihr seid Gottes geliebtes und auserwähltes Volk. An euch richtet sich unsere Rede:
Von Jerusalem und Konstantinopel kam schlimme Nachricht zu uns. Ein fremdes und gottloses Volk hat die Länder der dortigen Christen besetzt und durch Mord, Raub und Brand entvölkert. Die Kirchen wurden gründlich zerstört oder beschlagnahmt. Das Volk, das den wahren Gott verehrt, ist erniedrigt. Das auserwählte Volk muß unter unwürdiger Bedrückung leiden. Liebe Brüder, wer kann das mit trockenen Augen anhören?
Unerschrockene Ritter, gedenkt der Tapferkeit eurer Väter. Das Land, in dem ihr wohnt, ist von euch viel zu dicht bevölkert. Es hat keinen Überfluß an Reichtum und liefert seinen Bauern kaum die nötigste Nahrung.
Tretet den Weg zum Heiligen Grab an, nehmt das Land dort dem gottlosen Volk, macht es euch untertan. Jerusalem ist der Mittelpunkt der Erde, das fruchtbarste aller Länder.
Wir aber erlassen allen gläubigen Christen, die gegen die Heiden die Waffen erheben, alle Strafen, die die Kirche für ihre Sünden über euch verhängt hat. Und wenn einer dort in wahrer Bußfertigkeit sein Leben im Kampf gegen die Heiden verliert, so darf er fest glauben, daß ihm seine Sünden vergeben werden und er das ewige Leben erlangt.

3 *Schreibt auf, mit welchen Hinweisen der Papst die Zuhörer für den Kreuzzug gewinnen will.*

Wie ein Ritter auf den Aufruf des Papstes reagierte, zeigt folgender zeitgenössischer Bericht:

Q 2 Tankred kam Tag für Tag mehr in einen inneren Zwiespalt. Immer öfter ergriff ihn die Angst, daß sein Kriegsdienst und seine Kämpfe gegen das Gebot Gottes verstoßen könnten. Denn der Herr befiehlt, daß derjenige, dem einer auf die Wange schlägt, auch die andere hinhalten soll.
Doch nachdem Papst Urban allen Christen für den Kampf gegen die Heiden die Vergebung aller Sünden versprach, da erwachte auch sein Eifer. Vorher war er im Zweifel, welchen Weg er gehen sollte: den des Evangeliums oder den der Welt. Nachdem aber das Waffenhandwerk in den Dienst Christi gestellt worden war, entschied sich Tankred für den Kampf.

4 *Wiederholt in eigenen Worten die Gedanken Tankreds, seine Zweifel und seine Entscheidung für den Kampf im „Dienste Christi".*

5 *Sprecht darüber, wie ihr diese Entscheidung beurteilt.*

Die Eroberung Jerusalems

6 *Stellt mit Hilfe einer geographischen Karte fest, durch welche heutigen Staaten die Kreuzfahrer auf ihrem Fußmarsch gekommen sind.*

Im Sommer des Jahres 1096 brach ein gut ausgerüstetes Ritterheer auf. Ein Kreuz aus rotem Stoff war auf den Kleidern und Mänteln aller Ritter zu sehen, das Zeichen der Kreuzfahrer.
Über Konstantinopel und durch Kleinasien führte der Weg.

Die Kreuzzüge

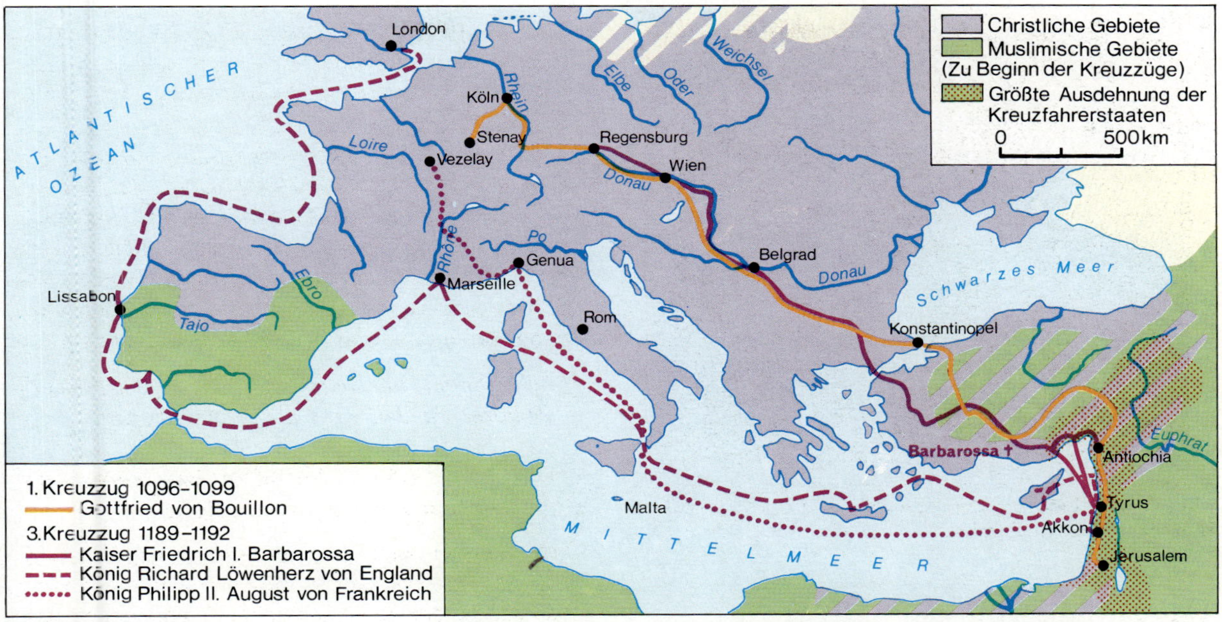

Karte der Kreuzzüge.

Ein Teilnehmer berichtete:

Q 1 Und wir kamen durch Wüsten und ein wasserloses und unwirtliches Land, aus dem wir nur mit Mühe wieder herauskamen. Hunger und Durst bedrängten uns überall, und wir hatten fast nichts mehr zu essen außer den Dornensträuchern, die wir ausrissen und zwischen den Händen zerrieben; das waren die Speisen, von denen wir jämmerlich lebten. Dort starb der größte Teil unserer Pferde, so daß viele unserer Ritter zu Fuß gingen. Aus Mangel an Reitpferden bedienten wir uns der Ochsen als Schlachtrosse, und Ziegen, Hammel und Hunde mußten in dieser äußersten Not unser Gepäck tragen.

Am 7. Juni 1099 erreichten die Reste des völlig erschöpften Heeres die Stadt Jerusalem. Fast fünf Wochen tobte der Kampf vor den Mauern. Dann konnten die Ritter in die Stadt eindringen.
Wilhelm von Tyrus, ein christlicher Geschichtsschreiber, schilderte fast 100 Jahre später das Ereignis:

Q 2 Sofort durchzogen die Ritter die Straßen und Plätze der Stadt. Alle Feinde, die sie finden konnten, streckten sie mit dem Schwert nieder. Bald lagen überall so viele Erschlagene, daß man nur noch über Leichen gehen konnte.
Der größte Teil der Bevölkerung hatte sich nach dem Tempelhof geflüchtet, weil er mit starken Mauern und Türmen umgeben war. Doch diese Flucht brachte den Menschen keine Rettung. Über zehntausend Feinde sollen in diesem Bezirk umgebracht worden sein. Es geschah sicherlich nach dem gerechten Urteil Gottes, daß die, welche das Heiligtum des Herrn mit ihren abergläubischen Gebräuchen entweiht hatten, es mit ihrem eigenen Blut reinigen mußten.
Als endlich auf diese Weise die Ordnung in der Stadt hergestellt war, legten sie die Waffen nieder, wuschen sich die Hände und zogen reine Kleider an. Dann gingen sie mit demütigem und zerknirschtem Herzen an den heiligen Orten umher, an denen auch Christus gewesen war.

1 *Ein Kreuzfahrer schreibt einen Bericht über die Eroberung Jerusalems an seine Angehörigen. Überlegt, was er berichten wird über die Bewohner Jerusalems.*

2 *Ein Bewohner Jerusalems, ein Muslim, berichtet seinen Angehörigen das gleiche Ereignis. Schreibt dazu eine kurze Erzählung.*

3 *Informiert euch, für welche Religionsgruppen heute noch Jerusalem eine sehr wichtige Stadt ist.*

Rückseite eines Wagens bei einer christlichen Prozession auf Sizilien. Dargestellt ist der Kampf zwischen Christen und Muslimen.

Die Kreuzfahrerstaaten

Dem ersten Kreuzzug folgten bis zum Jahr 1270 noch sechs weitere. Die Kreuzfahrer gründeten im Heiligen Land sogenannte „Kreuzfahrerstaaten". Zum Schutz gegen die „Ungläubigen" und zur Pflege der Kranken schlossen sie sich außerdem in verschiedenen Orden zusammen, den Templern, Johannitern und Deutschherren.

Die Kreuzfahrerstaaten bildeten immer wieder ein Angriffsziel für die Muslime. Unter ihrem Sultan Saladin konnten sie die meisten Gebiete zurückerobern. Im Jahr 1187 gelang Saladin auch die Besetzung Jerusalems.

Ein Kampfgefährte des Sultans berichtete:

Q Eines Tages führte man dem Sultan 45 christliche Gefangene vor. Die jüngsten Kinder Saladins hatten Gelegenheit, einen der Gefangenen zu sehen. Sie verlangten, ihm den Kopf abzuschlagen. Aber der Sultan lehnte dies ab. Als ich ihn nach dem Grund fragte, sagte er: Ich will nicht, daß sie sich schon so früh daran gewöhnen, Blut zu vergießen. In ihrem Alter wissen sie nicht, was es heißt, ein Muslim oder ein Ungläubiger zu sein, und so würden sie sich daran gewöhnen, eilfertig mit dem Leben eines anderen umzugehen.

Um 1300 eroberten die Muslime auch die übrigen Kreuzfahrerstaaten. Die Ritterorden zogen sich jetzt zurück: die Johanniter gingen nach Malta und werden deshalb heute „Malteser" genannt; der Deutsche Ritterorden suchte sich ein neues Aufgabengebiet im späteren Ostpreußen (vgl. S. 182).

1 *Vergleicht das Vorgehen der Kreuzritter nach der Eroberung Jerusalems mit der Haltung des Sultans.*

2 *Sprecht über das Bild. – Wie denkt ihr darüber, wenn auch heute noch die Erinnerung an die Auseinandersetzung zwischen Christen und Muslimen auf diese Weise wachgehalten wird?*

Was man beachten muß, wenn man Berichte aus früheren Zeiten liest

Während des ersten Kreuzzuges belagerten und eroberten die Kreuzfahrer auch die Stadt Antiochia (vgl. Karte S. 147).

Über die Vorgänge in der Stadt während der Belagerung gibt es Berichte von einem christlichen und einem islamischen Geschichtsschreiber:

Q 1 Als der Stadtherr von dem Anmarsch der Kreuzfahrer hörte, begann er die dort wohnenden Christen zu fürchten. Deswegen befahl er eines Tages den Christen, Verteidigungsgräben vor der Stadt auszuheben. Sie arbeiteten daran bis zum Nachmittag. Als sie zurück in die Stadt wollten, verbot er ihnen den Zugang und sagte: „Antiochia gehört euch, aber ihr müßt es mir überlassen, bis ich sehe, was sich zwischen uns und den Franken ergibt." Sie sagten: „Wer schützt unsere Frauen und Kinder?" Er antwortete: „Ich will es für euch tun." Sie fanden sich damit ab und blieben im Lager der Franken, die die Stadt neun Monate lang belagerten. Der Stadtherr aber schützte die Familien der Christen Antiochias und ließ nicht zu, daß ihnen auch nur ein Haar gekrümmt wurde.

Q 2 Als die Kreuzritter vor den Mauern Antiochias angekommen waren, hielten die mohammedanischen Einwohner alle christlichen Mitbürger für verdächtig. Sie vertrieben deshalb alle körperlich Schwachen unter den Christen, weil sie nur hinderlich waren, und ferner alle Armen. So blieben in der Stadt allein die reichen Christen. Diese wurden jedoch mit so vielen außergewöhnlichen Belastungen überhäuft, daß man sagen konnte: Es wäre für sie besser gewesen, ebenfalls zu den Vertriebenen zu gehören als zu jenen, denen man angeblich aus besonderer Gnade den Verbleib in der Stadt gewährt hatte. Man erpreßte von ihnen alles, was sie besaßen; man holte sie aus ihren Häusern und zwang sie, die niedrigsten Dienste zu verrichten. Die einen waren gezwungen, Steine zu schleppen, Zement und alles für die Verteidigungsbauten nötige Material zu holen, andere hatten den Befehl, für die Maschinen die Felsquader zu besorgen, die damit über die Mauern geschleudert werden sollten. Und alle waren gezwungen, blindlings den Launen der Vorgesetzten zu folgen, ohne einen einzigen Augenblick Ruhe zu haben.

1 *Überlegt, welcher Bericht von dem christlichen, welcher vom islamischen Geschichtsschreiber stammt. Begründet euer Ergebnis.*

Unterschiedliche Berichte über das gleiche Ereignis können wir fast jeden Tag hören. Ein einfaches Beispiel: In einem Fußballspiel gibt der Schiedsrichter einen Elfmeter. Anhänger der beiden Mannschaften werden die Situation, die zum Elfmeter führte, meistens ganz unterschiedlich gesehen haben und entsprechend urteilen: ein ganz klarer Fall für einen Strafstoß – eine unmögliche Schiedsrichterentscheidung.

Ähnlich ist es auch bei vielen Berichten, die uns aus früheren Zeiten überliefert sind. Wenn man einen Bericht auf seinen Wahrheitsgehalt überprüfen will, muß man daher zunächst soweit wie möglich einige Fragen klären, nämlich zum Geschichtsschreiber und zum Bericht selber:

Der Geschichtsschreiber

- Hat er die Ereignisse, von denen er berichtet, selber miterlebt?
- Von wem hat er etwas über das Ereignis erfahren?
- Welche Absichten verfolgt der Schreiber mit seinem Bericht? – Will er bei den Lesern einen bestimmten Eindruck erwecken?
- Wie steht der Schreiber zu den Personen oder Gruppen, über die er schreibt? – Ergreift er für eine Seite Partei?
- Wo und wann spielt das Ereignis, über das berichtet wird?
- Was steht im Text. Wovon wird nicht berichtet?
- Was steht im Mittelpunkt des Berichts? – Wie kann man den Inhalt kurz zusammenfassen?
- Gibt es Wörter, Begriffe, die in dem Bericht eine besonders wichtige Rolle spielen?
- Enthält die Beschreibung auch Wertungen?

2 *Lest unter Beachtung dieser Fragen nochmals beide Berichte. Unterhaltet euch anschließend darüber, ob die Berichte eurer Meinung nach zuverlässig oder einseitig sind, ob es sich um eine bloße Mitteilung oder eher um einen wertenden Bericht handelt.*

Die Landesherrschaft

1 *Vergleicht die Karte S. 151 mit der Karte S. 139. Welche Unterschiede stellt ihr fest?*

Den langjährigen Streit zwischen Papst und König hatten Äbte und Bischöfe, Herzöge und Grafen dazu benützt, ihre eigene Machtstellung auszubauen. So entstanden im Deutschen Reich im Laufe der Zeit zahlreiche kleinere und größere Herrschaftsgebiete. Nur wenigen Fürsten aber gelang es, durch geschickte Heiratspolitik, durch Kauf und Tausch und auch durch gewaltsame Eroberungen, ein großes, zusammenhängendes Territorium (von lateinisch: terra = Erde, Land) zu erwerben, in dem sie als Landesherren weitgehend unabhängig regieren konnten.
Zugunsten der Landesherren verkündete der deutsche König im Jahre 1232 folgendes Gesetz:

Q 1. Wir setzen fest, daß keine neuen Burgen oder Städte auf geistlichem Gebiet von uns errichtet werden dürfen.
6. Jeder Fürst kann über die Gerichtsbarkeiten, Grafschaften und Zehnten nach den Gewohnheitsrechten seines Landes frei verfügen.
17. Im Lande eines Fürsten wollen wir keine neue Münze schlagen, durch welche die Münze des Fürsten im Wert gemindert werden könnte.

Um eine übersichtliche Verwaltung zu ermöglichen, wurden die größeren Länder in zahlreiche, fast gleich große Verwaltungsbezirke eingeteilt. Diese Bezirke bestanden aus einer Stadt und den umliegenden Ortschaften. Unterstellt waren sie dem vom Landesherrn eingesetzten Amtmann.
Der Amtmann hatte fast sämtliche herrschaftlichen Befugnisse für den Bezirk in seiner Hand: Er war militärischer Befehlshaber und Gerichtsvorsteher, er übte die Polizeigewalt und andere Hoheitsrechte seines Herrn aus, zugleich war er häufig auch noch der Finanzbeamte, der die Abgaben der Untertanen einzog. Als Finanzbeamter war der Amtmann auch verantwortlich für das gesamte herrschaftliche Bauwesen seines Bezirkes, für Burgen, Schlösser, Amtshäuser, Weinkeller, für Mühlen und Brücken und die Instandhaltung der Fischteiche.
Jedes Land hatte seine eigene Währung, seine eigenen Maße und Gewichte. Die Grenzen eines jeden Landes wurden von Zoll- und Grenzstationen gesichert. An diesen Stationen wurden Reisende und Warenladungen kontrolliert.

2 *Informiert euch, von wem heute die Aufgaben des Amtmanns wahrgenommen werden.*

3 *Sucht auf der Karte einen Reiseweg von Köln nach Bremen. Benennt die Länder, durch die man dabei kommt. Zählt, wie viele Grenzen man dabei überqueren muß.*

Zusammenfassung

Grafen, Bischöfe und Äbte wurden für ihre Reichsdienste entlohnt, indem sie vom Kaiser große Güter, Grafschaften und Herzogtümer als Lehen erhielten. Sie waren damit Kronvasallen. Kronvasallen konnten die erhaltenen Güter weiterverleihen an Untervasallen. Im 9. Jahrhundert setzten die großen Adelsgeschlechter durch, daß sie die Lehen einfach weitervererben konnten. Die deutschen Könige und Kaiser belehnten daher lieber Bischöfe und Äbte, da sie keine Erben hatten. Bischöfe und Äbte wurden so immer mehr auch zu weltlichen Herren. Im Laufe der Zeit vernachlässigten sie dabei das religiöse Leben.
Die Erneuerung der Kirche ging von Cluny aus, dessen Äbte immer wieder forderten, daß Bischöfe und Äbte nicht durch den König eingesetzt werden dürften. Über diese Frage kam es zum Konflikt zwischen Heinrich IV. und Gregor VII. Eine Lösung wurde erst mit dem Wormser Konkordat gefunden. Nach einem Aufruf von Papst Urban II. im Jahre 1095 begann ein Jahr später der erste Kreuzzug, dem weitere sechs folgten. Ziel der Kreuzzüge war die Eroberung Jerusalems, das unter mohammedanischer Herrschaft stand. Nach anfänglichen Erfolgen und der Gründung von Kreuzfahrerstaaten eroberten die Mohammedaner um 1300 die letzten der von den Kreuzrittern besetzten Gebiete zurück.
Den Streit zwischen Papst und König benutzten Äbte und Bischöfe, Herzöge und Grafen dazu, ihre eigene Machtstellung auszubauen. So entstanden zahlreiche kleinere und größere Länder, in denen die Landesherren weitgehend unabhängig regieren konnten.

Westfälische Territorien um 1400.

9. Stände und Lebensformen im Mittelalter

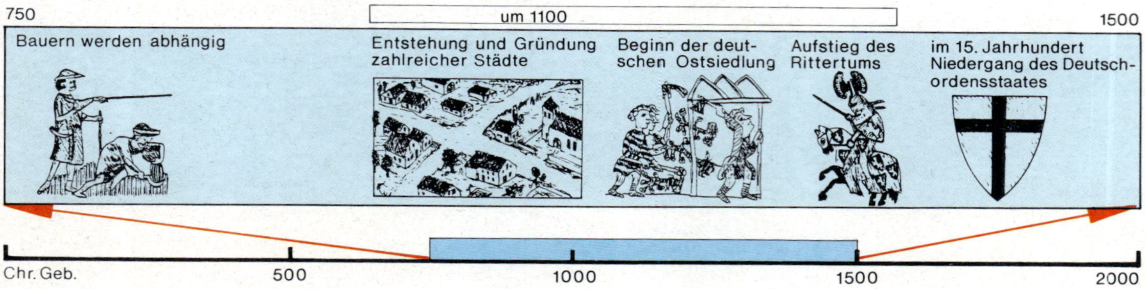

Christus, über den Regenbogen, spricht zu den drei Ständen. Holzschnitt, 1492.

Christus über den Regenbogen spricht
zu der Gruppe rechts von ihm: Du sollst demütig beten
zu der Gruppe links von ihm: Du sollst (die anderen) beschützen
zu der unteren Gruppe: und Du sollst arbeiten.

– *Beschreibt die auf diesem Bild dargestellten Gruppen und bezeichnet sie mit einem Namen.*

Der französische Bischof Adalbero schrieb im Jahr 1016 über diese drei Gruppen:

Q Die Christenheit ist dreigeteilt: die einen beten, die anderen kämpfen, die dritten endlich arbeiten. Diese drei miteinander lebenden Gruppen können nicht getrennt werden. Die Dienste der einen Gruppe sind die Voraussetzung für die Werke der beiden anderen.

– *Ersetzt in dem letzten Satz die Worte „der einen" bzw. „der beiden anderen" durch die entsprechende Bezeichnung.*

– *Sucht gemeinsam eine Begründung zu finden für die Behauptung: Die Dienste der einen Gruppe sind die Voraussetzung für die Werke der beiden anderen.*

Der Adel

Die Nürnberger Burg heute. Luftaufnahme.

In einer Zeitung erschien vor kurzem folgende Mitteilung:

Glücksspiel und Delikatessen*

Funde beweisen luxuriöses Leben der Nürnberger Burggrafen im 14. Jahrhundert. Bei Grabungen in der Burg kamen zahlreiche Funde ans Tageslicht, die Rückschlüsse auf den Speisezettel, das Freizeitvergnügen und den Wohnkomfort der Burgbewohner ermöglichen.

Wie der Grabungsleiter erklärte, habe man überraschend viele Funde gemacht: So sind in einer Erdschicht unmittelbar neben einem Mauersockel der mittelalterlichen Burg Dutzende von Tierknochen, Getreidekörner und Gemüseüberreste gefunden worden. Sie beweisen, daß die Burggrafen besser tafelten als ihre Zeitgenossen. Neben Schwein und Rind gehörten auch Wild und Geflügel bereits zur täglichen Nahrung. Auch Fische aus entfernter gelegenen Gewässern waren auf den gräflichen Tellern keine Seltenheit.

Zwei aus Tierknochen gefertigte Würfel deuten daraufhin, daß man sich die Zeit beim Würfelspiel vertrieb. Auf den hohen Wohnkomfort lassen Scherben schließen. Sie stammen wahrscheinlich von einer zu dieser Zeit noch unüblichen Fensterverglasung.

1 *Stellt fest, wie man Kenntnisse über das Leben der Nürnberger Burggrafen erhält.*

2 *Nennt die Dinge, die im Zeitungsartikel als besonderer Luxus angesehen werden.*

3 *Beschreibt das Bild. Stellt Vermutungen darüber an, wozu die einzelnen Bauwerke dienten.*

4 *Schreibt stichwortartig auf, was ihr bereits über das Leben auf den Burgen wißt und sprecht anschließend darüber.*

Darstellung am Züricher Großmünster.

Ein neuer Stand* entsteht

1 *Vergleicht die Darstellungen der Krieger auf dieser Doppelseite. Nennt Veränderungen der Bewaffnung und der Kampfesweise.*

2 *Äußert Vermutungen über Unterschiede bei den Kosten und der Ausbildung der Krieger.*

Die germanischen Stämme der Völkerwanderungszeit hatten sich ihre Reiche zu Fuß erobert. Ihre Bewaffnung waren das Kurzschwert und der Schild. In Zeiten ohne Krieg waren die germanischen Krieger Bauern.

Zu Beginn des 8. Jahrhunderts bedrohte ein gefährlicher Gegner Europa: Die Araber hatten sich nach Mohammeds Tod im Jahr 632 n. Chr. aufgemacht, die neue Religion des Islam in der Welt zu verbreiten. Dabei eroberten sie ganz Nordafrika, setzten 711 nach Spanien über und zerschlugen das Westgotenreich (vgl. S. 125).

Die Angriffe der Araber erfolgten auf schnellen Pferden. Mit ihrer weitreichenden Bogenwaffe waren sie ihren Gegnern stets überlegen.

Die Franken verfolgten mit Sorge das Vordringen der Araber. Das Schicksal des Westgotenreiches bereitete ihnen große Furcht. Deshalb suchten sie nach neuen Verteidigungsmethoden gegen die arabische Bedrohung.

732 überschritten die Araber die Pyrenäen und fielen in das Reich der Franken ein. Nun setzten sich die Franken auf neuartige Weise zur Wehr:

An Stelle des Volksaufgebotes aus Fußsoldaten stellten sie ein berittenes Heer. Außerdem schützten sich die fränkischen Krieger vor Pfeilen und Schwerthieben durch eine Panzerrüstung.

Ende Oktober 732 wurden die Araber von diesen fränkischen Reiterkriegern in einer Schlacht besiegt. Damit war das Vordringen der Araber gestoppt.

Die neue Ausrüstung der fränkischen Krieger war teuer. Ein Reitpferd hatte den Wert von acht Ochsen, eine Panzerrüstung entsprach dem Wert eines mittleren Bauernhofes. Außerdem setzte die teure Ausrüstung ständige Übung im Waffenhandwerk und dauernde Kriegsbereitschaft voraus. Der Reiterkrieger mußte das Waffenhandwerk berufsmäßig betreiben. Aus dem Reiterkrieger wurde der Ritter. Dies war aber zunächst nur ein Berufsstand. Ritter konnte jeder sein, der ein Pferd und eine Rüstung besaß.

3 *Nennt den Anlaß für das Entstehen eines Reiterheeres im Frankenreich.*

4 *Erklärt, warum es notwendig war, daß ein Reiterkrieger ein Berufskrieger sein mußte.*

Ritter zu Pferd. Buchmalerei aus dem 14. Jahrhundert.

Der Ritterstand

Da ein Berufskrieger sich nicht um seinen Lebensunterhalt kümmern konnte, mußte er begütert sein. Etwa 150 Hektar mit seinen landwirtschaftlichen Erträgen waren nötig, um Ausrüstung und Lebensunterhalt eines Ritters zu finanzieren.

Nur Adelige waren deshalb in der Lage, diesen Beruf auszuüben: Adelige verfügten über ererbten Grundbesitz. Für ihre Dienste als Reiterkrieger erhielten die Adeligen vom König außerdem noch weiteren Grund und Boden als Lehen.

Diese Lehen* wurden bereits unter Karl dem Großen zu Eigentum. Deshalb sahen viele Adlige nicht mehr ein, warum sie überhaupt für den König Kriegsdienst leisten sollten. Lieber wollten sie ihren Besitz und Reichtum genießen, als sich den Gefahren von Kriegen auszusetzen. So weigerten sie sich, ihren Kriegsdienst zu leisten.

Um trotzdem genügend Reiterkrieger zur Verfügung zu haben, wurden auch Nichtadlige mit Lehen bedacht. Sie wurden Verwalter auf Burgen und waren sogar Heerführer. In ihrer gesamten Lebensweise glichen sie sich bald dem Adel an. So verschwanden die alten Unterschiede zwischen den Adeligen von Geburt und den Reiterkriegern sehr schnell. Zusammen bildeten sie einen neuen Stand: den Ritterstand.

Im Laufe des 12. Jahrhunderts schloß sich der Ritterstand nach unten hin ab. Nun konnte nicht mehr jeder tüchtige Krieger Ritter werden. Ritter wurde nur noch der, dessen Vater bereits Ritter war.

1 *Sprecht darüber, warum man Nichtadeligen Lehen geben mußte, um sie als Ritter einsetzen zu können.*

2 *Äußert Vermutungen darüber, wieso seit dem 12. Jahrhundert nicht mehr jeder Ritter werden konnte.*

Page beim Tischdienst. Buchmalerei.

Ausbildung zum Ritter
In einer Schrift aus dem 14. Jahrhundert heißt es über die Anforderungen an einen Ritter:

Q 1 Zu einem vollkommenen Ritter gehört, daß er gut reiten, schnell auf- und absitzen, gut traben, rennen und wenden kann. Zum zweiten muß er schwimmen, im Wasser tauchen und sich vom Rükken auf den Bauch und vom Bauch auf den Rücken drehen können. Zum dritten muß er mit Armbrust und Bogen schießen können: davon hat er bei Fürsten und Herzögen wohl Nutzen. Zum vierten muß er auf Leitern klettern können, wenn es nötig ist, wie etwa im Kriege, auch an Stangen und Seilen. Zum fünften muß er wohl turnieren können, streiten und stechen und recht und redlich im Zweikampf bestehen. Zum sechsten muß er zu Abwehr und Angriff ringen können, auch weit springen und mit der Linken ebenso gut fechten wie mit der Rechten. Zum siebten muß er bei Tische aufwarten können, tanzen und hofieren, auch Schach zu spielen verstehen und alles, was ihm zur Zierde gereicht.

1 *Erstellt eine Liste der Fertigkeiten, die von einem Ritter erwartet wurden.*
2 *Sprecht darüber, bei welchen Gelegenheiten der Ritter diese Fertigkeiten brauchte.*
3 *Überlegt, welche Kenntnisse und Fertigkeiten ihr vermißt.*

Page* und Knappe*
Die Erziehung zum Ritter begann mit dem siebten Lebensjahr. Der Junge wurde an den Hof eines anderen Ritters gegeben. Dort lernte er als Page zunächst höfisches Benehmen, d. h. ein Betragen, wie es an einem Adels- oder Königshof üblich war, vor allem das Benehmen bei Tisch.
In einer Anweisung aus dem Jahre 1250 heißt es:

Q 2 Man schmatzt und rülpst auch nicht und schneuzt nicht in das Tischtuch. Ein Edelmann ißt nicht mit einem anderen zusammen vom gleichen Löffel . . . Es ist bäuerliche Sitte, mit angebissenem Brot wieder in die Schüssel einzutunken. Aus der Schüssel trinkt man nicht wie ein Schwein. Wird einem das Trinkgefäß gereicht, soll man sich den Mund abwischen und nicht in den Trunk blasen und nicht zuviel heraustrinken.

4 *Diskutiert darüber, warum man Regeln für Tischsitten festlegte.*
5 *Sprecht über heutige Eßmanieren.*
6 *Beschreibt das Bild.*

Zur Ausbildung eines Pagen gehörte ferner, daß er ein guter Jäger wurde, sich ständig im Waffenhandwerk übte und die Turnierregeln kannte. Schreiben und Lesen hingegen galten als „pfäffische Künste", um die sich ein Ritter nicht zu kümmern brauchte. Mit vierzehn Jahren erhielt der angehende Ritter ein Schwert und wurde der Knappe seines Lehrmeisters. Er begleitete seinen Herrn auf die Jagd oder in den Kampf. Er trug ihm Speer und Schild und bediente ihn beim Essen.

Der Ritterschlag
Mit 21 Jahren wurde der Knappe zum Ritter geschlagen. Die Nacht davor verbrachte er mit Gebeten in der Kapelle, bevor ihn andere Knappen in die Messe führten. Hier empfing er nach dem Rittergelübde sein Schwert, das der Priester zuvor gesegnet hatte. Nun trat sein Herr und Lehrmeister vor, schlug ihm mit der flachen Klinge leicht auf den Nacken oder die Schulter: „Im Namen Gottes, des heiligen Michael und des heiligen Georg schlage ich dich zum Ritter; sei tapfer, unverzagt und getreu!" Stolz erhob sich der junge Ritter. Nun gehörte er dazu.

7 *Seht euch die Bilder auf der gegenüberliegenden Seite an. Beschreibt die Ausrüstung eines Ritters.*

1 **Ritter- oder Waffensaal.** Foto.

Die Rüstung

Kein Ritter trug ständig seine Rüstung. Dazu war sie zu schwer und unbequem. Eine Ketten- oder Maschenrüstung wog schon 20 kg. Nach Einführung der Armbrust mit ihrer höheren Durchschlagskraft führte man den Plattenpanzer (Bild 2) aus Stahl ein. Er wog bis 50 kg. Zwei Knappen waren nötig, um den Ritter zu rüsten. Fiel er im Kampf vom Pferd, war er recht hilflos. Half ihm sein Knappe nicht rechtzeitig auf die Füße, konnte er leicht besiegt werden. Über der Rüstung trug der Ritter noch einen ärmellosen Waffenrock, der die leicht rostende Rüstung vor Feuchtigkeit schützen sollte und bei starkem Sonnenschein das Aufheizen der Rüstung milderte. Wappenzeichen auf den Schilden halfen den Rittern sich zu orientieren, wenn sie mit geschlossenen Visieren kämpften.

Seit dem 17. Jahrhundert bot die Rüstung gegen die vordringenden Feuerwaffen keinen Schutz mehr und wurde nur noch bei festlichen Anlässen getragen oder als Prunkstück auf Gemälden dargestellt.

2 **Ritterrüstung mit Plattenpanzer.** Foto.

Ein Ritterturnier. Buchmalerei für den Herzog von Burgund, um 1470.

Ein Ritterturnier

1 *Seht euch das Bild an und nennt die verschiedenen Personengruppen, die beim Turnier anwesend sind.*

Nach dem Ritterschlag durfte der junge Ritter erstmals als Kämpfer an einem Turnier teilnehmen. Als Berufskrieger mußte er sich ständig in der Beherrschung seiner Waffen üben. Diesem Zweck dienten die Turniere. Sie waren aber zugleich prächtige und aufwendige Feste der ritterlich-höfischen Gesellschaft. Siege im Turnier galten als ebenso ehrenhaft wie Siege im Krieg. Der Turnierplatz war durch Schranken abgetrennt. Dahinter drängten sich die Zuschauer. Vornehme und edle Damen saßen auf einer Tribüne.

Beim Zweikampf kam es darauf an, daß der gepanzerte Ritter beim Aufeinandertreffen im schärfsten Galopp seinen Gegner mit der 3,70 m langen Stechlanze aus dem Sattel hob. Der Sieger erhielt aus der Hand einer Dame den Siegespreis. Der in den Sand gestoßene Gegner verlor oft Pferd und Rüstung an den Sieger. Manch armer Ritter erkämpfte sich dabei ein wertvolles Pferd und eine moderne Rüstung.

Nach den Einzelkämpfen begannen die Gruppenkämpfe. Scharen von Rittern stürmten aufeinander los.

Q Man gab den Rossen die Sporen, zu kräftigem Stoß sprengten die Ritter aufeinander los. Mann und Roß sah man stürzen. Mächtig krachten die Speere, heftig stießen die Schilde aneinander, davon schwollen die Knie. Beulen und Wunden von den Speeren gab es genug, die Panzerringe bereiteten Schmerzen und manches Glied war verrenkt. Das Turnier war wirklich gut. Man verstach viele große Speere, und wer durch sie zu Boden gefällt wurde, der litt viel Schmerz durch Tritte.

Nicht immer ging es mit Beulen und Wunden ab. 1241 blieben bei einem Turnier in Neuß bei Köln 60 Ritter tot auf dem Platz.

Vom Abschied bis zur Heimkehr: Ritter im Turnier. Buchmalereien aus der Manessischen Liederhandschrift, 14. Jahrhundert.

1 *Ein Knappe begleitet seinen Herrn zum ersten Mal zu einem Turnier. Nach Hause zurückgekehrt, berichtet er davon. Überlegt mit Hilfe der Bilder dieser Doppelseite sowie des Textes, was der Knappe erzählt haben könnte. Berichtet auch, was die Zuschauer und der Ritter gesagt oder empfunden haben könnten.*

[1] **Frau beim Hanfschlagen.**

[2] **Ein Händler bietet der Burgherrin seine Waren an.**

[3] **Herstellung von Leinen:** Flachs bündeln, raufen, kämmen und spinnen. Im Hintergrund ein Handwebstuhl.

[4] **Schreiberin** (rechts im Bild) **des Minnesängers Reinmar von Zweter.**

Alle Bilder außer [3] und [6] sind Buchmalereien aus der Manessischen Liederhandschrift, 14. Jahrhundert.

5 **Schachspielendes Paar.**

6 **Frauen im Garten.** Gemälde eines unbekannten Meisters, um 1410.

Die Erziehung der Mädchen

1 *Beschreibt, welche Tätigkeiten von Frauen auf den Bildern dieser Doppelseite ausgeübt werden.*

2 *Informiert euch im folgenden Abschnitt darüber, welche Aufgaben außerdem noch von Frauen übernommen wurden.*

Auch die Töchter der Ritter wurden durch eine besondere Erziehung auf ihre zukünftigen Aufgaben vorbereitet. Auf der väterlichen Burg oder bei einem benachbarten Ritter erlernten die Mädchen neben den in den Bildern dargestellten Fähigkeiten vor allem das höfische Benehmen. Manchmal sogar Fremdsprachen, wie Französisch und Latein. Doch auch die Rolle der künftigen Hausfrau mußte erlernt werden. Alle Kleidung z. B. mußte von der Burgherrin und ihren Mägden selbst genäht werden. Die Mädchen verfügten über mehr Bildung als die Jungen. Dennoch war die rechtliche Stellung der Frau schlecht. Scheidungen waren unmöglich und vor Gericht galt die Frau lange als nicht „eidesfähig“. Aber einige Frauen haben schon im Mittelalter um ihre Rechte gekämpft.

So schrieb im Jahre 1399 Christine de Pisan, eine Schriftstellerin, in ihrem „Rosenroman“:

Q Viele Schriftsteller setzen die Frauen herab. Sie sagen, viele Frauen seien hinterhältig und verschlagen, falsch und wenig wert. Andere sagen, viele seien verlogen, wechselhaft, unbeständig und leichtsinnig.

In den Evangelien* und in der Apostelgeschichte sind keine solchen Schlechtigkeiten bezeugt, sondern viel Gutes: große Tüchtigkeit, Klugheit, Vernunft und Standhaftigkeit, vollkommene Liebe und fester Glaube.

Nach seinem Tode war Jesus von allen verlassen, außer von den Frauen. Und große Ehre erwies Gott Vater der Frau, die er zu seiner Gemahlin und Mutter machte. Niemals hat Gott jemanden, abgesehen von Jesus, von ähnlicher Würde erschaffen. Aus diesen gerechten und wahren Beweisen schließe ich, daß alle vernünftigen Männer die Frauen loben, lieben und nicht herabsetzen sollen. Jeder Mann muß der Frau gegenüber zärtlich sein. Sie ist die Mutter eines jeden Mannes.

3 *Tragt die Begründungen zusammen, warum nach diesem Text die Männer die Frauen nicht herabsetzen sollen.*

1 **Niedersächsische Wasserburg,** um 1350: Marienburg bei Hildesheim.

2 **Höhenburg aus dem 15. Jahrhundert:** Burg Eltz, unweit des Moseltales.

Das Leben auf der Burg

1 *Vergleicht beide Burganlagen miteinander und sammelt Unterschiede.*

2 *Stellt fest, welche landschaftlichen Bedingungen die Baumeister der Burgen zur Verteidigung ausnutzten.*

3 *Erstellt mit Hilfe der Bilder 1 und 2 und der Zeichnung auf der nächsten Seite eine Liste der Verteidigungsanlagen von außen nach innen.*

4 *Sprecht über die Aufgabe der einzelnen Anlagen bei einer Belagerung der Burg.*

5 *Überlegt, welche Möglichkeiten es gab, eine Burg zu erobern.*

Die auf Bergkuppen errichteten Burgen heißen Höhenburgen. Im flachen Gelände Norddeutschlands entstanden überwiegend Wasserburgen, die in einen Fluß oder See gebaut oder von künstlichen Wassergräben umgeben waren.

Im 12. Jahrhundert gab es im Deutschen Reich über 19000 Burgen. Heute gibt es noch etwa 6000. Im Mittelalter dienten alle Burgen denselben Zwecken:

- Ausbau der Herrschaft über ein Gebiet,
- Sicherung von Handelswegen an Straßen, Flüssen und Häfen,
- Verteidigung in Kriegszeiten sowie
- Wohnsitz des Burgherren.

Eine mittelalterliche Burg.

Über sein Leben auf der Burg Steckelberg bei Fulda schrieb im Jahr 1518 der Reichsritter Ulrich von Hutten:

Q Die Burg selbst, mag sie auf dem Berg oder im Tal liegen, ist nicht gebaut, um schön, sondern um fest zu sein. Sie ist von Wall und Graben umgeben und innen eng, da sie durch die Stallungen für Vieh und Herden versperrt wird. Daneben liegen die dunklen Kammern, angefüllt mit Pech, Schwefel und dem übrigen Zubehör der Waffen und Kriegswerkzeuge. Überall stinkt es, dazu kommen die Hunde mit ihrem Dreck, eine liebliche Angelegenheit, wie sich denken läßt, und ein feiner Duft.
Reiter kommen und gehen, unter ihnen sind Räuber, Diebe und Banditen. Denn fast für alle sind unsere Häuser offen, entweder weil wir nicht wissen, wer ein jeder ist, oder weil wir nicht weiter danach fragen.
Man hört das Blöken der Schafe, das Brüllen der Rinder, das Hundegebell, das Rufen der Arbeiter auf dem Felde, das Knarren und Rattern von Fuhrwerken und Karren. Ja, wahrhaftig, auch das Heulen der Wölfe wird im Haus vernehmbar, da der Wald so nahe ist.
Der ganze Tag, vom frühen Morgen an, bringt Sorge und Plage, beständige Unruhe und dauernden Betrieb. Die Äcker müssen gepflügt und gegraben werden; man muß eggen, säen, düngen, mähen und dreschen. Es kommt die Ernte und Weinlese. Wenn es dann einmal ein schlechtes Jahr gewesen ist, wie es bei jener Magerkeit häufig geschieht, so tritt furchtbare Not und Bedrängnis ein. Bange Unruhe und tiefe Niedergeschlagenheit ergreifen alle.

1 *Vergleicht diesen Bericht mit den Grabungsergebnissen auf Seite 153.*

2 *Überlegt, wie die unterschiedlichen Aussagen zu erklären sind. Beachtet dabei, daß es im Deutschen Reich 19000 Burgen gab.*

3 *Macht anhand des Bildes einen Rundgang durch die Burg. Erklärt die Burganlage und berichtet vom Leben der Burgbewohner. Besprecht außerdem, was ihr gerne noch genauer wissen möchtet. Eine Gruppe versucht diese Fragen zu beantworten mit Hilfe der auf Seite 220 genannten Bücher.*

Der Burgherr im Kreise seiner Freunde beim Schachspiel. Buchmalerei aus dem 16. Jahrhundert.

Die Wohnräume

1 *Beschreibt das Bild. Vergleicht die Einrichtung dieses Raumes mit einem heutigen Wohnzimmer. Welche Unterschiede stellt ihr fest?*

Ein heutiger Geschichtsschreiber berichtet:
„Nach Tischen, Stühlen suchen wir im Rittersaal vergeblich. Die Tische werden erst hereingetragen, wenn das Mahl schon bereitet ist. Dann bringen die Knechte Schragen, kreuzweis verschränkte Untergestelle, auf die sie eine Platte auflegen. Nach dem Essen werden die Tische wieder herausgebracht. Es ist nicht allzu warm im Saal, denn durch die Fensteröffnung weht ein kühler Luftzug herein. Fensterglas gab es ja zumeist noch nicht; es galt als besonderer Luxus. Ärmere Burgherren waren deshalb auf Fensterläden angewiesen. In der kälteren Jahreszeit konnten sie nur wählen, ob sie frieren oder lieber bei geschlossenen Fensterläden und Fackeln sitzen wollten.
Im Winter war der Aufenthalt im Saal wie auch in den übrigen Wohnräumen der Burg höchst unbequem. Ein einziger Kamin im Rittersaal konnte einen so großen Raum kaum beheizen. Der Burgherr und die vornehmen Gäste saßen im Winter unmittelbar am wärmenden Feuer. Wer noch nicht so hoch im Rang stand, saß schon etwas weiter weg und mußte sich warm anziehen.
Galt der Saal als das Reich des Burgherrn, wo sich die Ritter zusammenfanden, so gehörte die Kemenate den Frauen. Wie schon der Name sagt, handelt es sich um einen Raum mit einem Kamin. Hier ist es wesentlich wohnlicher als im großen Saal. Die Wände sind mit Malereien geschmückt, auf dem Fußboden liegt ein Teppich. Ein Tisch und Stühle bilden die Einrichtung. Am meisten fällt das große Bett auf, in dem der Burgherr und seine Gemahlin zu schlafen pflegten. Nicht überall sind die Räume jedoch so ausgestattet. Es gab genug Ritter, die auf einer Schütte Stroh schlafen mußten.
Die Toiletten waren meist kleine offene Erker, die unmittelbar in den Burggraben mündeten.“ (1)
Auch die Wasserversorgung war schwierig. Auf Höhenburgen mußten oft bis zu 100 m tiefe Brunnen gegraben werden, um an Wasser zu kommen. Manchmal gelang dies überhaupt nicht. Dann legte man eine Zisterne, ein Regenwassersammelbecken, an. Aus diesem Wasservorrat bezog man das abgestandene, faulige Trinkwasser, vor allem während einer Belagerung.

Der Niedergang des Ritterstandes

1 *Beschreibt Kleidung und Ausrüstung der Büchsenschützen auf dem Bild.*

2 *Vergleicht dieses Bild mit Bild* 2 *auf Seite 157. Welche Unterschiede stellt ihr fest?*

3 *Stellt Vermutungen an, welche Folgen die Erfindung der Handfeuerwaffen für das Rittertum haben mußte.*

Mit der Erfindung des Schießpulvers und der Feuerwaffen sank die Bedeutung der Ritterheere gewaltig. Die Lanze war keine Waffe mehr gegen Feuerwaffen und selbst der stählerne Plattenpanzer wurde von den Kugeln der ersten Gewehre durchschlagen. Die gepanzerten Ritter wurden als Krieger bedeutungslos.

Zur gleichen Zeit begannen die Städte aufzublühen und die Kaufleute wurden durch den Fernhandel reich. Der Umgang mit Geld wurde immer gebräuchlicher. Geld aber war bei den meisten Rittern knapp. Sie bekamen für ihre landwirtschaftlichen Produkte immer weniger bezahlt, so daß sie verarmten. Manche von ihnen wurden deshalb Raubritter, die von Plünderungen und Erpressung lebten. Doch nicht alle Ritter gingen diesen unehrenhaften Weg. Viele verkauften ihren Besitz an einen reichen Kaufmann, zogen selber in eine Stadt und versuchten hier ihren Lebensunterhalt zu finden.

Drei Büchsenschützen. Holzschnitt von Hans Schäufelin (1483-1540)

Zum Nachdenken

Heute noch erinnern viele Redensarten an die Zeit der Ritter; an ihr Leben, ihre Turniere und ihre Feste:

- die Tafel aufheben
- jemanden aus dem Sattel heben
- auf hohem Roß sitzen
- entrüstet sein
- jemanden ausstechen
- das ist hieb- und stichfest
- Böses im Schilde führen
- für jemanden in die Schranken treten
- er hat für mich eine Lanze gebrochen
- mit offenem Visier kämpfen
- noch rüstig sein
- sich aus dem Staub machen
- unter die Arme greifen

1 *Erklärt, was die Redensarten damals bedeuteten und was sie heute bedeuten. Sucht noch weitere Redensarten.*

Zusammenfassung

Zu Beginn des 8. Jahrhunderts versuchten die Araber, das Frankenreich zu erobern. Unter dieser Bedrohung entwickelten die Franken eine neue Art der Kriegsführung: das **gepanzerte Reiterheer.** Die teure Ausrüstung und das langwierige Erlernen des Waffenhandwerks machten ein berufsmäßiges Ausüben des Kriegerberufes notwendig. Ende des 11. Jahrhunderts hatte sich aus diesen Reiterkriegern ein eigener, abgeschlossener Stand gebildet: der **Ritterstand.** Ritter wurden als niedere Adlige mit einem Lehen versehen, das ihren Lebensunterhalt sicherte. Die **Burg** als fester Wehrbau war der typische Wohnsitz der Ritter.

Die Frau in der ritterlichen Welt hatte vielfältige Aufgaben zu übernehmen. Ihre schulische Bildung war häufig besser als die der Männer.

Das Aufkommen der **Feuerwaffen** machte die Ritter bedeutungslos. Sie verarmten und manche wurden zu **Raubrittern.**

Die Bauern – das Leben der Mehrheit im Mittelalter

Die Arbeit des Bauern in den zwölf Monaten eines Jahres. Aus einer französischen Handschrift um 1480.

In einem Buch, das um 1000 n. Chr. in England geschrieben wurde, steht folgendes Gespräch:

Q Lehrer: Nun, Pflüger, wie verrichtest du deine Arbeit?
Bauer: O Herr, meine Arbeit ist sehr schwer. Ich stehe auf, wenn es tagt, treibe die Ochsen auf das Feld und spanne sie vor den Pflug. Sei der Winter auch noch so streng, ich wage es nicht, im Haus zu bleiben, aus Furcht vor meinem Herrn. Jeden Tag muß ich einen vollen Morgen Land pflügen, nachdem ich die Ochsen eingespannt und die Pflugschar angehängt habe ...
Lehrer: Was tust du sonst noch den Tag über?
Bauer: Freilich ist das nicht alles. Ich muß die Krippen der Ochsen mit Heu füllen, ihnen Wasser geben und den Dung fortschaffen.
Lehrer: Ja, ja, das ist sehr schwere Arbeit!
Bauer: Ganz recht, es ist sehr schwere Arbeit, und ich muß sie tun, denn ich bin nicht frei.

1 *Berichtet mit Hilfe des Textes und der Bilder über die bäuerlichen Tätigkeiten im Jahresablauf.*

2 *Erzählt, was ihr vom Leben der Bauern heute wißt.*

Von der Freiheit in die Abhängigkeit

Ländliche Arbeiten. Buchmalerei aus dem 15. Jahrhundert.

Das Leben der Bauern

Im Mittelalter lebten die meisten Menschen von der Landwirtschaft: am Anfang fast alle, am Ende des Mittelalters – um 1500 – immer noch über 80%. So groß ist der Anteil der Landbevölkerung heute z. B. in Pakistan oder in der Türkei.

Zur Zeit Karls des Großen (um 800) besaßen in großen Teilen des Frankenreiches noch viele Bauern eigenes Land, das sie bearbeiteten und von dessen Erträgen sie lebten. 200 Jahre später gehörte das Land nicht mehr den Bauern sondern adeligen Herren. Für diese Herren mußten die Bauern jetzt arbeiten. Sie durften nicht einmal mehr ihren Hof verlassen, um z. B. in ein anderes Dorf zu ziehen. Denn wie das Land, so gehörten jetzt auch sie selbst ihrem Herrn. Aus einstmals freien Bauern waren so Unfreie geworden.

Über sie schrieb der Bischof Adalbero:

Q 1 Wer könnte die Sorgen zählen, von denen die unfreien Bauern während ihrer langen Wege und ihrer harten Arbeit bedrückt werden? Geld, Kleidung, Nahrung: die unfreien Bauern liefern alles an jedermann. Kein Adeliger könnte ohne sie bestehen. Der Herr, der vorgibt, seine Bauern zu ernähren, wird in Wahrheit von ihnen ernährt.

Zu einem ganz anderen Urteil kam etwa 300 Jahre später der Adelige Hugo von Trimberg:

Q 2 Ich kam in ein Dorf geritten, wo, wie gewöhnlich, die Bauern faulenzten und auf ihren Bäuchen lagen. Zu ihren Köpfen saßen ihre Weiber, die fleißig nach Läusen suchten. Einer von ihnen kam auf mich zu und sprach, als er mich zu Pferde sah: „Liebster Herr, wie kommt es denn, daß es Euch Herren viel besser geht als uns armen Bauern? Sind denn die einen unfrei, während die anderen frei sind?"

„Ja", sagte ich. Das machte ihn zornig, und er sagte: „Wir sind doch alle von einer Mutter geboren."

Da kam ein Rudel Bauern aus der Schenke, und auch von denen, die da am Bauche gelegen waren. Sie baten mich alle, ihnen zu erklären, warum der edel, jener unedel, der frei, jener unfrei sei.

1 *Beschreibt die auf dem Bild dargestellten Menschen und ihre Tätigkeiten.*

2 *Beide, der Bischof und der Adelige, berichten vom Leben der Bauern. Vergleicht die beiden Darstellungen. Wie erklärt ihr euch die unterschiedlichen Aussagen?*

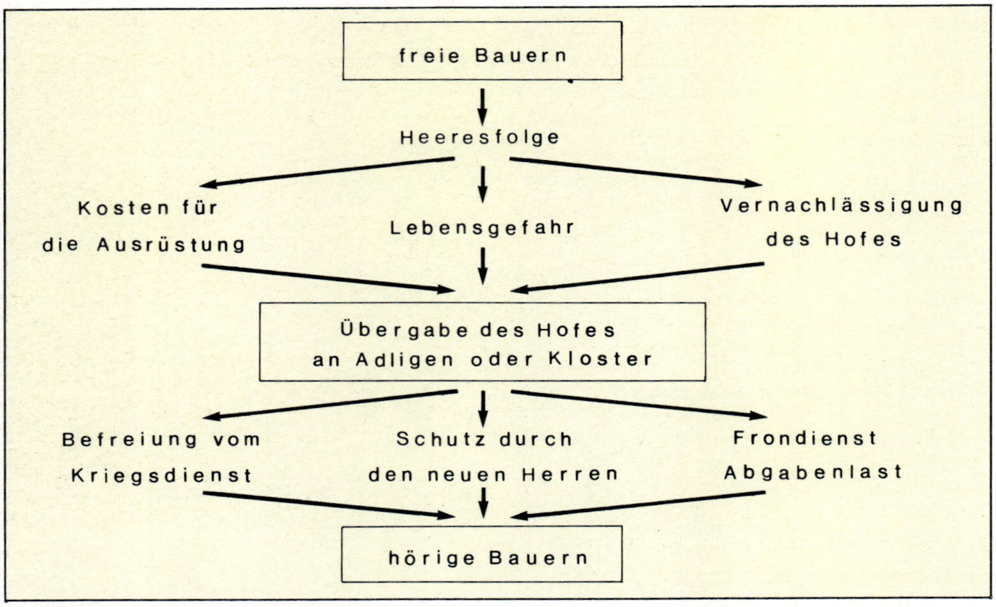

Vom freien Bauern zum Hörigen.

Grundherr* und Höriger*

Es ist nicht überliefert, welche Antwort Hugo von Trimberg den Bauern gab auf ihre Frage, warum sie unfrei seien. Vermutlich kannte er die richtige Antwort selber nicht. Die Zeit, da es noch viele freie Bauern gegeben hatte, lag schon lange zurück. Das war die Zeit Karls des Großen gewesen.

Unter Karl d. Gr. hatte jeder freie Bauer die Pflicht, zusammen mit seinem König in den Krieg zu ziehen. Karl d. Gr. führte viele Kriege. So waren die freien Bauern manchmal mehrere Jahre hintereinander nicht zuhause, wenn es eigentlich Zeit gewesen wäre für Aussaat oder Ernte. Zahlreiche Höfe verfielen, Hunger und Not kehrten ein.

Um dem Kriegsdienst zu entgehen, übergaben freie Bauern ihren Grund und Boden einem Herrn, der dadurch ihr Grundherr wurde. Grundherren konnten z. B. sein: Adelige*, Grafen*, Bischöfe oder auch Klöster. Der Grundherr übernahm für seine Bauern die Wehrpflicht. Er schützte sie vor Überfällen und unterstützte sie in Notzeiten.

Diese Bauern brauchten also nicht in den Krieg zu ziehen. Sie konnten das ganze Jahr über ihre Felder bestellen. Als Gegenleistung mußten sie sich dazu verpflichten, jedes Jahr

- einen bestimmten Anteil an der Ernte, an Milch, Käse, Eiern und Vieh an den Grundherrn abzuliefern. Bei der Ernte handelte es sich dabei um etwa den zehnten Teil. Diese Abgabe wird daher der Zehnt* genannt.
- bestimmte Arbeiten für den Grundherrn zu verrichten, wie z. B.: Mithilfe auf den Wiesen und Feldern, Zäune errichten, Wege anlegen oder Brücken bauen. Diese Arbeiten werden Frondienste (fron = Herr) genannt.

Aus freien Bauern wurden so unfreie; sie werden auch als Hörige bezeichnet.

Unfrei waren auch die Kinder aus Ehen zwischen Freien und Unfreien. Die Zahl der freien Bauern wurde daher seit Karl d. Gr. immer kleiner. Zur Zeit des Adeligen Hugo von Trimberg gab es nur noch wenige freie Bauern in abgelegenen Gebieten, z. B. in den Alpentälern oder in Friesland.

Diese Bauern waren niemandem untertan als allein dem König. Sie brauchten keine Abgaben oder Frondienste zu leisten, mußten aber selber für ihren Schutz sorgen.

1 *Erklärt die Bezeichnungen „Grundherr“ und „Höriger“.*

2 *Beschreibt anhand der Skizze, wie aus freien Bauern Hörige wurden.*

3 *Spielt folgende Szene: Zwei freie Bauern, die wieder in den Krieg ziehen sollen, unterhalten sich. Der eine Bauer möchte sich jetzt in die Abhängigkeit eines Grundherrn begeben, der andere möchte frei bleiben.*

Bauern bei der Fronarbeit. Buchmalerei aus dem 15. Jahrhundert.

Abgaben und Dienste

1 *Seht euch das Bild genau an. Versucht, euch in eine dieser Personen hineinzuversetzen. Sprecht darüber, was ihr als Aufseher oder höriger Bauer auf diesem Bild gerade denkt oder empfindet.*

Den Umfang der Abgaben und Dienste kann man einem Bericht des Kloster Prüm in der Eifel aus dem Jahr 893 entnehmen. Zu diesem Kloster gehörten auch 30 hörige Bauern in Rommersheim. Einer dieser Bauern war Widrad.
Von ihm schreibt der Abt* des Klosters:

Q Widrad gibt an das Kloster jedes Jahr 1 Eber, 1 Pfund Garn, drei Hühner, 18 Eier. Er fährt 5 Wagenladungen von seinem Mist auf unsere Äcker, bringt 5 Bündel Baumrinde für die Beleuchtung und fährt 12 Wagenladungen Holz zum Kloster. Dieses Holz dient im Winter zum Heizen. Ferner liefert Widrad dem Kloster jährlich 50 Latten und 100 Schindeln für Dachreparaturen.
Sein Brot bäckt Widrad in unserem Backhaus, und das Bier braut er in unserem Brauhaus. Hierfür zahlt er an das Kloster eine Gebühr.
Eine Woche in jedem Jahr verrichtet er den Hirtendienst bei unserer Schweineherde im Wald. Er bestellt drei Morgen Land, das ganze Jahr hindurch, jede Woche drei Tage. Das bedeutet: Er muß bei der Einzäunung unserer Äcker und Weiden helfen, zur rechten Zeit pflügen, säen, ernten und die Ernte in die Scheune bringen.
Bis zum Dezember, wenn das Getreide gedroschen wird, muß er es zusammen mit anderen Hörigen bewachen, damit es nicht von Brandstiftern angezündet wird. Wachdienst muß ebenfalls geleistet werden, wenn der Herr Abt kommt, um ihn vor nächtlicher Gefahr zu beschützen.
Wenn Widrad 15 Nächte den Wachdienst verrichtet, das Heu geerntet und auf unseren Äckern gepflügt hat, erhält er in einem guten Erntejahr Brot, Bier und Fleisch; in anderen Jahren erhält er nichts.
Die Frau Widrads muß leinene Tücher aus reinem Flachs anfertigen, 8 Ellen lang und 2 Ellen breit. Sie fertigt daraus Hosen für die Mönche an.

2 *Rechnet aus, wieviel Abgaben die 30 Hörigen* von Rommersheim jedes Jahr an das Kloster Prüm abliefern.*

3 *Einen Überblick über Abgaben und Dienste eines hörigen Bauern erhaltet ihr, wenn ihr folgende Tabelle zeichnet:*

Jährliche Abgaben	*Frondienste*	*Weitere Belastungen*
...	...	...

Welche Abgaben und Dienste haben die Bauern als besonders bedrückend empfunden?

Ein mittelalterliches Dorf. Rekonstruktion.

Ein Bauerndorf

1 *Beschreibt das Dorf auf dem Bild oben.*
2 *Vergleicht dieses Bild mit einem heutigen Dorf. Welche Veränderungen könnt ihr feststellen?*
3 *Welche anderen Dorfformen kennt ihr noch?*

Die Bauerndörfer im Mittelalter sind nicht sehr groß; mehr als 100 bis 200 Einwohner haben nur wenige. In der Mitte des Dorfes steht die Kirche, aus Stein erbaut. In einiger Entfernung dazu die Bauernhäuser. Ein Zaun umgibt das Dorf. Er soll verhindern, daß das Vieh entläuft, und zugleich Schutz bieten bei Überfällen.

Die Menschen, die hier wohnen, müssen vieles für ihr Leben selbst herstellen. Sie

- bauen ihre Häuser oder Hütten selbst und machen alle notwendigen Reparaturen,
- spinnen und weben,
- verarbeiten Tierhäute und Felle zu Kleidungsstücken,
- stellen Arbeitsgeräte her,
- backen ihr Brot und verarbeiten die Milch zu Butter oder Käse.

Diese und viele andere Arbeiten erfordern den vollen Arbeitseinsatz aller Familienmitglieder. Die Arbeitszeit wird durch die Jahreszeit bestimmt. Wenn es hell wird, steht man auf, im Sommer zwischen 4 und 5 Uhr. Die erste Hauptmahlzeit nimmt man zwischen 9 und 10 Uhr ein, die zweite nachmittags zwischen 16 und 17 Uhr. Die Mahlzeiten bestehen aus Brot, Haferbrei oder gekochtem Gemüse. Zu Trinken gibt es Wasser oder Molke (Käsewasser). Sobald es dunkel wird, geht man schlafen, denn eine Beleuchtung gibt es kaum. Die meisten Bauernhäuser bestehen aus einem einzigen Raum. Ein grobgezimmerter Tisch, ein paar Bänke an den Wänden, niedrige dreibeinige Hocker – das ist fast die ganze Ausstattung. Betten gibt es nicht. Man legt sich zum Schlafen auf einen Strohsack oder im Winter auf die große Ofenbank. Wenn dann am nächsten Morgen das Tageslicht durch kleine Luken fällt, die durch Weidengeflecht, Holzgitter oder Schweinsblasen nur notdürftig verschlossen sind, beginnt erneut ein langer Arbeitstag für die ganze Familie.

4 *Zeichnet auf ein Blatt zwei Spalten. In der linken Spalte schreibt ihr untereinander: Bauernhaus – Nahrung – Arbeit usw. In die rechte Spalte tragt ihr ein, was ihr dazu bisher erfahren habt.*

Die Kirche – Mittelpunkt der Dorfgemeinschaft

Die Kirche ist der größte und schönste Bau im ganzen Ort. Sie steht im Mittelpunkt des Dorfes. Am Anfang hatte es nur eine einfache Holzkirche gegeben. Im 12. Jahrhundert aber hatten die Dorfbewohner mit dem Bau einer neuen Kirche aus Stein begonnen. Viele Jahre brauchten sie bis zur endgültigen Fertigstellung. Sie wurde viel größer als die alte Holzkirche, hatte schöne Spitzbogen und große Fenster mit leuchtend purpurnen, schwefelgelben und tiefblauen Glasscheiben. Auch die Wände waren farbig bemalt. Die Bilder erzählten den Menschen, die nicht lesen und schreiben konnten, vom Leben und Wirken Jesu und der Heiligen. Jeden Morgen ist Frühmesse. Vor Beginn des Gottesdienstes läuten die Glocken. Sie läuten erneut zur Mittagszeit und abends zum Ausklang des Tages. Da die Bauern keine Uhren haben, richten sie ihren Tagesablauf nach diesem Glockenläuten.

Der Kirchgang an jedem Sonn- und Feiertag ist für alle Dorfbewohner selbstverständlich. An diesen Tagen darf und braucht nicht gearbeitet zu werden (vgl. das Bild).

Die Kirche ist außerdem der einzige Versammlungsraum im Dorf. So treffen sich die Bauern hier auch, um über ihre Angelegenheiten zu sprechen. Beraten werden sie dabei von ihrem Priester. Das ist ein einfacher Mann, der häufig nur eine geringe Ausbildung erhalten hat. Er lebt in ähnlichen Verhältnissen wie die Bauern und kennt daher ihre Sorgen und Nöte. Die Dorfbewohner vertrauen ihm deshalb. Sie fragen ihn um Rat, wenn es um eine Auseinandersetzung mit dem Grundherrn geht, aber auch in persönlichen Angelegenheiten.

Vor der Kirche befindet sich der Friedhof und ein großer Platz, auf dem man die Dorffeste feiert (Bild auf der nächsten Seite).

1 *Das Bild läßt erkennen, welche Tätigkeiten an Sonn- oder Feiertagen verboten waren. Zählt einige auf.*

2 *Sprecht darüber, ob und wie das kirchliche Leben auch euer Leben beeinflußt. Laßt euch von euren ausländischen Mitschülern berichten, welcher Religion sie angehören und welche Feiertage sie beachten müssen.*

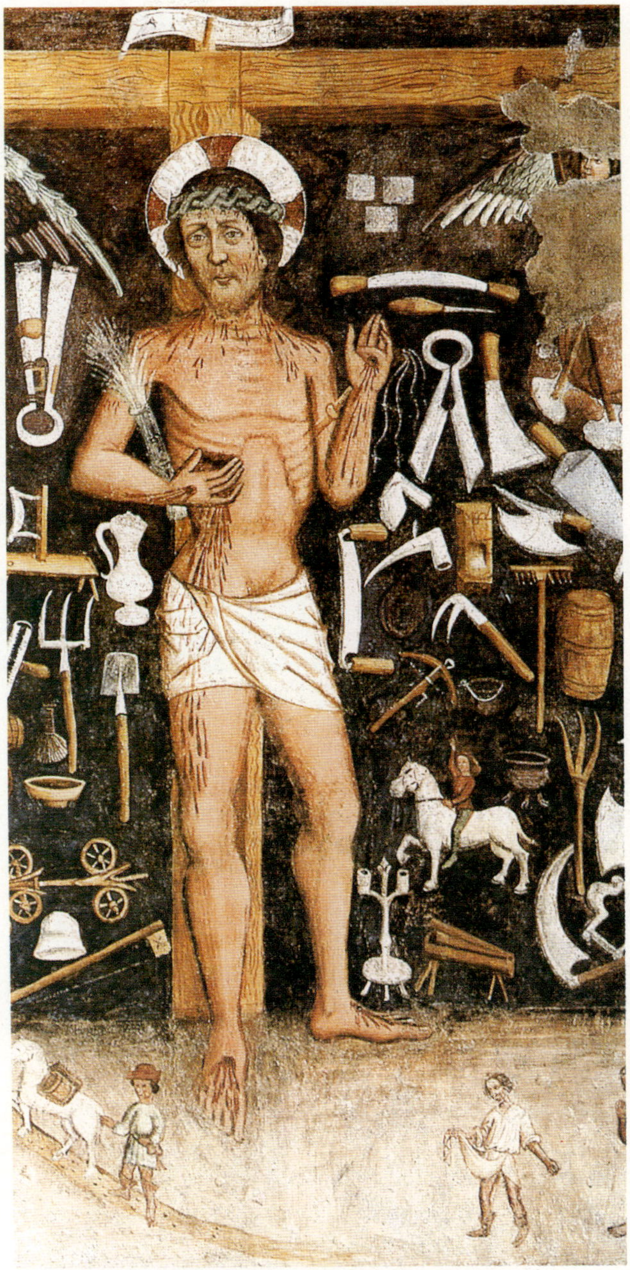

Der „Feiertagschristus“ an der Außenseite der Kirche von Saak in Kärnten. Die abgebildeten Werkzeuge und Tätigkeiten geben an, welche Arbeiten an Sonn- oder Feiertagen verboten waren.

Ländliches Fest auf einem Dorf. Ausschnitt aus einem Gemälde von Lucas van Valckenborch, 2. Hälfte des 16. Jahrhunderts.

Feste und Feiern

Eine willkommene Gelegenheit, der tagtäglichen schweren Arbeit zu entgehen, boten die kirchlichen Feiertage und die Familienfeste.

So heißt es in verschiedenen Berichten aus dem 16. Jahrhundert:

Q In der Kirche, die in fast jedem Dorf anzutreffen ist, kommen sie an Festtagen vormittags alle zusammen und hören von ihrem Priester Gottes Wort.

Am Nachmittag trifft man sich unter der Linde oder an einem anderen öffentlichen Ort, um zu feiern. Einige gehen dazu ins Wirtshaus zum Zechen, andere spielen mit Kugeln.

Die Jüngeren aber, Knechte und Mägde, laufen zum Tanzen und springen herum zu den Melodien der Musikanten, die Dudelsack oder Pfeife spielen. Besonders beliebt war das Kirchweihfest, die Kirmes, und das Frühlingsfest, das häufig im Mai gefeiert wurde. Eine besondere Rolle spielte dabei das Festessen. Es konnte bestehen aus: Erbsen mit Speck, Rindfleisch mit Senf, danach Schweinefleisch mit gelber Brühe und weißem Brot. Dazu gab es in Norddeutschland selbstgebrautes Bier aus Hafer, Gerste oder Weizen. In Süddeutschland trank man selbstgekelterten Landwein oder Most.

Besonders ausgiebig wurden Hochzeiten gefeiert. Dabei – so wird berichtet – ging es so hoch her, daß im Keller und im Viehstall kaum etwas übrigblieb. Die Adligen verachteten das Benehmen und die angebliche „tumbheit" der Bauern.

1 *Links oben seht ihr eine Gruppe, die nicht mitfeiert. Beschreibt die Personen und sucht eine Erklärung für ihr Verhalten.*

2 *Berichtet von Festen und Feiertagen, die bei euch besonders begangen werden.*

3 *Laßt euch von euren ausländischen Mitschülern erzählen, welche Feste und Feiertage bei ihnen gefeiert werden.*

4 *Wie könnt ihr in eurer Schule ein ausländisches Fest feiern? Laßt euch von euren ausländischen Mitschülern beraten.*

5 *Wenn ihr in einem Kochkurs seid, dann bittet darum, verschiedene „Nationalgerichte" kochen zu dürfen.*

Wer zuerst in die Mühle kommt, mahlt zuerst: Entscheidungen des Dorfgerichtes

Die Dörfer im Mittelalter waren klein. Jeder kannte hier jeden. Man arbeitete gemeinsam, besuchte gemeinsam den Gottesdienst und gemeinsam feierte man auch die Dorffeste. Für dieses Miteinander gab es eine Bezeichnung: Man nannte es Nachbarschaft oder Gutnachbarlichkeit. Gutnachbarlichkeit bedeutete aber nicht, daß alle Dorfbewohner immer in Eintracht miteinander gelebt hätten. Ganz im Gegenteil: Wo Menschen ziemlich dicht beieinander wohnen, wo die Höfe Zaun an Zaun stehen und jedermann eifersüchtig darüber wacht, ob ihm nicht irgendein kleiner Nachteil entsteht, kann es leicht zum Streit kommen.

Fühlte sich jemand in seinen Rechten verletzt, so klagte er vor dem Dorfgericht. Es wurde geleitet vom Schulzen (Schulten, Schultheiß*). Das war ein besonders angesehener Bauer aus dem Dorf. Er wurde von den Dorfbewohnern gewählt oder vom Grundherrn ernannt.

Das Gericht tagte mehrmals im Jahr, und zwar immer an einem Sonntag, damit niemand der Arbeit fernbleiben mußte. Die Gerichtsverhandlung fand unter der Dorflinde oder auf einem anderen öffentlichen Platz statt. Dem Schulzen standen zwei oder mehr Schöffen als Berater zur Seite. Kläger und Beklagte brachten ihre Zeugen mit.

Zahlreiche Urteils- und Rechtssprüche dieser Dorfgerichte sind uns noch erhalten:

Q 1 Wenn einer dem anderen über sein Saatfeld Vieh treiben muß, soll er das Vieh an Stricken treiben ohne der Saat zu schaden.
Will einer Mist oder anderes auf sein Feld oder Frucht und Heu heimfahren und muß er dabei über das Gebiet eines anderen, so darf er es nur mit Erlaubnis des Besitzers. Will der Besitzer aber nicht die Erlaubnis geben, so mag er zum Schultheiß gehen und sich von diesem die Erlaubnis holen. Er muß aber vor Nacht immer den Zaun wieder schließen, damit dem Besitzer kein Schaden geschieht.
Wer beim Brande nicht zum Retten mit herzuläuft und doch höret das Klingen oder Anschlagen der Glocke oder Geschrei des Volkes und läßt das aus Neid oder wegen Feindschaft, der soll Buße zahlen.
Wer zuerst in die Mühle kommt, mahlt zuerst.

Dorfgericht unter der Linde. Aus einer Schweizer Bildchronik von 1513.

Besonders streng wurde das Versetzen von Grenzsteinen bestraft:

Q 2 Wer ein merkstain freventlich aushebe, den soll man in diselbe gruben begraben bis ahn seinen gurtel und soll vier pfert an einen pflug spannen, der scharf were und ihn aus der gruben kehren.

1 *Übersetzt diesen Rechtsspruch in unsere Sprache.*
2 *Stellt Vermutungen an, welche Ereignisse zu diesen Rechtssprüchen geführt haben.*
3 *Beschreibt das Bild. Überlegt euch einen Streitfall. Spielt eine Gerichtsszene.*

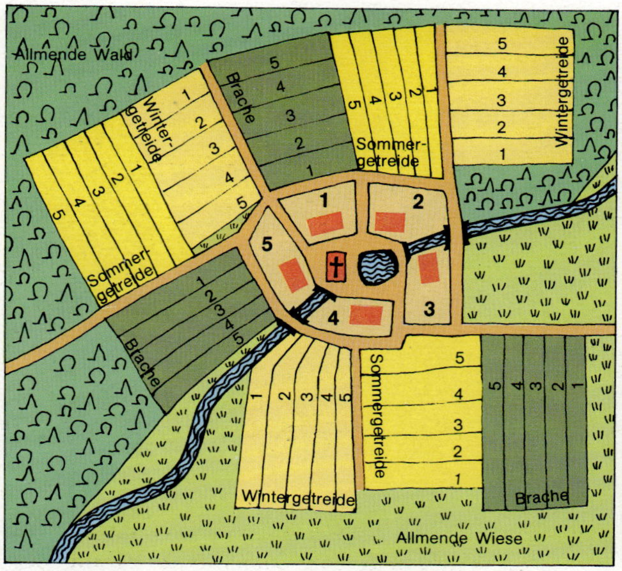

1 Die Flur einer bäuerlichen Dorfsiedlung.

2 Luftaufnahme einer heutigen Dorfflur.

Die Dreifelderwirtschaft

Jahrhundertelang bearbeiteten die Bauern ihre Äcker immer auf die gleiche Art: Sie teilten ihr Land in zwei gleich große Teile. Die eine Hälfte wurde von ihnen beackert, die andere ließen sie brach (= ungebrochen) liegen, damit der Boden sich erholen konnte (= Zweifelderwirtschaft).

Die Ernteerträge waren häufig sehr gering und reichten zur Ernährung der Bevölkerung nicht aus. Seit dem 8. Jahrhundert gingen die Bauern deshalb zur Dreifelderwirtschaft über.

Sie teilten dazu ihre Ackerfläche in drei gleich große Teile ein:

- Ein Feld bestellte man mit Wintergetreide (Weizen, Roggen oder Gerste),
- das zweite mit Sommergetreide (Hafer, Gerste) und Hülsenfrüchten (Erbsen, Bohnen oder Linsen).
- Das dritte Feld blieb brach liegen. Es diente als Viehweide.

Die Dreifelderwirtschaft brachte den Bauern große Vorteile:

- Die Getreideerträge fielen wesentlich höher aus.
- Die Arbeiten des Pflügens, Säens und Erntens konnten gleichmäßiger über das ganze Jahr verteilt werden.
- Zwei verschiedene Saaten boten größere Sicherheit gegenüber Unwettern und den damit verbundenen Ernteausfällen.

In vielen Dörfern ergaben sich durch die Dreifelderwirtschaft aber auch Probleme: Mancher Bauer konnte z. B. nur über den Nachbaracker sein eigenes Feld erreichen. Stand auf dem Nachbaracker Wintergetreide, dann konnte er im Frühjahr nicht mit seinem Pflug darübergehen, um seinen Acker umzupflügen für die Einsaat des Sommergetreides.

Man teilte deshalb das Ackerland des ganzen Dorfes in gleich große Teile, auch Gewanne genannt. Die Bauern erhielten in jedem Gewann ihren Acker (Bild 1). Während in einem Gewann nur Sommergetreide, im zweiten nur Wintergetreide angebaut wurde, blieb das dritte brach liegen.

Die Dorfgemeinschaft oder der Dorfvorsteher setzten fest, wann gesät oder geerntet wurde. Jeder mußte sich an diese Ordnung halten. Es herrschte Flurzwang.

1 *Beschreibt mit Hilfe der Zeichnung und des Bildes die Dreifelderwirtschaft.*

2 *Erklärt die Vorteile der Dreifelderwirtschaft gegenüber der Zweifelderwirtschaft.*

Neue Arbeitsgeräte in der Landwirtschaft. Miniatur von Hans Weringer, um 1530.

Neue Arbeitsgeräte

1 *Beschreibt die Arbeitsvorgänge auf dem Bild.*

Der Räderpflug mit eiserner Pflugschar löste den Hakenpflug ab, der den Boden nur aufreißen konnte. Der neue Pflug hatte vorn ein Rädergestell; dahinter saß das Pflugmesser, das den Boden tief aufschnitt: Durch die Schar wurde der Boden angehoben und durch das Streichbrett umgebrochen, d. h. um 180° gewendet. Auf diese Weise wurde der Boden stärker aufgelockert, und die im Boden befindlichen Nährstoffe gelangten leichter nach oben.

An Stelle von Ochsen wurden für den schweren Eisenpflug häufig Pferde als Zugtiere genommen, da sie zugstärker sind.

Das Kummet wurde für die Pferde als eine ganz neue Methode des Anschirrens entdeckt. Die bisherige Anspannung, bei der zwei Riemen um Brust und Hals der Zugtiere befestigt waren, hatte die Atmung stark beengt. Das Kummet, ein gepolsterter, versteifter Halsring, übertrug die Zuglast auf die Schulterblätter des Pferdes und erhöhte so die Zugkraft auf das Vier- bis Fünffache.

An die Stelle der Sichel trat die Sense. Jahrtausendelang hatte die kleine Bogensichel als Erntegerät gedient. Der Verlust an Körnern war bei dieser Methode sehr gering. Jetzt wurde beim Mähen mit der Sense das Getreide abgehauen. Hatte man mit der Sichel nur die Ähren abgeschnitten, so kam es mit der Sense jetzt zum Halmschnitt. Die Getreidehalme wurden dabei tief unten abgeschnitten, übrig blieben nur kurze Stoppeln. So brachte die Sense zwei Vorteile: die Arbeit ging rascher voran, und der Halmschnitt brachte ausreichend Winterfutter für die Stalltiere. Dafür nahm man den größeren Körnerverlust in Kauf.

Einfacher und ergiebiger wurde auch das Dreschen durch den Einsatz von Dreschflegeln. Der Dreschflegel, der das zuvor übliche Ausschlagen mit dem Stock oder das Ausstampfen oder Austreten durch Tiere oder Menschen überflüssig machte, war bis zum vorigen Jahrhundert in Gebrauch. Erst dann wurde er von der Dreschmaschine abgelöst.

Wind- oder Wassermühlen lösten die handgetriebenen Mühlen ab. Größere Mengen Getreide konnten jetzt in kürzester Zeit gemahlen werden.

Dreifelderwirtschaft, eiserner Pflug, Kummetgeschirr, Sense und Dreschflegel führten zu einer beträchtlichen Produktionssteigerung. In der Karolingerzeit war der Ernteertrag höchstens doppelt so hoch wie die Aussaat. Im 13. Jahrhundert erreichten hingegen die Gerste das Achtfache, Roggen das Siebenfache, Hülsenfrüchte das Sechsfache, Weizen das Fünffache und Hafer das Vierfache der Aussaat.

Der technische Fortschritt brachte aber auch Probleme mit sich. Mehrere Ochsen oder sogar Pferde als Zugtiere für den schweren Pflug konnten sich nur reichere Bauern leisten. Auch Hafer für die Pferde gab es in ausreichender Menge nur auf größeren Bauernhöfen.

2 *Erklärt folgende Aussage: Die technische Entwicklung brachte zwar allen Bauern Vorteile, vergrößerte aber auch die Unterschiede zwischen den wohlhabenden und den weniger reichen Bauern.*

Fortschritte in der Landwirtschaft

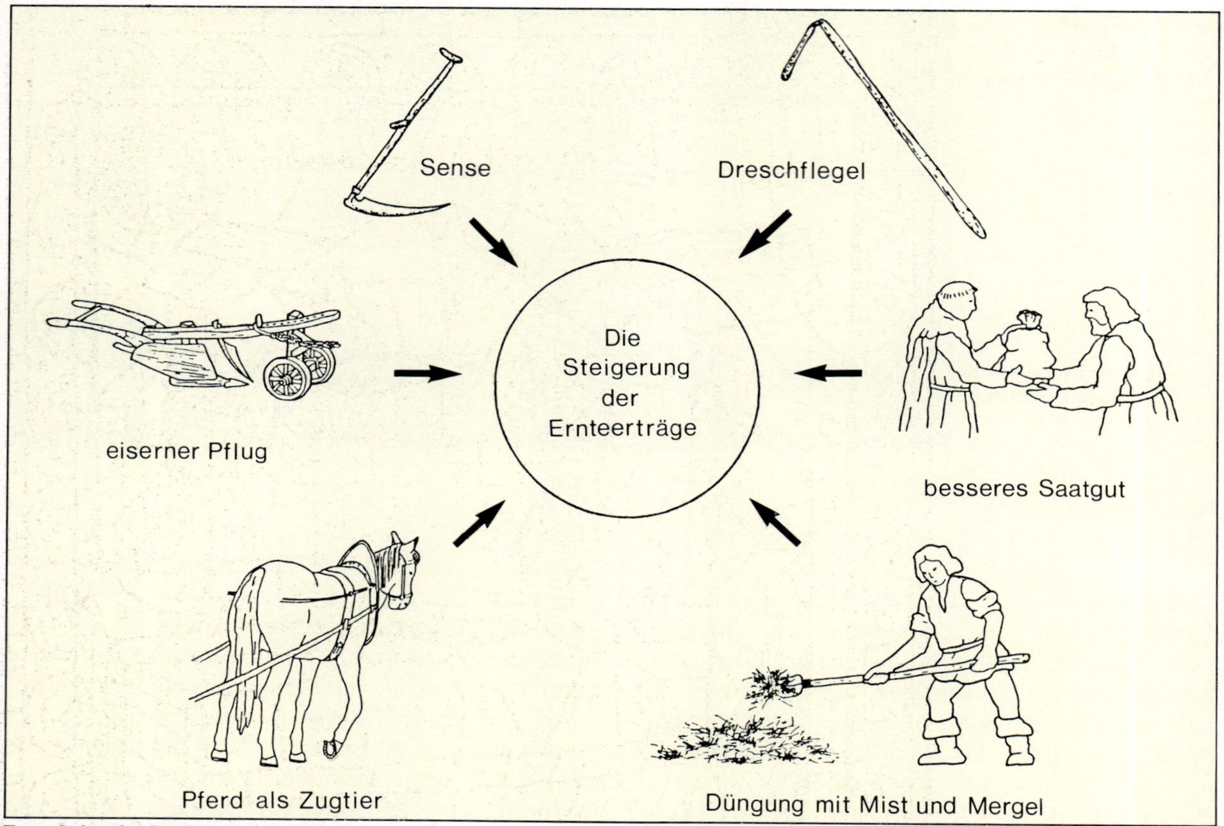

Fortschritte in der Landwirtschaft.

1 *Fertigt mit Hilfe der Zeichnung eine Liste an: In die linke Spalte tragt ihr ein, welche Neuerungen in der Landwirtschaft eingeführt wurden; in der rechten Spalte nennt ihr die dadurch erzielten Verbesserungen.*

Zum Nachdenken

In einem Bauernlied des 14. Jahrhunderts heißt es:

„Als Adam grub und Eva spann,
wo war denn da der Edelmann?"

1 *Erklärt mit eigenen Worten, welche Kritik an der mittelalterlichen Ständegesellschaft in diesem Vers zum Ausdruck kommt.*

Zusammenfassung

Im Mittelalter arbeiteten fast 95% der Bevölkerung in der Landwirtschaft. Zur Zeit Karls d. Gr. um 800 bearbeiteten die Bauern zumeist noch ihr eigenes Stück Land. Nur 200 Jahre später waren sie fast alle von einem Grundherrn abhängig. Aus **freien Bauern** waren **Hörige** geworden. Ihrem **Grundherrn** schuldeten die hörigen Bauern **Abgaben** und **Frondienste.**

Der Alltag der Bauern war geprägt von harter Arbeit, schlechten Wohnverhältnissen, eintöniger Ernährung.

Da die Bevölkerung ständig zunahm, mußte die Lebensmittelproduktion gesteigert werden. Seit dem 11. Jahrhundert gingen die Bauern deshalb verstärkt zur **Dreifelderwirtschaft** über. Eine Erhöhung der Ernteerträge wurde ferner erreicht durch die Verbesserung der landwirtschaftlichen Geräte.

Kirchenfenster – ein Lesebuch für die Bevölkerung

Mit freundlicher Genehmigung des Verlags entnommen aus: Freya Stephan-Kühn, Viel Spaß im Mittelalter. Arena-Verlag Georg Popp, Würzburg, 1984.

- *Fertigt von dieser Seite eine Kopie.*
- *Die bunten Farben, mit denen Kirchenfenster die biblischen Geschichten erzählen, könnt ihr sehen, wenn ihr die Kopie ausmalt. Dabei ist 1 = gelb, 2 = rot, 3 = blau, 4 = grün, 5 = braun, 6 = orange. Die übrigen Felder könnt ihr ausmalen, wie es euch gefällt.*
- *Geht in eine Kirche eures Heimatortes und beantwortet folgende Fragen: Wie alt ist die Kirche? Gibt es an den Wänden Malereien, Bilder oder andere Darstellungen? Wenn ja, was wird auf ihnen gezeigt? Gibt es Kirchenfenster mit Beschreibungen aus der biblischen Geschichte? Beschreibt eines dieser Kirchenfenster genau.*

Auf der Suche nach neuem Ackerland

1 *Seht euch Graphik [1] an. – Sucht in eurem Atlas die Länder, in denen die Bevölkerung stark bzw. nur wenig zunahm.*

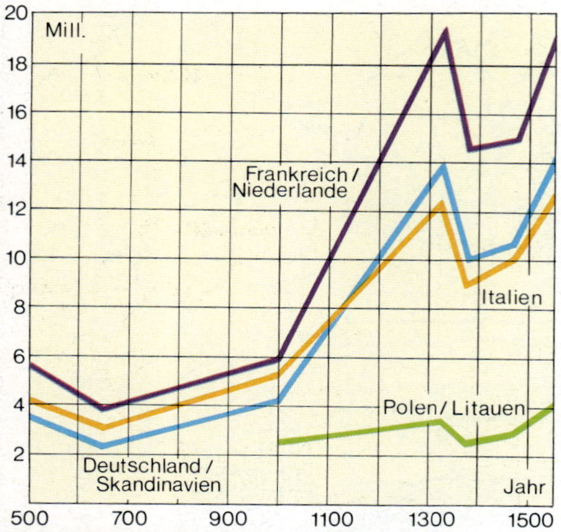

[1] **Bevölkerungsentwicklung in Europa.**

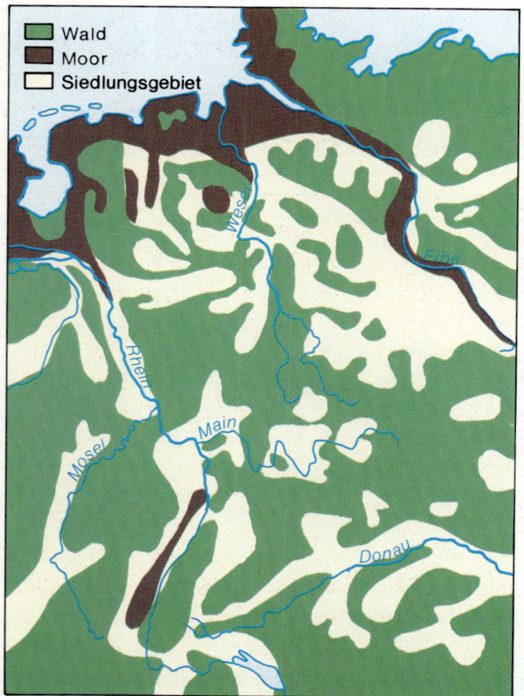

[2] **Das Landschaftsbild um 1100 n. Chr.**

2 *Spielt folgende Szene: Ein Bauer hat mehrere Söhne, die auch wieder Bauern werden möchten. Sein Ackerland ist zu klein, um es unter die Söhne aufzuteilen. Gemeinsam überlegen sie, welche anderen Möglichkeiten es gibt. – Beachtet bei eurer Antwort auch Bild [2].*

Durch die starke Bevölkerungszunahme in Westeuropa seit dem 11. Jahrhundert gerieten zahlreiche bäuerliche Familien in Not.

In Norddeutschland erbte nur der älteste Sohn den Hof, alle anderen erhielten nichts. – Wie sollten sie sich ernähren? Häufig wurde das vorhandene Ackerland auch unter alle männlichen Erben aufgeteilt. Schon bald aber reichten die kleinen Äcker kaum noch aus, um eine Familie zu versorgen. Naturkatastrophen verschlimmerten die Situation noch zusätzlich.

Q Dieses Jahr (1144) brachte einen harten Winter mit viel Regen und Sturm. Starke Waldbäume wurden entwurzelt. Kirchen, Türme und andere Gebäude, die man für fest gehalten hatte, wurden von Grund auf zerstört.
Eine schwere Hungersnot ließ viele verarmen, und die Sorge ums tägliche Brot bedrückte die meisten Leute. Arme und auch wohlhabende Leute zwang der Hunger auszuwandern, um dem Mangel zu entfliehen.

3 *Überlegt, wohin die Menschen auswandern wollten. Wenn ihr Grafik [1] und Bild [2] betrachtet, könnt ihr zwei Möglichkeiten nennen.*

Viele Bauern begannen in den noch menschenleeren Gebieten Deutschlands Wälder zu roden und Moore oder Sümpfe trockenzulegen. Bäume wurden gefällt, das Unterholz abgebrannt. Die Arbeit war schwer. Dennoch nahmen die Bauern diese Mühen auf sich, weil der Grundherr* von dem gerodeten Land nur geringe Abgaben verlangte.

Viele Ortsnamen erinnern noch heute an diese Art der Urbarmachung mit der Axt, der Säge und dem Spaten. Es sind die Orte, deren Namen enden auf: -rode, -rad, -reuth, -wald, -brand oder -hau. Wenn Sümpfe trockengelegt wurden, lauten die Endungen -moos, -ried oder -bruch.

4 *Tragt in eine Liste all jene Arbeiten ein, die die Bauern verrichten mußten, wenn sie ihr neues Siedlungsgebiet erreicht hatten.*

5 *Erkundigt euch, wann euer Heimatort gegründet wurde.*

Andere Bauern suchten neues Ackerland jenseits der deutschen Ostgrenze, in den nur wenig besiedelten Gebieten der Slawen. Mit ihrem Zug nach Osten begann die deutsche Ostsiedlung.

Gewaltsame Eroberung Mecklenburgs

1 *Beschreibt mit Hilfe der Karte in eurem Atlas den Verlauf der Ostgrenze des Deutschen Reiches.*

Zur gleichen Zeit, da viele Bauern in Westeuropa in Not gerieten, riefen sächsische Bischöfe und Adelige* zum Kampf gegen den slawischen Stamm der Obodriten auf.
In ihrem Aufruf aus dem Jahr 1108 heißt es:

Q 1 Schon lange werden wir durch Unrecht und vielerlei Gewalttaten bedrängt. Die Heiden haben sich mit unvergleichlicher Grausamkeit gegen uns erhoben und richten uns fast zugrunde. Sie sind Männer ohne Mitleid, denen es noch gefällt, sich ihrer Bosheit zu rühmen.
Diese Heiden sind zwar verdorben und schlecht, aber ihr Land ist erstaunlich reich: Dort fließen Milch und Honig, und die Ernten sind unvergleichlich gut. Auf denn ihr Sachsen, Franken, Lothringer und Flamen! Hier könnt ihr euer Seelenheil erwerben und, wenn es euch gefällt, noch das beste Siedelland dazu.

2 *Überlegt gemeinsam, warum die Slawen in diesem Bericht als verdorben und bösartig bezeichnet wurden. Denkt daran, von wem der Aufruf stammt.*

3 *Stellt Vermutungen an, wie dieser Aufruf auf deutsche Bauern gewirkt haben mag.*

Unter der Führung des sächsischen Herzogs* wurden die Obodriten im Jahre 1160 vollständig besiegt. Mecklenburg (= die große Burg), der Hauptsitz dieses slawischen Stammes, wurde erobert, das Land von deutschen Siedlern in Besitz genommen.

Das Deutsche Reich und seine östlichen Nachbarn um 1100.

Vier Jahre später versuchte Pribislaw, Fürst der Obodriten, Mecklenburg zurückzuerobern.
Vor dem Angriff sprach er zu den deutschen Verteidigern der Burg, wie Helmold von Bosau in seiner Slawenchronik berichtet:

Q 2 Große Gewalttat, ihr Männer, ist sowohl an mir, als auch an meinem Volk verübt; denn wir sind vertrieben aus dem Lande unserer Geburt, und des Erbes unserer Väter beraubt worden. Ihr seid in unser Gebiet eingefallen und habt unsere Burgen und Dörfer in Besitz genommen.
Daher lassen wir euch jetzt die Wahl zwischen Leben und Tod. Wollt ihr uns die Burg öffnen und uns unser Land zurückgeben, so werden wir euch mit Weib und Kind und aller eurer Habe in Frieden ziehen lassen. Wenn ein Slawe etwas von dem, was euch gehört, entwendet, so werde ich es doppelt wieder ersetzen. Wollt ihr aber nicht abziehen, so schwöre ich euch, daß ich, wenn Gott uns den Sieg verleiht, euch alle mit dem Schwert töten werde.

4 *Versucht ein Gespräch: Mehrere deutsche Verteidiger der Burg diskutieren die Rede von Pribislaw.*

Pribislaw verlor den Kampf. Er unterwarf sich dem sächsischen Herzog und wurde sein Lehensmann.

Ein Dorf wird gegründet. Buchmalerei aus dem 14. Jahrhundert.

Miteinander leben und arbeiten: Slawen und Deutsche in Schlesien

Die slawischen Bewohner Schlesiens waren schon seit langer Zeit Christen. Ihre Fürsten und Herzöge* unterhielten zahlreiche Verbindungen zu adeligen Familien in Deutschland; viele von ihnen waren mit den Töchtern deutscher Adeliger* verheiratet.

Eine deutsche Frau hatte auch der schlesische Herzog Heinrich I. Hedwig, die Tochter des bayerischen Grafen von Andechs, war im Jahre 1186 nach Schlesien gekommen, um sich mit Heinrich I. zu verheiraten.

Voller Verwunderung sah sie, daß die slawischen Bauern die Dreifelderwirtschaft noch nicht kannten. Den Boden pflügten sie noch mit einem steinernen Hakenpflug, der die Erde nur eben aufritzen konnte. Die Ernten waren gering und die Menschen arm.

Auf ihre Bitte holte der Herzog um 1220 deutsche Bauern, Handwerker und Mönche ins Land:

Q Wir, Heinrich von Schlesien, haben dem Schultheißen Heinrich von Reichenbach unsere Stadt zum Ansetzen von Siedlern übergeben:

– Wer in der Stadt wohnen will, genießt sechs Freijahre. Er wird weder zur Steuer noch zur Heerfahrt gezwungen, außer bei unmittelbarer Gefahr für die Landschaft.

– Wir gewähren freien Fischfang innerhalb einer Meile, freies Bauholz, freie Niederjagd beiderseits der Oder, sechs große Hufen als Weide.

– Die Siedler können ihre Geschäfte in unserem Land ohne Zoll und Abgaben treiben.

– Polen und Einwohner anderer Sprachen, die in der Stadt ein Haus besitzen, genießen deutsches Recht.

– Wir erlauben die Anlage von Mühlen.

– Bänke für Schuh- und Brotverkauf können unbeschränkt aufgeschlagen werden. Wir erlauben einen Jahrmarkt.

– Alle Dörfer innerhalb einer Meile nehmen ihr Recht von der Stadt.

1 *Warum ruft der Herzog deutsche Siedler ins Land?*

2 *Beschreibt das Bild oben. Welche Personen und welche Tätigkeiten werden hier dargestellt?*

3 *Verfaßt einen Brief: Ein Siedler schreibt den Angehörigen in seinem alten Dorf. Er berichtet, wie es ihm jetzt geht im Vergleich zu früher.*

Bauern und Handwerker

Herzog Heinrich I. von Schlesien war nicht der einzige, der deutsche Siedler ins Land holte. Zahlreiche slawische Fürsten in Böhmen, Ungarn und Polen sandten ihre Boten nach Süddeutschland, nach Holland, Friesland und Flandern. Ihre Aufgabe war es, für einen Zug in die unbekannten Länder zu werben.

Es folgten ihnen:

- junge Adelige*, die vom Ertrag ihres kleinen Lehens nicht mehr leben konnten,
- Bauernsöhne, die kein Erbe erhielten,
- Bauern, die sich der Bedrückung durch den Grundherrn* entziehen wollten,
- Bauern, die schwer verschuldet waren,
- Kaufleute und Handwerker, die sich bessere Verdienstmöglichkeiten in der neuen Heimat erhofften.

Hatten die Werber einen Zug Siedlungswilliger mit Familie, Hausrat und Vieh beisammen, zogen sie los. Monatelang dauerte oft der Marsch. Hier angekommen, vermaß der Werber das zugewiesene Land, das dann unter den Siedlern verlost wurde. Als Belohnung erhielt der Werber zumeist das Schultheißenamt. Die Abgaben wurden zwischen ihm und dem Grundherrn festgelegt (vgl. vorige Seite).

Land zu roden, war sehr mühsam. Oft konnten erst die Enkel voll genießen, was die Vorfahren dem Land abgerungen hatten. Ein alter Siedlerspruch lautete:

Der erste hat den Tod,
der zweite die Not,
der dritte das Brot.

1 *Erläutert den Spruch der Siedler.*

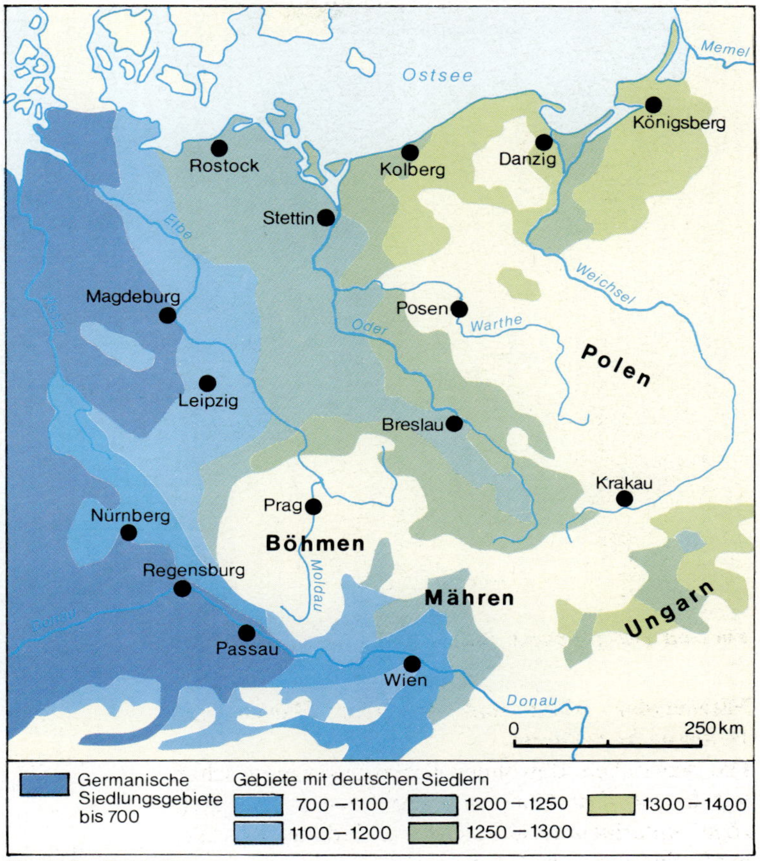

Deutsche Ostsiedlung.

2 *Ein slawischer Bauer berichtet seinem Nachbarn von der Ankunft deutscher Siedler. Welche Empfindungen könnte er dabei gehabt haben?*

Gleichzeitig mit den Dörfern wurden auch zahlreiche Städte gegründet. Sie wurden planmäßig angelegt, zumeist mit einem großen Marktplatz, der von prächtigen Bürgerhäusern umgeben war.

Gefördert von den slawischen Fürsten, wurden diese Städte schnell zu Mittelpunkten der Verwaltung und des Handels für die nähere und weitere Umgebung. Viele dieser Städte, wie z. B. Prag und Breslau, Krakau und Danzig, Posen und Stettin, wurden berühmt wegen ihrer Größe und ihres Reichtums. Voller Hoffnung machten sich deshalb immer wieder Handwerker und Kaufleute auf den weiten Weg, um im Osten ein neues Leben zu beginnen.

3 *Zeigt mit Hilfe der Karte jene Gebiete, in die deutsche Siedler während der Ostsiedlung gezogen sind.*

[1] **Ordensritter.** Manessische Liederhandschrift, 14. Jahrhundert.

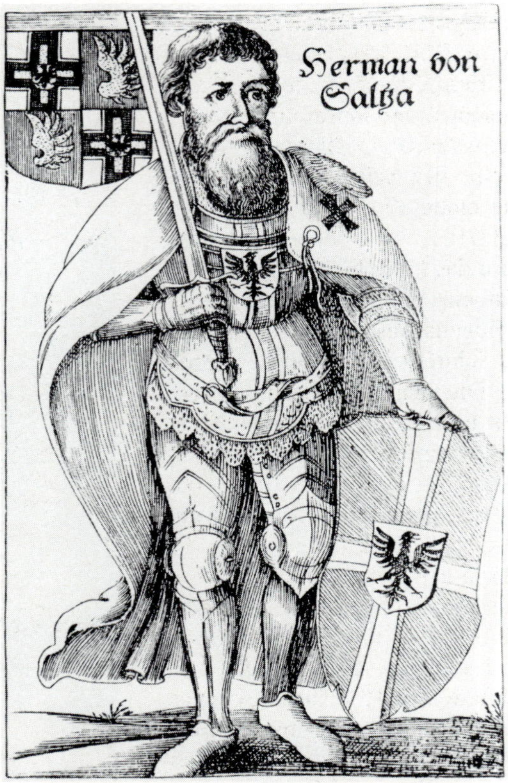

[2] **Hermann von Salza, Hochmeister des Deutschen Ritterordens 1209–1239.** Holzschnitt, 1684.

Der Deutsche Ritterorden*

1 *Beschreibt die Bilder [1] und [2]. Beachtet bei Bild [1] auch die Abbildungen oben links und rechts.*

2 *Stellt fest, worin die beiden Bilder übereinstimmen.*

3 *Überlegt euch, welche Aufgaben sich die Ritter gestellt haben könnten.*

Seit vielen Jahren schon wurde das Land des polnischen Herzogs* von Masowien von den heidnischen Pruzzen (Preußen) immer wieder verwüstet. Im Jahr 1226 rief er deshalb den Deutschen Orden zur Hilfe. Dieser Orden war im Jahr 1198 gegründet worden.
In seiner Ordensregel heißt es:

Q Drei Dinge sind die Grundlage für ein geistliches Leben: ewige Ehelosigkeit, der Verzicht auf einen eigenen Willen, das ist der Gehorsam bis zum Tode, und das Gelöbnis der Armut. Nur als Ganzes darf der Orden besitzen Land und Äcker, Weingärten und Mühlen, Burgen, Dörfer und anderes mehr.
Es ist ein Orden zur Ritterschaft gegen die Feinde des Kreuzes und des Glaubens, daher sind Rosse, Waffen, Knechte und was sonst noch zum Kampf gehört gestattet.

Der Herzog beauftragte den Orden damit, die Pruzzen zu bekämpfen und sie zum Christentum zu bekehren. Als Gegenleistung soll er dem Orden alles Land, das durch ihn erobert wurde, zu ewigem Besitz versprochen haben.

4 *Besprecht, warum dem polnischen Herzog für die Bekämpfung und Bekehrung der Pruzzen gerade der Ritterorden besonders geeignet erschien.*

Bekehrung mit Schwert und Blut

Im Jahre 1231 begann der Ritterorden* den Kampf gegen die Pruzzen, der fast 200 Jahre andauerte. In einem 1876 erschienenen Buch beschreibt der Schriftsteller Gustav Freytag einen Zug nach Litauen im Jahr 1377:

„So kam das Heer bis an die Memel. Dies ist ein Wasser von der Breite eines Bogenschusses. Da stieg man auf die Schiffe, von denen 610 bereit waren. Die Schiffer hatten schwere Arbeit, um mehr als 30000 Menschen überzusetzen.
Dann ging es weiter. Es waren das wohl tausend Mann, welche mit Äxten den Weg räumten durch die Hecken in der Wildnis. Es ging über Graben und Feld, durch tiefes Wasser, Moos, Moor und Bach. Man saß auf und stieg ab, zog hin und her, bald mußte das Roß hohe Sprünge machen, dann mußte man durchschlüpfen und sich bücken. Mancher ward wund, Knie und Beine wurden verstaucht. Da hörte der Spaß und das Lachen auf. So kam das Ordensheer in das Land, welches die Samogiten bewohnten; aber als ungebetene Gäste kamen sie. Dort bei einem Dorf begann der erste Tanz mit den Heiden, es blieben ihrer wohl sechzig tot, das Dorf wurde angesteckt, daß es hoch in die Lüfte brannte. Daraufhin begann das Heer in dem Land auf und ab zu verheeren. Den Christen gab Gott das Glück, daß die Heiden ungewarnt waren: die Heiden büßten das, denn ritterlich jagte man ihnen nach. Man fing, man stach, man schlug. Was ihnen wehe tat, das tat uns wohl. Das Land war voll von Menschen und Gut, wir hatten unsere Lust daran, es war den Christen Gewinn, den Heiden Verlust, es war eine frohe Zeit.“ (1)

Burgen des Deutschen Ritterordens.

Die Samogiten, ein litauischer Stamm aus der Gegend nördlich der Memel, schrieben im Jahr 1399:

Q Unterdrückt und durch Qualen erschöpft bitten wir Euch, ihr geistlichen und weltlichen Fürsten, uns anzuhören. Der Orden will nicht unsere Seelen für Gott, sondern unsere Felder für sich selbst gewinnen. Er hat uns dazu gebracht, daß wir entweder Bettler oder Räuber werden müssen, um unser Leben zu erhalten, und wie wagten sie es nach alledem, sich unsere Brüder zu nennen und uns zu taufen? Wer andere waschen will, sollte selber sauber sein. Alle Früchte unseres Landes haben uns die Ritter genommen. Sie gestatten uns weder zu jagen noch zu fischen, noch mit den Nachbarn Handel zu treiben. Jedes Jahr führen sie uns Kinder als Geiseln weg, unsere Ältesten haben sie nach Preußen verschleppt, andere samt ihren Familien durch Feuer ausgerottet, unsere Schwestern und Töchter haben sie mit Gewalt weggeführt – und da tragen sie noch das heilige Kreuz auf dem Mantel! Habt Erbarmen mit uns! Von ganzem Herzen wollen wir Christen werden, aber wir wollen mit Wasser, nicht mit Blut getauft werden.

1 *Schildert das Vordringen der Ordensritter einmal aus slawischer und einmal aus deutscher Sicht.*

2 *Wie beurteilt ihr das Vorgehen der Ordensritter?*

Die Marienburg, der Hauptsitz des Deutschen Ritterordens.

Der Staat des Deutschen Ordens*

Hatten die Ordensritter einen Sieg errungen, besetzten sie sofort die wichtigsten Punkte: Vorsprünge an Flußufern und Hügeln, von denen man eine weite Aussicht hatte. Schnell wurden Gräben gezogen, der Wall errichtet, Palisaden und Blockhäuser gebaut.

Im Schutz der neuen Burg wurden Handwerker und Händler angesiedelt, auch ihre Hütten mit Graben und Pfahlwerk umschlossen. Eifrig hämmerten Handwerker und Mönche, damit der Bau schnell fertig wurde. Burg um Burg entstand auf diese Weise, als größte unter ihnen die Marienburg an der Nogat (Bild oben). Diese Burgen sicherten die Macht des Deutschen Ordens, dessen Gebiet immer größer wurde (Karte, S. 99). Deutsche Siedler wurden ins Land geholt; über 1000 Dörfer wurden angelegt und beinahe 100 Städte gegründet. Von der wachsenden Ordensmacht fühlten sich Polen und Litauen bedroht. Beide Reiche wurden vereinigt und konnten das Ordensheer im Jahr 1410 bei Tannenberg vernichtend schlagen. Im Jahre 1525 wurde aus dem Ordensstaat ein weltliches Herzogtum*, dessen Herrscher dem polnischen König den Treueid leisten mußte.

1 *Informiert euch mit Hilfe eines Atlasses, in welchen Staaten die Gebiete des Ordensstaates heute liegen.*

Zum Nachdenken

Aus einem Brief der polnischen an die deutschen Bischöfe vom Jahr 1965:

Q Es strömten nach Polen deutsche Kaufleute, Architekten und Siedler. Die Polen haben ihre Brüder aus dem christlichen Westen sehr geehrt. Ganz anders dagegen die deutschen Ordensritter. Noch heute, nach vielen Generationen und Jahrhunderten, ist die Bezeichnung „Kryzak" (= Kreuzritter) Schimpfwort und Schreckgespenst für jeden Polen.

1 *Wie werden die Deutschen hier beurteilt?*

Zusammenfassung

Vor allem im 12. und 13. Jahrhundert zogen deutsche Bauern, Handwerker und Kaufleute in die Gebiete jenseits der deutschen Ostgrenze. Sie gründeten hier zahlreiche Dörfer und Städte.

Die Besiedlung östlich der Elbe geschah teilweise friedlich, öfters aber auch mit kriegerischen Mitteln. In Mecklenburg und Ostpreußen wehrten sich die Slawen gegen die deutschen Siedler.

Der Deutsche Ritterorden, 1226 vom polnischen Herzog zu Hilfe gerufen, gründete einen eigenen Staat, mußte aber im 16. Jahrhundert die Oberhoheit des polnischen Königs anerkennen.

1

2

Was können wir aus Kunstwerken erfahren?

Statuen, Zeichnungen und Gemälde enthalten zahlreiche Hinweise, was Menschen in früheren Zeiten gedacht und erhofft oder wie sie gelebt haben.

Manche Darstellungen sind leicht zu verstehen, wie z. B. viele Bilder auf griechischen Vasen oder römischen Mosaikfußböden. Sie zeigen uns Szenen aus dem alltäglichen Leben beim Schmied, Schuhmacher oder auch in der römischen Arena.

Andere Bilder geben uns viele Fragen auf: Wollten z. B. die Höhlenmaler in der Altsteinzeit nur einfach die Tiere malen, die damals lebten oder stellten ihre Bilder einen „Jagdzauber" dar? Eine Antwort darauf zu finden ist nicht einfach, weil die Künstler nicht in Worten zu uns sprechen; ihre Vorstellungen von Menschen und Dingen können wir nur aus ihren Kunstwerken erfahren.

Es ist wichtig zu wissen, welche Absichten die Künstler mit ihren Werken verfolgten. Man sollte deshalb bei jedem Kunstwerk folgende Fragen stellen:

Zum Kunstwerk:

- *Was ist dargestellt?*
- *Ist die Darstellung naturgetreu?*
- *Gibt es einen Mittelpunkt, auf den der Blick gerichtet ist?*
- *Verstärken der Vorder- und Hintergrund einen bestimmten Eindruck?*
- *Was will der Künstler durch die Darstellung vermitteln?*
- *Wurde das Kunstwerk zu einem bestimmten Zweck geschaffen?*

Zum Betrachter:

- *Wie wirkt das Dargestellte auf mich?*
- *Was spricht mich an?*
- *Was finde ich interessant und warum?*
- *Welche Fragen ergeben sich für mich durch das Bild?*
- *Wo finde ich weitere Informationen?*

Weitere Informationen zu den beiden Bildern:

Beide Bilder stellen eine Bauernfamilie dar. Bild 1 stammt aus dem 17., Bild 2 aus dem 19. Jahrhundert.

- *Wie ist die unterschiedliche Darstellung zu erklären?*
- *Hat sich das Leben der Bauern verändert, oder hatten nur die beiden Künstler ganz unterschiedliche Ansichten über das Leben der Bauern?*

Ein Mönch auf seinem Zimmer.

Besuch in einem heutigen Kloster*

„Das Kloster" – so schildern es zwei Reporter – steht am Rande der Stadt. Bruder Odilo, ein kleiner weißhaariger Mann von 79 Jahren, hat Pförtnerdienst. Er weiß Bescheid. Wir sind seit langem angemeldet. Bruder Odilo führt uns einen langen Flur hinunter. „Zwei Zimmer sind für Sie gerichtet." Einfache Räume: Holzbrett, Schrank und Tischchen, ein Stuhl – knapp zehn Quadratmeter. Der Waschtisch blitzblank, an der gekachelten Wand Kruzifix und Hausordnung. Für 14 Tage werden wir so leben wie die Mönche.

Im Kloster leben außer den Mönchen noch neun junge Männer, zwischen 18 und 25 Jahre alt. Sie sind in der Probezeit. Nach einem Jahr müssen sie sich entscheiden, ob sie künftig in der Klostergemeinschaft leben oder in die Außenwelt zurückkehren wollen. Möchten sie bleiben, müssen sie das Gelöbnis ablegen, für drei weitere Jahre dem Orden* treu zu sein. Nach den drei Jahren müssen sie geloben, für immer zu bleiben. Dieser Schritt ist unwiderruflich. Von den derzeit 240 Mönchen dieses Ordens in Deutschland hat keiner bislang dieses Gelöbnis gebrochen.

Wolfgang, 23 Jahre, kommt vorbei. „So, die Rasenmäher sind versorgt." Er meint vier Schafe, die ihm anvertraut sind. Der frühere aktive Jugendringer im Schwergewicht hat seine stramme Figur nicht eingebüßt. Warum er hierher gekommen sei, fragen wir ihn. „Mir gibt das Kloster eine klare Orientierung für mein Leben", sagt er.

„Mit sechzehn Jahren", sagt ein anderer, „habe ich mich gefragt, wie mein weiteres Leben aussehen sollte. Es gab für mich nur einen sinnvollen Weg, nämlich für Gott zu leben. Das war ganz klar. Ich habe mich Gott bedingungslos hingegeben." Und ein dritter sagt: „Ich stamme aus einer sehr reichen Familie. Wenn ich mir das Elend der ganzen Welt vor Augen hielt, schämte ich mich unseres Reichtums. Ich wollte mich von allem lösen und in Gott Zuflucht finden." (1)

1 *Beschreibt die auf den Bildern dieser Doppelseite gezeigten Tätigkeiten der Mönche.*

2 *Schreibt alles auf, was ihr vom Klosterleben wißt oder denkt.*

3 *Sprecht über die Begründungen, die für den Eintritt ins Kloster gegeben wurden.*

[1] **Im Chorraum der Klosterkirche.** Feierliche Aufnahme in das Kloster*.

[2]–[4] **Mönche als Schreiner, Drechsler und Bildhauer.**

[2]

[3]

[4]

Bete und arbeite: Vom Leben und Wirken der Mönche

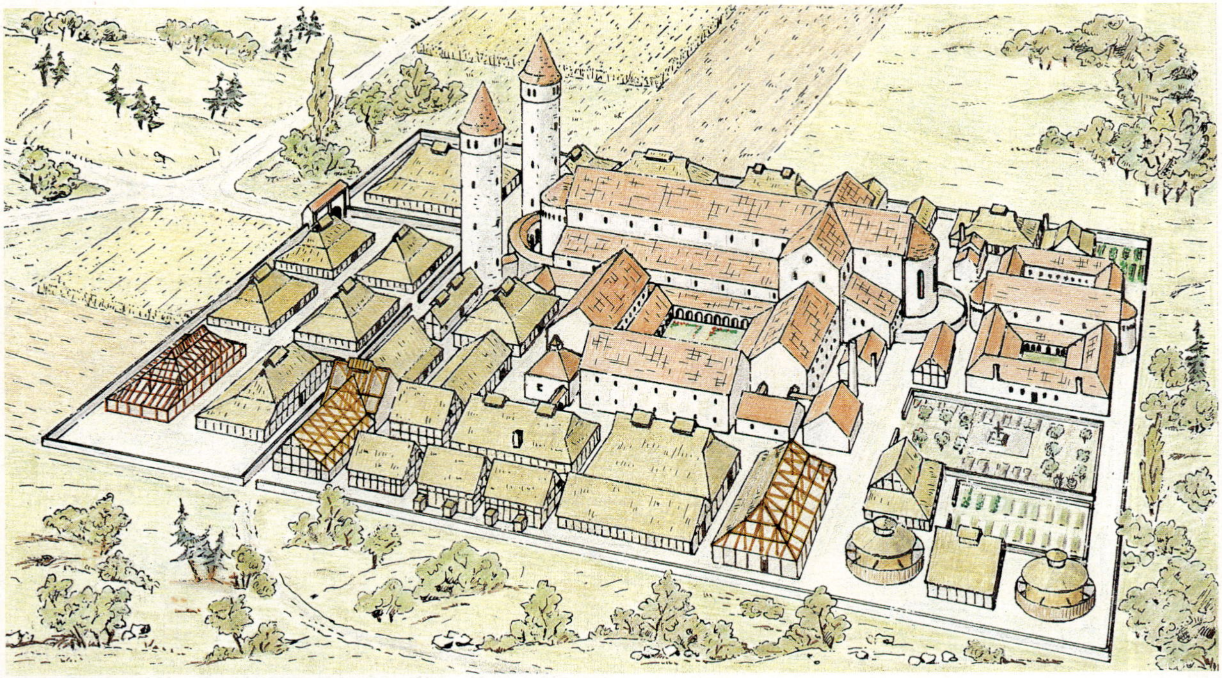

1 **Modell nach dem Klosterplan von St. Gallen.** Um 820 n. Chr.

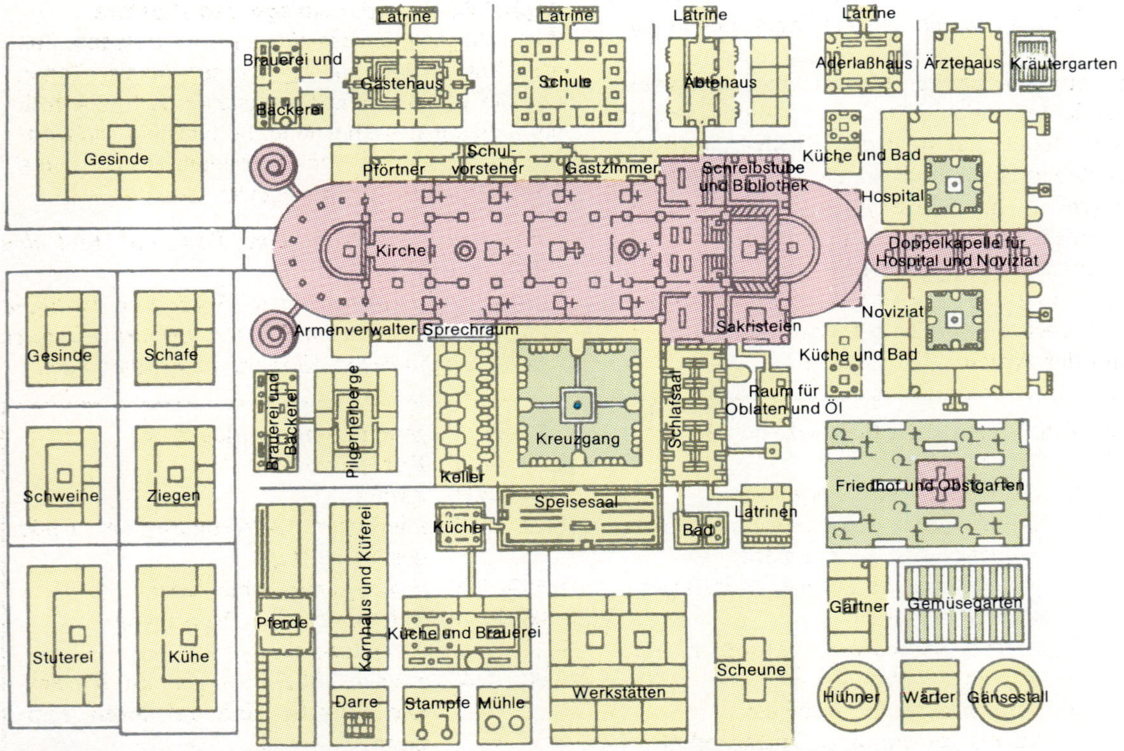

2 **Klosterplan von St. Gallen.** Die Abbildung ist eine moderne Umzeichnung des Originals.

Ein mittelalterliches Kloster*

1 *Aus dem Klosterplan von St. Gallen könnt ihr die Berufe und Tätigkeiten der Mönche erkennen. Tragt in einer Liste ein,*
in die linke Spalte:
Gebäude, die bestimmt sind
- zur ausschließlichen Benutzung für die Mönche,
- für die Wirtschaft des Klosters,
- für die Gäste des Klosters,
- zur Krankenpflege;

in die rechte Spalte:
die entsprechenden Tätigkeiten und Berufe der Mönche.

2 *Sprecht darüber, welche Aufgaben des mittelalterlichen Klosters heute von der Stadt oder dem Bundesland übernommen werden.*

Benedikt von Nursia

Manche Menschen waren vom Christentum so ergriffen, daß sie ihr ganzes Leben allein Gott widmen wollten. In einer Gemeinschaft Gleichgesinnter suchten sie ein gottgefälliges Leben zu führen.

Benedikt, ein italienischer Mönch aus Nursia bei Rom, gründete im Jahr 529 auf dem Monte Cassino ein Kloster. Jeder, der in dieses Kloster eintreten wollte, mußte drei Gelübde ablegen: Er verpflichtete sich arm, d. h. ohne eigenen Besitz leben zu wollen. Ferner gelobte er, ehelos zu bleiben und dem Abt unbedingt zu gehorchen.

Jeder Tag im Benediktinerkloster* war und ist auch heute noch ausgefüllt mit dem gemeinsamen Gebet und der Arbeit:

Für das Leben im Kloster gab Benedikt den Mönchen eine feste Regel:

Q Kapitel 33: Vom Eigentum
Keiner wage es, ohne Erlaubnis des Abtes etwas wegzugeben oder zu empfangen oder etwas zu eigen zu besitzen, durchaus nichts, weder Buch noch Tafel, noch Griffel, nein, überhaupt nichts. Alles sei allen gemeinsam.

Kapitel 48: Von der täglichen Handarbeit
Müßiggang ist ein Feind der Seele. Deshalb sollen sich die Brüder beschäftigen: zu bestimmten Zeiten mit Handarbeit, zu bestimmten anderen Stunden mit heiliger Lesung. Wenn die Ortsverhältnisse oder die Armut fordern, daß sie das Einbringen der Ernte selber besorgen, sollen sie deswegen nicht mißmutig werden. Sie sind nämlich erst wahre Mönche, wenn sie von der Arbeit ihrer Hände leben.

Kapitel 57: Von den Handwerkern des Klosters
Sind Handwerker im Kloster, sollen sie ihren Beruf in aller Demut ausüben, wenn es der Abt erlaubt. Wird einer von ihnen überheblich, in der Meinung, er bringe dem Kloster großen Nutzen, werde er seines Berufes enthoben.

Kapitel 66: Von der Anlage des Klosters
Wenn möglich, ist das Kloster so anzulegen, daß alles Notwendige, nämlich Wasser, Mühle, Garten und die verschiedenen Werkstätten sich innerhalb der Klostermauern befinden. So brauchen die Mönche nicht draußen umherzulaufen, was für ihre Seelen durchaus nicht zuträglich ist.

3 *Beschreibt mit Hilfe von Text und Bild den Tagesablauf der Mönche.*

4 *„Bete und arbeite", diese Forderung bestimmt das tägliche Leben im Kloster. Erklärt, wie diese Forderung auch im Klosterplan sichtbar wird.*

Tagesablauf in einem Benediktinerkloster heute

4.40 Uhr	Wecken
5.00– 6.00	Nachtgebet und Morgenlob
6.00– 7.00	Bibellesung und Besinnung der Mönche in ihren Zimmern
6.00– 9.30	jeder Mönch kann für sich das Frühstück einnehmen
7.30–11.00	kurzes gemeinsames Morgengebet; Beginn der Arbeit
11.15–12.00	gemeinsamer Gottesdienst
12.20	kurzes gemeinsames Mittagsgebet
12.30–13.00	gemeinsames Mittagessen
13.00–14.00	Ruhepause
14.00–18.00	Arbeit
18.00–18.30	feierlicher Gottesdienst am Ende des Arbeitstages
18.40–19.00	gemeinsames Abendessen
19.00–19.40	Zeit zur eigenen Verfügung
19.45	Abendgebet
20.00– 4.40	strenges Stillschweigen im Kloster. Die Mönche sind auf ihren Zimmern.

[1] **Mönche bauen ein Kloster.**

[2] **Mönche spalten bei Rodungsarbeiten einen Baum.** Buchmalerei aus dem 12. Jahrhundert.

[3] **Mönche bei der Ernte.** Buchmalerei aus dem 12. Jahrhundert.

Besuch in einem mittelalterlichen Kloster*.
In der Abgeschiedenheit der Klöster wollten Männer und Frauen Gott allein dienen. Doch ihr Wirken ging weit über die Klostermauern hinaus.
In einer erfundenen Geschichte wird erzählt, wie der bayerische Herzog* im Jahr 756 das erst 10 Jahre zuvor gegründete Kloster Tegernsee besucht:
„Das Bild der Landschaft hat sich in wenigen Jahren völlig verändert. Früher traf man in diesen endlosen Wald- und Sumpfgebieten nur alle paar Stunden auf ein ärmliches Dorf mit niederen, strohgedeckten Hütten, wenige verunkrautete Äcker fristeten mühsam am Rande der Lichtungen ihr Dasein, holprige Waldpfade verbanden die wenigen Siedlungen.
Jetzt zieht sich eine breite, ausgeholzte Fläche am östlichen Ufer des Sees dahin. Auf den Feldern treiben Mönche die Ochsengespanne, Bauern, die dem Kloster zinspflichtig sind, fällen im nahen Wald die Bäume, andere roden Bäume aus, und eine Schar von Jungen verbrennt das Astwerk in großen Haufen zu Asche.
Inmitten dieses neugewonnenen Landes erhebt sich behäbig und mit schneeweißen Mauern eine wuchtige Kirche, deren Schilfdach ein hölzerner Glockenturm ziert. Sie ist umgeben von einem Dutzend gleichförmig ausgerichteter Nebengebäude, von denen eines – anscheinend die Wohnung der Mönche – zweistöckig aus schweren Stämmen gezimmert und mit Schindeln gedeckt ist.
Der Abt* des Klosters führte seine Gäste durch das Klostergebiet: „Wir haben den Ackerbau wesentlich verbessert“, erklärt der Abt seinen Gästen. „Vor uns kannte man in dieser Gegend nur Hafer und Roggen. Unsere Bruderabtei Bobbio in (Nord-)Italien schickte uns vor einigen Jahren mehrere Säcke Sämereien über den Brennerpaß. Nicht nur der Weizenanbau ist seitdem ansehnlich gewachsen, auch die Zucht von Edelobst haben wir eingeführt.“
Der Mönch klagt über das rauhe Klima, an das sich die empfindlicheren Arten erst gewöhnen müßten. „Unsere Brüder in Sankt Gallen oder in der Reichenauer Klause im Bodensee haben eine bessere Lage. Sie haben sogar den Weinbau der Römerzeit fortgeführt. Dafür haben wir dem Volke die Kunst der Entwässerung gezeigt, wie sie in Italien alte Tradition ist. Die ehemals sauren, sumpfigen Weiden entlang dem See sind heute schon gute Wiesen. Wir brauchen das Heu für unser Edelvieh, das uns die Brüder aus Sankt Gallen zugesandt haben.“

Das Kloster als Zentrum von Bildung, Wissenschaft und Kunst

1 **Mönch in der Schreibstube.**

2 **In der Klosterschule.**

3 **Predigender Mönch.**

Der Abt* weist auf einen langgestreckten, hölzernen Bau, aus dem Sägen, Hobeln und Hämmern erschallen. „Das ist die Schreinerei", sagt er, „ich habe angeordnet, daß ihre Erzeugnisse zusammen mit anderen Klosterarbeiten im Speisesaal ausgelegt werden." Der Herzog wendet sich den langen, rohgezimmerten Tischen der Mönche zu, auf denen die Schaustücke bereitliegen.

Neben höfischen Kleidern, die eines Königs würdig sind, prunken gestickte Meßgewänder mit Gold- und Silberborten; da gibt es wunderbar weichgegerbte Schaftstiefel aus der Klosterschusterei, Zaumzeug und hohe, kunstvoll ausgelegte Sättel. Werkzeug aus Holz, Eisen und Kupfer, von den Brüdern Werkzeugmachern, Schreinern und Schmieden verfertigt. Wagenräder, Fässer, Truhen mit eingesetzten Bildern, mit Einlagen aus farbigem Holz, aus Metall und Elfenbein, getriebene, ziselierte und gegossene Waffen, Schilde, Helme und vor allem Kelche, Weihegeräte und Schmuck entlocken dem Herzog und seinen Mannen laute Rufe der Bewunderung.

„Wer sind die Künstler, die solche Dinge schaffen?" fragt der Herzog erstaunt. „Unsere Mönche kommen aus Franken", antwortet der Abt, „aus Angelsachsen und Italien. Hier im Orden Sankt Benedikts lebt vieles fort, was schon vergessen schien.

Anschließend führt der Abt seinen Gast in die Schreibstube: „Wir erziehen unsere Schreiber zu größter Sorgfalt", bemerkt der Abt, „ein Buchstabe muß wie der andere sein. Ein fleißiger Schreiber liefert von Sonnenaufgang bis Sonnenuntergang nicht mehr als zwei Seiten. Ein besonders kunstvoll gefertigtes Buch stellt manchmal die Lebensarbeit eines Mönches dar. Man bezahlt es mit einem kleinen Bauerngut." (1)

Zum Schluß besuchte der Herzog noch die Klosterschule. Junge Männer, die sich auf ihr Leben im Kloster vorbereiteten, erhielten hier ihre Ausbildung im Lesen, Rechnen und Schreiben. Einige von ihnen würden später am Hof des Königs, bei einem Grafen oder Fürsten als Lehrer oder Schreiber tätig sein.

1 *Schreibt einen kurzen Bericht über die Gründung und Entwicklung des Klosters Tegernsee in den ersten zehn Jahren. Beachtet dabei auch die Bilder auf dieser Doppelseite.*

2 *Verfaßt gemeinsam einen Brief an ein Kloster in der Nähe eures Ortes. Erkundigt euch nach dem Gründungsjahr, der Klosteranlage, den Aufgaben des Klosters heute usw.*

Verfall und Erneuerung des Klosterlebens

Fleiß und Ausdauer der Mönche in der Landwirtschaft und als Kunsthandwerker brachten den Klöstern reichen Gewinn. Hinzu kamen zahlreiche Schenkungen der deutschen Könige (vgl. S. 143). In manchen Klöstern lebten die Mönche wie weltliche Herren. Sie gingen auf die Jagd, speisten prächtig und spazierten in prunkvollen Gewändern umher. Das tägliche Gebet und die Arbeit wurden dabei von ihnen vernachlässigt.

Eine Erneuerung des Klosterlebens ging im 10. und 11. Jahrhundert vom Kloster Cluny in Burgund aus (vgl. S. 143). Die Mönche dieses Klosters führten in der Nachfolge Christi wieder ein einfaches Leben. Jeder Tag war ausgefüllt mit Arbeit, Gottesdienst und Gebet. Cluny wirkte durch sein Vorbild auf viele Klöster in ganz Europa.

Um der Gefahr, die dem klösterlichen Leben durch den Reichtum drohte, ganz zu entgehen, machten im 13. Jahrhundert zwei neue Orden radikal ernst mit dem Gelübde der Armut: der Franziskaner- und der Dominikanerorden.

Traum des Papstes Innozenz III.: Franz von Assisi verhindert den Einsturz einer Basilika. Fresko von Giotto di Bondone, 13. Jahrhundert.

Die Bettelorden

Der Franziskanerorden wurde benannt nach seinem Gründer Franziskus, der aus Assisi stammt, einer kleinen Stadt in Mittelitalien.

Franz von Assisi wurde im Jahr 1182 als Sohn eines reichen Tuchhändlers geboren. Seine Eltern erfüllten ihm jeden Wunsch. Franziskus war ein lebenslustiger junger Mann, der gern und häufig zusammen mit seinen Freunden feierte. Im Alter von 24 Jahren aber trat eine radikale Umkehr ein. Sein bisheriges Leben erschien ihm sinnlos. Franziskus beschloß, von nun an ein Leben in völliger Armut zu führen. Schon bald schlossen sich ihm gleichgesinnte Männer an.

Franziskus verfaßte für seine neue Gemeinschaft eine Ordensregel, in der es u. a. heißt:

Q Streng verbiete ich den Brüdern insgesamt, in irgendeiner Form Münzen oder Geld anzunehmen. Und alle Brüder sollen wollige Kleider tragen, und mit dem Segen Gottes können sie diese mit grobem Stoff und anderen Lappen flicken. Denn es sagt der Herr im Evangelium: Die, die kostbare Kleider tragen, üppig leben und sich weichlich kleiden, sind an den Höfen der Könige.
Die Brüder sollen nichts als Eigentum erwerben, weder ein Haus noch eine Niederlassung noch irgendeine andere Sache. Und wie Pilger und Fremdlinge, die in dieser Welt in Armut und Demut dem Herrn dienen, mögen sie voll Vertrauen um Almosen betteln und sollen sich dabei nicht schämen, weil der Herr sich um unsretwillen in dieser Welt arm gemacht hat.

1 *Stellt fest, gegen welche Mißstände im Klosterleben sich diese Ordensregel wendet. Lest dazu nochmals die Berichte auf S. 143.*

2 *Beschreibt das Bild auf der nächsten Seite. Überlegt, was der Franziskanermönch gerade sagen könnte. Beachtet dazu auch die Bildszene im Vordergrund.*

Ebenfalls im 13. Jahrhundert wurde durch den spanischen Adligen Dominikus der Dominikaterorden gegründet. Beide Orden breiteten sich rasch über ganz Europa aus. Zu Beginn des 14. Jahrhunderts gab es allein in Deutschland schon mehrere hundert Franziskaner- oder Dominikanerklöster.

Für diesen Erfolg gab es mehrere Gründe:
- Die Mönche führten ein vorbildhaftes Leben in Armut.
- Ihre Hauptaufgabe sahen sie in der Seelsorge und in der Predigt. Durch ihre einfache Ausdrucksweise, die jeder verstand, sprachen sie viele Menschen an.
- Sie lebten nicht auf dem Lande wie die Benediktiner, sondern gingen zu den Menschen in den Städten (vgl. das Bild).

Viele Menschen verglichen das einfache Leben dieser Mönche mit dem Reichtum und Luxus mancher Äbte und Bischöfe. Sollte man auf solche Geistliche, die sich ganz dem weltlichen Vergnügen zugewandt hatten, noch hören? Erste Zweifel an der Kirche und ihren Vertretern wurden laut. Manche Christen forderten schon zu dieser Zeit eine Reform der Kirche. Erst zu Beginn des 16. Jahrhunderts aber wurden diese Forderungen in der Reformation verwirklicht.

1 *Seht euch das Bild auf der vorigen Seite an. Sprecht darüber, was der Maler über die Bedeutung Franz von Assisis sagen möchte.*

Zusammenfassung

Das mittelalterliche Kloster war eine große Lebensgemeinschaft mit besonderen Lebensformen. Der Tagesablauf der Mönche vollzog sich in einer strengen Ordnung von Gebets-, Arbeits- und Ruhezeiten.

Durch die verschiedenen Tätigkeiten der Mönche wurden die Klöster zu Mittelpunkten von Bildung, Wissenschaft und Kunst, von Landwirtschaft und Handwerk.

Durch den Fleiß der Mönche und Schenkungen der deutschen Könige wurden die Klöster immer reicher. Dies führte dazu, daß in manchen Klöstern die Mönche wie weltliche Herren lebten. Eine Erneuerung des Klosterlebens im 10. und 11. Jahrhundert ging vom Kloster Cluny in Burgund aus. Radikal ernst mit einem Leben in Armut machten zwei neue Orden im 13. Jahrhundert: die Franziskaner und die Dominikaner. In dieser Zeit wurden auch die ersten Forderungen laut nach einer Reform der gesamten Kirche.

Ein Franziskanermönch predigt. Gemälde um 1480.

Bilder aus dem Buch: Die Torstraße – Häuser erzählen Geschichte, gezeichnet von Heinz-Joachim Draeger, 1977.

Alltag in der Torstraße 1476.

Einkaufsbummel in der Torstraße 1926.

1 *Beschreibt die Bilder und nennt die wichtigsten Veränderungen.*
2 *Sprecht darüber, zu welcher Zeit ihr am liebsten in der Torstraße gewohnt hättet. Begründet eure Antwort.*

Verkehrschaos in der Torstraße 1966.

Ein Fußgängerparadies – heute.

1 *Fertigt eine große Zeitung für euer Klassenzimmer an. Besorgt euch dazu beim Bürgermeister- oder Verkehrsamt Prospekte mit Bildern eurer (Kreis-)Stadt vom Mittelalter bis heute. Ihr könnt auch eigene Fotos verwenden.*

2 *Sprecht über die wichtigsten Veränderungen in eurer Stadt seit dem Mittelalter.*

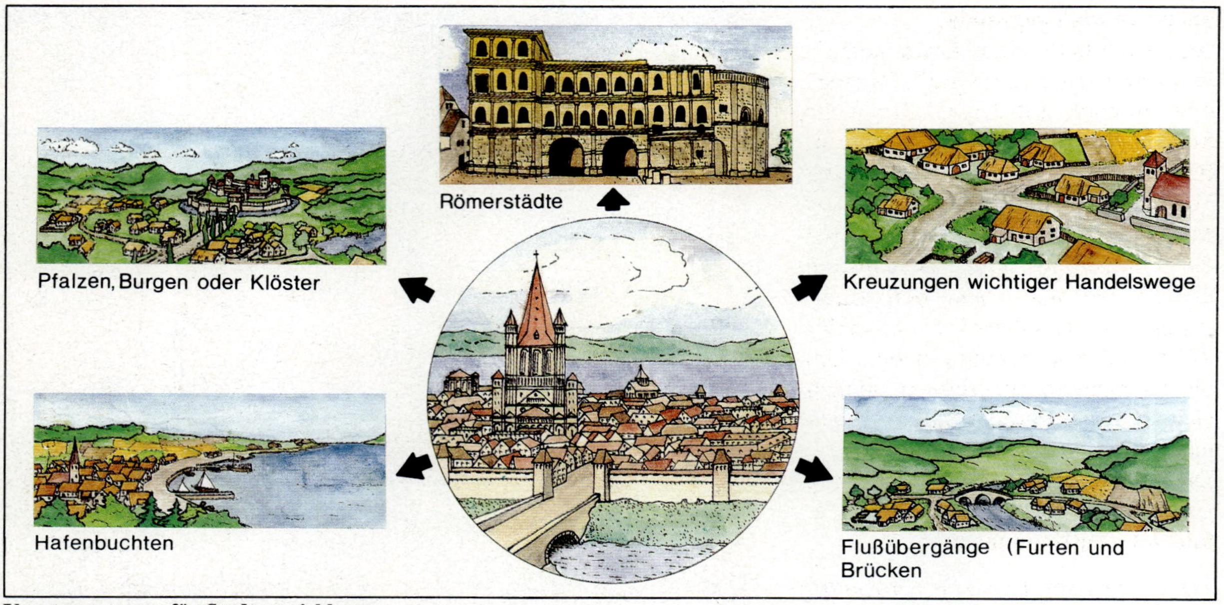

Voraussetzungen für Stadtentwicklung.

Städte entwickeln sich

1 *Stellt Vermutungen darüber an, warum es an den im Bild gezeigten Stellen zur Entwicklung von größeren Siedlungen kommen konnte.*

Über die Entstehung der Stadt Brügge im heutigen Belgien heißt es in einem Bericht aus dem 9. Jahrhundert:

Q Vor dem Burgtor, an der Brücke, sammelten sich allmählich Gewerbetreibende, um für die zu arbeiten, die in der Burg wohnten. Außer Kaufleuten, die alles mögliche feilboten, gab es Schank- und Gastwirte. Sie machten sich zur Aufgabe, diejenigen, die beim Grafen zu tun hatten, zu beköstigen und zu beherbergen. Mit der Zeit begannen die Zuzügler Häuser zu bauen und sich wohnlich einzurichten; dort fanden alle Aufnahme, die nicht in der Burg selbst wohnen konnten. Die Siedlung wuchs, so daß in kurzer Zeit ein großer Ort entstand.

So wie hier bei Brügge entstanden auch an anderen Orten weitere Städte. Ein Wissenschaftler schreibt dazu:
„Die ältesten Städte auf deutschem Boden sind römischen Ursprungs. Dort, wo die Römer an Rhein und Donau ihre Kastelle und Niederlassungen angelegt hatten, wuchsen auch die ältesten stadtartigen Siedlungen (vgl. S. 104). Soldaten und Kaufleute wohnten in diesen Niederlassungen.
In den Zeiten der Völkerwanderung wurden sie zerstört und geplündert. In der Zeit der fränkischen Könige aber, also im 8. und 9. Jahrhundert, ließen sich hier Grafen und die Bischöfe nieder. Sie fanden in Kriegszeiten Schutz hinter den starken alten römischen Mauern.
Solche einigermaßen sicheren Plätze waren auch den Kaufleuten sehr willkommen. Sie schlossen sich zusammen in Niederlassungen, nahe genug an der Burg des Grafen oder Bischofs, um sicheren Schutz zu haben.“ (1)
Bevorzugt wurden von den Kaufleuten auch Niederlassungen an wichtigen Handelsstraßen, an Flußübergängen und Hafenbuchten, denn hier bestanden meist schon kleine Siedlungen.

2 *Überprüft eure Vermutungen aus Aufgabe 1 anhand der Texte.*

3 *Informiert euch, wie und wann eure (Kreis-)Stadt entstanden ist.*

Städte werden gegründet

Jede Stadt hatte einen Grundherrn*. Das war meistens ein Graf*, Herzog* oder Bischof, auf dessen Grund die Stadt stand. Als **Stadtherr** sorgte er für einen geordneten Handel in der Stadt und auf dem Markt, indem er Maße und Gewichte festsetzen und die Einhaltung aller Vorschriften überwachen ließ. Von den Kaufleuten und Händlern zog er dafür Zölle und Marktgebühren ein. Um die Einnahmen zu erhöhen, gingen viele Stadtherren dazu über, planmäßig neue Städte zu gründen.

Die Gründungsurkunde für Freiburg aus dem 12. Jahrhundert enthält u. a. folgende Bestimmungen:

Q In meinem Besitz in Freiburg habe ich einen Markt gegründet. Ich habe Kaufleute aus anderen Orten eingeladen, sich hier niederzulassen.

Jeder Kaufmann erhält zum Bau eines Hauses ein Grundstück, 30 m lang und 15 m breit. Außerdem verspreche ich:

1. Allen, die meinen Markt besuchen garantiere ich Frieden und Sicherheit. Sollte aber jemand hier bestohlen werden, so werde ich ihm, wenn er den Räuber nennen kann, zur Rückgabe des Weggenommenen verhelfen oder ihm den Schaden ersetzen.
2. Wenn einer meiner Bürger stirbt, sollen seine Frau und Kinder alles erben.
3. Allen Kaufleuten erlasse ich den Marktzoll.
4. Wenn es zwischen meinen Bürgern zu einem Streit kommt, soll nicht von mir oder meinen Richtern entschieden werden. Vielmehr sollen die Kaufleute selber nach ihrem Recht und ihrer Gewohnheit richten.

Bürger beim Bau der Stadtmauer

16. Jeder, der in diese Stadt kommt, darf hier frei und unbehelligt sich niederlassen, wenn er nicht der Leibeigene* eines Herrn ist. Wer aber über Jahr und Tag in der Stadt gewohnt hat, ohne daß ihn irgendein Herr als seinen Leibeigenen gefordert hat, der genießt von da sicher und unangefochten die Freiheit.

Die Menschen, die in die Stadt zogen, wurden zu Burgleuten oder „Bürgern", die nach dem Burgrecht lebten. Auch die Stadtmauer und das Stadttor hießen bis zum 12. Jahrhundert noch Burgmauer oder Burgtor.

1 *Schreibt auf, was der Herzog den Kaufleuten versprach.*

2 *Überlegt, welche Vorteile der Herzog von der Ansiedlung der Kaufleute erwarten konnte.*

3 *Spielt folgende Szene: Zwei Grundherren, die über hörige Bauern verfügen, unterhalten sich über die Bestimmung im Artikel 16. Auch zwei hörige Bauern unterhalten sich darüber.*

4 *Die Bezeichnung der Stadt als Burg gibt einen Hinweis auf eine ihrer wichtigsten Aufgaben. Überprüft diese Behauptung mit Hilfe des Bildes.*

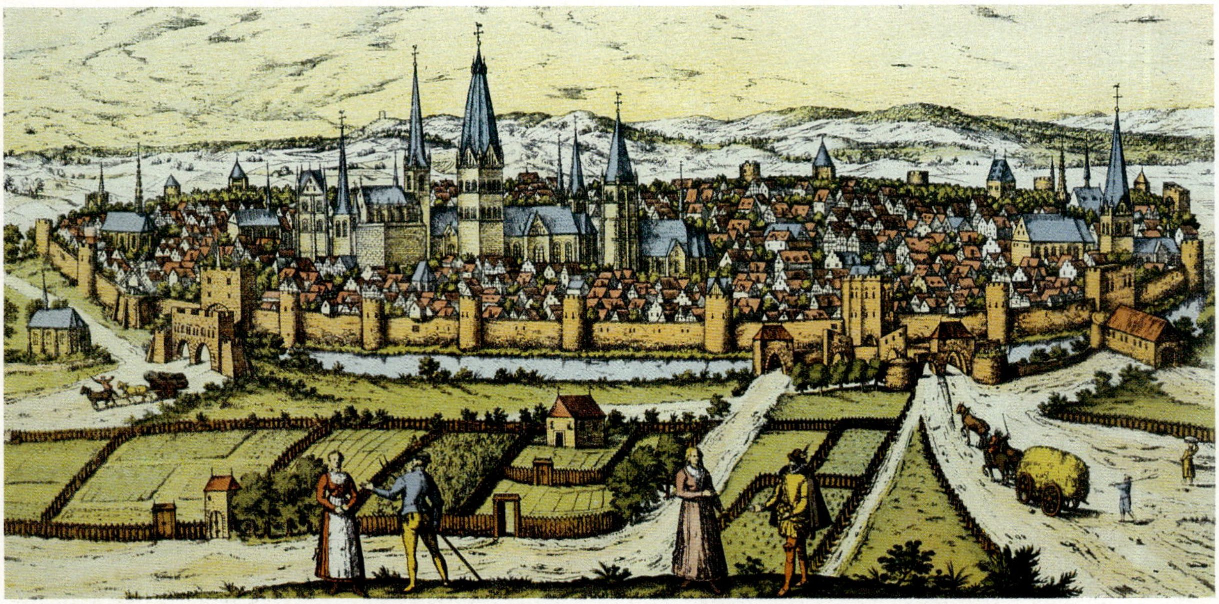

Soest. Stich aus dem Jahr 1588.

Eine mittelalterliche Stadt – Mauern, Markt und Rathaus

1 *Betrachtet das Bild der Stadt Soest. Verfolgt in Gedanken den Weg des Fuhrwerkes. Wann weiß der Bauer genau, daß er in der Stadt ist und nicht mehr auf dem Lande?*

Ein heutiger Geschichtsschreiber erzählt:
Noch ehe der Tag angebrochen ist, macht sich der Bauer auf den Weg zur Stadt. Heute nimmt er zum ersten Mal seinen Sohn mit. Dieser trägt einen Korb mit Eiern. Über die Schulter hat er sich zwei Hühner gehängt. Der Vater hat in seinem schweren Tragkorb einige Maß Mehl, Butter und noch ein paar Felle.
Das Dorf liegt über vier Stunden Fußmarsch von der Stadt entfernt.
Endlich, als die Sonne aufgeht, sehen sie die Türme der Stadt vor sich. Der Sohn ist ganz aufgeregt.
„Vater! So viele Türme und Dächer habe ich noch nie gesehen. Jetzt weiß ich, was eine Stadt ist! Wo viele Menschen wohnen, das ist eine Stadt."
„Nein", entgegnet der Vater, „das stimmt nicht ganz. Nicht die Zahl der Menschen ist entscheidend. Der Ort muß eine Mauer, sein eigenes Gericht und sein eigenes Rathaus haben. Dann kann er sich Stadt nennen. Außerdem hat jede Stadt einen Markt. Er befindet sich in der Nähe der großen Stadtkirche und des Rathauses. Wir sind bald dort."
Von allen Seiten haben sich inzwischen Bauern hinzugesellt. Mit vielen anderen stehen sie vor dem Stadttor. Ein Stadtknecht hält sie an. Er durchsucht den schweren Tragkorb. Dann dürfen sie passieren, ohne eine Abgabe zahlen zu müssen, denn sie tragen nur die für die Stadt wichtigen Lebensmittel mit sich. Für andere Waren muß man nämlich Torzoll bezahlen. Schnell haben sich die beiden durch das Gedränge der Wagen und Menschen hindurchgeschlängelt. Sie laufen durch enge Gassen und gelangen endlich auf den Hauptmarkt. Hier wird alles angeboten, was die Bürger gebrauchen können: Fleisch und Gewürze, Fisch und Gemüse, aber auch Kleider, Töpfe und andere Handwerkserzeugnisse. (1)

2 *Als der Sohn spät abends mit seinem Vater nach Hause zurückgekehrt ist, möchte er noch erzählen, was er alles gesehen hat. „Wir waren noch weit entfernt, da sahen wir bereits die großen Kirchtürme und die Stadtmauer. Sie ist . . ." Erzählt diese Geschichte weiter. Beachtet dabei auch genau die Darstellung auf dem Bild.*

3 *Nennt die wichtigsten Merkmale, durch die sich eine Stadt von einem Dorf unterscheidet.*

Kampf der Städte um die Unabhängigkeit

1 *Beschreibt das Bild. Beachtet auch die Haltung der dargestellten Personen.*

Im ersten Stadtrecht von Straßburg (um 1200) hieß es:

Q 1
– Alle Beamten dieser Stadt unterstehen dem Bischof.
– Die vier Beamten, die die Stadt regieren, setzt der Bischof selber ein, nämlich den Schultheißen, den Burggrafen, den Zöllner und den Münzmeister.
– Der Schultheiß* wird richten über Diebstähle, Frevel und Geldschulden.
– Zum Amt des Burggrafen gehört es, die Meister fast aller Handwerke in der Stadt einzusetzen, nämlich der Stuhlmacher, Gerber, Handschuhmacher, Schuster, Schmiede, Müller, Verfertiger von Weingefäßen, Pechbrenner, Schwertfeger, Obstverkäufer und Schankwirte. Und er hat Gewalt über sie zu richten, wenn sie in ihrem Beruf etwas gefehlt haben.
– Aufgabe der Zöllner ist es, den Zoll einzuziehen.
– Der Münzmeister richtet die Falschmünzer.
– Die Kaufleute müssen für den Bischof Botendienste leisten; innerhalb des Bistums muß jeder dreimal im Jahr Botschaften des Bischofs an seine Leute überbringen.

2 *Tragt in eine Liste die Rechte des Bischofs gegenüber seiner Stadt ein.*

Im Laufe der Jahrhunderte wurden die Städte immer größer. Mit der Größe einer Stadt wuchs auch das Selbstbewußtsein ihrer Bürger. Vor allem die Kaufleute, die es zu beachtlichem Wohlstand gebracht hatten, wollten sich nicht länger von ihrem Stadtherrn bevormunden lassen. In einigen Städten kauften sie daher dem Stadtherrn ein Recht nach dem anderen ab; wenn dies nicht gelang, kam es häufig zu erbitterten Kämpfen, wie z. B. in Köln. Hier hatte der Erzbischof im Jahr 1074 versucht, das Schiff eines Kaufmanns für sich beschlagnahmen zu lassen.
Der Mönch Lampert von Hersfeld schreibt darüber:

Q 2 Der Sohn des Kaufmanns begann daher, überall zum Aufruhr zu hetzen. Er zog in der ganzen Stadt umher und streute im Volk allerlei Reden aus über die Überheblichkeit und Strenge des Erzbischofs, der so oft Widerrechtliches anordne, so oft Unschuldigen das Eigentum wegnehme, so oft die ehrenwertesten Bürger übel beschimpfe. Das Volk verlangte stürmisch den Umsturz und rief in der ganzen Stadt zu den Waffen.

Vor dem Stadtherrn, einem Bischof, und seinen Beratern erscheinen ein Bürger, ein Bauer und ein Adeliger. Buchmalerei um 1500.

Nach heftigen Kämpfen gelang es dem Erzbischof, den Aufstand zu unterdrücken. Der Kaufmannssohn wurde geblendet, andere mit der Rute geschlagen; alle erhielten schwere Vermögensstrafen.
Es dauerte gut 200 Jahre, bis die Kölner Kaufleute ihre Unabhängigkeit erlangt hatten.

3 *Überlegt, warum der Kaufmannssohn mit seinen Reden bei den Bürgern auf so große Zustimmung stieß.*

1 **Ein Fernhandelskaufmann mit seiner Familie.**

2 **Ein Handwerker mit seiner Familie.**

Fernhandelskaufleute

1 *Vergleicht die Bilder 1 und 2. Achtet dabei auf die Kleidung und auf Tätigkeiten der dargestellten Personen.*

Am Ende des 12. Jahrhunderts hatten fast alle Stadtherren ihre Rechte an die Bürger abgetreten. Jetzt wurden die Städte von den mächtigen und angesehenen Kaufleuten regiert, die es durch ihren Fernhandel zu großem Wohlstand gebracht hatten. Diese Kaufleute, die man als Patrizier bezeichnete (S. 83), schlossen sich die Gilden (Interessenverbänden) zusammen. Sie kontrollierten das gesamte Wirtschaftsleben der Stadt und bestimmten auch die Politik: Sie wählten aus ihren Reihen Ratsherren und stellten auch den Bürgermeister. Der Rat setzte die Steuern fest, zog die Zölle ein und entschied, für welche Maßnahmen diese Gelder verwendet werden sollten.

Ebenso regelte der Rat das städtische Leben: Er setzte Löhne und Preise fest und die Zeiten für das Öffnen und Schließen der Stadttore; er bestimmte sogar, wie lange Familienfeste und Hochzeitsfeiern bei ärmeren und wohlhabenderen Bürgern dauern durften, wieviel Gericht aufgetragen und wieviel Gäste geladen werden konnten.

2 *Bildet Arbeitsgruppen mit folgenden Arbeitsaufgaben:*

– Eine Gruppe spricht mit einem Mitglied des Gemeinderats über seine Aufgaben und die Wahlen.

– Eine andere Gruppe läßt sich vom Bürgermeister oder seinem Stellvertreter informieren, welche Maßnahmen eine Stadt heutzutage finanzieren muß, woher die Gelder kommen usw.

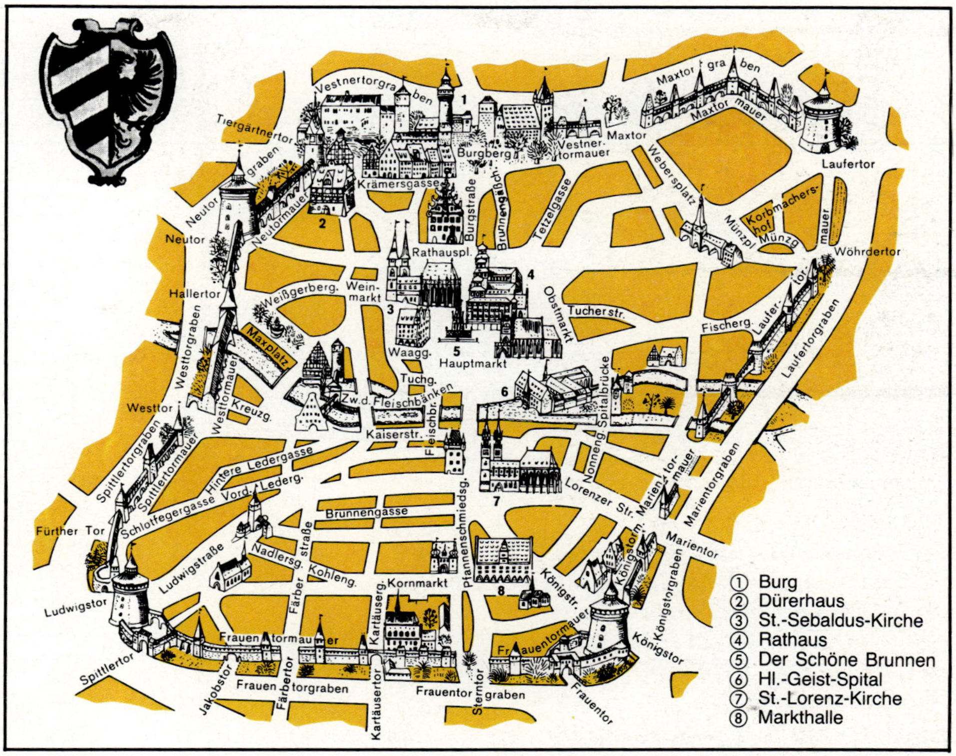

Stadtplan von Nürnberg. Um 1500.

Handwerker und Zünfte*

1 *Beschreibt mit Hilfe des Stadtplans die Lage von Markt, Rathaus, Kirche und Bürgerhäusern.*

2 *Überlegt, was die Namen einzelner Gassen und Straßen bedeuten könnten.*

Die Handwerker stellten den größten Teil der Stadtbevölkerung. Zusammen mit ihren Familienangehörigen machten sie bis zu zwei Drittel der Einwohnerschaft aus.

Zur Verteidigung gemeinsamer Interessen schlossen sich die Handwerker seit dem 12. Jahrhundert zu Zünften zusammen. Für jedes Handwerk gab es eine eigene Zunft. Die Angehörigen einer Zunft hatten ihre Werkstatt häufig in derselben Straße oder in einem bestimmten Stadtteil. Jede Zunft

- erließ feste Regeln zur Ausbildung der Lehrlinge;
- setzte die Zahl der Lehrlinge und Gesellen je Betrieb fest;
- überwachte die Qualität der Produkte und die Einhaltung der vorgeschriebenen Preise;
- schrieb den Mitgliedern genau vor, wieviel Ware sie produzieren durften;
- schlichtete Streitigkeiten der Zunftmitglieder untereinander.

Die Vorschriften waren streng und für alle verbindlich. „Schaumeister“ überwachten die Zunftgenossen. Pfuschern, d. h. Handwerkern, die nicht Mitglied waren, „legten sie das Handwerk“. Minderwertige Erzeugnisse wurden eingezogen und die Hersteller bestraft.

Die enge Verbundenheit der Zunftmitglieder zeigte sich auch im alltäglichen Leben. An den großen Stadt- und Kirchenfesten nahm man gemeinsam teil. Kranke und arme Mitglieder wurden unterstützt, und gemeinsam sorgte man auch für Witwen und Waisen verstorbener Zunftgenossen.

Auch an der Verteidigung der Stadt waren die Zünfte beteiligt. Jede Zunft hatte ein bestimmtes Stück der Stadtmauer zu verteidigen oder eines der Stadttore, wie z. B. das Färber- oder Schmiedtor.

3 *Erklärt folgende Behauptung: Die Zunftmitglieder wollen nicht Reichtum, sondern Sicherheit.*

4 *Informiert euch über Handwerker-Innungen heute. Fragt nach der ursprünglichen Zielsetzung und den heutigen Aufgaben dieser Innungen.*

1 **Eine Kauffrau.** Bild aus dem 16. Jahrhundert.

Meister und Meisterin

1 *Schreibt auf, welche Gegenstände ihr auf dem Bild erkennt.*

2 *Sprecht über die Tätigkeit der Frau.*

In verschiedenen Zunftordnungen* aus dem 14. Jahrhundert finden sich Bestimmungen:

Q 1 Eine Frau, die ein Handwerk betreiben will, muß Bürgerin der Stadt sein. Wenn sie sich mit dem Rat der Stadt geeinigt hat, hat sie und ihre Kinder das Recht zum Handwerk.

Q 2 Wer Webermeister oder Webermeisterin ist, der kann, wenn er will, einen Lehrjungen oder ein Lehrmädchen haben und nicht mehr.

Q 3 Wenn jemand sein Kind ein Handwerk lernen läßt, sei es Sohn oder Tochter, so soll, wenn es zu einer Klage über den Lohn kommen sollte, der Burggraf darüber entscheiden.

3 *Beschreibt in eigenen Worten, was die Zunftordnungen über Tätigkeiten von Frauen und Mädchen im Handwerk aussagen.*

4 *Vergleicht diese Bestimmungen mit dem Bild. Sucht eine Überschrift für das Bild.*

Die Schule

Seit dem 13. Jahrhundert förderte der Stadtrat in vielen Städten die Gründung von Schreib- und Rechenschulen. Ausgebildete Lehrer gab es allerdings noch nicht. Oftmals waren es Handwerker oder Witwen, die sich als „Lehrer“ etwas dazuverdienen wollten.
Sie brachten dann an ihrem Haus ein Schild an, auf dem sie für den Unterricht warben:

Q 4 Alle, die gern lernen möchten, deutsch zu schreiben oder zu lesen, die eine Rechnung ausstellen oder sie lesen können müssen, alt und jung, Bürger und Handwerksgeselle, Frauen und Jungfrauen, mögen hier herein kommen. Für Jungen und Mädchen beginnt der Kurs nach der Fastenzeit.

2 **Schule im Mittelalter.** Bild von einem Aushängeschild 1516.

Die Bürger: frei, aber nicht gleich

Für den Unterricht mußte jeder Schüler dem Lehrer ein „Schulgeld" geben. Weitere Abgaben wie Brennholz, Talglichte und Lebensmittel kamen hinzu.
Die Schule begann morgens um 5.00 oder 6.00 Uhr und dauerte bis nachmittags 16.00 Uhr. Es gab nur einen einzigen Klassenraum, in dem manchmal bis zu 100 Schüler gleichzeitig unterrichtet wurden.

1 *Stellt fest, an welche Bürger sich das Aushängeschild (Q 4 der Vorseite) ganz besonders wendet.*

2 *Erklärt den Zusammenhang zwischen dem zunehmenden Handel und Handwerk und der Gründung von Stadtschulen.*

„Lehrjahre sind keine Herrenjahre"
Nach der Schulzeit konnten Jungen wie Mädchen in die Lehre gehen.
Dazu wurde ein Lehrvertrag abgeschlossen, wie dieser aus dem Jahr 1404:

Q 1 Ich, Johann Toynburch, Bürger zu Köln, tue kund allen Leuten: Meinen ehelichen Sohn Tönis habe ich zu dem Goldschmied Adolf Bruwer, einem kunstfertigen Mann, in die Lehre gegeben. Tönis möchte aus eigenem Antrieb das Handwerk der Goldschmiede in Köln erlernen und dem Goldschmied Adolf Bruwer treulich dienen, acht Jahre lang.
Meister Adolf soll meinem Sohn die Kost geben. Ich, Johann, soll den Tönis die ganzen acht Jahre lang anständig kleiden. Und geschähe es, daß Tönis im ersten Jahr stürbe, so soll mir Meister Adolf acht Gulden von den sechzehn wiedergeben, die ich ihm zuvor gegeben habe.
Würde ich, Tönis, meinem Meister Adolf in diesen Jahren entlaufen und beginnen, auf eigene Rechnung das Handwerk zu betreiben, muß ich dem Meister Adolf 42 Gulden Strafe zahlen.

3 *Fertigt folgende Tabelle an:*

Ein Lehrvertrag	
im Mittelalter	*heute*
. . .	. . .

Schreibt stichwortartig die wichtigsten Bestimmungen dieses Vertrages in die linke Spalte.

4 *Erkundigt euch bei einem Auszubildenden, welche Rechte und Pflichten sein Vertrag heute enthält.*

5 *Vergleicht beide Verträge miteinander. Welche Unterschiede stellt ihr fest? Ergänzt eure Tabelle.*

Über seine Ausbildung berichtet der Lehrling Butzbach im Jahr 1452:

Q 2 Was ich bei meinem Meister während der zwei Jahre meiner Lehrzeit ausgestanden habe, würde kaum in einem großen Buch zu beschreiben sein:
- wie ich von 3 oder 4 Uhr morgens bis abends 9 oder 10 Uhr bisweilen auch bis 11 oder 12 Uhr und an den höheren Festtagen bis zum Beginn der Messe in einem fort arbeiten mußte,
- wie ich geplagt wurde mit Wassertragen, mit Hauskehren, Feuerstochern, mit Hin- und Herlaufen in und außer der Stadt, um Aufträge auszuführen, an Festtagen, um Schulden einzutreiben,
- wie ich vom Meister und der Meisterin und den Dienstboten herbe Worte und mitunter noch härtere Schläge, Kälte und Hitze, Hunger und Durst ertragen habe.

6 *Der Lehrling Butzbach trifft sich am Sonntag nach der Messe mit anderen Lehrlingen. Er berichtet von seiner Ausbildung: . . .*

An die Lehrzeit schloß sich die Gesellenzeit an; auch sie dauerte mehrere Jahre. Erst danach konnten die Gesellen die Meisterprüfung ablegen und damit das Recht erwerben, selber einen Betrieb zu leiten.
Neben den Handwerksmeistern gab es auch viele selbständige Meisterinnen, vor allem im Textilgewerbe. In anderen Bereichen leiteten die Frauen nach dem Tode ihres Mannes die Werkstatt weiter; so gibt es Meisterinnen bei Sattlern, Faßbindern und auch im Schmiedehandwerk. Als vollwertiges Mitglied übernahmen diese Frauen auch Aufgaben innerhalb der Zünfte* wie z. B. als Amtsmeisterin. Zu ihren Aufgaben gehörte es dann, die Qualität der Waren und die Einhaltung der Zunftvorschriften zu überwachen. Ausgeschlossen aber blieben sie von der politischen Vertretung der Zünfte. In keinem Stadtrat gab es daher eine Frau.

7 *Erkundigt euch, wieviel Männer und Frauen in eurem Gemeinderat tätig sind.*

Der Rat der Stadt Augsburg am 23. Oktober 1368. Vertreter der Zünfte überbringen die Forderungen nach Mitbestimmung. Am Tisch der Stadtschreiber und sein Gehilfe; auf dem Kissen davor die Stadtschlüssel, das Stadtrechtsbuch und das Stadtsiegel. Buchmalerei aus dem 16. Jahrhundert.

Der Kampf um das Stadtregiment

Es waren vor allem die kleinen Kaufleute und die Handwerker, die mit ihrem Steueraufkommen den Bau des prächtigen Rathauses und der Kirchen, des Spitals und der hohen Mauern ermöglichten. Wenn es in der Stadt brannte, organisierten sie die Löscharbeiten; im Kriegsfall trugen sie die Hauptlast bei der Verteidigung der Stadt. Vom Stadtregiment aber blieben sie ausgeschlossen. Hiergegen wehrten sich die Bürger seit dem 14. Jahrhundert immer mehr.

Q Am Sonntagabend, dem 22. Oktober 1368, versammelten sich in Augsburg die Zünfte* unter Leitung des Hans Weiß, dem Kellermeister der Weberzunft, wohlbewaffnet am Perlachturm. Sie schlossen alle Stadttore und besetzten alle Straßen und Plätze der Stadt. Sie ließen mitteilen, die Gemeinde solle in Ruhe des Zusammentritts des Rates am folgenden Tag abwarten. Sturmglocken riefen in der Frühe des 23. Oktober die Ratsherren zu einer außerordentlichen Ratssitzung zusammen. Schweigend eilten die Ratsherren durch die Reihen der bewaffneten Handwerker dem Rathaus zu. Dann besetzten Wachen der Zünfte die Rathauspforten und schlossen so die Falle.

Sechs ehrenwerte Zunftmeister traten vor den Rat, und Hans Weiß forderte in schlichten Worten die Teilnahme der Zünfte an der städtischen Regierung. Nach stundenlangen Debatten gaben die Ratsherren schließlich nach.

Der auf dem Perlachplatz harrenden Menge verkündete man die alsbaldige Einführung der Zunftverfassung. Der Rat übergab als Unterpfand seines Wortes die Hoheitszeichen der Stadtregierung: die Torschlüssel und die Schlüssel zur Sturmglocke und zum Ratsarchiv, das Stadtsiegel und das Stadtrechtsbuch.

Dann schworen „reich und arm“, Ratsherren und Handwerker, eine „zünftliche Regierung“ einzuführen.

1 *Seht euch das Bild an. Wie unterscheiden sich die Zunftmeister von den Ratsherren?*

2 *Spielt folgende Szene: Hans Weiß und die übrigen fünf Zunftmeister begründen vor dem Rat ihre Forderungen. Überlegt euch, was die Ratsherren zunächst geantwortet haben könnten.*

Wie in Augsburg, so forderten auch in anderen Städten die Bürger ein Mitspracherecht am Stadtregiment. Der Erfolg war recht unterschiedlich. In einigen Städten lösten die Zünfte das bisherige Stadtregiment völlig ab, in anderen behaupteten die reichen Fernhandelskaufleute ihre Macht. Häufig kam es aber auch zu einer Einigung zwischen beiden Gruppen, indem Fernhandelskaufleute und Zünfte die Ratsherren wählen konnten.

Stadtbewohner ohne politische Rechte

1 *Beschreibt das Bild und vergleicht es mit den Bildern auf Seite 200.*

Keinerlei politische Rechte besaßen die Angehörigen der Unterschicht. Dazu zählten Mägde, Dienstboten, unehelich Geborene, Aussätzige, Henker, Totengräber, die Armen und alle, die keinen festen Wohnsitz hatten. Es gab viele Menschen, die nicht seßhaft waren und von Ort zu Ort zogen: Bettler, Musikanten, Gaukler, Hausierer oder Gauner.
Der Anteil der zur Unterschicht gehörenden Bevölkerung war sehr hoch: in manchen Städten mehr als die Hälfte der Bevölkerung.

2 *Sprecht über Randgruppen unserer Gesellschaft.*

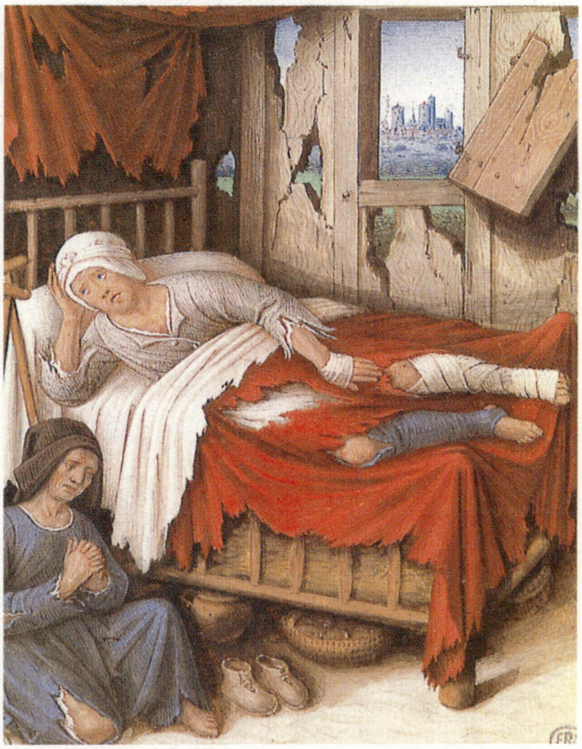

Tagelöhner.

Die Juden

Die meisten Einwohner der Städte waren Christen. Unter ihnen wohnten aber auch Angehörige anderen Glaubens, die Juden: auch sie hatten keine politischen Rechte.
Die Juden hatten ihr eigenes Gotteshaus, die Synagoge. Als Heilige Schrift galt bei ihnen nur das Alte Testament. Viele Juden waren gebildeter als die meisten anderen Städter.
Die Juden waren wie alle anderen Bewohner der Stadt Deutsche. Sie beteiligten sich an der Verteidigung der Städte, trieben Handel, kauften Häuser und kamen tagtäglich mit Christen in Berührung: im Hause, auf der Straße, in der Werkstatt oder auf dem Markt. Man erkannte Juden an der Kleidung, die sie tragen mußten, dem Kaftan, einem weiten Mantel mit Streifen und dem spitzen Hut.
Es gab viele Städte, in denen die Juden gesondert in eigenen Stadtvierteln, den Ghettos, leben mußten. Das Ghetto war von einer Mauer umgeben. Die Tore wurden von Stadtknechten bewacht und abends verschlossen. Auch wenn die jüdische Bevölkerung zunahm, wurden die Ghettos nicht erweitert. So waren sie meist übervölkert, verbaut, dunkel und schmutzig. Denn die christlichen Eigentümer der Ghettohäuser waren nur an der Miete interessiert und ließen die Häuser verkommen.
Juden durften keinen Grundbesitz erwerben und kein Handwerk ausüben. Erlaubt waren ihnen lediglich der Handel mit gebrauchten Waren und der Geldverleih. Viele Juden lebten davon, daß sie Geld gegen Zinsen ausliehen. Dies war vor allem deshalb wichtig, weil es damals noch keine Banken oder Sparkassen gab. Die Kirche hatte den Christen verboten, für Ausleihen von Geld Zinsen zu nehmen.
Ein französischer Mönch schrieb über sie um 1135:

Q 1 Unter allen Nationen verstreut, ohne König oder weltliche Fürsten, werden die Juden mit schweren Steuern bedrückt.
Das Leben der Juden ist ihren grimmigsten Feinden anvertraut. Selbst im Schlaf werden sie von Schreckensträumen nicht verlassen. Wenn sie zum nächstgelegenen Ort reisen wollen, müssen sie mit hohen Geldsummen den Schutz der christlichen Fürsten erkaufen, die in Wahrheit ihren Tod wünschen, um ihren Nachlaß an sich zu reißen.
Äcker und Weinberge dürfen sie nicht besitzen. Also bleibt ihnen als Erwerb nur das Zinsgeschäft, und dieses macht sie wieder bei den Christen verhaßt.

3 *Beschreibt die Lage der Juden. Welchen Grund nennt der Mönch für die Judenfeindschaft?*

Pfandleiher in Genua. Buchmalerei aus dem 14. Jahrhundert. Der Pfandleiher ist u. a. durch seine Kopfbedeckung als Jude gekennzeichnet.

Judenverfolgungen

1 *Seht euch das Bild an und überlegt, was die einzelnen Personen bei diesem Geschäft empfunden haben mögen.*

Im Laufe der Zeit hatten immer mehr Menschen bei den Juden Schulden, die sie nicht mehr zurückzahlen konnten oder wollten. Häufig wurden die Juden nun überfallen oder verfolgt. Dies war die einfachste Art, die Schulden loszuwerden.

Die Feindseligkeit gegenüber den Juden erreichte einen Höhepunkt, als in Europa die Pest ausbrach.
Eine Straßburger Chronik berichtet:

Q 1 Im Jahr 1349 war das größte Sterben, das je gewesen. Wegen dieser Pest wurden die Juden beschuldigt, sie hätten Gift in das Wasser und die Brunnen getan. Als nun in Straßburg alles Volk über die Juden ergrimmt war, versperrte man die Judengasse und setzte bewaffnete Leute davor. Da fing man die Juden und verbrannte sie auf einem hölzernen Gerüst in ihrem Kirchhof. Wer sich taufen lassen wollte, durfte am Leben bleiben.
Was man den Juden schuldig war, galt als bezahlt. Das Geld war auch die Ursache, warum die Juden getötet wurden. Wären sie arm und die Landesherren ihnen nichts schuldig gewesen, so hätte man sie nicht verbrannt.

2 *Sucht aus dem Text die wahren und die vorgeschobenen Gründe für die Verfolgung der Juden heraus.*

Damals kam es in vielen Städten zu Judenverfolgungen. Viele Juden wanderten in dieser Zeit nach Osteuropa aus.

Zum Nachdenken

Bundespräsident Richard von Weizsäcker sagte in einer Rede vor dem Deutschen Bundestag:

Q 2 Wir lernen aus unserer eigenen Geschichte, wozu der Mensch fähig ist. Deshalb dürfen wir uns nicht einbilden, wir seien nun als Menschen anders und besser geworden. Meine Bitte an die jungen Menschen lautet:
Lassen Sie sich nicht hineintreiben in Feindschaft und Haß gegen andere Menschen, gegen Russen oder Amerikaner, gegen Juden oder Türken, gegen Schwarz oder Weiß. Lernen Sie, miteinander zu leben, nicht gegeneinander.

Achtet in den nächsten Wochen auf Zeitungsmeldungen über Minderheiten, die verachtet und verfolgt werden. Berichtet auch über Vorkommnisse in eurer Umgebung und diskutiert darüber in der Klasse.

Zusammenfassung

Städte entstanden entweder dort, wo sich aufgrund einer geschützten oder günstigen Lage schon ein Markt gebildet hatte, oder sie wurden planmäßig von einem Stadtherrn gegründet. Die Rechte des Stadtherrn wurden seit dem 12. Jahrhundert fast überall von den reichen und mächtigen Kaufleuten wahrgenommen. Sie wählten aus ihren Reihen den Rat der Stadt und stellten auch den Bürgermeister. Seit dem 14. Jahrhundert erkämpften sich die Zünfte in vielen Städten ein Mitspracherecht im Stadtrat.
Ebenso wie die Männer übernahmen auch viele Frauen in den Zünften wichtige Aufgaben. Von der politischen Mitwirkung aber blieben die Frauen ebenso ausgeschlossen wie die Angehörigen der Unterschichten und die Juden, die von Zeit zu Zeit grausam verfolgt wurden.

Der Bleisiegelfälscher

Martin, ein junger Geselle, hat das Loden-Handwerk erlernt. Jetzt sucht er Arbeit. Auf seinem Weg nach Nördlingen nimmt ihn ein Fuhrmann auf seinem Fuhrwerk mit.

Eine knappe Stunde später rollt das Fuhrwerk langsam in das Vorwerk des Baldinger Tores ein. Aufmerksam lenkte der Fuhrmann das Gespann durch die schmale Lücke im Schanzwall. Dann polterte der Wagen über das grobgefügte Pflaster des Vorhofes. Auf der Zugbrücke vor dem Torturm zog der Fuhrmann die Zügel an.

Am Prellstein vor dem Torgewölbe lehnte ein Wachknecht. Die eiserne Sturmhaube ins Genick geschoben und den Hellebardenschaft locker in der Armbeuge, hatte er dem Fuhrwerk gelangweilt entgegengeblickt. Jetzt drehte er den Kopf und brüllte: „Kundschaft!"

Es dauerte noch einige Zeit, bis der Torwächter aus der Wachstube trat. Er war ein langer, dürrer Mensch, der sich im Gehen das Wams zuknöpfte. Dann legte er die Hände auf den Rücken und stolzierte stumm einmal um den Wagen. Der Fuhrmann lächelte spöttisch. Der Torwächter blieb stehen und klatschte mit der flachen Hand auf die Plane. Mit erhobenen Augenbrauen sah er den Fuhrmann an.

„Hä?" machte der.

„Was geladen?" stieß der Torwächter hervor. Es klang wie „Wasladn".

„Wolle."

„Bekommt wer?"

„Widmann", nuschelte der Fuhrmann.

„Wer? – Macht gefälligst das Maul auf!"

„Der Handels-Herr Ge-org Wide-mann!" brüllte der Fuhrmann.

„Ah ja? Gut, gut. Für den Herrn Handelsherrn Widemann? Gut, gut. – Ja, also dann – passiert! – Nein! Halt!" Eilig stakste der Torwächter um den Wagen und baute sich neben dem Handpferd auf.

„Was' mit dir?" schnauzte er zu Martin hoch.

„Wie meint Ihr das, bitte sehr?" fragte Martin sanft.

„Name! Stand! Alles!"

„Ich möcht mir hier Arbeit suchen. Ich bin Lodwebergeselle."

„Brief!"

Martin öffnete seine Tasche. „Hier, mein Gesellenbrief. Den meintet Ihr doch wohl, oder?"

Der Torwächter warf ihm einen finsteren Blick zu. Mit spitzen Fingern blätterte er das Heftchen auf und begann, die letzte Eintragung sorgfältig zu studieren. Leise lesen schien er nicht zu können, und so erfuhr der Fuhrmann mehr über Martin:

„Wir Geschworene, Vor- und andere Meister des Handwerks der Lodweber allhier in des Heiligen Reichs Stadt Dinkelsbühl bescheinigen hiermit und tun kund, daß gegenwärtiger Lodwebergesell, namens Martin Wagner, von Dinkelsbühl gebürtig, so achtzehn Jahre alt und von Statur . . ."

Jetzt folgte eine Personenbeschreibung Martins, kurz und ungenau. Aber der Torwächter ließ sich Zeit und blickte immer wieder zu ihm hoch, als müsse er sich auf das genaueste vergewissern. Endlich las er weiter.

„. . . bei uns allhier ein Jahr in Arbeit gestanden und sich in solcher Zeit über getreu, fleißig, still, friedsam und ehrlich, wie einem jeglichem Handwerksgesellen gebührt, verhalten hat, welches wir also attestieren und deshalben unseren sämtlichen Mitmeistern diesen Gesellen nach Handwerks Gebrauch überall zu fördern, geziemend ersuchen wollen.

Dinkelsbühl, 3. April 1613. Unterzeichnete."

Martin streckte die Hand aus, zog sie aber wieder zurück: Der Torwächter begann die vorletzte Eintragung zu studieren. Was die Frankfurter Lodweberzunft von Martin hielt, bekam der Fuhrmann jedoch nicht mehr zu hören. Denn der Torwart las zuerst die Ortsangaben.

„Frankfurt am Main", buchstabierte er. Darauf starrte er zu Martin hoch, als sähe er den Leibhaftigen zu Pferde.

„Frankfurt am Main!" wiederholte er erschüttert. „Da, wo die Zünfte rebellieren . . ."

„Ich darf Euch verbessern", sagte Martin freundlich. „Die Zünfte dort rebellieren nicht, sondern kämpfen! Sie wollen mit ins Stadtregiment. Darum kämpfen sie. Im übrigen: Als ich anno elf dort war, haben sie grad erst angefangen mit dem Kampf."

„Völlig gleichgültig!" Plötzlich zappelte der Torwächter vor Aufregung. „Frankfurt!" stieß er hervor. „Aus Frankfurt! – runter vom Gaul! Wie siehst du überhaupt aus? Los! Wams zu! Schuhe an! Hut auf! Anständige Stadt hier! Hier wird nicht rebelliert. Die Tasche her!"

Wie es Martin in Nördlingen erging, könnt ihr nachlesen in dem Buch von Dietlof Reiche. Der Bleisiegelfälscher. Verlag Anrich 1977.

1 **Der Marktplatz in Augsburg.** Im Hintergrund der „Luoginsland“, ein Turm, von dem der Wächter Ausschau hielt. Gemälde aus dem Vierjahreszeiten-Zyklus von Jörg Breu, nach 1540.

2 **Nürnberger Stadtwaage.** Relief aus dem Jahr 1497. Der Spruch lautet: „dir als einem anderen“ (Dir messe ich genauso zu wie jedem anderen.)

3 **Brotmaße am Freiburger Münster.** Foto.

Auf dem Markt

1 *Schildert den Markttag auf Bild* 1 *der vorigen Seite.*

2 *Beschreibt die Haltung des Krämers auf Bild* 2 *der vorigen Seite.*

3 *Überlegt, wozu die Brotmaße am Freiburger Münster dienten.*

Dreimal in der Woche war Markt. An diesen Tagen strömten die Menschen aus der ganzen Umgebung in die Stadt, kamen Bauern mit ihren Wagen oder zu Fuß. Pünktlich um 7.00 Uhr in der Früh wurde die Marktfahne aufgezogen. Damit war der Markt eröffnet. Metzger, Bäcker, Fischhändler und Krämer aller Art boten ihre Waren in hölzernen Verkaufsbuden oder auf langen Tischen feil. Dazwischen stellten Bauern ihre Waren auf.
Kauf und Verkauf wurden durch die Marktordnung geregelt. Als Zeichen dieser Marktordnung stand auf den Marktplätzen ein Kreuz oder die Rolandssäule mit dem überlebensgroßen Bild eines geharnischten Ritters (Bild).

Die Rolandssäule vor dem Rathaus in Bremen.

Q Marktordnung aus dem Jahre 1256

1) Wir verbieten, Schwerter und Dolche innerhalb der Stadt zu tragen. Wer ein Schwert trägt, zahlt der Stadt 6 Schilling und dem Richter 60 Pfennig.

2) Wir verordnen, graues Tuch herzustellen, das 5 Spannen in der Breite hat; eine Elle davon soll für zehn Pfennig verkauft werden.

5) Wir verordnen 2½ Pfund Rindfleisch für einen Pfennig zu verkaufen und ebensoviel Hammelfleisch und 3 Pfund Ziegenfleisch. Die Leute, die es anders machen, werden der Stadt 6 Schilling und dem Richter 60 Pfennig zahlen.

10) Wir verordnen, daß kein Kauf außerhalb des öffentlichen Marktes stattfindet. Dies gilt für Leute, die Waren in die Stadt bringen. Wer gegen diese Anordnung verstößt, muß der Stadt 6 Schilling und dem Richter 60 Pfennig bezahlen. Wenn einer kein Geld besitzt, wird ihm die Hand abgeschlagen werden.

11) Wir verordnen, daß zwei gute Würste, die die vorgeschriebene Größe besitzen, für einen Pfennig verkauft werden, sie dürfen aber nur aus reinem Schweinefleisch gemacht sein. Zuwiderhandelnde müssen 1 Pfund (= 240 Pfennig) zahlen und werden ein Jahr lang von ihrem Handwerk ausgeschlossen.

13) Wir verordnen, daß Schuster die Sohlen und Absätze für einen Pfennig erneuern und Absätze allein für ½ Pfennig.

20) Lotterbuben jeder Art, fahrende Schüler mit langen Haaren halten wir fern. Die Leute, die sie über eine Nacht hinaus beherbergen, verurteilen wir zu 1 Pfund.

4 *Stellt fest, was mit dieser Marktordnung geregelt wird.*

5 *Sprecht über die letzte Verordnung.*

6 *Erkundigt euch nach der Marktordnung für unsere Wochenmärkte. Informationen dazu erhaltet ihr im Rathaus oder auch bei den Verkäufern auf dem Markt.*

Städtischer Brunnen. Gemälde aus Regensburg, ca. 1476.

Straßen und Gassen

1 *Beschreibt das Bild.*

In einer Darstellung über die mittelalterliche Stadt heißt es:
„Wer am Morgen die Stadt betritt, der begegnet sicher zuerst dem Stadtvieh. In den Gassen der Stadt traben die Kühe, ein Schäfer führt mit seinem Hund die Schafherde auf die nahen Höhen. Große Tauben heben sich aus den Gassen, sie sind Lieblinge der Bürger. Seltene Arten werden gesucht, einer versucht, sie dem anderen abzufangen, und der Rat hat zu schlichten. Noch mehr Mühe machen dem Rat die Borstentiere und ihr Schmutz, denn die Schweine fahren durch die Haustüren in die Häuser und suchen auf dem Weg ihre unsaubere Nahrung. In den Flußarmen, welche durch die Stadt führen, hat das Vieh seine Schwemmen. Dort brüllt und grunzt es und verengt den Weg für Menschen und Karren. Da fehlt auch der Mist nicht. Auf abgelegenen Plätzen lagern große Haufen. Wenn die Stadt sich einmal zu einem Kaiserbesuch oder einer großen Messe schmückt, dann läßt sie, um säuberlich auszusehen, nicht nur die Gehängten vom Galgen nehmen, sondern auch den Dünger von Straßen und Plätzen schaffen.“ (1)
Der Marktplatz beim Rathaus war gepflastert, in manchen Städten auch noch die wichtigsten Straßen. Schlimm aber sah es in den engen und verwinkelten Gassen aus: Misthaufen, der Schmutz von Schweinen und Rindern, Hühnern und Schafen, von Küchenabfällen und Abwässern verbreiteten einen durchdringenden Gestank. Da kaum ein Haus über eine eigene Toilette verfügte, wurden Nachtgeschirr und Nachteimer einfach auf die Gasse entleert. Fußhoch lag der Dreck. Bei Regenwetter weichte der Boden auf, und die Schuhe blieben in Schmutz und Kot stecken. Wer bei schlechtem Wetter ausgehen mußte, zog schwere Holzschuhe an. Von den Ratsherren wurde verlangt, daß sie diese vor den Sitzungen ausziehen.
Viele Städte erließen in dem Bemühen um mehr Sauberkeit Vorschriften wie diese:

Q 1 Auch finden sich viele Schweineställe auf den Straßen. Wo sie sind, soll man sie innerhalb von acht Tagen abreißen. Von nun an soll man weder auf den Straßen noch unter den Fenstern der Häuser noch irgendwo außerhalb der Häuser Ställe haben.

Q 2 Niemand soll Mist oder Kot vor sein Haus legen, wenn er ihn nicht gleich wegfahren will, außer auf den hierzu bestimmten Plätzen, nämlich neben dem Fleischmarkt, ferner neben dem Brunnen auf dem Pferdemarkt und bei dem Platze, welcher Gewirke heißt.

Q 3 Jeder, der sein Nachtgeschirr auf die Straße entleeren will, muß nach dem Öffnen des Fensters zunächst rufen: Achtung, Wasser!

2 *Vergleicht Bild und Text. Wie müßte das Bild ergänzt werden, damit es wirklichkeitsgetreu ist?*

Die Unsauberkeit in den engen Straßen begünstigte die Entstehung und Ausbreitung von Krankheiten. In manchen Jahren rafften Seuchen bis zu einem Drittel der Bewohner hinweg.
In Kirchenbüchern finden sich häufig Eintragungen wie diese:

Q 4 Lorenz Möller folgt seinem Vater und sechs Geschwistern. Einige Tage darauf starb auch die Mutter, nachdem sie einem Kind das Leben gegeben hatte, das aber nur eine halbe Stunde lebte. Das ganze Haus ist nunmehr ganz ausgestorben, sind an die 10 Personen drinnen gewesen.

Im Spital

1 *Nennt Unterschiede zwischen diesem Spital und einem heutigen Krankenhaus.*

In einer Ratsverordnung der Stadt Konstanz von 1429 heißt es:

Q 1 Das Spital ist derzeit durch Einheimische und Fremde überfüllt, die durchaus selbst in der Lage sind, in Kirchen und Häusern um Almosen zu bitten. Solche Leute sollen aber nicht ins Spital aufgenommen werden. Wer aber aus Krankheitsgründen nicht in der Lage ist, um ein Almosen zu bitten, den soll man ins Spital aufnehmen und ihn solange behalten, als es die Krankheit erfordert. Dann aber soll man ihn wieder aus dem Spital schicken.

In allen Städten gab es Spitäler. Gebaut und unterhalten wurden sie von der Kirche oder von wohlhabenden Bürgern.
So wird über die Gründung des Nürnberger Heiliggeisthospitals im Jahr 1338 berichtet:

Q 2 Konrad Groß, Bürger der Stadt Nürnberg, hat aus freiem Willen zum Wohl und Heil seiner eigenen Seele ein Spital gestiftet. Er hat dabei bedacht, daß das Werk der Nächstenliebe am ehesten in einem Spital für kranke Sieche erfüllt werden könne; denn dort wird dem Hungrigen das Brot gebrochen und dem Durstigen der Trank gereicht, wird der Nackte bekleidet, der Sieche getröstet, der heimatlose und gebrechliche Fremde aufgenommen. Jährlich sollen Bürgermeister und Rat fünf ehrbare Männer für die Leitung wählen.

2 *Sprecht über die Gründe des Konrad Groß, ein Spital zu stiften.*

3 *Nennt die Gruppen, die das Spital aufnimmt.*

Das Innere eines Spitals mit der Darstellung des Hl. Rochus vor dem Spital und am Bett eines Kranken.

4 *Informiert euch, wie groß der Anteil der Hilfsbedürftigen in eurer Gemeinde ist und wer sich um sie kümmert.*

Menschen mit ansteckenden Krankheiten wie z. B. der Lepra, mußten außerhalb der Stadtmauern in den Siechenhäusern wohnen. Mit Klappern warnten sie jeden, der sich ihnen näherte. Für diese Kranken gab es in fast allen Städten Verordnungen. So heißt es im ältesten Gerichtsbuch der Stadt Bamberg:

Q 3 Im Jahr des Herrn 1330 beschlossen in gemeinsamer Ratssitzung die Ratsherren, daß hinfort kein Aussätziger – es sei Mann oder Frau – die Stadt betreten darf. Wer dagegen verstößt, dem sollen die Stadtbüttel die Kleider ausziehen und ihn hinaustreiben. Nur an Sonn- und Feiertagen dürfen sie sich vor der Kirche in der Stadt aufhalten, allerdings nur bis zum Schlußchorgesang. Dann müssen sie sofort wieder die Stadt verlassen. Boten dürfen sie in die Stadt senden, aber nur, wenn diese selbst gesund sind.

5 *Überlegt, wie sich das Leben jener Menschen veränderte, die von der Lepra heimgesucht wurden.*

Eine Kaufmannsfamilie.

Frau und Familie

1 *Beschreibt die Tätigkeiten der Eltern und Kinder.*

2 *Überlegt, was das Bild über die Rolle von Mann und Frau und über die Erziehung von Mädchen und Jungen aussagt.*

3 *Seht euch nochmals alle Bilder auf den Seiten 197–211 an. Erstellt eine Tabelle: In die linke Spalte schreibt ihr, welche Tätigkeiten die Männer auf diesen Bildern ausüben, in der rechten Spalte nennt ihr die Tätigkeit der Frauen. Sprecht über eure Ergebnisse.*

Die meisten Frauen heirateten früh, im Alter zwischen 18 und 22 Jahren; manche waren auch erst 16 Jahre alt. Die junge Hausfrau hatte selbständig für den manchmal recht großen Haushalt zu sorgen. Zum Haushalt eines Handwerkers z. B. gehörten neben Eltern, Großeltern, Kindern und unverheirateten Verwandten auch Knechte und Lehrlinge. Über die Hausarbeit einer Handwerkersfrau heißt es in einer heutigen Darstellung:

„Die Handwerkersfrau war für Ernährung, Unterbringung und Kleidung aller Haushaltsmitglieder verantwortlich. Um die Ernährung zu sichern, mußte sie eine umfangreiche Vorratswirtschaft betreiben. Sie versorgte das Vieh und verarbeitete selbst das Fleisch im Haus. Sie zog im eigenen Garten Obst und Gemüse und machte es für den Winter haltbar. Sie stellte Wein, Bier und Säfte her und lagerte sie ein. Lichter wurden gegossen, Seife gesotten. Mehrmals im Jahr fand über einige Tage eine umständliche große Wäsche statt.
Auch Stricken und Schneidern der Kleidung gehörte zu ihren Aufgaben. Während sie Wolle selbst spann, wurde das Tuch beim Weber oder Tuchhändler gekauft.“ (1)

Es war eine anstrengende Tätigkeit. Jeder Eimer Wasser mußte vom nächsten Brunnen geholt und die Treppen hinaufgetragen werden. Längere Ruhepausen gab es nicht. So oft wie möglich half die Hausfrau auch in der Werkstatt ihres Mannes mit oder verkaufte Waren auf dem Markt.

So wie die Handwerkerfrauen übten auch andere Frauen neben dem Haushalt noch einen weiteren Beruf aus.

Burkard Zink, Lohnschreiber bei einem Geistlichen, schrieb:

Q Meine Frau und ich saßen zusammen, und ich schrieb und sie spann. So sind wir oft beieinander gesessen die ganze Nacht, und es ging uns sehr wohl, denn wir verdienten so viel wie wir brauchten.

4 *Sprecht über die Belastung vieler Frauen durch ihre Tätigkeit zuhause und im Beruf. Wie denkt ihr darüber?*

Die Kinder

Die Ehe des Burkhard Zink

Eheschließung	Name der Frau	Name der Kinder	Zeitabstände zwischen den Geburten (Monate)	Lebensalter (Jahre)
1420	Elisabeth	Aendlin	11	9
		Johannes	21	36
		Dorothea I	19	6
		Konrad	37	9
		Dorothea II	34	?
		Anna	9	2 Mon.
		Wilhelm	18	?
		Jakob	26	2 Tage
	†1440	Barbara	27	12

5 *Stellt Vermutungen an, warum so viele Kinder des Kaufmanns Burkhard Zink schon kurz nach der Geburt oder in früher Kindheit starben.*

Kinder wurden zu Hause geboren. Zehn, aber auch vierzehn oder sechzehn Kinder im Verlauf einer Ehe waren keine Seltenheit. Mangelnde Hygiene und für uns heute harmlose Kinderkrankheiten führten dazu, daß in der Regel die Hälfte oder mehr aller Kinder starben, bevor sie das 14. Lebensjahr erreicht hatten.

Auch viele Mütter, überarbeitet und erschöpft von den ständigen Schwangerschaften, überlebten häufig die Geburt eines Kindes nicht. So kam es, daß viele Männer drei- oder viermal heirateten und die Kinder nacheinander bei verschiedenen „Stiefmüttern" aufwuchsen.

Bis zum Alter von sechs Jahren trugen Jungen und Mädchen die gleiche Kleidung, spielten zusammen und wuchsen zusammen auf. Erst dann entschied es sich, ob Jungen und Mädchen auch eine Schule besuchten und eine Ausbildung erhielten (vgl. S. 202 f.). Häufig ließen die Eltern aber die Mädchen im Haus; sie wurden dann unterrichtet im Nähen, Kochen, Weben und Spinnen, um sich auf ihre künftige Rolle als Haus- und Ehefrau vorzubereiten.

1 *Informiert euch z. B. bei euren Eltern, über die Vorsorgemaßnahmen vor und nach der Geburt eines Kindes.*

2 *Sprecht über den Satz: Für Mädchen ist eine gründliche Berufsausbildung nicht so wichtig wie für Jungen.*

1 **Eine Geburt.** Darstellung aus dem späten Mittelalter. Mittelalterliche Buchmalerei.

Zusammenfassung

Kauf und Verkauf bestimmten das Leben in der Stadt. Der Rat erließ hierfür genaue Vorschriften. Wer dagegen verstieß, wurde vom Marktgericht verurteilt. Geprägt war jede Stadt aber auch vom Gestank und Schmutz auf Straßen und Gassen. Diese Unsauberkeit führte zur raschen Verbreitung von Pest und Seuchen.

Für die Kranken und Armen wurden Spitäler gebaut, häufig von Bürgern gestiftet.

Besonders schwer war die Arbeit der Frauen, die für einen großen Haushalt sorgen und ihren Mann bei der Arbeit unterstützen mußten. Mangelnde Hygiene und die große Beanspruchung ließen viele Frauen im Wochenbett sterben. Sehr hoch war auch die Kindersterblichkeit.

Gefahren des Fernhandels. Holzschnitt von Jost Ammann, 16. Jahrhundert (Ausschnitt).

Fernhandel
Die Bewohner der mittelalterlichen Städte mußten ständig mit frischen Lebensmitteln versorgt werden. Die Handwerker benötigten außerdem zahlreiche Rohstoffe. Viele Waren wurden von weither gebracht. Tag für Tag rollten die Planwagen der Fernhandelskaufleute durch die Stadttore. Sie brachten Getreide, Mehl, Fisch, Wein, Salz und Honig, aber auch Tuche, Pelze, Leder, Farbstoffe, Eisen, Zinn usw.

1 *Seht euch das Bild an und schreibt auf, welche Gefahren den Transporten der Fernhandelsleute drohten.*

2 *Kaufleute, die schon mehrmals überfallen wurden, beraten, wie sie sich dagegen wehren können. Besprecht verschiedene Möglichkeiten.*

Ein Fernlastzug. Buchmalerei aus dem Gedenkbuch des Prager Neustädter Heringslagers 1619.

Handelswege im Mittelalter

Der Transport über weite Strecken bereitete große Schwierigkeiten. Die „Fernverkehrsstraßen" waren meist sehr schlecht. Es waren häufig holprige, unbefestigte Wege, die bei Regen oder im Winter kaum passierbar waren. Die von mehreren Pferden oder Ochsen gezogenen Lastkarren blieben nicht selten mit Achsenbruch liegen, stürzten um oder versanken im Morast.

In einer heutigen Darstellung heißt es:

„Wenn von den großen mittelalterlichen Handelsstraßen die Rede ist, darf man sich nicht feste Pisten vorstellen, sondern Wegschneisen, die eine Orientierung gaben. War eine Spur ausgetreten und ausgefahren, dann ging man nebenher. Eine solche Straße konnte 100 m breit sein und noch mehr.

Die Waren mußten auf Packwagen festgezurrt oder an Tragsätteln von Pferden und Maultieren befestigt werden.

Wein, Bier und Öl sowie besonders wertvolle Gegenstände verpackte man sorgfältig in Fässern, in denen sie auch dann noch einigermaßen geschützt waren, wenn ein Wagen zusammenbrach, ein Tier stürzte oder die Seile rissen und ein Faß etwa ins Wasser eines Gebirgsbaches fiel. Es bestand immerhin die Chance, Verlorenes wieder herauszufischen." (1)

Waren das Wetter gut, die Wege trocken und keine großen Steigungen zu überwinden, konnte ein Fuhrmann pro Tag etwa 40 km zurücklegen.

Eine große Rolle spielte neben dem Warentransport auf den Straßen auch der Schiffsverkehr auf Flüssen und Meeren. Die großen Handelsschiffe (Koggen) konnten etwa 120–200 Tonnen an Waren befördern, ein Fuhrwerk nur etwa 2 Tonnen.

Von Lübeck nach Danzig			
	Ladung	Reisezeit	Personal
Kogge	bis 200 t	4 Tage	25 Seeleute
Fuhrwerk	etwa 2 t	14 Tage	2 Mann

1 *Sprecht darüber, für welche Transportmöglichkeit ihr euch entschieden hättet.*

2 *Errechnet mit Hilfe eines Atlas, wieviel Tage ein Fuhrwerk von Köln nach Braunschweig und von Lübeck bis Brügge brauchte.*

Die Gründung der Hanse

Stärker noch als unter dem mühevollen Transport hatten die Kaufleute unter den Überfällen von Wegelagerern, Seeräubern und Raubrittern zu leiden. Sie schlossen sich daher seit dem 12. Jahrhundert zu Genossenschaften zusammen, um sich gegenseitig zu schützen. Diese Genossenschaften trugen den Namen „Hanse" (= „Schar"). Die Mitglieder dieser Genossenschaften saßen häufig auch im Rat ihrer Stadt. Sie sorgten dafür, daß aus diesem Bund der Kaufleute ein Bund der Städte wurde. Die Führung in diesem Städtebund übernahm Lübeck.

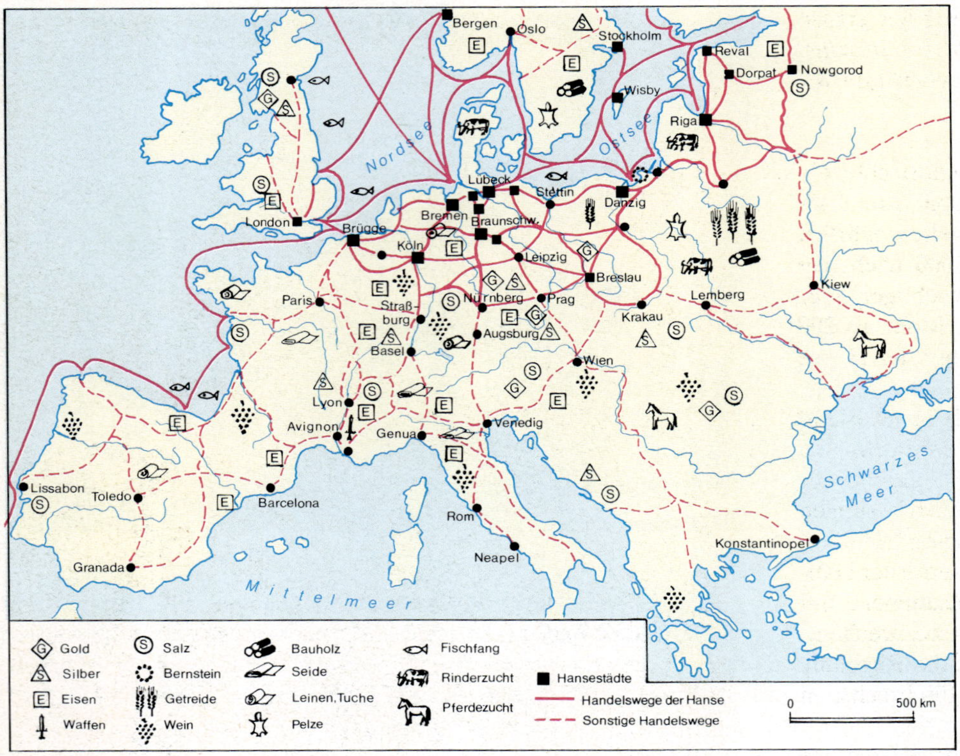

Wirtschaftsgebiet der Hanse um 1400.

Die Hanse – eine europäische Wirtschaftsmacht
Ein alter Hansespruch nennt die wichtigsten Hansestädte:

Lübeck – ein Kaufhaus
Köln – ein Weinhaus
Braunschweig – ein Honighaus
Danzig – ein Kornhaus
Magdeburg – ein Backhaus
Rostock – ein Malhaus
Lüneburg – ein Salzhaus
Stettin – ein Fischhaus
Riga – ein Hanf- und Butterhaus
Reval – ein Flachs- und Wachshaus
Krakau – ein Kupferhaus
Wisby – ein Pech- und Teerhaus

1 *Sucht die genannten Hansestädte auf der Karte und im Atlas.*

2 *Beschreibt mit Hilfe von Karte und Atlas die wichtigsten Handelswege.*

Warenumschlag im Lübecker Hafen vom 18. 3. 1368–10. 3. 1369

Waren	Wichtigste Herkunftsgebiete
Tuche	Flandern (= Belgien)
Fisch	Schonen (= Südschweden)
Salz	Lüneburg
Butter	Schweden
Felle, Pelze	Rußland, Schweden
Getreide	Preußen (= Gebiet zischen Weichsel und Memel)
Wachs	Rußland, Preußen
Bier	Wendische Städte (zwischen Kiel und Stettin)
Kupfer	Schweden, Ungarn
Eisen	Schweden, Ungarn
Öl	Flandern
Wein	Rheinland
Leinen	Westfalen

3 *Schreibt mit Hilfe der Karte und der Tabelle auf, woher die Waren kamen:*

Textilien	*Nahrungsmittel*	*Metalle*
. . .	. . .	. . .

Aufstieg und Niedergang der Hanse

1 *Beschreibt das Bild. – Beachtet vor allem die Menschen und die Schiffe.*

Im Hamburger Hafen. Links ein Kran zum Be- und Entladen der Schiffe. Rechts stehen Kaufleute und Seefahrer vor dem Hause des Zollschreibers. Buchmalerei aus dem Hamburger Stadtrecht von 1497.

Im 14. Jahrhundert beherrschte die Hanse ganz Nordeuropa. Mehr als 600 Hansekoggen segelten jährlich nach England, über 1000 nach den Niederlanden. Noch wichtiger aber war der Ostseehandel. Mehr als 200 deutsche Städte gehörten der Hanse als Mitglieder an.

Die Hanse hatte auch im Ausland viele Handelsniederlassungen, so z. B. London, Brügge, Bergen oder Nowgorod. Diese Niederlassungen glichen kleinen befestigten Städten.

Alljährlich kamen Gesandte der Hansestädte in Lübeck zusammen, um gemeinsame Fragen zu besprechen. Wichtig war vor allem die Regelung der Handels- und der Fischrechte in Nord- und Ostsee.

Wenn eine Hansestadt gegen die Vereinbarungen verstieß, wurde sie „verhanst", d. h. aus der Gemeinschaft ausgeschlossen. Die Kaufleute dieser Städte wurden zu den Handelsniederlassungen der Hanse nicht mehr zugelassen. Dies konnte für eine Stadt den wirtschaftlichen Untergang bedeuten.

2 *Stellt fest, welche heutigen Staaten zum einstigen Wirtschaftsraum der Hanse gehörten.*

Zum Nachdenken

Geht in ein Lebensmittelgeschäft und erkundigt euch, woher die wichtigsten Lebensmittel stammen.

Zusammenfassung

Die Fernhandelskaufleute waren ständigen Gefahren ausgesetzt: Seeräuber, Wegelagerer und Raubritter überfielen immer wieder ihre Warentransporte. Deshalb schlossen sich die Kaufleute zu einer Genossenschaft zusammen. Aus diesem Bund der Kaufleute wurde bald ein Städtebund, die Hanse. Ziel der Hanse war es, mit allen Mitteln den Kaufleuten Frieden und Sicherheit zu garantieren. Die Hanse wuchs schnell zu einer bedeutenden Wirtschaftsmacht heran. In zahlreichen europäischen Städten unterhielt sie Handelsniederlassungen. Im 15. Jahrhundert aber büßte sie ihren Einfluß immer mehr ein, vor allem nach der Entdeckung Amerikas.

1

3

Das Telefonbuchspiel

Wenn ihr ein Telefonbuch aufschlagt, dann findet ihr darin vielleicht Namen wie Kaiser, König, Prinz, Fürst, Graf, Bischof usw. Sind alle diese Menschen Nachkommen von Adligen des Mittelalters? Das ist kaum möglich. Tatsächlich gehen diese Namen auch nicht auf echte Kaiser, Könige usw. zurück.

Im Mittelalter war es gerade in den größeren Städten Brauch geworden, wichtige Kirchenfeste in Volksschauspielen darzustellen, so z. B. die Leidensgeschichte Christi, das Weihnachtsfest, Dreikönige usw. Die Spiele wurden auf den großen Marktplätzen aufgeführt. Häufig traten dabei mehrere hundert Spieler auf. Die Rolle, die sie dabei übernahmen, führte dann zum Familiennamen.

Die meisten deutschen Familiennamen gehen aber auf tatsächliche Berufe zurück. Wer also Bauer oder Wagner heißt, hatte einen Vorfahren im 13. oder 14. Jahrhundert, der tatsächlich Bauer oder Wagner war. Die Menschen legten sich zu dieser Zeit zu ihrem Rufnamen einen Familiennamen zu. In kleineren Siedlungen hatte der Rufname vollkommen ausgereicht, um die einzelnen auseinanderzuhalten, in den immer größer werdenden Städten aber war das nicht mehr möglich.

Welche Namen sind nun heute die häufigsten? Diese Frage läßt sich mit Hilfe des folgenden Spiels überprüfen:

Um das Spiel spielen zu können, muß jeder Schüler oder wenigstens jeder zweite Schüler ein Telefonbuch mitgebracht haben. Man kann das Spiel miteinander oder gegeneinander spielen (je nachdem wie eure *Vermutungen* ausfallen). Weichen sie stark voneinander ab, empfiehlt sich ein Wettspiel (Ermittlung des Siegers), sonst kann man gemeinsam an der Lösung arbeiten.

2

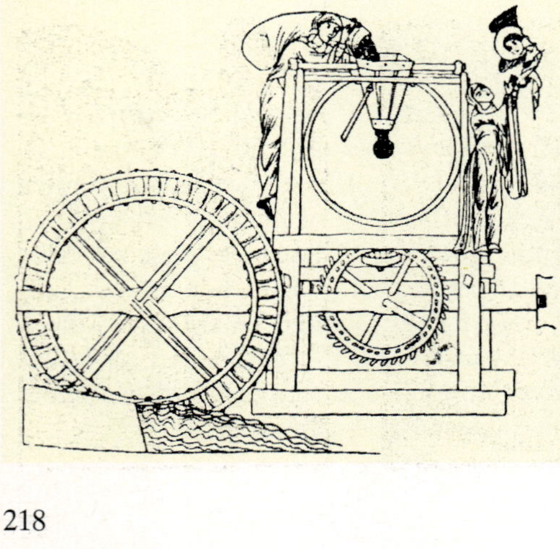

4

5

7

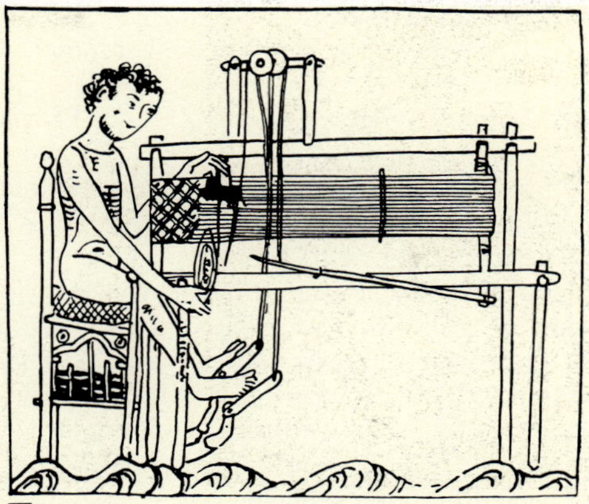

8

Zunächst soll also geraten werden, welche fünf Familiennamen an eurem Ort vermutlich die häufigsten sind und in welcher Rangfolge diese fünf Namen wohl stehen. Am besten haltet ihr diese Vermutungen an der Tafel fest, um sie dann besser überprüfen zu können.
Anschließend sollen dann die tatsächlichen *Spitzenreiter* im Telefonbuch ausgezählt werden. Dabei solltet ihr euch *vorm* Auszählen überlegen, wie ihr die Auszählung organisieren könntet, damit nicht jeder das ganze Telefonbuch durchsehen muß.
Ihr könnt das Spiel noch weiterspielen, indem ihr den *Befund* an eurem Ort mit den elf häufigsten Familiennamen in der Bundesrepublik vergleicht. Aus den folgenden elf Bildern könnt ihr diese elf Namen ermitteln, und zwar sind die Bilder nach der Rangfolge numeriert (das erste Bild zeigt also den häufigsten Namen). Diese Bilder zeigen durchweg *altes* Handwerk und Gewerbe.

- Seht euer Telefonbuch durch auf weitere Gewerbe- und Handwerkernamen (z. B. Maurer, Schieferdecker, Schlosser usw.). Vervollständigt eure Liste mit der Rangfolge der häufigsten Namen.
- Stellt mit Hilfe eures Telefonbuches fest, welche weiteren Standesbezeichnungen außer Kaiser, König usw. darin für euren Wohnort enthalten sind.
- Mit Hilfe eines Lexikons der deutschen Familiennamen könnt ihr auch die Herkunft anderer Namen erklären. (*z. B.* Hans Bahlow, Deutsches Namenslexikon. 3. Auflage, Suhrkamp Tb 65, 1981)

(Diese Doppelseite wurde mit freundlicher Genehmigung leicht verändert entnommen aus: Peter Knoch/Frieder Stöckle: Spiele und Projekte. Materialien zum Lernfeld Geschichte. Beltz-Verlag, Weinheim 1984.)

9

10

11

Frühe Hochkulturen
H. Baumann, Die Welt der Pharaonen. C. Bertelsmann-Verlag.
P. Miquel, So lebten sie zur Zeit der Pharaonen. Tessloff-Verlag.
P. Ventura/Gian Paolo Ceserani, Tutanchamun. Im Reich der Pharaonen. Artemis Verlag 1985.
Geschichte mit Pfiff:
Heft 12, 1980: An den Flüssen von Babylon
Heft 7, 1979: Eine Wohnung für die Ewigkeit. – Abenteuer und Geheimnis des Pyramidenbaus.
Heft 8, 1981: Gottkönige und Grabräuber.
Heft 2, 1987: Von Ramses bis Kleopatra.

Das antike Griechenland
R. Sutcliff, Wettkampf in Olympia. Hörnemann-Verlag.
R. Carstensen, Griechische Sagen. dtv-junior 7904.
Geschichte mit Pfiff:
Heft 9, 1983: Die neue Zeit der alten Griechen.
Heft 9, 1981: Die Herrin der Ägäis – Die goldene Athens
J. M. Sailer Verlag, Nürnberg.

Das Römische Weltreich
P. Conolly, Die Römische Armee. Tessloff-Verlag, Hamburg 1976.
R. Giovagnoli, Spartacus, Feldherr der Sklaven. rororo Rotfuchs TB 87.
J. C. Grund, Geiseln für Cäsar. Eine Erzählung aus dem alten Rom. Loewe Verlag, 1986.
D. Macauly, Eine Stadt wie Rom. Planen und Bauen in der römischen Zeit. dtv junior 7902.
P. Miquel, So lebten sie zur Zeit der römischen Legionäre. Tessloff-Verlag, Hamburg.
A. Ammermann/T. Röhrig/G. Schmidt, Der Sklave Calvisius. Alltag in einer römischen Provinz 150 n. Chr.-Falken-Verlag 1979.
H. Winterfeld, Caius, der Lausbub aus dem alten Rom. Blanvalet Verlag.
I. Ruttmann, Titus kommt nicht alle Tage. Oettinger Verlag.
F. Stephan-Kühn, Viel Spaß mit den Römern. Arena-Verlag, Würzburg.
Geschichte mit Pfiff:
Heft 10, 1979: Zustände wie im alten Rom – Alltag in der Hauptstadt der Antike.
Heft 9, 1980: Als die Römer frech geworden . . . Die Provinz Germanien.

Der Islam und das Arabische Weltreich
Geschichte mit Pfiff:
Heft 2, 1980: Allah ist groß. – Mohammed und der Islam.

Die Völkerwanderung der Germanen
P. Miquel, So lebten sie zur Zeit der Völkerwanderung. Tesslof-Verlag, Hamburg.
Geschichte mit Pfiff:
Heft 5, 1984: Sturm gegen Rom. Die Völkerwanderung.

Das Reich Karls des Großen
W.v. Thadden, Brun, Geisel der Franken. dtv-junior.
F. Stephan-Kühn, Viel Spaß im Mittelalter. Arena-Verlag, Würzburg.
Geschichte mit Pfiff:
Heft 8, 1982: Karl der Große und sein Reich. Als Europa einig war.

Königtum, Adel und Kirche im Kampf um die Macht
R. Wahl, Der Gang nach Canossa. Lübbe TB 1979.
Geschichte mit Pfiff:
Heft 10, 1983: Nach Jerusalem. – Die Kreuzzüge.
Heft 12, 1985: Hirten und Herrscher. – Das Papsttum im Mittelalter.

Stände und Lebensformen im Mittelalter
S. Sancha, Das Dorf. So lebte man im Mittelalter auf dem Lande. Gerstenberg-Verlag.
T. Haupt, Viele Steine gab's und wenig Brot. Thienemann-Verlag.
H. Pleticha, Ritter, Burgen und Turniere. Arena-Verlag, Würzburg.
D. Macauly, Es stand einst eine Burg. Artemis-Verlag.
P. Miquel, So lebten sie zur Zeit der Ritter und Burgen. Tessloff-Verlag, Hamburg.
A. Zitelmann, Unter Gauklern. Verlag Beltz & Gelberg, Weinheim.
I. Engelhardt, Der Ruf des Spielmanns. Thienemann-Verlag.
C. Hernett, Eine Ladung „Einhorn" verschwindet. Verlag Freies Geistesleben.
H. Schreiber, Fahrt auf freien Meeren. Die deutsche Hanse und ihre Zeit.
Geschichte mit Pfiff:
Heft 9, 1979: Ritter, Knappen, Edeldamen. Rauhes Leben auf stolzen Burgen.
Heft 3, 1984: Ora et labora. Mönchtum im Mittelalter.
Heft 12, 1981: Die großen Kathedralen. Baukunst im Mittelalter.
Heft 11, 1986: Handwerker, Krämer, Galgenvögel. Die Stadt im Mittelalter.

Abt = Vorsteher eines Männerklosters.
Adel = die Edlen – Angehörige der durch Geburt, Ansehen und häufig auch Reichtum ausgezeichneten Familien. Aus dem Adel kamen die Könige, die hohe Geistlichkeit, Beamte und Offiziere.
Akropolis = (griechisch) = die Hochstadt, Oberstadt. In den griechischen Städten die Burganlage, in der sich häufig auch der Tempel der Stadtgottheit befindet.
Barbar = (griechisch) = Stammler, Krächzer. Bezeichnung der Griechen für alle nicht griechisch sprechenden Völker mit der Bedeutung: roh, ungebildet.
Benediktiner = Mitglieder des vom hl. Benedikt von Nursia gegründeten Ordens. Im Jahr 529 gab der hl. Benedikt seinen Mönchen die Ordensregel. Ihr Grundsatz lautete: Bete und arbeite.
Delikatessen = (französisch) = Leckerbissen.
Demokratie = (griechisch) = Herrschaft des Volkes. Jeder einzelne Bürger hat die gleichen Rechte und stimmt direkt oder indirekt über die gewählten Volksvertreter (Abgeordnete) bei den Gesetzen ab.
Deutscher Orden = Ritterorden, der 1190 im Zusammenhang mit den Kreuzzügen gegründet wurde. Er wurde 1226 zur Bekehrung der heidnischen Pruzzen von dem polnischen Herzog Konrad von Masowien ins Land gerufen und gründete dann den Deutschordensstaat. Sitz des Hochmeisters des Deutschen Ordens war die Marienburg (13.–15. Jahrhundert).
Evangelium = gute Botschaft. Zunächst wurde die Lehre Christi, die Frieden und Heil verheißt, als „Gute Botschaft" bezeichnet. Seit dem 2. Jahrhundert wurde der Begriff „Evangelium" auch auf die Schriften bezogen, die vom Leben und Wirken Jesu berichten. Es gibt vier Evangelien. Ihre Verfasser Matthäus, Markus, Lukas und Johannes werden als die vier Evangelisten bezeichnet.
Frondienst = (althochdeutsch fron = Herr) = Dienste, die die hörigen Bauern auf den Feldern ihres Grundherrn unentgeltlich leisten mußten.
Fronhof = Herrenhof; Mittelpunkt einer Grundherrschaft.
Graf = als Vertreter des Königs oberster Beamter und Gerichtsherr in seinem Bezirk, der Grafschaft. Zuständig vor allem für die Leib und Leben betreffende Blutgerichtsbarkeit und die königliche Heeresfolge.
Grundherr = Der Eigentümer des Bodens übte zugleich die Herrschaft über jene Bauern aus, die auf seinem Grund wohnten und ihn bearbeiteten.
Herzog = Inhaber gräflicher Hoheitsrechte. Er führte das militärische Aufgebot seines Herzogtums und wahrte im Inneren den (Land)frieden.
Höriger = Bauer, der von seinem Herrn Land zur Bewirtschaftung erhielt. Der Herr gewährte ihm außerdem „Schutz und Schirm", dafür hatte der Bauer Abgaben und Dienste zu leisten. Die Kinder eines Hörigen waren ebenfalls Hörige. Seit dem 13. Jahrhundert trat an die Stelle von Abgaben eine feste Summe Geldes, die jedes Jahr gezahlt werden mußte.
Insignien = Abzeichen.
Internationales Olympisches Komitee = oberste Instanz für alle Fragen, die mit den Olympischen Spielen zusammenhängen. Gegründet 1894.
Karavelle = spanisches oder portugiesisches schnelles und wendiges Segelschiff mit hohem Heck.
Kirchenbann = Begeht ein Christ ein schweres Verbrechen, so kann die Kirche als schärfste Strafe über ihn den Kirchenbann (= Exkommunikation) verhängen. Danach wird er von den Sakramenten (z. B. dem Abendmahl) ausgeschlossen. Der Kirchenbann kann nach auferlegter Buße wieder aufgehoben werden.
Klerus = Zum Klerus gehören alle Personen, die durch eine kirchliche Weihe in den Dienst der Kirche getreten sind.
Klienten = In der römischen Republik war fast jeder nichtadlige Römer Klient (Schutzbefohlener) eines Adligen. Der Adlige hatte seinen Klienten vor Gericht zu vertreten und ihn vor Gefahren zu schützen. Der Klient stimmte dafür in der Volksversammlung so ab, wie der Adlige es wollte.
Kloster = (lateinisch: abgeschlossener Raum) = die gegen die Außenwelt abgeschlossenen Gebäude der Mönche oder Nonnen, die sich zu einem Gemeinschaftsleben zusammengeschlossen haben und nach einer Klosterregel leben.
Knappe = Nebenform zu „Knabe". Seit dem Ende des 12. Jahrhunderts ein junger Mann ab dem 15. Lebensjahr, der die ritterliche Ausbildung erhält.
Kolonie = ein abhängiges Gebiet eines Staates, dessen Bewohner sich in der Kolonie niederlassen, nachdem die eingeborene Bevölkerung unterworfen wurde.
Konzil = eine Versammlung von Bischöfen und anderen hohen Geistlichen zur Beratung und Entscheidung von Glaubensfragen und kirchlichen Angelegenheiten.
Kulturen = Menschliche Gruppen unterscheiden sich in ihrer Lebensweise. Es gibt bei ihnen z. B. ganz unterschiedliche Geräte, Werkzeuge, Waffen, Häuser und Siedlungen, Kleidung, Schmuckstücke, Kunstwerke, Musik und Tänze, Ernährungsweisen, Religionen und Grabsitten, Ordnungen des Zusammenlebens. Sie haben damit unterschiedliche Kulturen.
Lehen = (von leihen) = Da man im Mittelalter die Bezahlung mit Geld kaum kannte, gab der Lehnsherr (z. B. der König oder ein Fürst) seinem Lehnsmann ein Gut oder ein Amt, von dessen Erträgen bzw. Einkünften dieser leben konnte. Das Lehen blieb Eigentum des Lehnsherrn. Es fiel nach dem Tode des Lehnsmannes an den Lehnsherrn zurück. Als das Karolingerreich zerfiel, setzten es die großen Adelsgeschlechter durch, daß sie das Lehen in ihrer Familie weitervererben konnten.

Worterklärungen

Leibeigener = Bauer, der in völliger Abhängigkeit von seinem Herrn lebte. Der Leibeigene durfte ohne Genehmigung des Lehnsherrn weder wegziehen noch heiraten.

Missionar = von der Kirche ausgesandter Geistlicher, der den Glauben bei den Nichtchristen verbreiten soll.

Orden = Gemeinschaften von Männern oder Frauen, die sich feierlich durch ein Gelübde verpflichten, ihr Leben in den Dienst Gottes zu stellen. Deshalb geloben sie Gehorsam, Armut und ein eheloses Leben. Meist leben sie nach festen Regeln zurückgezogen von der Welt in einem eigens dazu errichteten Gebäude, dem Kloster. Es gibt Klöster für Männer (= Mönche) oder Frauen (= Nonnen). Ihnen steht ein Abt oder eine Äbtissin vor.

Page = Edelknabe, der an einem Fürstenhof erzogen wurde.

Palisade = (lateinisch) = Pfahl. Schutzwall aus eng nebeneinander stehenden und meist angespitzten Pfählen.

Pfalz = (lateinisch) = Palast. Prachtvoller Königshof mit Königshalle und Kapelle, Unterkunftsräumen, Ställen usw. Pfalzen dienten den deutschen Königen des Mittelalters als wechselnde Wohnsitze und waren über das ganze Reiche verstreut.

Provinz = nennen die Römer die außerhalb Italiens eroberten Gebiete. Verwaltet wurden die Provinzen von Statthaltern, die oberste Befehlshaber, Beamte und Richter waren.

Reichsacht = Bei schweren Verbrechen (z. B. Mord) können der König oder ein von ihm beauftragter Richter den Täter ächten. Dieser ist damit aus der Gemeinschaft ausgestoßen und im gesamten Reich „vogelfrei“, d. h. jeder hat das Recht, ihn zu töten. Er verliert seinen Besitz, seine Kinder werden als Waisen, seine Frau als Witwe angesehen: Wer einen Geächteten aufnimmt, verfällt selbst der Reichsacht.

Schultheiß = (der, der die Schulden einfordert), auch Schulze genannt = Dorfvorsteher und Richter im Dorfgericht. Es gab aber auch den Stadtschultheißen.

Sklave = ein Mensch, über den sein Herr nach Belieben verfügen kann.

Stand = Ein Stand umfaßte im Mittelalter und in der frühen Neuzeit Menschen gleicher sozialer Herkunft. Die Geburt entschied darüber, zu welchem Stand man gehörte. Seit dem Hochmittelalter bildeten die Geistlichen den ersten Stand, der Adel den zweiten Stand, die Bauern den dritten Stand. Mit dem Entstehen der Städte bildeten die Bürger einen neuen Stand.

Turnier = Wettkampf der Ritter mit Pferd und Lanze.

Unehrliche Berufe = nannte man im Mittelalter solche Berufe, deren Tätigkeit verachtet wurde. Wer sie ausübte, dem fehlte die „Ehre“ eines angesehenen Berufes. Er konnte deshalb mit seinen Berufsgenossen keine Zunft gründen und keine städtischen Ämter übernehmen. Die „Unehrlichkeit“ war erblich.

Vasall = Knecht, Gefolgsmann. Kronvasallen haben ihr Lehen direkt vom König.

Zehnt = regelmäßige Abgabe an die Kirche. Ursprünglich mußte ein Zehntel des landwirtschaftlichen Ertrages (Getreide, Vieh, Wein, Früchte) abgegeben werden.

Zepter = Kurzstab als Zeichen weltlicher Herrschaft.

Zunft = In den mittelalterlichen Städten ein Zusammenschluß von Handwerkern mit demselben Beruf. Die Zünfte gaben sich eine Verfassung, regelten die Berufsausübung und die -ausbildung. Im Kampf mit den Patriziern erkämpften sich die Zünfte im 14. Jahrhundert die politische Mitwirkung im Stadtrat.

Quellenverzeichnis

Texte

1. Die Menschen lernen, sich in der Natur zu behaupten
S. 12: (T 1) nach: Ivar Lissner, Der Mensch und seine Gottesbilder. Olten-Freiburg 1980. – **S. 14:** (1) Donald Johanson/Maitland Edey, Lucy, Die Anfänge der Menschheit, München/Zürich 1982, S. 87. – **S. 15:** Helmut K. Salmen, in „Südwestpresse“, Ulm. – **S. 16:** Friedrich Behn, Vorgeschichtliche Welt, Stuttgart 1962, S. 11.

2. Frühe Hochkulturen
S. 40: H. Schmökel, Ur, Assur und Babylon, 1952, S. 51. – **S. 41:** Schmökel, a. a. O., S. 26 ff. – **S. 42:** Herodot, Historien. Übersetzung nach J. Feix, München 1977, S. 203 f. – **S. 44:** G. Guggenbühl, Quellen zur Geschichte des Altertums, Zürich 1964, S. 16. – **S. 46:** (1) H. Gressmann, Altorientalische Texte und Bilder zum Alten Testament, Berlin/Leipzig 1962, S. 9 f. (2) Herodot, Historien II, zit. nach a. a. O., S. 309 f. – **S. 48:** Josef Carl Grund, Rette dich Pharao, Loewe Verlag, 1985.

3. Das antike Griechenland und die Welt des Hellenismus
S. 50: gekürzt aus: Olympia 1972, Römer-Verlag, 2. Halbband, S. 67. – **S. 52:** zit. nach: Curriculum Geschichte, Altertum I,1, S. 64. – **S. 53:** (1) zit. nach: Drees, Olympia. Stuttgart 1967, S. 68. (2) nach: Bunte, Nr. 21, 1980, S. 11. – **S. 56:** nach: Herodot IV, a. a. O., S. 150 ff. – **S. 57:** (1) Geschichtsbuch. Die Menschen und ihre Geschichte in Darstellungen und Dokumenten. Berlin 1986, S. 61 f. (2) P. Faure, Die griechische Welt, Stuttgart 1981, S. 48 f. – **S. 58:** Karl Ziegler, Plutarch, Artemis, 1954, S. 146 ff. – **S. 59:** Ziegler, Plutarch, a. a. O., S. 161. (2) Geschichte in Quellen, Band I (= GiQ I), München 1975, S. 148. – **S. 61:** Ziegler, Plutarch, a. a. O. – **S. 63:** Herodot, Historien V, 78. – **S. 64:** Kleinknecht/Krieger, Materialien für den Geschichtsunterricht, Band II, S. 120 f. – **S. 66:** I. Weiler, Griechische Geschichte. Einführung, Darmstadt 1976, S. 89. – **S. 68:** Kleinknecht/Krieger, a. a. O., Band 2, S. 128. – **S. 69:** (1) dito. – **S. 70:** (1) Robert Flaceliere, Griechenland. Reclam 1977, S. 97. (2) H. Thierfelder, Unbekannte antike Welt. Gütersloh 1963, S. 26. – **S. 71:** (1) Olof Gigon, Aristoteles, Politik. Stuttgart, 1338 a ff. (2) R. Flaceliere, a. a. O., S. 105. – **S. 72:** (1) und (2) GiQ I, S. 193 f. – **S. 79:** W. Ax, Plutarch. Stuttgart 1953, S. 225. – **S. 80:** GiQ I, S. 367.

4. Das Römische Weltreich
S. 84: (1) H. Weinstock, Sallust. Das Jahrhundert der Revolution, Stuttgart 1955. (2) GiQ I, S. 505. (3) Vergil, Aeneis 6. – **S. 85:** GiQ I S. 447. – **S. 86:** Übersetzung nach W. Ax, Plutarch, Römische Heldenleben, Stuttgart 1953. – **S. 87:** GiQ I, S. 471. – **S. 88:** GiQ I, S. 535. – **S. 89:** (1) GiQ I, S. 581 f. (2) Tacitus, Agricola 30,3 f. – **S. 90:** nach: Jérôme Carcopino, Rom, Leben und Kultur in der Kaiserzeit, Reclam 1977, S. 247 f. – **S. 92:** (1) GiQ I, S. 594 f. (2) GiQ I, S. 666 f. – **S. 93:** Fasti Ostiensis, ed. A. Degrassi. Übersetzung d. Verfasser. – **S. 94:** (1) Tacitus, Annalen II, 52–53. (2) GiQ I, S. 667. – **S. 96:** (1) Kleinknecht/Krieger, a. a. O., Bd. II, S. 361. – (2) Seneca, Controversien 1, Vorwort 8. – **S. 97:** (1) GiQ I, S. 405 f. (2) GiQ I, S. 593. – **S. 99:** Charles Maria Ternes, Die Römer an Rhein und Mosel, Stuttgart 1975, S. 100. – **S. 104:** (1) nach: Kurzführer Archäologischer

Park Xanten, S. 6 ff. (2) Rudolf Leur-Belart, Über die Colonia Raurica, Basel 1959, S. 28 ff. – **S. 107:** Gutschera, Brennpunkte der Kirchengeschichte, Paderborn 1976, S. 30. – **S. 108:** GiQ I, S. 741 f. – **S. 109:** (1) Rinn/Jüngst, Kirchengeschichtliches Lesebuch, Tübingen/Leipzig 1904, S. 42. (2) GiQ I, S. 763. (3) GiQ I, S. 763.

5. Die Völkerwanderung der Germanen
S. 115: (1) GiQ I, S. 723. (Zeitungsnotiz) Südwestpresse vom 14. 2. 1984. – **S. 116:** Schilderung des Autors. – **S. 117:** (1) Ammianus Marcellinus 31,2,3 ff. (2) GiQ I, S. 794. – **S. 118:** (1) GiQ I, S. 791. (2) GiQ I, S. 829.

6. Der Islam und das Arabische Weltreich
S. 123: GiQ II, S. 38. – **S. 125:** GiQ II, S. 39 f. (2) nach: S. Hunke, Allahs Sonne über dem Abendland, Stuttgart 1976, S. 184. – **S. 126:** U. Schoen, Die Gesellschaft im Islam. In: M. Fitzgerald, u. a.: Mensch, Welt und Staat im Islam, Graz 1977, S. 119 f. – **S. 127:** Heinloth, Geschichte 2, Ausgabe B, München, S. 31.

7. Das Reich Karls des Großen
S. 128: erkunden und erkennen, Geschichte 1, S. 55. – **S. 129:** GiQ II, S. 27 f. – **S. 130:** (1) nach: Quellenbuch zur Kirchengeschichte, Bd. 1/2, Frankfurt 1976, S. 51 f. (2) Kleinknecht/Krieger, a.a.O., Band III, S. 69. – **S. 131:** nach: J. Bühler, Das Frankenreich, Leipzig 1923, S. 415 ff. – **S. 132:** Einhard, Karl der Große, Quellen zur karoling. Reichsgeschichte, Bd. 1. – **S. 133:** (1) J. Bühler, a.a.O., S. 393 f. (2) Alkuin, Briefe, Nr. 107. MG Epp. 4, S. 154. – **S. 134:** nach: J. Bühler, a.a.O., S. 370 ff. – **S. 136:** (1) GiQ II, 69 f. (2) aus dem Wiener Fragment der Lorscher Annalen. (3) GiQ II, S. 71.

8. Königtum, Adel und Kirche im Kampf um die Macht
S. 139: GiQ II, Nr. 145. – **S. 140:** GiQ II, Nr. 83. – **S. 141:** nach: G. Franz, Ausgewählte Quellen zur Geschichte des deutschen Bauernstandes im Mittelalter, Darmstadt 1967, S. 127 f. – **S. 142:** GiQ II, S. 359 f. – **S. 143:** (1) zit. nach: erinnern und urteilen, Bd. II, S. 6/10. (2) Lampert von Hersfeld, Annalen, Freiherr-vom-Stein-Gedächtnisausgabe Bd. XIII, Darmstadt 1962, S. 155. (3) Gelasius ep. 1,10, in: H. Rahner, Die Märtyrerakten des 2. Jh., Freiburg 1954, S. 255. – **S. 144:** (1) GiQ II, S. 291. (2) GiQ II, S. 298. (3) GiQ II, S. 299. – **S. 145:** GiQ II, S. 313 f. – **S. 146:** (1) Robert von Reims, Historien, übers. nach: Arno Borst, Lebensformen im Mittelalter, München 1979, S. 318 ff. (2) Radulf, Taten Tankreds auf dem Zug nach Jerusalem, Kap. 1. – **S. 147:** (1) R. Pernoud, Die Kreuzzüge in Augenzeugenberichten, Düsseldorf 1961, S. 68. (2) GiQ II, S. 369 f. – **S. 148:** R. Pernoud, a.a.O., S. 232. – **S. 149:** (1) Die Kreuzzüge in arabischer Sicht aus den arabischen Quellen. Ausgewählt und übersetzt von F. Gabrieli, München 1973, S. 49. (2) R. Pernoud, a.a.O., S. 75. – **S. 150:** GiQ II, S. 568.

9. Unterschiedliche Stände und Lebensformen im Mittelalter
S. 152: nach: Jacques Le Goff, Das Hochmittelalter. Fischer-Weltgeschichte 11, S. 27. – **S. 153:** Süddeutsche Zeitung vom 5. 9. 1986. – **S. 156:** (1) Kleinknecht/Krieger, a.a.O., Band III, S. 154 f. (2) Übertragen aus dem Mittelhochdeutschen nach: Thomas P. Thornten, Höfische Tischzuchten. Texte des späten Mittelalters, Bd. 4, Berlin 1957, S. 38 ff. – **S. 158:** Burgen und Städte des Mittelalters. Ebeling-Verlag, Wiesbaden. – **S. 161:** aus: L'Epistre au Dieu d'Amours, hrsg. von M. Roy, Œuvres poetiques, Bd. 2, Paris 1891, S. 1–27. – **S. 163:** Otto Borst, Alltagsleben im Mittelalter. Insel-TB, 1965, S. 95. – **S. 164:** Heinrich Pleticha, Ritter, Burgen und Turniere. Arena, Würzburg 1963, S. 32 ff. – **S. 166:** Geschichtliche Weltkunde, Quellenlesebuch 1, Frankfurt 1981, S. 183. – **S. 167:** (1) Jacques Le Goff, a.a.O., S. 27. (2) zit. nach: Ehrismann (Hg.), Hugo von Trimberg, Der Renner, Bd. 1, Berlin 1970, S. 55. – **S. 169:** G. Franz, Quellen, a.a.O., S. 83 ff. – **S. 172:** Otto Borst, Alltagsleben, a.a.O., S. 146. – **S. 173:** (1) Sachsenspiegel, Landrecht III, 86. (2) Otto Borst, Alltagsleben, a.a.O., S. 135. – **S. 178:** GiQ II, S. 623. – **S. 179:** (1) Codex diplomaticus Saxoniae Regiae I, 1, Nr. 40. Leipzig 1889. (2) Helmold von Bosau, Chronik der Slawen. Übersetzt von W. Wattenbach, Leipzig 1884, S 223 f. – **S. 180:** GiQ II, S. 632. – **S. 182:** Max Perlbach, Die Statuten des Deutschen Ordens, Halle 1890. – **S. 183:** (T 1) Gustav Freytag, Bilder aus der deutschen Vergangenheit, Bd. 2, Leipzig 1876, S. 221 f. (Q) Valentin Gitermann, Geschichte Rußlands I, Frankfurt/M., S. 396. – **S. 184:** O. Golombek, Die katholische Kirche und die Völker-Vertreibung, Köln 1968, S. 153 ff. – **S. 186:** Stern/Mathias Welp, Abschied von der lauten Welt, Herder 1982, S. 54. – **S. 189:** F. Haeßler, in: Hans Urs von Balthasar, Die großen Ordensregeln, S. 149 ff. – **S. 190/191** Otto Zierer, Bilder der Jahrhunderte. 8. Buch, Bertelsmann, S. 73 ff. – **S. 192:** I. Gobry, Franz von Assisi. Hamburg 1958, S. 121. – **S. 196:** (Q 1) Nach: Heinrich Pleticha (Hrsg.), Deutsche Geschichte, Band 2, Gütersloh 1982, S. 213. (T 1) nach: Heinrich Pleticha, Bürger, Bauer, Bettelmann, Würzburg 1976, S. 11. – **S. 197:** F. Keutgen, Urkunden zur städtischen Verfassungsgeschichte. Berlin 1961, Nr. 133. – **S. 198:** nach: Wurzeln unserer Gegenwart, Bd. 2, S. 46. – **S. 199:** (1) GiQ II, S. 723 f. (2) Kleinknecht/Krieger, a.a.O., Band III, S. 262. – **S. 202:** (1)–(3): Anke Wolf-Graaf, Die verborgene Geschichte der Frauenarbeit, Weinheim 1983, S. 37. (4) nach: Stadt im Wandel. Arbeitsmaterialien zur Niedersächsischen Landesausstellung, 1985, S. 41. – **S. 203:** (1) H. Burbach, Kölner Zunfturkunden im Spätmittelalter, Köln 1882, S. 16. (2) zit. nach: Hans Heumann, Bürger und Bauern im Mittelalter, Frankfurt 1977, S. 26 f. – **S. 204:** zit. nach: W. Ripper, Von den bürgerlichen Revolutionen bis zum Imperialismus, Frankfurt 1973, S. 165. – **S. 205:** Karl Thieme, Dreitausend Jahre Judentum, Paderborn 1962, S. 31. – **S. 206:** (1) Chroniken deutscher Städte vom 14. bis 16. Jahrhundert, Leipzig 1862. (2) Das Parlament, Nr. 19 vom 11. 5. 1985. – **S. 209:** nach: Bürck/Dietrich, Weltgeschichte im Aufriß, Band II, Frankfurt 1971, S. 73 f. – **S. 210:** (T 1) nach: Kleinknecht/Krieger, a.a.O., Band III, S. 266. (Q 1) nach: Das hannoversche Stadtrecht, Hannover 1846, S. 441. (2) und (3) GiQ II, S. 724 f. (4) Hans Boesch, Kinderleben in der deutschen Vergangenheit, Leipzig 1900, S. 123. – **S. 211** (1) O. Feger, Vom Richtebrief zum Roten Buch, Konstanz 1955, S. 98. (2) Norbert Fuchs/Werner Goetz, Die deutsche Stadt im Mittelalter, München 1977, S. 31. (3) Fuchs/Goetz, a.a.O., S. 32. – **S. 212:** Lasius/Recker, Geschichte I. Weinheim, S. 179. (2) Aus der Wormser Chronik, 1254. – **S. 215:** aus: G. Hardach, J. Schilling, Das Buch vom Markt, Luzern/Frankfurt 1980, S. 82.

Bilder

Dr. G. Albrecht, Tübingen 10(1) – Alinari, Florenz 136(1) – Archiv für Kunst und Geschichte, Berlin 53, 117, 156, 160(1/4), 161(5/6), 180, 182(1), 198, 217 – Arena Verlag, Würzburg, aus: Freya Stephan Kühn, Viel Spaß im Mittelalter 177 – Artemis Verlag, Zürich 95(2), 101(1/2) – Artothek Planegg 193 – Ashmoleanmuseum, Oxford 67(5) – Associated Press, Frankfurt 154 – Baumann Verlag, Kulmbach 75(3) – Bavaria Verlag, Gauting 38(1), 74, 148 – Bayerischer Schulbuchverlag, München 188(1) – Bayerisches Nationalmuseum, München 204 – R. Berger, Köln 93(1) – Kunstverlag Beuron 186, 187 (1–4) – Bibliotheque municipale, Dijon 190(2/3) – British Museum, London 54(1), 66, 160(3), 206 – British Library, London 169, 191(2/3) – Burda Verlag, Offenburg 17(3) – Caisse Nationale de Monuments Historiques, Paris 41 – C.A.T. Medienproduktion, Reichling 85(1/2) – H. Christoph, Essen 122(2) – CVK-Geschichtsbuch 94 – Deutsche Presseagentur, Frankfurt 4(4), 50, 55(2/3), 72, 184 – Foto Marburg 142, 146 – F. Gangl, Hellmonsödt, Österreich 213 – J. Geiges, Staufen 208(3) – Germanisches Nationalmuseum, Nürnberg 175, 210 – Dr. G. Gerster, Zumikon 10(2) – Giraudon, Paris 167, 200(1/2), 205 – M. Grohe, Kirchentellinsfurt (freig. vom Reg. präsidium Tübingen Nr. 42/3958) 174(2) – G. Grohmann, München 84(2) – Gruner + Jahr, Hamburg 43(1/2), 47(1) – Dr. H. Hell, Reutlingen 17(1), 26(1) – Hessische Landesbibliothek, Darmstadt 152 – Hirmer Verlag, München 37, 39, 57, 58 – aus: Homo Faber, Der Mensch und seine Arbeit 215 – Institut für Vor- und Frühgeschichte, Tübingen 24(1) – Interfoto, München 122(1) – R. Jung, Obertshausen 75(2) – Verlag E. v. König, Dielheim 211 – Kooperationsgemeinde Luzern 173 – Prof. Dr. H. Krefeld, Rheine 96 – Kröner Verlag, Stuttgart 73(3) – Kunsthistorisches Museum, Wien 172 – Kunstmuseum Basel 202(2) – Landesbildstelle Baden, Karlsruhe 190 – Landesbildstelle Saarbrücken 93(2) – Limes-Museum, Aalen 100(1) – Louvre, Paris 136(2) – Luftbild Bischof + Broel, Nürnberg (freig. LAN-G-301) 153 – W. Meyer, München 133, 162(1/2) – K.-H. Müller 5(1) – Museum für Ur- und Frühgeschichte, Freiburg 101(3) – Museum für Vor- und Frühgeschichte, Berlin 23 – Museum für Vor- und Frühgeschichte, Frankfurt 28(2) – Museum of Fine Arts, Boston 54(2), 67(2) – Niedersächsisches Landesmuseum, Hannover 18(1), 89 – Niedersächsische Staats- und Universitätsbibliothek, Göttingen 131 – Oertel, mit freundlicher Genehmigung des Verkehrsvereins Nürnberg 201 – Österreichische Nationalbibliothek, Wien 166, 197 – Pierpont Morgan Library, New York 155 – Presse- und Informationsamt der Stadt Münster 4(2) – Bildarchiv Preußischer Kulturbesitz, Berlin 5(2), 59, 67(1), 69, 71, 78, 86, 88, 138, 140, 165, 182(2), 208(2), 214 – Pro Juyentute, Zürich © 1977 1977 by Atlantis Kinderbücher 194, 195 – Rainbird, London 44(1) – Rheinisches Freilichtmuseum und Landesmuseum für Volkskunde, Kommern 4(1) – Rheinisches Landesmuseum, Karlsruhe 107 – Rheinisches Landesmuseum, Trier 103(2) – Roemer und Pelizaeus Museum, Hildesheim 45(1) – Römisches Museum, Augsburg 130(1) – Römisch Germanisches Museum, Köln 103(1) – aus: Pierre Savonne, L'Arithmetique, Lyon 1571 202(1) – Scala, Florenz 87, 108, 192 – Fotoagentur Günther Seuring, Frankfurt am Main 209 – Sven Simon, Essen 55(1) – Staatl. Antikensammlung, München 54(3) – Staatl. Münzsammlung, München 109 – Staatl. Sammlung, Koblenz 103(3) – Staatsgalerie Stuttgart 185(2) – Städt. Kunstsammlung Augsburg 208(1) – Uni-Dia Verlag, Großhesselohe 46 – Universitätsbibliothek, Heidelberg 159, 160(2) – Verkehrsamt der Stadt Köln (Foto Barten) (freig. Nr. RPD OT 2019) 4(3) – Westfälisches Museum für Archäologie, Münster 27 – Württembergisches Landesmuseum, Stuttgart 100(2), 116, 130(2) – Verlag Ph. v. Zabern, Mainz 45(2), 84(1) – E. u. N. Zwölfer, Freiburg 91, 97, 118.

Zeichnungen
Klaus Becker, Frankfurt; Andreas Müller, Hamburg.
Außer: E. Dittmann, Frankfurt 45(3) – A. Pflügner, Mörfelden-Walldorf 6, 24(2), 33 o. – B. v. Schenk, Kronberg 99(3) – W. Schmid, Pliezhausen 26(2), 188(2) – G. Wiesler, Riding 13.

Karten
Klaus Becker, Frankfurt; Maria Geitmann, Ranstadt 2.
Außer: CVK-Geschichtsbuch 42, 49, 56, 62, 68, 79, 81

Umschlagentwurf:
Grafische Werkstatt Fuhr und Wolf, Mainz

Verlagsredaktion
Dr. Ernst Hoerschelmann, Klaus Becker

1. Auflage 1988
Alle Drucke dieser Auflage können, weil untereinander unverändert, im Unterricht nebeneinander verwendet werden.

Satz: Parzeller, Fulda
Druck: Cornelsen Druck, Berlin
ISBN 3-454-23914-1
Vertrieb: Cornelsen Verlagsgesellschaft, Bielefeld
Bestellnummer 239141

Register